반 룬의
성서 이야기

# 반 룬의 성서 이야기

2015년 7월 20일 초판 1쇄 펴냄

**펴낸곳**  (주)도서출판 **삼인**

**지은이**  헨드릭 빌렘 반 룬
**엮고 옮긴이**  윤광선
**펴낸이**  신길순
**부사장**  홍승권
**편집**  김종진 김하얀
**미술제작**  강미혜
**총무**  정상희

**등록**  1996.9.16 제10-1338호
**주소**  120-828 서울시 서대문구 성산로 312 북산빌딩 1층
**전화**  (02) 322-1845
**팩스**  (02) 322-1846
**전자우편**  saminbooks@naver.com

**제판**  문형사
**인쇄**  수이북스
**제책**  은정제책

ISBN 978-89-6436-099-6  03230

값 18,000원

The Story of
The Bible

# 반 룬의
# 성서 이야기

헨드릭 빌렘 반 룬 지음 | 윤광선 옮김

삼인

# 엮고 옮긴이의 안내말

"가진 성경 자랑 말고, 읽은 성경 자랑하자"라는 교회의 구호가 있는 것을 보면, 성경은 베스트셀러임이 분명하지만, 많은 사람들이 즐겨 읽는 책은 아닌 듯합니다. 성경을 『삼국지』같이 재미있게 풀어 쓴 책을 찾다가, 저명한 역사학자 반 룬 박사가 1923년에 집필한 *The Story of the Bible*을 발견했습니다.

원저자는 성경의 뼈대를 이루는 사건들을 선별하여 연대순으로 각색하고 정치적·사회적·종교적 배경 설명을 첨부하여 어른을 위한 '이야기 성경'을 만들었습니다. 역사학자인 저자는 신학자들의 성경 교리에 집착하지 않고, 4000년이라는 유구한 성경 역사의 흐름을 인문학적 시각에서 자유롭게 기술했습니다. 또한 글로 다 표현하지 못한 상황을 생생한 삽화로 직접 그려 내었습니다.

특히 원저자는 구약성경이 끝나고 신약성경이 시작되기까지 '침묵의 400년'이라고 불리는 기간 동안 격동했던 세계정세를 소개하고, 유대인이 그리스와 로마의 통치하에서 어떻게 항쟁했는지 생생하게 보여 줍니다. 예수가 등장하는 전후 시대의 유대 사회와 종교 계층의 배경을 파악하는 것은 신약을 폭넓게 이해하는 데 요긴합니다.

원서가 출간된 지 벌써 100년이 되어 갑니다. 이를 엮고 옮긴 저는 시효가 지난 해설과 미국 독자만이 이해할 수 있는 배경 설명을 삭제하고, 금쪽같은 성경 구절과 한국 독자를 위한 해설로 빈 지면을 채웠습니다. 특히 원서에서 생략되었던 예수의 동정녀 탄생과 부활 사건들을 좀 더 상세히 수록했습니다. 따라서 본서는 원서에 충실한 번역본이 아니고, '개역 증보판改易增補版'이라고 볼 수 있습니다.

특히 본서는 주요 사건 뒤에 숨겨진 이야기를 소개하여, 독자들의 폭넓은 성경 이해와 성경 읽는 재미가 배가되도록 했습니다. ①주요 사건의 발생 연도를 표기하고(예: 아담은 언제 태어났나?) ②주요 통계자료를 첨부하고(예: 노아가 방주를 건조하는 데 바친 시간은?) ③주요 사건의 배경을 설명하며(예: 왜 모세는 광야 길로 유대인을 인도했나?) ④성경 특유의 용어를 풀이하고(예: 사사는 무슨 직책인가?) ⑤어려운 용어는 쉬운 용어로 대체하고(예: 선지자를 예언자로 표기) ⑥유대인의 고대 예법을 설명하며(예: 번제양과 속죄양의 차이는?) ⑦성경 번역 역사와 한글 성경의 변천사를 소개했습니다(예: 최초의 한글 성경은 어디에서 발행되었나?).

성경 본문과 해설을 융합시킨 이 책은 성경의 큰 흐름을 주도했던 인물, 사상, 과정 그리고 시대적 배경을 독자들에게 브리핑하는 역할을 맡을 것입니다. 특히 역사적 관점에서 성경을 관조한 본서는 색다른 차원의 성경 안내서가 될 것입니다. 또한 성경에 문외한인 분들에게는 교양으로 읽어야 할 간추린 성경 지식 모음집으로서 역할을 할 수 있을 것입니다.

원저자는 책을 쓴 목적을 이렇게 피력했습니다. "이 책이 독자들에게 성경을 읽고 싶은 마음을 유도하고, 독자들이 세상에 둘도 없는 예수의 비유譬喩를 공부함으로써 모든 선생 중에 으뜸인 선생의 심오한 가르침을 이해할 수 있다면, 저자의 집필은 결코 헛된 것이 아니다." 저 또한 반 룬 박사의 염원이 미국에서 이루어졌던 것같이 한국에서도 이루어지길 기대합니다.

2015년 초여름 미국 뉴저지에서
윤광선

# 머리말

이 책은 성경의 여러 이야기를 모은 것입니다. 나는 여러분이 성경을 지금 알고 있는 것보다 더 많이 알아야 한다고 생각하기 때문에 이 책을 쓰게 되었습니다. 하지만 여러분이 꼭 알아야 할 성경 지식을 어디에서 얻어야 할지 말하기가 쉽지 않습니다. 물론 성경을 읽으라고 권할 수 있지만, 당신이 읽을 것이라고 확신하기 어렵군요.

오랜 세월 동안 젊은이들은, 성경이 거룩한 목적을 가진 경건한 책이라고 믿는 근본주의자들의 근엄한 얼굴과 엄격한 태도 때문에 성경을 겁내고 멀리하게 되었습니다. 하지만 성경 내용을 모른다면 교육을 철저히 받았다고 할 수 없습니다. 더욱이 여러분은 살아가는 동안 성서에 숨겨진 지혜가 절대로 필요할 때가 종종 있을 것입니다.

성경은 수백 세대를 걸쳐 인간에게 가장 충실한 반려자 역할을 해 왔습니다. 성경에는 약 2500년 전부터 집필된 아주 오래된 기록과 훨씬 후에 쓰인 기록들이 함께 포함되어 있습니다. 수 세기 동안 우리 선조들이 애지중지하며 읽어 온 단 한 권의 책이 있다면, 성경이 바로 그 책입니다. 선조들은 성경을 줄줄 외웠습니다. 또 모세의 율법을 지상의 최고의 법이라고 신봉했습니다. 하지만 과학 문명의 시대가 오자, 성경을 신앙의 원천이라고 믿는 사람들과 옛 역사 기록에 불과하다고 생각하는 사람들 간에 격렬한 논쟁이 일어났습니다.

성경이 언제나 사람들로부터 사랑과 존경을 받은 것은 아닙니다. 한때는 많은 사람들로부터 큰 질시와 천대를 받았습니다. 나는 어느 편을 옹호할 생각도, 공격할 생각도 없습니다. 나는 여러분의 삶에 이해와 관용과 사랑이 가득하기 위해 꼭 알아야 할, 선하고 아름다운 것들을 말씀드리려고 합니다. 그리해서 여러분도 정결해지길 바라는 것입니다.

성경의 구약에 대하여 쓰는 것은 상대적으로 쉬운 작업입니다. 이것은 사막의 한 부족이 수백 년을 방황하다가 마침내 서부 아시아의 한구석에 자리를 잡고 국가를 만들었던 이야기입니다. 그다음에 우리는 결코 쉽지 않은 신약으로 들어갑니다. 신약에는 한 인물이 한가운데에 위치하고 있습니다. 신약은 어떤 대가도 요구하지 않고, 자기의 모든 삶을 남에게 내준 나사렛 마을의 순박한 목수 이야기를 담고 있습니다.

예수의 이야기보다 더 흥미 있는 이야기가 있을지 모르겠지만, 나는 그런 책을 읽은 적이 없습니다. 나는 여러분에게, 내가 본 그의 생애를 한 자도 빼고 더함 없이 간결하게 전하고자 합니다. 이것이야말로 주님이 나를 시켜 말씀하시고자 하는 방법이라 확신합니다.

1923년
헨드릭 빌렘 반 룬

## 차례

The Story
of The Bible

## 일러두기

1. 이 책은 반 룬(Hendrik Willem Van Loon)의 *The Story of the Bible*(Bonie & Liveright, 1923년 판)을 편집해 번역한 책이다. 반 룬이 쓴 부분은 명조체로, 편역자가 가필한 부분은 고딕체로 표시했다.
2. 하나님을 지칭하는 단어로 '여호와'를 일관되게 사용했으며, 신약에서는 문맥에 따라 '여호와'와 '하나님'을 선택적으로 사용했다.
3. 외래어 고유명사는 종래의 성경 표기법을 따랐으나, 젊은 독자들의 이해를 돕기 위해 몇몇 고유명사는 현대식 명칭을 사용했다. 예를 들어 '애굽'을 '이집트'로 표기하는 식이다.
4. 참조 해설은 꺾쇠괄호 안에 넣었다.
5. 성경 구절은 『성경전서 표준새번역』에서 주로 발췌했고, 『공동번역 성서』, 『성경전서 개역 개정판』, 『현대인의 성경』을 참조했다. 또한 원서의 기술 방식처럼 장과 절을 생략했다.
6. 이 책에 나온 그림은 모두 저자 반 룬이 직접 그린 것이다.

# 제 1 장

# 성경의 내력

성경은 상호 보완적인 두 편의 경전에 함께 수록돼 있다. 구약성경은 여호와를 주로 믿는 유대 민족이 가진 신앙 유산의 결정체이고, 신약성경은 예수를 주로 믿는 그리스도인의 신앙 고백서이다. 수많은 세월 속에 어떤 우여곡절을 거쳐서 성경은 우리 손에 들어왔을까?

　지금으로부터 약 1만 2000년 전, 빙하기가 끝난 지구는 지금과 비슷한 기후로 접어들었다. 인류는 온화한 환경 아래 약 5000년 전부터 청동기 문화를 꽃피웠다. 당시 중동에는 이집트에 피라미드가 건립되고, 나일 강 계곡을 비롯해 유프라테스 강과 티그리스 강 사이의 계곡에는 농토를 경작하는 농노들로 북새통을 이루고 있었다. 이즈음 사막을 방랑하던 한 작은 종족이 자신들의 오랜 주거지였던 아라비아 사막을 떠나 비옥한 평야를 찾아 서북쪽으로 전진했다. 세월이 많이 흐른 후, 이 유랑민들은 유대인이라고 불리는 독특한 민족을 형성하게 된다.

수십 세기 뒤에 유대인들은 인류의 모든 책 중에서 가장 중요한 책인 성경을 우리에게 전한다. 그리고 한 유대 여인에게서 모든 선생 중에서 가장 친절하고 위대한 선생이 태어나게 된다. 그럼에도 불구하고, 인류에게 크나큰 공헌을 하고 세계 각국으로 흩어져 역사의 뒤안길로 사라진 이 기이한 민족의 역사적 기원은 분명하지 않다.

서부 아시아에는 유프라테스 강과 티그리스 강이 흐르고 있다. 두 강은 북쪽의 높은 산악 지대에서 시작되어 페르시아 만에서 바다로 합류한다. 두 흙탕 지류에 인접한 평야의 삶은 쾌적하고 매우 여유로웠다. 추운 북쪽 지방에 사는 사람들이나 남쪽의 태양빛이 내리쬐는 사막에 사는 사람들은 이 지역에 발을 붙이려고 가진 애를 썼다. 사람들은 기회가 생길 때마다 살던 집을 버리고 비옥한 평야로 찾아들었다. 그들은 서로 싸웠고, 정복하여 쓰러뜨린 상대방의 유적지 위에 자신들의 문명을 구축했다. 이렇게 바빌론과 니네베 같은 대도시를 건설했고, 지금으로부터 4000년 전에는 메소포타미아 문명을 건설하여 많은 사람들의 부러움을 샀다.

시야를 페르시아 만에서 서쪽으로 돌리면 아라비아 반도와 나일 강변에 끝없이 펼쳐진 대평야와 만나게 된다. 당시 이곳에서는 바빌론과 아시리아가 길고 가느다란 땅을 사이에 두고 각자의 문명을 발전시키고 있었다. 이집트 사람들은 농산물이 풍족한 편이었지만, 저 멀리 비옥한 땅에서만 산출되는 물품도 있었다. 바빌론과 아시리아 사람들 역시 이집트에서만 생산되는 물품이 필요했다. 그들은 교역을 시작했고, 두 지역을 연결하는 길고 좁은 땅은 상업과 무역을 잇는 간선도로 역할을 하게 되었다.

이집트, 소아시아, 메소포타미아를 연결하여 '육상의 다리'라고 불리던 팔레스타인 지역은 국제무역의 중심지일뿐만 아니라 지정학적으로도 요충

지였다. 이 지역에는 오래전부터 아라비아 사막에서 이주해 온 여러 종족들이 살고 있었다. 모두 셈 족에 속했던 이들은 같은 언어를 사용했고 여러 신들을 섬겼다. 이 종족들은 분쟁과 전쟁 그리고 평화협정을 반복했다. 상대방의 부락을 약탈하고 여인과 가축 들을 도적질하며 아무런 구속이 없는 방랑 부족의 생활을 만끽했다. 인류 역사에 큰 역할을 한 유대인 역시, 간선도로를 먼저 차지한 종족들과 다투고 싸우고 훔치는 일로 인류 역사에 첫발을 내딛었다.

유대인의 가장 오랜 선조들은 아라비아 사막에 거주했던 것으로 보인다. 그러나 그들이 언제 선조 대대로 머무르던 주거지를 떠나 서부 아시아의 비옥한 평야로 이주했는지는 분명하지 않다. 유대인들이 거주했던 팔레스타인이 극심한 가뭄으로 피폐해지자, 그들은 기근을 잠시 피하려고 이집트로 이주했다. 하지만 유대인들은 이집트 사람들과 융화되기를 거부하다가, 결국에는 노예 신세로 전락한다. 이집트를 기적적으로 탈출한 유대인은 끝없는 유랑 생활을 극복하고 강력한 종족으로 통합되어, 가나안(지금의 팔레스타인, 요단 강 서쪽부터 지중해에 이르는 지역)이라 불리는 작은 지역을 정복하는 데 성공해 마침내 통일 왕국을 건설한다.

하지만 이스라엘 왕국은 남북으로 갈라지고, 중동의 최강자로 부상한 제국들(아시리아, 신바빌로니아, 페르시아)에게 차례로 주권을 빼앗겼다. 주민들은 국외로 강제 추방됐다. 연이어 유대 땅은 그리스의 알렉산더 대왕에게 점령당했다가, 세계 최강국이 된 로마제국의 속지가 됐다. 그 뒤 수도였던 예루살렘이 완전히 파괴되면서 유대인들은 세계 각지로 흩어져 살게 됐다. (유대인들은 1800년간의 디아스포라 생활을 끝내고, 1948년에 독립국가 이스라엘을 건국했다.)

수천 년의 길고 긴 역사 속에서 유대인은 몇 가지 다른 이름들로 불렸다. 유대인의 시조인 아브라함은 셈 족에 속하는 히브리인이었다. 히브리는 '유프라테스 강 저편에서 온 사람'이라는 뜻으로, 이주해 온 유랑민을 총칭하는 말이었지만 나중에는 유대인들을 가리키는 고유한 민족 이름이 되었다. 대기근 때문에 이집트로 이주한 히브리인은 이집트 왕국의 노예로 전락했다. 이집트를 탈출한 뒤, 아브라함의 후손들은 여호와가 직접 작명하여 야곱에게 알려 준 '이스라엘'이라는 새로운 이름으로 스스로를 불렀다.

이스라엘 왕국의 2대 왕인 다윗은 팔레스타인을 통일했다. 그 후 통일 왕국은 남북으로 갈라져 북쪽은 이스라엘, 남쪽은 유다로 불린다. 분열된 두 왕국은 결국 외세에 의해 멸망하고 이스라엘 지역은 사마리아로, 유다 지역은 유대로 일컬어졌다. 그 후 로마인들은 아브라함의 피를 물려받은 자들을 유대인으로 총칭했고, 이 호칭은 '유대인 과학자', '유대인 상술', '반유대주의'처럼 오늘날까지 널리 사용되고 있다. 세 명칭을 자유롭게 혼용할 수 있지만 민족을 칭할 때는 '유대인', 언어를 칭할 때는 '히브리어', 국가를 칭할 때는 '이스라엘'을 주로 사용한다.

—¦—

성경은 구약과 신약으로 구성되는데, 구약은 여호와가 유대 민족과 맺은 언약이고, 신약은 예수가 온 천하의 만민과 맺은 약속이다. 구약은 이스라엘 건국에서 멸망까지의 역사를, 신약은 예수의 탄생과 부활 그리고 초대교회의 역사를 담고 있다. 그렇다면 왜 신약시대를 사는 그리스도인이 유대인의 경전인 구약을 읽어야 할까? 신약만으로도 충분하지 않을까?

성 아우구스티누스는 두 경전의 상호 보완성에 대하여 "신약 내용은 구약 속에 감춰져 있고, 구약 내용은 신약 속에 계시되어 있다"고 명시했다. 파스칼은 『팡세 *Pensées*』에서 두 성경의 역할을 이렇게 정의했다. "두 성경 모두 예수 그리스도를 중심으로 삼는데, 구약에서는 예수에 대한 기다림이, 신약에서는 예수의 모범이 각각 그 중심을 이루고 있다." 예수의 가르침을 배우려면 두 성경이 모두 필요하다는 대신학자들의 조언이다.

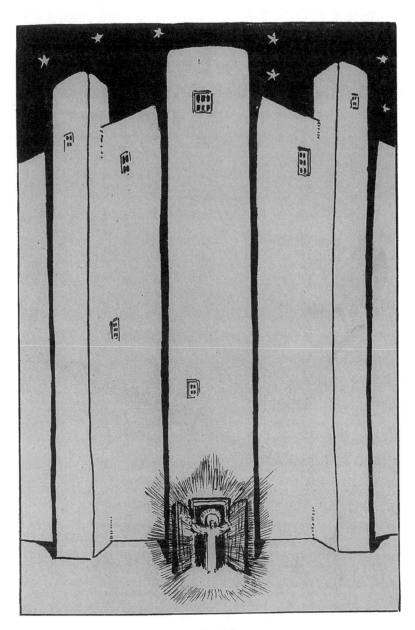

구약과 신약

구전으로 전해 오던 유대인의 율법과 역사는, 문자가 발명되면서 B.C. 15세기경부터는 기록물 형태로 다음 세대에 전해졌다. 유대 마을과 회당에는 신앙심이 깊은 노인들이 조상의 역사와 율법을 복사한 짐승의 가죽이나 이집트의 파피루스 종이를 보관하고 있었다. 때때로 회당을 방문하는 이들을 위해 얇은 두께의 율법과 예언서를 만들기도 했다. 유대인들이 팔레스타인에 정착했던 B.C. 8세기경에는 편집된 분량이 대폭 늘어났다. 모든 율법은 유대인들의 언어인 히브리어로 기록되었다.

B.C. 250~200년 히브리어 구약성경은 해외에서 디아스포라 생활로 모국어를 잊어버린 유대인을 위하여 당시 세계 공용어였던 그리스어로 번역되었다. 선발된 유대인 학자 72명이 그리스어로 번역한 『70인역The Septuagint』 성경은 훗날 서구 문화권에 유대교/그리스도교를 전파할 때, 그 당시에는 예상치 못한 지대한 공헌을 했다.

예수가 태어났을 즈음, 팔레스타인에서는 더 이상 히브리어를 일상 언어로 쓰지 않았다. 그 대신 보다 쉽고 평민들이 쓰던 아람어를 많이 사용하고 있었다. 한편, 로마제국에 밀려난 그리스인은 인간의 정신세계에 대한 탐구를 독점하고, 과학적인 연구를 지향해 선악의 법칙을 구명했다. 그들은 외국인들의 편의를 위하여 언어를 지극히 간소화했고, 그리스어는 곧 모든 개화된 사회의 공용어가 되었다. 이방인 것이라면 무조건 배척하던 유대인도 간편한 그리스 알파벳의 매력에 포로가 되었다. 신약성경의 필자들은 모두 유대인 혈통을 타고났으나, 아람어 방언이 아니라 그리스어로 복음서를 기록했다.

기원후 2, 3세기 동안 예수의 추종자들은 로마 당국으로부터 끊임없이 신변을 위협받고 있었다. 그들이 가진 사랑과 자비의 신조는 무력으로 세워진 로마제국의 안위에 큰 위협으로 간주되었다. 그러므로 초기의 크리스천들은 서점에 들러서 "예수의 생애와 사도들의 행적을 적은 책을 주시오"라는 주문을 할 수 없었다. 그들은 손에서 손으로 전달되는 비밀문서로만 예수에 관한 정보를 얻었다. 수천 개의 문서들이 반복적으로 필사되면서 마침내는 어느 것이 진본인지 추적할 수 없는 지경에 이르렀다.

그러는 동안 그리스도 교회는 로마 당국의 핍박을 이겨 내고 주피터 신을 몰아낸 뒤, 로마제국의 교회가 되었다. 교회 지도자들은 3세기 동안 이어진 교리 논쟁으로 혼선을 겪고 있는 성경 내용을 바로잡기 위해 학자들을 불러 모았다. 그들은 널리 퍼져 있던 모든 기록을 읽은 후, 대부분 폐기시켰다. 오직 복음서 몇 편과 예수의 사도들이 멀리 있는 교인에게 보낸 주요 서간문만을 보존하기로 결정했다. 하지만 정통 성경, 즉 정경에 대한 토론과 분쟁이 끊이지 않았다.

드디어 A.D. 397년, 카르타고 교회 회의에서 선별된 신약성경이 정경으로 채택되어 동서양의 교회에서 사용되기 시작했다. 이즈음에 로마교황은 당시 최고의 성서학자 제롬에게 그리스어 성경을 라틴어로 번역하는 작업을 위임했다. 제롬이 20년의 노고 끝에 405년에 완성한 『불가타Vulgate』 성경은 약 1000년간 유일무이한 라틴어 성서로 군림했다.

A.D. 1517년, 마르틴 루터가 주도한 종교개혁은 '성경은 오직 라틴어로만 쓰이고, 오직 사제만이 읽을 수 있다'는 금과옥조를 과감히 깨고 성경이 대중화되는 분기점이 되었다. 루터 자신도 라틴어 성경을 독일어로 번역했고(신약 1522년, 구약 1536년), 영국의 윌리엄 틴들은 성경을 영어로 번역했다는 죄목으로 1536년 로마교황청으로부터 이단으로 몰려 화형당했다.

수많은 영어 성경 중 최대, 최장 베스트셀러는 1611년 영국에서 발행된 『킹제임스 성경The King James Bible』이다. 영국 국왕 제임스 1세의 주도로 47명의 성서학자들이 번역한 『킹 제임스 성경』은 번역의 정확성과 문학적 우수성으로 현재까지 약 10억 부가 발행되었다고 한다.

—¦—

만약 기원후 1세기에 당신이 유대인에게 '바이블Bible'이란 단어를 사용했다면, 그는 당신이 무슨 말을 하는지 알아듣지 못했을 것이다. 이 단어는 서기 4세기경, 콘스탄티노플의 대주교 크리소스토무스가 유대인의 경건한 책자들의 모음을 가리킬 때, 책을 뜻하는 그리스어 '비블로스Biblos'라는 말을 사용한 데서 유래되었다.

비블로스는 구약 39권과 신약 27권을 합하여 66권으로 되어 있다. 그리고 각 권을 장과 절로 쪼개 일련번호를 붙였다. 집배원이 우편번호를 사용하여 집을 쉽게 찾듯이, 독자는 장과 절의 번호를 이용하여 읽고 싶은 구절을 손쉽게 찾을 수 있다. 하지만 장절 표기가 처음부터 성경 본문에 병기된 것은 아니었다.

구약을 절로 구분하기 시작한 것은 유대 회당에서 히브리어 율법을 낭독할 때, 히브리어를 모르는 사람들을 위해 아람어로 통역하던 것에서 비롯되었다고 알려져 있다. 낭독자가 일정량의 히브리어 본문을 끊어서 낭독하면 통역관이 그것을 아람어로 바꾸어 읽었는데, 어느 단계에 이르자 끊는 지점이 확정되면서 절과 절로 구분되었다.

하지만 실제로 신약성경의 장의 구분은 1205년 영국의 캔터베리 대주교 스티븐 랭턴이 창안했고, 절의 표기는 1551년 프랑스의 인쇄업자 스테파누스가 출판한 그리스어 신약성경에서 시작되었다. 지금과 같은 장과 절의 표기는 1560년에 발행된 『제네바 성경Geneva Bible』에서부터 사용되었다. 유대인도 이와 동일한 장절 표시법을 채택하여 자신들의 히브리어 성경에 사용하고 있다.

성경은 구약성경 929장, 신약성경 260장으로 총 1189장의 방대한 분량이지만, 하루에 서너 장씩 읽으면 한 해에 일독이 가능하다. 구약의 「시편」은 150장으로 가장 길지만, 신약에는 한 장짜리 짧은 책들도 여러 편 있다.

성경은 역사책과 다르게 사건이 발생한 연대 기록이 없다. 누구는 누구를 낳았고, 누구는 몇 년을 살고 죽었다는 상대적 기간의 기록뿐이다. 최초의 성경이 집필된 3500년 전에는 유대 민족의 원년이 없었기 때문이다. 하지만 유대인 랍비(율법교사)들은 구약성경에 기록된 사건 연수를 합산하여 B.C. 3760년을 첫 인간 아담이 태어난 해로 산정하고, 서기 9세기경부터 히브리 민족의 원년으로 사용하고 있다. 따라서 2015년은 첫 인류가 태어난 지 5775년이 되는 해이다. 또한 랍비들은 히브리 원년에 맞추어 구약의 사건 발생 연도를 추정했다. 이에 따르면 아담의 아들 카인이 친동생 아벨을 죽인 인류 역사상 첫 살인 사건은 B.C. 3631년에, 대홍수는 B.C. 2104년에 일어났다. 본서도 주요 사건 발생 연도를 병기했다.

—┼—

최초의 한글 성경은 1882년에 출간된 『예수성교누가복음전서』와 『예수성교요안복음전서』이다. 이 한 쪽짜리 복음서는 당시 만주에서 활약하던 스코틀랜드 선교사 존 로스와 존 매킨타이어를 주축으로, 이들로부터 성서 교리를 전수받은 의주 상인 서상륜, 이응찬, 백홍준, 최성균 등이 협력하여 번역한 낱권 성경이다. 그 후 영국 성서공회의 재정 지원과 신자들의 열렬한 호응에 힘 입어 한글 성경 번역이 박차를 가했고, 이들은 마침내 신약성서를 완역한 『예수성교전서』를 1887년에 중국 심양에서 출간했다. 이것이 한국 개신교 최초의 합본 성경이다. 미지의 선교지 조선을 찾은 서양 선교사들에게 '한글 성경'만큼 효과적이고 소중한 선교 자원은 아마도 없었을 것이다.

1911년, 조선 성서공회는 신구약 성경을 합하여 완역본 『성경전서』를 출간했다. 이 최초의 '구역 성경'은 바뀐 한글맞춤법에 따라 1938년에 『성경 개역』으로 개역 출간되고, 1961년에는 한글맞춤법통일안에 맞춰 『성경전서 개역 한글판』으로 수정, 발행되었다. 『개역 한글판』은 성경 번역 사업 80년 만에 이룬 쾌거로, 영어 성경에서 최고의 권위를 가진 『킹 제임스 성경』과 비견할 만하다.

세로쓰기로 된 『개역 한글판』 성경은 읽기에 편치는 않으나, 문장구조에 우리 고유의 운율이 흐르고 있어서, 성경을 낭송할 때 낭랑한 리듬을 느낄 수 있는 큰 장점이 있다. 하지만 어려운 한자를 많이 사용하여 뜻을 헤아리기 어려운 대목이 종종 나타난다. 한국 교회가 반세기 이상 사용한 『개역 한글판』은 '말씀하시기를'이라고 하는 대신 '가라사대'라고 표현했듯이, 문체에서 성서의 권위를 암암리에 느끼게 한다.

본래부터 천주교와 개신교는 내용과 번역에서 근소한 차이를 보이는 다른 성경을 사용해 왔다. 하지만 1977년 신교와 구교가 어렵게 합작하여 『공동번역 성서』를 출간했다. 이런 작업은 전 세계에서 두 번째 있는 일이라고 한다. 책이 너무 두꺼운 것이 흠이 될 수 있겠으나, 뜻을 알기 쉽고 아름다운 우리말을 사용했다. '여호와'가 '야훼'로, '마태'가 '마태오'로 바뀌었으나, 소설책처럼 줄줄 읽혀 내려간다. 또한 단락마다 붙인 소제목은 핵심 주제를 알려 준다. 함께 쓰자고 9년이라는 긴 세월 동안 온 정성을 바쳐 만들었지만, 천주교식 명칭이 채택되어서인지 개신교에서는 환영받지 못했고, 가톨릭교회에서만 오랫동안 애용되었다.

개신교에서는 1993년에 누구나 쉽게 이해할 수 있는 현대어를 사용한 『성경전서 표준새번역』을 만 9년의 각고 끝에 출판했다. '여호와'는 '여호와'이고 '마태'는 '마태' 그대로지만, '애굽'을 '이집트'로, '바사'를 '페르시아'로 번역하여 젊은이들도 알기 쉽게 편집하였다. 특히 자유롭고 솔직한 문체를 사용해 내용 전달력이 우수하다. 하지만 평신도들은 이해하기 어려운 신학적 이유 때문에, 이것을 공식 예배용 성경으로 채택한 교회는 많지 않았다.

신세대는 새로운 말과 글을 만들고, 맞춤법은 계속 변화한다. 이에 맞추어 현재 대한성서공회는 위의 세 성경을 다시 개정하여 보급하고 있다. 1998년에 발행된 『성경전서 개역 개정판』, 1999년에 발간된 『공동번역 성서 개정판』, 2001년에 나온 『표준새번역 개정판』이 그것이다. 물론, 많은 개신교 교회에서 채택한 『성경전서 개역 개정판』에서 '가라사대'는 사라졌다.

세 성경 중 어느 것이 더 훌륭하다고 말할 수는 없다. 각기 다른 장점이 있어 성경을 읽는 이들에게 오히려 큰 도움이 된다. 한 성경 구절이 이해가 안 갈 때 다른 성경의 같은 구절을 찾아보면 쉽게 풀린다. 더욱이 영어 성경을 함께 읽으면 더 심오한 뜻을 깨닫게 되고, 한글 성경의 완벽한 번역에 놀라지 않을 수 없다. 한문에 자신이 있다면, 한자에서 유래한 모든 단어를 한자로 적은 『간이 국한문 개역 한글판』을 참고해 보라. 한글로 적은 한자의 뜻을 명확하게 알 수 있을 것이다. 이밖에도 성경 원문을 의역하여 풀어 쓴 『현대인의 성경』이 있다.

# 제 2 장

# 태초에

세상 만물이 여호와의 대역사로 엿새 만에 창조되었다는 유대인의 믿음은 우스꽝스럽게 들릴지도 모른다. 하지만 그 어느 민족의 건국신화도 이처럼 절묘하지 않다. 여호와는 인류의 시조로 아담과 이브를 만들어 천지 만물을 맡겼다. 그러나 여호와의 눈 밖에 난 아담의 후손들은 온 땅을 뒤덮은 대홍수로 전멸당할 위기에 부닥친다.

—┼—

"도대체 우리들은 어디로부터 온 것인가?" 누구든 한 번쯤은 이런 의문을 품었을 것이다. 어떤 사람들은 마치 이 질문이 자신에게 맡겨진 숙제인 것처럼 불면의 밤을 지새우며 고뇌하기도 했을 것이다. 사람들은 자신의 머리로는 도저히 이해할 수 없는, 미스터리한 사건들을 설명하고 싶어 하는 강한 욕구를 가지고 있다. 논리가 궁색하면 억지를 써서라도 자초지종을 만들

천지창조

어 내고자 한다. 하지만 성경에 기록된 천지창조 설화는 인간이 지었다고는 도저히 믿을 수 없을 만큼 신묘하다.

지금으로부터 약 5000년 전, 천지가 6일 만에 창조되었다는 전설은 서부 아시아에 사는 사람들에게 널리 알려져 있었다. 그들은 여러 신들이 땅, 수목, 화초, 조류 그리고 사람을 각각 만들었다고 막연히 생각했다. 그곳에 거주했던, 유대 민족의 모태인 셈 족 역시 다수의 신을 모셨다. 그렇지만 유일신을 설정한 민족은 이 세상에서 유대인들이 처음이었다.

구약성서의 첫 권, 첫 장에서 볼 수 있는 천지창조 이야기는 유대 신앙의 창시자인 모세가 세상을 떠난 후 1000년이 지나서야 기록되었다. 이때는 유대인 사회에 유일신 사상이 확고했던 시기라, 유일신의 존재를 무시하는 것은 민족으로부터의 추방이나 죽음을 뜻했다. 히브리인들에게 천지창조의 과정을 설명한 성서 기록자는 창조의 거대한 노역을, 엘로힘이라고 불리는 유대 민족 유일신의 웅지雄志이며, 역사役事라고 기술했다. 〔엘로힘은 '강한 자' 또는 '통치자'를 의미하고, 하나님의 명칭으로 제일 많이 사용되는 야훼는 '자존자自存者'를 뜻한다. 여호와는 야훼의 영어식 표기이다.〕

태초의 지구는 아직 형태를 갖추지 못하고 적막과 암흑 속을 거대한 해파리처럼 떠다니고 있었다. 땅은 아직 형성되지 않았고, 깊은 대양의 바닷물이 지구를 뒤덮고 있었다. 그때 여호와의 기운이 흑암의 수면 위를 맴돌며 대역사를 계획하고 있었다. 여호와가 "빛이 있어라"라고 말하니, 새벽의 첫 햇살이 칠흑 같은 어둠을 가르고 나타났다. 여호와는 "이것을 낮이라 부르겠다"라고 했다. 그러나 깜박거리던 빛이 곧 사라져 버리자 모든 것이 암흑으로 돌아갔다. 여호와는 "이것을 밤이라 부를 것이다"라고 말했다. 이것으

**"육지야, 바다로부터 솟아라."**

로 지구의 첫날이 끝났다.

그 후 여호와는 "물 한가운데에 큰 공간을 만들어, 물은 공간 위와 공간 아래로 갈라져라"라고 말했다. 이어 넓은 공간을 만들고 "수면 위를 가로지르는 거대한 푸른 하늘이 나타나리라. 이곳이 바다 위의 구름과 바람이 있을 곳이다"라고 말했다. 이 또한 말한 대로 이루어졌다. 다시 한 번 새벽과 저녁이 지나고 둘째 날이 끝났다.

다음 날, 여호와가 "육지야, 바다로부터 솟아라"라고 말하자, 그 즉시 하늘 아래의 물은 한곳으로 모이고, 산맥의 머리통들이 바다 위로 떠올랐다. 산맥은 하늘을 향해 높이 뻗어 나갔고, 계곡 사이로는 넓고 넓은 평야가 광활하게 퍼져 나갔다. 그리고 여호와가 말했다. "대지는 초목들이 많은 열매를 맺도록 기름진 땅을 만들어, 온갖 화초와 과실을 맺는 나무들로 풍성하게 하라." 끝없이 펼쳐진 초장은 온 대지를 초록색으로 물들였고, 수목들은 다가오는 새벽을 기쁘게 맞이했다. 다시 한 번 아침은 저녁에게 밀려가고, 셋

해, 달 그리고 별

째 날의 과업도 끝이 났다.

다음 날, 여호와가 말했다. "하늘에는 절기, 날짜, 연도를 알려 주는 별들로 가득하리라. 대낮은 태양이 주관하지만, 밤은 휴식의 시간이 되도록 하여라. 한밤의 달은 늦은 밤 사막을 방황하는 사람들에게 집으로 돌아가는 길을 보여 주어라." 이 또한 이루어지고 넷째 날이 끝났다.

다음 날, 여호와는 "물에는 물고기로 가득하고 하늘은 새들로 가득 차리라"라고 말했다. 그리고 엄청나게 큰 고래, 작은 물고기, 타조, 참새 등을 만들어 육지와 바다 보금자리에서 번성하도록 했다. 새들은 피곤한 머리를 날갯죽지 속으로 파묻고, 물고기는 더 깊은 바닷속으로 파고드는 밤이 되자 다섯째 날이 끝났다.

다음 날, 여호와가 말했다. "이것만 가지고는 충분하지 않다. 뛰어다닐 수 있는 다리를 가진 동물로 이 세상을 가득 차게 하자." 그리고 암소, 호랑이를 비롯해 오늘날 우리가 볼 수 있는 모든 짐승들과 지금은 멸종하여 사라진 여러 짐승들을 만들었다. 이 일을 마친 후 여호와는 흙먼지로 자기 자신을 닮은 형상을 만들었다. 여호와는 이 형상에 생명을 불어넣은 뒤 사람이라 이름하고, 모든 창조물 중 으뜸으로 여겼다. 이리하여 여섯째 날의 과업이 끝났다. 여호와는 자신이 창조한 천지 만물을 보고 심히 좋아하고, 일곱째 되는 날은 휴식을 취했다.

여호와가 대역사를 시작한 지 여덟 번째 날이 되었다. 사람은 자신이 새 왕국에 홀로 놓인 것을 알았다. 그의 이름은 아담(사람 또는 인류라는 뜻의 히브리어)이다. 아담은 아름다운 꽃들이 피어 있고 착한 동물들이 새끼들과 놀고 있는 정원에서 그들과 어울리며 외로움을 잊을 수 있었다. 그렇지만 아

**첫 안식일**

담은 행복하지 않았다. 모든 생물들에게 짝이 있었지만 자신은 홀로 외로웠다. 아담의 속마음을 알아차린 여호와는 깊은 잠에 빠져 있던 아담의 몸에서 갈비뼈를 떼어내어 그것으로 여자를 만들었다. 아담은 '인류의 어머니'가 되라는 의미로 그녀를 '하와'라고 불렀다. 하와는 '생명'이라는 뜻의 히브리어다. 〔이브는 하와의 영어식 발음이다.〕

여호와는 그들에게 복을 내리며 말했다. "너희는 자식을 많이 낳고 번성하여 온 땅을 가득 채우고 정복하여라. 이제 내가 땅 위에서 씨를 맺는 푸성귀와 열매를 맺는 나무를 모두 너희에게 주겠다. 이것들은 너희의 양식이 될 것이다." 곧 아담과 이브는 그들의 보금자리가 될 낙원이 어떻게 생겼는지 살펴보러 나섰다.

아담과 이브가 낙원의 한 거대한 나무를 지날 때 여호와와 마주쳤다. 여호와는 그들에게 이렇게 말했다. "이것은 매우 중요한 당부이니 잘 들어라.

너희들은 이 정원에 있는 나무에서 열리는 모든 과실을 마음껏 먹을 수 있다. 하지만 이 나무는 선과 악의 지식을 알려 준다. 사람이 이 나무의 과실을 먹으면 자신의 행동이 올바른 것인지, 악한 것인지 알게 된다. 그렇게 되면 사람의 영혼에서 마음의 평화가 떠나게 된다. 그러므로 너희는 이 나무를 있는 그대로 두어라. 그렇지 않으면 너희는 엄청난 결과를 감수해야 할 것이다." 아담과 이브는 여호와의 말씀을 지키기로 약속했다.

어느 날 아담이 잠이 들었을 때, 이브는 혼자 깨어서 정원을 돌아다니고 있었다. 그때 갑자기 풀 속에서 바스락거리는 소리가 나더니 교활하기 짝이 없는 한 늙은 뱀이 나타났다. 이 시절에는 동물들도 사람이 알아듣는 말을 할 수 있었기 때문에, 뱀이 이브와 대화하는 데는 아무런 문제가 없었다. 여호와가 내린 명령을 엿들었던 뱀은, 이브에게 그 명령을 곧이곧대로 지키는 것은 바보짓이라고 말했다. 이브 또한 그렇게 생각했다. 뱀이 선악 나무에서 딴 과일을 이브에게 주자, 그녀는 받아먹고 남은 과일을 잠에서 깨어난 아담의 입에 넣어 주었다. 그러자 두 사람의 눈이 밝아져서 자신들이 알몸인 것을 알고 무화과 잎을 엮어 몸을 가렸다.

그들의 불순종을 지켜본 여호와는 뱀과 이브와 아담을 각각 불러 심히 꾸짖고, 그들이 받을 벌을 일러 주었다. 뱀에게는 평생토록 배로 기어 다니며 흙을 먹고 살아야 하는 운명을, 이브에게는 해산하는 큰 고통과 남편을 갈망하고 그의 뜻에 순종해야 하는 운명을, 아담에게는 얼굴에서 땀을 흘리며 수고해야만 땅 위의 푸성귀와 곡식을 먹을 수 있는 운명을 내렸다. 그리고 가죽옷을 만들어 그들에게 입히고는 낙원(에덴동산)에서 내쫓았다. 이제 그들은 자신의 삶을 스스로 개척해야 되는 세상으로 내동댕이쳐진 것이다.

세월이 흘러 아담과 이브에게 두 명의 아이가 생겼다. 둘 다 남자아이였다. 큰아이의 이름은 카인이고, 둘째는 아벨이었다. 두 아들은 집안 살림을 도왔다. 카인은 들일을 했고, 아벨은 아버지의 양들을 보살폈다. 형제는 아이들이 종종 다투는 것처럼 티격태격 싸움도 했다. 어느 날 두 아이가 여호와께 예물을 드리게 되었다. 아벨은 양을 죽여서, 카인은 알곡을 조금 모아, 거친 돌로 만든 제단 위에 바쳤다.

아이들은 서로 질투하게 마련인가 보다. 형제도 서로 자기의 예물이 더 낫다고 자랑하기를 좋아했다. 아벨의 제단에 있는 나무는 잘 타고 있었지만, 카인은 부싯돌도 못 켜고 있었다. 카인은 아벨이 자신을 조롱하고 있다고 생각했다. 하지만 아벨은 "천만에. 옆에서 지켜보는 것뿐이야"라고 말했다. 카인은 아벨에게 들로 나가자고 했다. 아벨이 안 가겠다고 하자, 카인은 아벨을 돌로 쳤다. 카인의 힘이 너무 셌는지, 아벨은 죽고 말았다. 카인은 몹시 두려워 멀리 달아나 버렸다.

**아벨의 죽음**

모든 일들을 내려다보고 있던 여호와는 카인이 숲 속에 숨어 있는 것을 알았다. 그는 "너의 동생이 어디 있느냐"라고 물었다. "나는 모릅니다. 제가 내 형제를 지키는 사람입니까?" 카인은 시치미를 떼고 엉뚱한 대답을 했다. 물론 이런 거짓말이 카인에게 도움 될 리 없었다. 아담과 이브가 여호와의 명령을 거역해 낙원에서 추방당한 것처럼, 카인도 집을 떠나야만 했다. 동생을 죽인 카인이 뻔뻔스럽게 자신도 누군가에게 살해될까 봐 두려워하자, 여호와는 떠나는 카인의 몸에 표식을 달아 어느 누구도 그를 죽이지 못하도록 했다.

작은아들은 죽임을 당하고 큰아들은 집을 떠나야 했으니, 아담과 이브의 삶이 그리 행복한 것은 아니었다. 그 후로 그들은 많은 자손들을 보았고, 아담은 930년 동안의 노고와 추억을 뒤로하고 흙으로 돌아갔다.

아담과 이브의 자손들이 지구 위에 점차 늘어 갔다. 그들은 사방으로 이주해 갔다. 일부 무리들은 북쪽의 산간 지방으로 갔으며, 남쪽으로 향한 무리들은 사막의 모래 속에 파묻혀 사라지기도 했다. 카인의 살인 사건은 새로운 삶을 시작하는 민족에게 이웃을 무조건 적대시하게 만드는, 부정적 감정을 깊게 심어 주었다. 사람들은 살인을 자행했고 남의 양을 훔쳤다. 소녀들은 이웃 동네의 소년들에게 유괴될까 봐 혼자 집을 나서는 것을 두려워했다. 정말 암울한 세상이었다. 첫 단추를 잘못 끼운 것이다. 모든 것을 새로이 시작할 필요가 있었다. 새로 시작하는 세대는 여호와의 명령에 더욱 순종해야 했다.

약 1000년이 지났다. 아담의 10대 후손으로 노아(B.C. 2704~1754)라는 사람이 태어났다. 노아는 아벨이 죽은 후 태어난, 아담과 이브의 아들인 셋의 후손이며, 하나님과 동행하다가 하늘로 불려 갔다는 에녹의 증손자이다. 노아는 양심에 따라 바르게 행동하고 이웃들과 화목하게 사는 의로운 사람이었다. 여호와는 이런 생각을 했다. "만약 인류가 다시 삶을 시작한다면, 노아는 아주 훌륭한 조상이 될 것이다." 그래서 여호와는 노아를 제외한 모든 사람을 죽여야겠다고 결심했다.

여호와는 노아를 불러 큰 배를 한 척 지으라고 명령했다. 배의 크기는 길이 137미터, 폭 23미터, 높이는 14미터로 만들 것을 지시했다. 오늘날의 해군 구축함과 비슷한 크기의 거대한 물체를 목재만으로 어떻게 만들었는지 상상하기 어렵다. 노아와 그의 아들들은 굳은 신념을 가지고 배를 건조하기 시작했다.

이웃 사람들이 몰려와 "수천 리 밖에도 강과 바다가 없는데 배를 만들다니" 하며 조롱을 퍼부었다. 하지만 노아와 그의 가족들은 배를 만드는 일

노아의 방주

에만 몰두했다. 그들은 거대한 잣나무를 잘라서 배의 용골과 옆면을 만들고, 겉을 콜타르로 덮어서 물이 스며들지 못하게 했다. 3층 칸이 완성되자 지붕을 씌웠다. 노아의 배는 악한 세상을 모두 씻어 낼 큰 홍수를 견뎌 낼 수 있도록 견고한 목재로 튼튼하게 건조되었다.

　노아와 모든 식구들이 배에 오를 준비를 마친 후, 그들은 홍수가 끝난 후에 사용할 예물과 식량으로 쓸 모든 종류의 짐승을 잡으러 산과 들로 나갔다. 노아와 그의 가족들이 짐승을 잡아 모으는 데 꼬박 일주일이 걸렸다. 노아가 지은 배는 네모꼴로 생겼다 하여 방주라고 불린다. 협소한 공간 안에서 고통스러워 울부짖는 짐승들과 좁은 새장을 쪼아대는 새들로 방주 안은 북새통을 이루었다. 물론, 물에 사는 물고기는 배 안으로 잡아 올 필요가 없었다.

마지막으로 노아, 노아의 아내, 세 아들과 세 며느리가 방주에 올랐다. 그리고 사다리를 배 안으로 당겨 올리자, 여호와가 직접 문을 닫았다. 7일째

**대홍수의 시작**

되던 날, 늦은 밤부터 비가 내리기 시작했다. 이때가 아담이 태어난 지 1656년이 지난 B.C. 2104년이었다. 40일 동안 밤낮으로 비가 쏟아져 내리자, 제일 높은 산마저 물속에 잠기고 온 세상이 물바다로 변해 버렸다. 물은 150일 동안이나 땅을 뒤덮었다. 대홍수를 이겨 낸 사람은 방주 속의 여덟 명뿐이었다.

하지만 여호와는 따뜻한 마음을 가진 분이었다. 강풍이 불어 비구름을

몰아가기 시작하자, 천지가 처음 창조될 때처럼 험한 파도 위로 햇살이 다시 나타났다. 노아는 조심스럽게 창을 열고 밖을 내다보았다. 하지만 노아의 방주는 끝도 없는 바다의 한가운데를 평화롭게 떠돌고 있었다. 육지는 보이지 않았다. 노아는 까마귀를 밖으로 날려 보냈으나, 곧 방주로 돌아왔다. 그다음에는 비둘기를 내보냈다. 비둘기는 그 어느 새보다 멀리 날았지만, 쉴 수 있는 나뭇가지를 하나도 찾지 못하고 방주로 돌아왔다. 노아는 돌아온 비둘기를 새장에 다시 가두었다.

노아는 일주일을 기다린 후 다시 비둘기를 날려 보냈다. 비둘기는 하루가 거의 지난 저녁 무렵, 올리브 잎사귀 하나를 입에 물고 돌아왔다. 물이 빠지고 있다는 표시였다. 또 한 주가 지난 후 노아는 비둘기를 세 번째로 풀어주었다. 이번에는 비둘기가 돌아오지 않았다. 좋은 신호였다. 곧이어 배 밑창이 땅에 부딪히는 소리가 들려왔다. 방주가 아르메니아(터키의 동북부 산악 지대)에 있는 아라랏 산꼭대기에 닿은 것이었다. 노아가 방주 생활을 시작한 지 꼭 1년 만이었다.

다음 날 노아는 땅으로 나오자마자, 돌을 모아 제단을 만들고 짐승과 새를 잡아서 여호와께 제물을 올렸다. 그가 눈을 들어 보니, 무지개의 일곱 색이 하늘을 찬란하게 수놓고 있었다. 무지개는 충성스러운 종에게 보내는 여호와의 무언無言의 신호였다. 이것은 축복의 약속이기도 했다.

**제물을 올리는 노아**

〔대홍수를 이겨 낸 노아는 900년을 넘게 산 선조들처럼 장수했다. 그는 600살에 대홍수를 경험하고 350년을 더 살다가 950살에 죽었다고 한다. 유대인 학자들은 노아가 방주를 건설하는 데 적어도 100년이 걸렸다고 추정한다.〕

노아와 그의 세 아들 야벳, 셈, 함 그리고 며느리들은 땅 위에서 삶을 다시 시작했다. 하지만 대홍수의 엄청난 시련도 그들에게 큰 교훈을 주지 못한 것 같다. 노아가 부끄러운 사건을 일으켰기 때문이다. 노아는 포도원을 가꾸어 맛 좋은 포도주를 만들었다. 어느 날, 포도주를 너무 많이 마신 노아는 주정뱅이 노릇을 하다 옷을 벗은 채로 잠이 들었다. 두 아들은 아버지를 쳐다보기가 민망하여 눈을 옆으로 돌려 자식의 도리를 지켰다.

그러나 막내 아들 함은 아버지가 장난하는 것이라고 생각해 크게 웃어버렸다. 이것은 아버지에 대한 예의가 결코 아니었다. 잠에서 깬 노아는 크게 화를 내며 함을 집에서 쫓아내고, 함의 아들 가나안은 셈의 종이 되어 그를 섬길 것이라고 선언했다. 〔훗날 가나안 족은 셈 족인 유대인의 족장 여호수아에게 정복당한다.〕

이 사건을 마지막으로 노아의 이야기는 성경에서 사라지고, 노아의 후손들이 여호와를 몹시 화나게 만든 엄청난 사건이 소개된다. 홍수의 생존자들은 아라랏 산을 내려와 시날 지역으로 이주했다. 이때 함의 아들 니므롯이, 이주한 무리의 우두머리가 된다. 그는 세상에 처음 나타난 장사壯士이자 뛰어난 사냥꾼이었다. 니므롯은 니느웨를 비롯한 여러 지역을 정벌했고, 세계

첫 무지개

에서 제일가는 제국을 건설하고자 하는 꿈을 키웠다. 니므롯의 지도력에 힘입어 사람들은 시날에 바빌론을 건설하고, 모든 종족의 재집결지로 사용할 거대한 탑을 세우기로 결정했다. 그러고는 돌 대신 단단하게 구운 벽돌을, 흙 대신 역청을 사용해 하늘에 닿을 만큼 높이 올릴 건물의 기초를 쌓았다. 그러나 여호와는 그들이 한 장소에서 영원히 사는 것을 원하지 않았다. 왜 수많은 종족이 모두 작은 계곡에 모여 살아야 하나? 여호와는 노아의 자손들이 온 세상에 흩어져 살기

를 바랐다.

　여호와는 하늘로 치솟는 탑을 무너뜨리지 않고, 대신 일꾼들 사이에 자중지란을 일으켜 공사를 그들 스스로 중지하게끔 했다. 수많은 사람들이 도시를 건설하고 탑을 쌓는 데 일벌처럼 열중하고 있을 때, 여호와는 일꾼들이 자기의 고유어만을 사용할 수 있게 만들었다. 그들은 대화할 때 쓰던 공용어

**올라가는 바벨탑**

를 갑자기 잊어버렸고, 공사장에는 온갖 외국어만 난무했다. 일꾼, 감독관, 설계사들이 서로 알아들을 수 없는 각기 다른 말을 사용한다면 어떻게 탑을 쌓아 올릴 수 있겠는가. 이런 연유로 사람들은 바벨탑 주위에 집결하여 단일국가를 세우려던 야심을 버려야만 했고, 세상 끝까지 널리 퍼져 살게 되었

다. 〔바빌론을 뜻하는 히브리 단어는 바벨이며 '혼란'이라는 뜻이다.〕

노아의 큰아들 야벳의 자손은 지중해와 소아시아의 해안가에 정착했다가, 서북쪽으로 이주하여 유럽인의 조상이 되었다. 둘째 아들 셈의 후손은 아시리아와 메소포타미아 지역에 거주하면서 셈 족을 형성해, 마침내 히브리인의 조상이 된다. 막내아들 함의 자손은 나일 강변으로 이주해서 이집트를 건국했다. 그들 중 일부는 팔레스타인 지역을 차지하고 가나안인이 되었다.

이것으로 천지창조의 전모를 간략하게 맺는다. 다음 장에서는 여호와가 의로운 사람이라고 칭찬했던 노아의 자손들이 히브리 민족으로 성장하는 과정이 소개된다.

# 제 3 장

# 히브리 민족의 형성

노아의 11대 후손으로 유대 민족의 시조가 되는 아브라함이 태어났다. 그는 여호와의 명령에 순종하여 온 식솔을 이끌고 약속의 땅을 향해 고향을 떠난다. 아브라함의 아들 이삭과 손자 야곱은 온갖 역경을 이겨 내고 가나안 땅에 히브리 민족이 살아갈 발판을 마련한다.

　　대홍수가 물러간 지구는 사방으로 흩어진 사람들로 다시 북적거리고, 바벨탑을 쌓던 바빌론은 상업의 중심지로 계속 흥청거리고 있었다. 노아의 아들 셈이 방주에서 나온 후, 그의 후손들은 거처를 옮기지 않고 양과 가축을 키우며 300여 년간 유목 생활을 이어 갔다.
　　셈의 직계 혈통을 이어받은 아브라함(B.C. 1812~1637)은 대선구자였다. 아브라함의 가족들은 유프라테스 강 하류에서 교역으로 번성했던, 바빌론에서 멀리 떨어지지 않은 우르라는 지역에서 살았다. 이들은 목축에 매우 능하여, 아브라함은 수천 마리의 양을 소유한 부자가 되었고 300명이 넘는 하인들을 고용하여 가축들을 돌보게 했다. 종들은 주인에게 충성을 다했고, 필요하다면 주인을 위해 목숨까지 바쳤다. 그들은 일종의 사병 부대를 형성하여, 훗날 이국땅에서 목초지를 두고 싸움이 벌어졌을 때 아브라함에게 큰 도움을 주었다.

당시 우르에는 우상을 숭배하는 갈대아(지금의 이라크) 종족이 살고 있었는데, 그들은 우상의 힘을 믿고 악한 일들을 자행했다. 우상숭배가 어찌나 성행했던지, 아브라함의 아버지 데라는 우상을 만들어 파는 일을 했다. 하지만 여호와는 노아처럼 신실한 아브라함이 그들의 악한 행실에 물드는 것을 원치 않았다.

데라는 가나안 땅으로 이주하려고 가족을 데리고 갈대아 우르를 떠났으나, 중간 지점인 하란에서 주저앉고 말았다. 아브라함이 하란 땅에 자리를 잡은 지 몇 년이 지났다. 그는 아버지의 집을 떠나 가나안으로 가서 새 터전을 마련하라는 여호와의 목소리를 들었다. "너는 네 고향과 친척과 아버지의 집을 떠나 내가 장차 보여 줄 땅으로 가거라. 내가 너를 큰 민족의 조상이 되게 하고, 너를 축복하여 네 이름을 크게 떨치게 하겠다. 너는 복의 근원이 될 것이다."

이때 아브라함의 나이는 75세였다. 아무리 여호와의 충성스러운 종이라고 해도, 평생 모은 큰 재산을 버리고 노년에 정든 고향을 떠난다는 것은 죽음을 감수하는 행위였다. 하지만 아브라함은 온 일가친척의 반대에도 불구하고 여호와의 명령을 따르기로 결심했다. 어찌된 노릇인지 아브라함은 떠나라는 지시에 기뻐하기까지 했다. 여호와의 언약을 굳게 믿기도 했고, 갈대아 사람들이 주위 종족들과 벌이는 끝없는 싸움에 진저리가 났기 때문이었다.

아브라함은 천막을 뜯고 출발을 명령했다. 하인들은 가축을 한곳으로 모았다. 여인들은 잠자리에 깔 융단과 사막을 건너는 긴 여행에 필요한 식량을 챙겼다. 이리하여 유대인의 첫 번째 대이주가 시작된다. 아브라함은 사라라는 여인과 결혼했으나, 불행하게도 자식이 없었다. 그래서 조카인 롯을 원정길의 부책임자로 삼았다. 아브라함의 출발 명령에 따라, 그들은 붉은 해가 떨어지는 서쪽으로 발길을 서둘렀다. 어찌된 영문인지 아버지 데라는 이주 행렬에서 찾아볼 수 없었다.

아브라함 원정대는 포악한 아시리아 병정들의 약탈을 피하려고 바빌로니아의 깊은 계곡을 피하여 아라비아 사막의 주변을 따라 행진했다. 그들은 큰 사고 없이 서부 아시아의 초원에 도착할 수 있었다. 세겜 마을에 당도한 아브라함은 잠시 길을 멈추고 마므레 평원의 상수리나무 아래에 제단을 만들었다. 이후 벧엘에 도착한 그들은 앞으로의 계획을 세우며 휴식을 취했다. 안타깝게도 아브라함은 출발할 때 기대한 것보다 가나안 사람들이 풍족하지 못하게 사는 것을 보았다.

─┼─

아브라함과 롯의 양 떼들이 어쩌다가 같은 목초지로 몰리게 되면, 많은 가축들이 목초를 남기지 않고 먹어 치워 새파랗던 초원이 삽시간에 황폐해지기 일쑤였다. 아브라함과 롯의 양치기들은 더 좋은 목초지를 차지하려고 다투었고, 그대로 두었다가는 편싸움이 날 지경에 이르렀다. 아브라함은 이런 집안의 불화를 참을 수 없었다.

아브라함은 조카를 천막으로 불러 이렇게 제안했다. "우리들이 목초지를 둘로 나누어 양들을 키우면, 마음 편안하게 살 수 있어 서로 좋지 않겠는가." 롯도 사태를 잘 분별하는 젊은이인지라, 두 사람은 쉽게 타협을 보았다. 조카 롯이 비옥한 요단 강 동쪽 유역을 원했기 때문에, 아브라함은 나머지 지역, 메마른 팔레스타인 땅을 차지할 수밖에 없었다. 그 후 태양이 이글이글 타오르는 사막에서 일생을 보내게 된 아브라함이 시원한 그늘을 만들어주는, 큰 나무가 자라는 지역을 찾으려고 온 힘을 쏟았던 것은 당연한 일이었다.

제단을 쌓는 아브라함

아브라함은 오래된 도시 헤브론과 가까운 마므레의 상수리 숲 근처에 천막을 치고, 새로운 집으로 인도한 여호와에게 새 제단을 쌓아 감사를 올렸다. 그렇지만 새 보금자리의 평화로운 생활은 오래가지 못했다. 조카 롯은 이웃 사람들과 다툼이 잦았고, 아브라함은 가족들을 보호하기 위해 본의 아니게 종종 싸움에 휘말려 들었기 때문이다.

이때 이 지역의 가장 위험한 통치자는 엘람(지금의 이란) 왕이었다. 아시리아 통치자들도 그의 막강한 군대에 겁을 냈다. 엘람 왕은 소돔과 고모라로부터 공물을 거둬들일 속셈이었는데, 그들이 조공 바치기를 거절하자 군대를 이끌고 두 도시를 침공했다. 불행히도 롯이 살고 있는 골짜기에서 싸움이 벌어졌다. 싸움으로 흥분한 병사들은 물불 가릴 줄을 몰랐다. 엘람의 병사들이 소돔

요단 강가의 아브라함과 롯

과 고모라 사람들을 포박하여 포로로 잡아갈 때, 롯과 그의 식구들도 함께 잡혀갔다. 도망쳐 나온 사람으로부터 이 소식을 전해 들은 아브라함은 모든 하인들을 동원하고 앞장서서 진격했다. 한밤중이 되어서야 아브라함 일행은 엘람 왕의 캠프에 도착했다. 아브라함은 단잠에 빠진 엘람 병사들을 단숨에 공격하여 롯과 식구들을 구출하고 요단 강으로 무사히 귀환했다.

엘람 왕과의 싸움에서 거둔 승리는 주위 부족들에게 아브라함의 용맹함을 널리 알리기에 충분했다. 가까스로 죽음을 면한 소돔의 왕이 아브라함을 만나려고 찾아갔다. 그는 유대인이 서부로 이주하기 수백 년 전에 세워진 도시 살렘(혹은 예루살렘)의 왕 멜기세덱을 대동했다. 아브라함은 여호와를 믿는 멜기세덱을 좋은 친구로 삼았지만, 이방 신들을 받드는 소돔 왕은 싫어했다. 소돔 왕이 엘람 족으로부터 되찾은 가축을 아브라함에게 선물했지만, 그는 이를 거절했다. 배가 몹시 고팠던 아브라함의 부하들이 양을 몇 마리 잡아먹었으나 나머지는 소돔의 원래 주인들에게 돌려보냈다.

안타깝게도 소돔 사람들은 주위 사람들과 평화롭게 지낼 줄을 몰랐다. 소돔과 고모라 사람들은 서부 아시아 주민들로부터 나쁜 평판을 듣고 있었다. 그들은 게으르며 나태했고, 온갖 악독한 범죄자와 살인자 들을 법의 심판에 맡기기 거부했다. 많은 이들이 이런 무법천지가 오래가지 못할 거라고 여러 번 경고했지만, 그들은 개의치 않고 악한 일을 계속하여 주위의 선한

**사막 위 아브라함의 천막**

사람들을 계속 괴롭혔다.

아브라함이 99살이 되었을 때, 여호와가 나타나 말했다. "나는 너와 언약을 맺고 약속한다. 너는 여러 민족의 조상이 될 것이다. 나는, 너의 하나님이 될 뿐만 아니라, 네 자손의 하나님도 될 것이다. 너희 가운데서 모든 남자는 태어난 지 8일째 되는 날 포피를 베어 할례를 받아야 한다. 그렇게 해야만, 나의 언약이 너희 몸에 영원한 언약으로 새겨질 것이다. 너는 나와 세운 언약을 잘 지켜야 하고, 네 자손들도 대대로 이 언약을 잘 지켜야 한다." 바로 그날, 아브라함은 물론 집안의 모든 남자와 남자 종까지, 이미 성인의 몸이었지만 할례를 받았다. (이때부터 할례는 유대 민족을 다른 민족과 구별하는 가장 명확한 표시가 되었다.)

붉은 해가 산마루 뒤로 사라져 가는 저녁 무렵, 아브라함은 천막 앞에 앉아 있었다. 아브라함은 이방에서의 삶이 만족스러웠다. 그 옛날, 우르에서 여호와가 말씀하신 약속이 마침내 모두 이루어진 까닭이었다. 다만 그때까지 자식이 없었던 아브라함은 아내 사라가 자식을 낳아 주기만 바랄 뿐이었다. 아브라함이 이런저런 생각에 잠겨 있을 때, 낯선 사람 셋이 천막 앞을 지나가고 있었다. 그들은 먼 길을 와서인지 온몸에 먼지를 뒤집어쓴 데다 피곤한 기색이 역력했다. 아브라함은 그들에게 천막 안으로 들어가 잠시 쉬기를 청했다. 사라가 급히 저녁을 지어 함께 먹은 후, 그들은 나무 밑에서 환담을 나누었다.

많은 대화로 밤이 깊었는데 낯선 사람들은 꼭 이 밤에 떠나야 한다고 말했다. 아브라함은 그들에게 빠르게 가는 지름길을 알려 주었다. 그는 세 사람이 소돔과 고모라로 간다는 것을 알게 되었다. 별안간 아브라함은 자기가 대접한 이 세 사람이 여호와와 그의 두 천사라는 사실을 깨달았다. 아브라함은 그들의 임무가 무엇인지 충분히 짐작할 수 있었다. 언제나 자기 가족을 생각하는 아브라함은 롯과 그의 가족을 살려 달라고 간청했다. 그렇게 하겠다고 약속한 여호와는 한 걸음 더 나아가 소돔이나 고모라에서 의로운 사람 쉰 명, 서른 명, 아니 열 명이라도 찾는다면 두 도시를 멸망시키지 않을 것을 약속했다. 안타깝게도 여호와는 의로운 사람 열 명을 찾는 데 성공하지 못한 것 같다.

그날 저녁 늦게 롯은 아침이 오기 전에 소돔과 고모라는 불에 타 재로 변할 것이니, 가족을 데리고 안전한 곳으로 즉시 떠나라는 천사의 경고를 받았다. 또 가능한 한 서둘러 출발하고, 뒤돌아보면서 시간을 지체하지 말라는 당부도 들었다. 롯은 명령에 순종했다. 그는 아내와 아이들을 깨워 걸을 수 있는 한 빨리 걸어서 아침이 되기 전 소알이라는 마을에 도착했다.

**소금 기둥으로 변한 롯의 아내**

그러나 롯은 마을에 도착하기 전에 아내를 잃었다. 그녀는 호기심이 많았던 것 같다. 하늘은 빨갛게 불타고 있었고, 그녀는 설마 모든 이웃이 불에 타 죽었을까 궁금하여 단 한 번 뒤를 돌아보았을 뿐이다. 하지만 여호와는 그 순간을 놓치지 않았다. 여호와는 여인을 소금 기둥으로 만들었고, 롯은 두 딸을 책임져야 하는 홀아비가 되었다. 큰딸은 아들을 낳아 이름을 모압으로 지었고, 아이는 훗날 모압 족의 조상이 되었다. 작은딸의 아들 이름은 벤암미이며, 암몬 족의 조상이 되었다.

롯 집안의 가슴 아픈 사건은 아브라함을 우울하게 했다. 그는 시커먼 재로 변한 두 도시의 암울한 기억을 뒤로하고 새 보금자리를 찾아 멀리 떠나기로 결정했다. 아브라함은 마므레 숲과 평원을 떠나 지중해 해변에 도달할 때까지 서쪽으로 전진했다. 이 지역은 크레타 섬에서 쫓겨난 블레셋 사람들이 거주하는 팔레스타인 땅이었다. 메소포타미아 농부들이 나무 몽둥이와 돌도끼를 가지고 싸움을 치를 때, 블레셋 사람들은 철로 된 칼을 만들었다고 한다. 이처럼 우월한 군사력 덕분에 그들은 가나안 족들을 물리치고, 지중해 연안의 길고 좁은 지역을 점령하게 되었다.

그럼에도 불구하고 아브라함은 무리를 이끌고 팔레스타인 땅으로 거침없이 나아가 브엘세바 가까이에 정착했다. 그들은 먼저 여호와에게 경배할 제단을 만들었고, 시원한 생수가 솟아나는 깊은 우물을 팠으며, 노인과 아이들에게 시원한 그늘을 드리워 줄 숲을 만들었다. 새 정착지에 생활 터전이 어느 정도 마련될 무렵, 아브라함과 사라의 자식이 태어났다. 그때 그의 나이는 100세였다. 아이의 이름은 '웃음'을 뜻하는 말인 이삭으로 지었다. 아마 자식 볼 희망을 포기한 늙은 부모에게 웃음을 안겨 주어서 그렇게 지은 모양이다.

사실 아브라함은 늙은 나이가 되도록 대를 이을 자식이 생길 기미가 안 보이자, 더 기다리지 못하고 두 번째 아내를 맞아들였다. 당시에 이런 관습은 흔한 일이었으며 아직도 일부 회교 국가에서 계속되고 있다. 아브라함의 두 번째 아내는 유대인이 아닌, 하갈이라는 이름의 이집트 여자였다. 하갈이 아브라함의 첫째 아들 이스마엘을 낳자, 사라는 질투가 폭발하여 하갈을 죽일 생각까지 했다.

해안에 상륙하는 블레셋 사람들

사라는 하갈보다 나이도 훨씬 많았고, 그녀의 절반만큼도 예쁘지 않았다. 사라는 남편의 사랑을 빼앗는 하갈을 하루빨리 없애기로 작정했다. 그녀는 하갈과 이스마엘을 멀리 보내 달라고 아브라함에게 간청했다. 하지만 이스마엘 또한 아브라함의 사랑하는 아들이 아닌가. 아브라함은 공평하지 못한 일이라며 그녀의 간청을 거절했다. 그렇지만 사라는 완강했다. 마침내 여호와께서 사라의 요구를 들어주라고 아브라함에게 지시했다. 더 이상 군말이 있을 수 없었다.

어느 날 아침, 아브라함은 집안의 화평을 위해서 자신에게 충성을 다했

아브라함의 새 보금자리

던 여종과 그녀의 자식 이스마엘을 떠나보내야 했다. 아브라함에게는 참 서글픈 아침이었다. 그는 하갈에게 그녀의 본래 집으로 돌아가라고 당부했다. 하지만 블레셋 땅에서 이집트로 가는 길은 멀고 위험했다. 떠난 지 일주일도 안 되어 하갈과 이스마엘은 사막의 한복판에서 목이 말라 죽을 지경이 되었다. 그들이 브엘세바의 광야에서 갈 길을 잃고 죽어 가는 마지막 순간에, 여호와가 그들을 구출하고 생수가 나는 곳으로 인도했다. 마침내 하갈은 나일 강 기슭에 다다랐다. 그녀와 이스마엘은 친척들로부터 따뜻한 환영을 받았고, 이스마엘은 성장하여 이집트의 병사가 되었다.

그 후 아브라함은 이스마엘을 두 번 다시 보지 못했는데, 얼마 후 둘째 아들 이삭까지 잃을 뻔한 사건이 일어난다. 하지만 이번에는 그 까닭이 아주 달랐다. 별안간 여호와가 아브라함에게 나타나서 말했다. "이삭을 데리고 모리아 산으로 올라가 죽인 다음, 그의 몸을 태워 나에게 제물로 바쳐라." 늙은 선구자는 마지막까지 여호와에게 충성을 바쳤다. 그는 두 하인에게 짧은 여행을 떠날 준비를 시켰다. 그는 당나귀 등에 땔감과 물과 식량을 싣고 사막 길을 나섰다. 아브라함은 아내에게 무엇을 하러 여행을 떠나는지 차마 말할 수가 없었다. 단지 여호와가 떠나라고 말했다는

**쫓겨 가는 하갈**

것만 전했다. 더 이상 무슨 말을 할 수 있겠는가.

아브라함과 이삭은 사흘을 걸어 모리아 산에 도착했다. 아브라함은 두 하인에게 산 밑에서 기다리라고 지시한 후, 이삭의 손을 잡고 산꼭대기로 오르기 시작했다. 그제야 이삭의 호기심이 발동했다. 그는 아버지가 제물을 바치는 장면을 종종 보아 왔다. 그런데 이번에는 무엇인가 달랐다. 이삭은 돌 제단을 보았다. 제물을 태울 나무도 보았다. 아버지가 희생양의 목을 딸 때 사용하는 날이 긴 칼도 보았다. 이삭은 아버지에게 물었다. "그런데 양은 어디에 있나요?" 아브라함이 답했다. "때가 되면 여호와가 양을 내주실 것이다." 그런 후 아브라함은 아들을 돌 제단 위에 올려놓았다. 그러고는 칼을 잡았다. 그는 목에 있는 동맥을 쉽게 자르려고 이삭의 머리를 들어 올렸다.

바로 그때 목소리가 들려왔다. 다시 한 번 여호와가 말했다. "그 아이에게 손대지 마라! 네가 하나님을 두려워하는 줄을 내가 이제야 알았다." 아브라함이 자기의 제일 충직한 종인 것을 확인한 여호와는 더 이상 그의 충성을 시험할 필요가 없었다. 아브라함은 이삭을 제단에서 내리고, 숲에 뿔이 걸려 있는 숫양을 잡아 대신 제물로 바쳤다. 〔이때부터 산 사람을 죽여 제물로 바치는 만행이 히브리 사회에서 사라졌다.〕

여호와는 바랄 수 없는 중에 바라고 믿은 아브라함에게 다시 한 번 축복의 언약을 했다. "네가 이렇게 너의 외아들까지 아끼지 않았으니, 내가 반드시 너에게 큰 복을 내려 너의 자손이 크게 불어나서 하늘의 별처럼, 바닷가의 모래알처럼 많아지

**이삭을 제물로 바치는 아브라함**

게 하겠다."

사흘 후 아버지와 아들은 사라에게 돌아왔다. 하지만 아브라함은 자신에게 아픈 경험을 안긴 이곳에서 더 살고 싶은 생각이 없었다. 그는 하갈과 이스마엘 그리고 모리아 산의 아픈 기억을 지울 수 없는 브엘세바를 떠났다. 그리고 고향 집을 떠나서 처음으로 정착할 집을 장만했던 마므레 평원으로 다시 돌아갔다. 하지만 나이가 너무 많았던 사라는 또 한 번의 긴 여행을 감당할 수 없었다. 숨을 거둔 사라는 막벨라 동굴 속에 묻혔다. 이 동굴은 아브라함이 에브론이라는 헷의 농부에게 은 4.5킬로그램을 주고 산 것이다.

모든 것이 풍족했던 창조 시대에 여호와가 인류의 조상들에게 베푼 가장 큰 축복은 장수長壽였다. 아담에서 노아까지 인간은 900세를 넘게 살았다. 그러나 인류가 점차 타락의 길로 빠져들면서, 아브라함 때부터 평균 수명이 300세 이하로 서서히 줄어들어, 마침내 여호와는 인간이 이 땅에서 사는 날수는 120년뿐이라고 선언했다. 아브라함은 175년을 살았다.

—┼—

홀로 된 아브라함은 무척 외로웠다. 그는 그동안 여행과 일, 싸움을 도맡아서 매우 고되게 살아왔다. 이제는 그만 쉬고 싶었다. 하지만 어렵게 키운 이삭의 앞날이 그를 괴롭혔다. 언젠가 아들은 장가를 가야 할 것이다. 그렇지만 이 지방의 모든 처녀들은 가나안 족속의 딸들 아닌가. 아브라함은 자기 손자들에

사라의 장례

게 이방 신을 가르칠 며느리는 원치 않았다. 그는 고향 집을 떠나올 때 남아 있던 친형제 나흘이 대가족을 이뤄 살고 있다는 소식을 들었다. 그는 이삭이 고향에 있는 사촌과 결혼하면 참 좋겠다고 생각했다. 그렇게 되면 집안끼리 하나가 되고, 하갈 때처럼 이방 여인 때문에 고민할 일도 없을 테니 말이다.

그래서 아브라함은 오랫동안 집안 살림을 충성스럽게 맡아 온, 나이가 제일 많은 하인을 불러 앞으로 할 일을 지시했다. 그는 어떤 여자가 며느릿감으로 좋은지 설명했다. 며느리는 집안 살림에 능숙하고 목축 일을 도울 수 있어야 하지만, 무엇보다 친절하며 마음이 넉넉하고 따뜻해야 한다고 일렀다. 아브라함의 종은 잘 알겠다고 답했다. 그는 낙타 열 마리에 선물을 잔뜩

실었다. 자기 주인 아브라함이 가나안 땅에서 크게 성공한 것을 고향 사람들에게 알릴 필요가 있기 때문이었다. 80년 전, 아브라함이 서쪽으로 갔던 길을 그의 하인은 이제 거꾸로 동쪽을 향해 나아갔다.

사막의 서늘함이 대낮의 열기를 빼앗기 시작하는 저녁 무렵, 아브라함의 종은 나홀이 살고 있는 하란 마을 가까이 다다랐다. 때마침 동네 여인들이 저녁 지을 때 쓸 물을 길으려 우물가에 나와 있었다. 하인은 타고 왔던 낙타에서 내렸다. 그는 목이 마르고 피곤하여 한 처녀에게 물 한 바가지를 청

**리브가의 우물**

했다. 처녀는 공손히 기쁜 낯으로 물을 대접하고는 목마른 낙타들에게도 물을 주겠다고 말했다. 그가 하룻밤 묵을 곳을 묻자, 자기 아버지가 흔쾌히 방을 마련하고 낙타에게 먹을 것을 줄 테니, 길을 떠날 때까지 자기 집에서 편히 쉬라고 말했다. 이 처녀야말로 아브라함이 종에게 일러 준 착하고, 생기 넘치고, 아름다운 신부의 모습이었다. 이 모든 것이 사실이라고 믿기 어려울 지경이었다.

그런데 이 친절한 처녀는 누구란 말인가? 그녀의 이름은 리브가이고,

아브라함의 형제인 나홀의 아들 브두엘의 딸이었다. 리브가에게는 라반이라는 오빠가 있었다. 그녀는 자기가 태어나기도 훨씬 전에 가나안으로 이주한 할아버지 아브라함의 이야기를 들은 적이 있었다. 이제야 아브라함의 심부름꾼은 그가 찾던 색싯감을 만났다는 것을 깨달았다. 그는 브두엘을 만나 자기가 온 이유를 설명했다. 그는 자기 주인 아브라함이 지중해 해안 지역에서 큰 부자이며 세력이 제일 큰 사람이라고 전했다. 아브라함의 종은 헤브론에서 가져온 양탄자, 은 귀걸이, 금잔으로 우르 사람들을 감탄하게 한 뒤, 리브가가 이삭의 아내가 될 수 있는지 브두엘에게 물었다.

아버지와 아들은 결혼을 흔쾌히 승낙해야겠다고 마음먹었다. 그 시절에 부모들은 혼사에 대해 딸의 의견을 묻는 경우가 극히 드물었는데, 딸의 행복을 원하는 브두엘은 리브가에게 물었다. "너는 한 번도 본 적이 없는 사촌과 결혼하러 먼 이방으로 갈 작정이냐?" 그녀는 "저는 갈 것입니다"라고 응낙하고 당장 출발 준비를 했다. 늙은 유모와 많은 하녀들도 동행했다. 그들은 낙타에 올라 아브라함의 종이 침이 마르게 자랑했던 이국땅이 어떻게 생겼을까 궁금해하며 가나안으로 발길을 재촉했다. 그들이 본 이국땅의 첫인상은 매우 좋았다.

리브가를 태운 이삭의 낙타 떼는 먼지를 일으키며 터벅터벅 사막을 전진했다. 저녁 무렵이었다. 멀리서 한 사람이 걸어오는 것이 보였다. 이삭이었다. 그는 낙타 등에 달린 작은 종들이 내는 쨍그랑 소리를 듣고 걸음을 멈추었다. 이삭은 자기 가축들을 알아보았다. 그러고는 앞으로 뛰어나가 면사포로 살짝 가려진, 곧 아내로 맞을 여인의 얼굴을 훔쳐보았다. 아브라함의 종은 젊은 주인에게 뛰어가 그간에 일어났던 일과 리브가가 얼굴처럼 마음도 곱다는 것을 간단히 아뢰었다.

이삭은 리브가와 결혼했고 자기가 참으로 복이 많은 사람이라고 생각했다. 얼마 후 아브라함이 죽고, 막벨라 동굴에 있는 사라의 묘지 옆에 묻혔다. 이삭과 리브가는 아브라함이 소유했던 모든 땅과 가축 들을 상속받았다.

하지만 결혼한 지 20년이 지나도록 리브가가 임신하지 못하자, 이삭은 아내가 아이를 가지게 해 달라고 여호와에게 기도했다. 여호와가 이삭의 기도를 들어주어, 리브가가 임신했다.

해산할 달이 차서 몸을 풀고 보니 쌍둥이였다. 어머니 몸에서 먼저 나온 아기는 살결이 붉고 온몸이 털투성이어서 이름을 에서라고 했다. 나중에 나온 아기는 손으로 에서의 발뒤꿈치를 붙잡고 나와서 야곱(B.C. 1652~1505)이라고 이름을 지었다. 이제 더 이상 바랄 것이 없는 이삭과 리브가는 진정 행복한 부부였다. 그들은 저녁이 되면 천막 밖으로 나가 쌍둥이 아들과 놀면서 시간을 보내곤 했다.

--|--

이삭의 두 아들, 에서와 야곱처럼 닮은 데가 없는 쌍둥이 형제도 드물 것 같다. 피부가 곰처럼 누런 에서는 거칠었지만 정직한 젊은이었다. 털이 무성하게 난 두 팔의 힘은 무척 강했고, 동작은 광야를 질주하는 야생말처럼 날랬다. 그는 광야로 나가 짐승과 새 들을 사냥하면서 시간을 보냈다. 반면에 야곱은 좀처럼 집을 떠나 멀리 가지 않았다. 그는 어머니 품에서 응석받이로 자랐는데, 어머니 리브가가 아이 버릇을 잘못 들인 탓이었다.

몸집이 크고 수다스러운 에서는 온몸에서 낙타와 염소 냄새를 풍기는 것은 물론이고, 집에서 기르는 짐승들의 새끼를 집 안으로 끌어들였다. 리브가가 이것을 좋아할 리 없었다. 그녀에게 에서는 하찮은 일에만 관심을 갖는 단순한 아이였다. 하지만 태도가 온순하고 상냥한 웃음을 짓는 야곱은 어머니에게 매우 총명한 아이로 보였다. 그녀는 야곱이 에서보다 먼저 태어나지 못한 것이 못내 한스러웠다. 그랬으면 아버지의 재산을 상속받을 수 있었건만, 이삭의 재산은 부자가 되고 싶지도 않고 이름난 가문도 싫은 시골뜨기에서에게 돌아갈 예정이었다. 그러나 누구도 한 번 태어난 순서를 바꿀 수는 없지 않은가. 야곱은 둘째 아들의 역할로 만족해야 했고, 우람하지만 아무 매력도 없는 에서는 아버지의 큰 유산을 물려받을 상속자로 주위에 널리 알려졌다.

리브가와 야곱이 모략하여 큰아들의 상속권을 뺏는 에피소드는 즐거운 이야기가 아니다. 그렇지만 유대인의 앞날을 책임질 부족장이 뒤바뀌는 획기적 사건이기에 생략할 수는 없다. 앞에서 이야기한 대로, 에서는 평생을 광야에서 보낸 사냥꾼, 농부, 목자였다. 이런 부류의 사람이 그렇듯이 그는 매사에 신경 쓰지 않고 편하게 사는 것을 좋아했다. 에서에게 삶이란 태양과 바람과 양 떼들처럼, 자기 스스로 나아가는 단순한 것에 불과했다. 그는 유식한 자들의 토론에는 흥미가 없었다. 배가 고프면 먹고, 목이 마르면 마시고, 졸리면 잠자리에 들었다. 이 밖의 일을 왜 걱정한단 말인가.

반면에 야곱은 집에 틀어박혀 생각을 많이 했다. 그는 어머니 배 속에서 나올 때부터 에서의 발꿈치를 꽉 잡아채고 형보다 먼저 세상에 나오려는 집념을 보이지 않았던가. 그의 가슴은 욕심으로 가득 차 있었다. 그는 재물을 원했다. 야곱이 어떻게 형에게 돌아갈 모든 것을 차지할 수 있었을까?

어느 날 야곱에게 기회가 찾아왔다. 에서가 사냥을 갔다 막 돌아온 참이었다. 그는 며칠을 굶은 늑대처럼 배가 몹시 고팠다. 그때 야곱은 부엌에서 자기가 먹을 맛있는 붉은 죽을 만드는 중이었다. 배가 고파 숨이 넘어갈 지경이던 에서가 말했다. "네가 만든 죽, 당장 먹을 수 없겠니?" 야곱은 못 들은 척했다. 에서가 다그쳤다. "굶어 죽겠다. 죽 한 그릇 빨리 다오." 야곱이 물었다. "그럼, 이 대신 무엇을 줄래?" "무엇이든지!" 에서는 더 이상 아무 말도 말고 죽을 달라고 애걸했다.

에서는 동시에 두 가지를 생각하지 못하는 단순한 사람이었다. 그들의 대화는 이렇게 이어진다. "큰아들의 모든 권리를 내게 줄 수 있니?" "물론이다. 당장 굶어 죽게 되었는데, 그것이 다 무슨 소용이냐? 죽 한 그릇 빨리 주

장자 상속권을 잃은 에서

고, 그놈의 권리 가져가거라." "맹세할 수 있겠니?" "맹세할 수 있다. 빨리 죽이나 다오."

죽 한 그릇에 모든 것을 거래한 두 젊은이의 약속을 농담 정도로 생각할 수도 있겠지만, 에서에게도 야곱에게도 약속은 약속이었다. 야곱은 에서가 죽 한 그릇에 큰아들의 모든 권리를 포기했음을 어머니에게 전했다. 이제 모자는 이삭의 정식 승낙을 받아 내 에서의 맹세를 확실히 해야 했다. 그 기회는 매우 빨리 찾아왔다.

그 당시 이삭은 사막에 사는 사람이라면 흔히 걸리는 병으로 고생하고 있었다. 그는 시력을 잃어 가고 있었다. 더욱이 주변 상황마저 매우 심각했다. 마므레 평원에 오랫동안 극심한 가뭄이 든 탓에, 이삭은 가축들을 몰고 서쪽으로 이동해 블레셋의 심장부까지 가야만 했다. 블레셋 사람들은 이삭이 들어오는 것을 막았고, 수십 년 전에 아브라함이 종을 시켜 브엘세바의 광야에 판 우물까지 흙으로 메워 버렸다. 블레셋 사람들과의 분쟁은 편안한 생활을 하던 이삭을 무척 늙게 만들었다.

그는 마지막으로 헤브론 땅으로 돌아왔다. 이삭은 이제 머지않아 죽을 것을 알고, 평안하게 눈을 감을 수 있도록 뒷일들을 마무리 짓고 싶어 했다. 그래서 에서를 불러 "들에 나가 사슴 한 마리를 잡아 내가 좋아하는, 불에 구운 고기를 만들어 오너라"라고 시켰다. 에서가 돌아오면 그를 축복한 뒤, 유대 법에 따라 전 재산을 상속할 작정이었다. 에서는 "네" 하고, 활과 화살을 메고 집을 떠났다.

리브가는 두 사람의 대화를 엿듣고는 야곱을 불러들였다. 리브가가 속삭였다. "때가 왔다. 서둘러라. 오늘 너의 아버지는 상태가 매우 나쁘다. 그는 곧 죽을 것을 걱정해서 오늘 저녁에 에서를 축복하려 한다. 하지만 너무 걱정할 것 없다. 나는 너를 변장시켜 에서라고 믿게 만들 것이다. 그러면 너는 모든 것을 상속받을 것이다. 그것이 우리가 바라는 것 아니냐!"

야곱은 어머니의 계획이 내키지 않았다. 어떻게 매끈한 피부와 높은 목소리를 가진 자신이 털북숭이 에서를 흉내 낼 수 있단 말인가. 하지만 리브가는 모든 것을 궁리해 두었다. 그녀는 말했다. "아주 간단한 일이다. 내가 방법을 보여 주마." 그녀는 서둘러 어린 염소 두 마리를 잡아 에서가 하던 것처럼 불에 구웠다. 그런 다음 짐승의 가죽을 야곱의 손과 팔에 둘렀다. 그녀는 땀 냄새를 풍기는 에서의 낡은 외투를 야곱의 어깨에 둘러 주고, 에서처럼 거친 목소리로 말하라고 타일렀다.

눈이 멀어 가던 이삭은 아들이 감쪽같이 뒤바뀌었다는 사실을 눈치채지 못했다. 그는 귀에 익은 목소리를 들었다. 에서의 외투에서 풍기는 땀내도 맡았다. 강하고 털이 많은 팔도 만졌다. 음식을 다 먹은 후 이삭은 야곱을 무릎 꿇게 하고 축복하여 상속자로 삼았다. 야곱이 아버지 방을 나올 때, 에서는 들에서 돌아오고 있었다. 야곱의 모략을 알

**에서를 피해 도망하는 야곱**

리 없는 에서는 아버지가 좋아하는 불고기를 만들어 앞으로 가 축복을 간청했다. 하지만 모든 것은 결판나 버린 후였다. 축복은 이미 야곱에게 돌아갔고, 이삭은 이를 번복할 수 없으니! 이삭은 에서를 제일 사랑한다고 말했지만 야곱에게 돌아간 축복의 서약은 돌이킬 수 없는 일이었다.

울분을 못 이겨 밖으로 뛰쳐나간 에서는 기회가 오는 대로 야곱을 죽일 결심을 했다. 리브가는 화를 참지 못하는 에서가 곱게 자란 야곱을 진짜 죽일지도 모른다고 생각해 두려움을 느꼈다. 그녀는 야곱에게 외삼촌 라반이

살고 있는 하란으로 도망치라고 말했다. 그러고는 집안의 불화가 잠잠해질 때까지 그곳에 가 있다 보면, 사촌 중에서 한 아가씨를 골라 결혼도 할 수 있지 않겠느냐고 야곱을 달랬다. 야곱은 어머니 말을 따라 두 마리의 토끼를 쫓기로 작정했다. 그 후 야곱의 비양심적인 행동은 바뀔 줄을 몰랐지만, 몇 번의 기이한 모험을 모두 이겨 내고 집으로 돌아오는 길에 원수지간이었던 형과 화해한다.

야곱은 큰 어려움 없이 외삼촌이 사는 곳을 찾았는데, 가는 길에 괴이한 꿈을 꾸었다. 야곱의 말에 의하면, 벧엘이라는 도시와 가까운 사막에서 잠이 들었을 때, 갑자기 하늘이 열렸다고 한다. 그는 땅에서 하늘까지 닿은 사다리를 보았다. 사다리 위에는 여호와의 천사들이 있었다. 사다리 꼭대기에서 여호와가 말했다. "나는 도망자의 친구가 될 것이며 피난하는 너를 도울 것이다." 야곱은 여호와가 한 약속을 굳게 믿은 것이 틀림없다. 그는 용기를 잃지 않고 닥쳐오는 많은 위기를 슬기롭게 해결한다.

**야곱의 사다리**

야곱이 우르 땅에 도착하자, 외삼촌은 기꺼이 그의 거처를 마련해 주었다. 하지만 야곱이 젊고 예쁜 사촌 라헬과의 결혼을 청하자, 라반은 아무 보수 없이 야곱을 7년 동안 부려 먹은 후 야곱이 좋아하지도 않는, 더구나 결혼은 생각지도 않았던 첫딸 레아를 내주었다. 야곱이 항의하자, 외삼촌은 첫째 딸이 먼저 시집을 가는 것이 이 고장의 관습이라고 변명하며, 7년을 더 일해 주면 둘째 딸 라헬과의 결혼을 허락하겠다고 약속했다. 그 말대로 하면 야곱은 두 여자와 결혼할 수 있었다. 야곱은 어찌해야 되나? 마땅한 거처도 따로 없고, 고향 집에는 에서가 방망이를 들고 그가 돌아오기만 기다리고 있는데. 더욱이 사랑하는 라헬과 결혼해야만 행복할 것 같았다. 야곱은 외삼촌의 제의를 받아들여 라반의 양들을 다시 7년 동안 성실히 키운다.

총 14년의 노동에도 불구하고, 그의 장래는 어머니 친척들의 손에 달려 있었다. 재산이라고는 양 한 마리도 없는 야곱은 아직 가정을 꾸릴 형편이 못 되었다. 그는 7년을 더 일하는 조건으로 라반과 다시 계약을 맺었다. 그 대가로 라반은 자기 목초지에서 태어나는 모든 검은 양과 얼룩덜룩하고 점이 있는 염소를 주겠다고 약속했다. 그것만 가져도 야곱은 독립해 살 수 있는 든든한 밑천을 만들 수 있었다.

참 기이한 계약이었다. 검은 양과 점이 있는 염소는 태어나기가 매우 어렵다는 것을 잘 아는 라반은 손해 볼 것이 없다고 생각했다. 잔꾀 많은 라반은 얼룩덜룩하고 점이 있는 염소를 모두 골라 자기 아들이 일하고 있는 다른 목초지로 보냈다. 야곱에게 한 마리의 가축도 주지 않으려는 속셈이었다. 이 것은 삼촌과 조카의 머리싸움이었는데, 결국은 조카의 머리 회전이 더 빠르다는 사실이 증명된다.

야곱은 정말 능란한 양치기였다. 그는 가축 기르는 방법을 잘 알았고, 튼튼한 가축을 번식시키는 신기술을 습득했다. 더욱이 야곱은 얼룩덜룩하고 점이 있는 양과 염소를 태어나게 하려면, 어떤 환경에서 암수를 교미시켜야 하는지 알아냈다. 반면에 목축 일을 아들과 종들에게 맡긴 라반은 가축을 번식시키는 기술을 잘 알지 못했다. 라반이 사태를 파악했을 때는 야곱이 그의 모든 가축을 소유한 후였다. 분통이 터졌지만 이미 늦은 일이었다. 야곱은 검은 양과 점이 있는 염소들과 두 아내 그리고 열한 명의 자식을 거느린 몸이 되어 있었다.

좋게 보아준다 하더라도 야곱은 장인의 재산을 훔치고 집안을 거덜 나게 만든 것이나 다름없다. 라반과 야곱이 공개적으로 싸운 것은 아니지만 집 안싸움이었음은 틀림없다. 우르를 떠날 수밖에 없게 된 야곱은 가나안 땅으로 돌아갈 결심을 한다. 형 에서가 지난날을 용서해 줄 것이고 아버지 이삭이 사망하면 돌아올 유산이 있지 않은가.

야곱은 집으로 향하는 길에 사막을 지나면서 여호와가 보낸 천사와 마주치게 된다. 천사는 다짜고짜 야곱을 붙잡아 씨름판을 벌인다. 천사가 온 힘을 다하여 버티는 야곱을 내동이치면서 그의 엉덩이뼈가 탈골됐다. 하지만 새벽 동이 틀 때까지 야곱이 물러서지 않자, 천사는 야곱을 축복하고, 이제부터 야곱은 '이스라엘(하나님과 겨루어 이긴 사람)'이라 불릴 것이라고 말했다. 여호와가 야곱에게 내린 두 번째 축복이었다. 이후로 야곱은 엉덩이를 절뚝거리며 살게 된다.

야곱이 마므레에 가까이 왔을 때였다. 에서가 많은 사람과 낙타를 거느리고 오고 있다는 소식을 들은 야곱은 제정신이 아니었다. 재회하는 순간이 두려웠다. 그는 형의 환심을 사려고 최선을 다했다. 야곱은 가지고 있는 모든 것을 선물하기로 마음먹었다. 그는 선물을 실은 낙타 부대를 셋으로 나누어 하루씩 차이를 두고 자신보다 앞서 보냈다. 그러나 사실은 그렇게 걱정하지 않아도 괜찮았다. 형 에서는 품성은 거칠었지만 가슴속에는 동생을 사랑하는 마음이 숨어 있었기 때문이다. 그는 야곱이 소유한 어떤 재산도 원하지 않았다. 에서는 오래전에 야곱을 용서했다. 그는 동생을 만나자 옛적 일은 잊자면서 야곱을 끌어안았다. 에서는 아버지가 연로하시지만 아직 정정하시며, 손자들을 보고 싶어 하신다고 말했다.

헤브론을 향하여 떠날 때 열한 명이었던 야곱의 아들들은 고향 집에 도착하기 전에 열두 명으로 늘었다. 라헬과 레아는 오랫동안 서로 질투하며 살았다. 야곱의 사랑을 받지 못한 평범한 아내였던 레아는 아들 열 명을 두었다. 그러나 남편의 사랑을 독차지했던 라헬은 요셉이라는 아들 하나뿐이었다. 집으로 돌아가는 길에 라헬이 낳은 아이가 베냐민인데 그녀는 해산 직후 죽는다. 정말 슬픈 귀환이었다. 야곱은 라헬을 베들레헴에 묻고 대가족을 서쪽으로 이끌어 헤브론에 도착한다. 그때까지도 정정했던 이삭은 돌아온 아들을 반가이 맞았다. 얼마 후에 이삭은 죽어 그의 부모가 묻힌 막벨라 동굴에 안장되었다.

이제 이스라엘이라 불리는 야곱은 아버지에게 물려받은 유산 그리고 모략과 도적질로 차지한 재물로 풍족하게 살게 되었다. 이 같은 삶을 여호와의 축복이라고 단정하기는 쉽지 않다. 왜 여호와는 이런 야곱을 내치지 않고 히브리 민족의 족장으로 택한 걸까?

야곱과 친족(아버지, 형, 외삼촌) 간의 싸움에서 친족은 강자였고, 야곱은 약자의 신세였다. 율법을 집행할 사법부가 없던 당시에 약자가 강자를 이기려면 살인 또는 모략 이외는 방법이 없었다. 야곱은 교묘한 묘략을 꾸몄고, 그 죗값으로 20년의 노역을 참아 냈으며, 최강자의 자리를 차지했다. 이만하면 여호와도 야곱이 부족을 이끌고 앞날을 개척할 자격을 충분히 갖추었다고 판단했을 것이다.

하지만 시련은 아직 끝나지 않았는지, 야곱은 다시 한 번 정든 집을 떠나 머나먼 이집트에서 말년을 보내게 된다. 다음 장에서 야곱의 자식들이 이집트에서 벌인 종횡무진 활약상이 소개된다.

# 제 4 장

# 요셉과 형제들

대가뭄이 팔레스타인을 강타했다. 유대인들은 기이한 사연으로 이집트의 총리가 된, 야곱의 아들 요셉의 활약으로 기근에 빠진 고향을 떠나 이집트에 새 삶의 터전을 마련한다.

이삭이 활약하던 시절, 가나안 땅은 유대인들의 확고한 주거지로 점차 자리매김해 갔다. 하지만 평화롭고 풍요했던 시절은 오래가지 못했다. 그의 아들 야곱은 한 지역에 오랫동안 머무른 적이 없을 정도로 대가족을 꾸려 가기 위해 동분서주했다. 야곱이 노년기에 접어들었을 때, 장기간 계속된 가뭄으로 팔레스타인은 기근에 허덕이고 있었다. 야곱의 자식들은 식량을 구하러 가뭄이 비껴간 이집트를 찾아갔다. 그 후 그들은 특별한 인연으로 이집트에 오랫동안 머무르게 되는데, 그 배경에는 야곱의 열한 번째 아들인 요셉의 역할이 지대하다. 이제부터 요셉(B.C. 1561~1451) 의 파란만장한 일생이 소개된다.

우리가 기억하는 대로 야곱은 자매와 결혼했다. 야곱은 어렵게 결혼한 라헬을 무척 사랑했으나 레아에게는 무심했다. 남편의 사랑을 못 받았다고 자식까지 많이 낳지 못하라는 법은 없는가 보다. 언니 레아는 열 명의 아들을 낳았으나, 동생 라헬은 단 두 명의 아들, 요셉과 베냐민을 낳았다. 당연히 그는 레아의 아들보다 라헬의 아들을 더 사랑했다. 야곱의 편애는 온 식구들이 함께하는 저녁 밥상과 야외 모임에서 공공연히 드러났다. 아버지가 이복동생을 더 사랑한다는 사실을 어린 자식들이 알게 만든 야곱의 행동은 참 현명하지 못했다. 모든 자식의 마음을 삐뚤어지게 만들기 때문이다. 매사에 빈틈이 없던 야곱도 자식 문제에는 허점을 보였다.

이복형들보다 훨씬 영리한 요셉은 곧 집안의 골칫덩어리가 된다. 아버지의 편애로 무슨 말과 어떤 행동을 해도 걱정할 필요가 없던 요셉은 그 이

요셉의 첫 번째 꿈

점을 마음껏 이용했다. 어느 날, 온 가족이 모인 아침 밥상에서 요셉은 자기가 굉장한 꿈을 꾸었다고 자랑했다. "무슨 꿈을 꾸었느냐"고 누군가 물었다. 요셉이 답했다. "별것 아닙니다. 우리들이 들에서 곡식 단을 묶고 있었는데, 형님들의 단이 원처럼 둘러서서 중앙에 서 있는 제 단에 큰절을 올렸습니다. 그게 전부입니다." 별로 영리하지 못한 형들이었지만 요셉의 꿈이 무엇을 뜻하는지 모를 리 없었다. 그들은 더 이상 요셉을 좋아할 수가 없었다.

며칠 후 요셉은 또 한 차례 해프닝을 벌였는데, 이번에는 요셉이 무슨 짓을 저질러도 곱게 봐주던 아버지까지 화를 내게 만들었다. 요셉이 먼저 말을 꺼냈다. "제가 또 다른 꿈을 꾸었습니다." "이번에는 무엇이냐? 뭐, 곡식 단에 관한 것이냐?" 형제들이 짜증을 내며 물었다. 요셉이 자랑스럽게 대답했다. "아닙니다. 이번에는 별에 관한 것입니다. 하늘에 열한 개의 별들이 있었는데, 그 별들과 해와 달이 제 별에게 절을 했습니다."

열한 명의 형제들은 기분이 몹시 상했다. 요셉의 죽은 어머니를 안타깝

요셉의 두 번째 꿈

게 기억하는 아버지까지도 그가 좀 심하다고 생각했다. 야곱은 요셉에게 앞으로 조심하는 것이 좋겠다고 주의를 주었다. 하지만 어린 자식이 그리 귀여웠는지, 나쁜 버릇을 고치기는커녕 화려한 빛깔의 예쁜 외투를 요셉에게 사주었다. 요셉이 그 옷을 걸치고 형제들 앞에서 자랑한 것은 물론이다. 이만하면 요셉에게 무슨 일이 일어났을지 쉽게 짐작할 수 있을 것이다.

색동 외투를 자랑하는 요셉

형제들은 요셉의 꿈 이야기를 처음에는 그냥 웃어넘겼지만, 곰곰이 생각할수록 쓸쓸했다. 질투심을 이기지 못한 그들은 아버지가 멀리 출타한 기회를 이용하여 마침내 요셉을 없애기로 작정했다. 그러고는 모두 함께 세겜에서 가까운 들로 나갔을 때, 형제들은 요셉의 색동 외투를 벗기고 두들겨팬 다음 구덩이에 던져 버렸다. 구덩이는 물 없이 텅 비어 있었다. 형제들은 앉아서 곰곰이 생각했다. 그들은 친형제를 죽일 만큼 악질이 못 되었다. 요섭을 저렇게 두는 것은 너무하다고 생각했다. 그렇다고 한집에서 함께 살 수도 없는 노릇이었다.

넷째 유다가 계책을 하나 냈다. 당시 유대인들은 나일 강에서 메소포타미아로 뻗은 큰 도로 주변에 무리지어 살고 있었다. 이 길은 사막의 대상들이 많이 이용하는 무역 통로였다. 유다가 말했다. "요셉을 대상들에게 팔아

요셉을 구덩이에 던진 형제들

버리자. 그리고 외투를 여러 쪽으로 찢어 짐승의 피를 뿌려 놓자. 아버지께는 사자나 호랑이가 요셉을 먹어 치웠다고 말하면 된다. 받은 돈은 우리끼리 나누면, 이보다 더 좋은 계략이 어디 있겠느냐."

얼마 안 되어 이집트로 가는 미디안 대상들이 길르앗에서 도착했다. 이 상인들은 미라를 만들 때 사용하는 향료를 나일 강으로 가져가는 길이었다. 형제들은 대상에게 팔 젊은 노예가 있다고 말했다. 흥정 끝에 그들은 은화

스무 개를 받고 골칫덩어리 동생을 팔았다. 이렇게 요셉은 서쪽으로 팔려가는 몸이 된다. 형제들은 집으로 돌아가 한통속이 되어 아버지께 거짓 이야기를 아뢰었다. 그 후 20년 동안 야곱은 산짐승에게 물려 간 막내아들을 못 잊어 애통함 속에서 살았고, 요셉은 많은 시련을 이겨 내고 이집트의 총리가되어 생사를 몰랐던 형제들과 극적으로 재회한다.

—┼—

　우리가 본 것처럼 요셉은 매우 명석했다. 그러나 불행하게도, 그의 영리한 두뇌에서 나오는 신랄한 말은 때때로 쓸데없는 적을 만들어 스스로를 곤궁에 빠뜨리기도 했다. 하지만 세겜에서 당한 수난으로 요셉은 많은 것을 깨달았다. 그 후 그는 다른 사람들이 못 보는 것을 볼 수 있게 되었지만, 그것을 누구에게나 털어놓지는 않았다.

　이윤을 남기려고 요셉을 사들인 미디안 상인들은 이집트 군대의 경호대장 보디발로부터 큰돈을 받고 그를 노예로 팔아넘겼다. 그리하여 요셉은 보디발 집안의 노예가 되었지만, 똑똑한 머리를 굴려 경호 대장의 오른팔이되어 집안일을 도맡아 하고 모든 일꾼을 부리게 되었다. 이제 요셉은 행정능력을 습득했을 뿐만 아니라 미녀였던 어머니 라헬을 닮아 잘생긴 청년으로 장성했다.

　한편 보디발의 아내는 둔감한 자기 남편보다는 검은 머리의 잘생긴 젊은이에게 마음이 끌렸다. 그러나 주인과 노예 간의 은밀한 관계는 언제나 파국으로 치닫는다는 것을 잘 아는 요셉은 그녀에게 가까이 가는 것을 피했다. 보디발의 아내는 더 현숙해야 했지만, 그렇지 못했다. 요셉의 의연한 행동거지에 자존심이 상한 그녀는, 새로 들어온 집사가 매우 거만하고 무례한 데다가 큰일을 맡길 만큼 신뢰할 수 없다고 남편에게 불평했다.

당시 이집트에서 노예는 한낱 노예일 뿐이었다. 보디발은 아내의 고발이 사실인지 조사하는 것조차 귀찮았다. 큰 혐의도 없었지만 그는 요셉을 감옥에 집어넣었다. 그렇지만 요셉의 맑은 마음과 세련된 매너는 감옥 속에서 그를 온전히 지켜 주었다. 간수장은 충직한 젊은이가 감옥 일을 도맡아 해 주는 것이 너무 기뻤다. 요셉이 감옥에서 자유로운 몸이 되었다는 말이다. 감옥 문을 나서지만 않는다면 그는 원하는 일은 무엇이나 할 수 있었고, 동료 죄수들과 자유 시간을 보낼 수 있었다.

**감옥에 갇힌 요셉**

요셉과 같은 감옥에 갇혀 있던 두 죄수가 그에게 큰 관심을 가지고 있었다. 한 사람은 왕궁의 시종장이었고 다른 사람은 이집트 왕 바로의 빵을 굽는 사람이었다. 두 사람은 왕 앞에서 어떤 불경죄를 지어 감옥에 갇힌 것이 분명했다. 왕을 신처럼 떠받들던 시절에 왕에게 불손한 행위를 하는 것은 큰 범죄였다. 최고 통치자를 끔찍이 존경하는 이집트인들은 왕의 이름을 직접 부르지 못하고, 대신 '큰 집'을 뜻하는 바로라고 불렀다. 두 사람은 큰 집의 시종들이었고 왕의 처벌을 기다리는 중이었다. 다른 할 일이 없었던 그들은 서로 자기가 꾼 꿈에 대해서 이야기하는 것으로 긴 하루의 지루함을 달랬다. 옛날 사람들은 꿈에 상당한 관심을 가졌기 때문에, 꿈을 해설하는 사람이 크게 대접받던 시절이었다.

요셉의 총명함이 빛을 발할 때가 왔다. 시종장과 빵쟁이가 찾아와 그들의 꿈을 이야기하자 요셉은 기꺼이 꿈을 해설해 주겠다고 말했다. 시종장이 말했다. "이것이 내가 꿈에서 본 것이오. 내가 포도나무 가까이 서 있었는데 갑자기 포도나무에서 가지가 세 개 자라나더니 포도송이가 가득 매달렸습니다. 나는 포도즙을 만들어 술잔에 붓고 바로에게 가져갔습니다." 요셉은 잠시 생각하더니 이렇게 답을 했다. "참 간단한 꿈입니다. 당신은 3일 안에 자유의 몸이 되고 본래 지위로 돌아갈 것입니다."

빵쟁이가 더 기다리지 못하고 당장 끼어들었다. "내 꿈도 들어 보시오. 나도 이상한 것을 보았소. 내가 빵을 담은 바구니 세 개를 머리에 이고 왕궁으로 들어가고 있었는데, 갑자기 하늘에서 한 무리의 새들이 달려들어 빵을 다 먹어 치웠습니다. 이것은 무슨 꿈이오?" 요셉은 내키지 않았지만 답을 해야만 했다. "이 꿈 또한 간단합니다. 당신은 3일 안에 나무에 목이 매달릴 것입니다."

3일째 되던 날은 바로의 생일이었다. 그는 모든 신하들에게 큰 잔치를 베풀었다. 바로는 아직도 감옥에 있는 빵쟁이와 시종장이 별안간 생각났다. 그는 빵쟁이를 목매달고, 시종장은 방면하여 왕궁으로 복직시키라고 명령했다. 시종장이 크게 기뻐한 것은 물론이다. 감옥 문을 나오면서 그는 자기의 행운을 미리 알려 준 요셉을 결코 잊지 않겠노라고 약속했다. 그는 바로와 모든 신하들에게 요셉의 이야기를 하여 그를 감옥에서 풀어 줘야겠다고 작정했다. 하지만 시종장의 자리로 돌아간 그는 바로의 술잔에 포도주를 따르느라 그리 바빴는지 감옥에서 같이 수개월을 지낸 유대인 젊은이를 감쪽같이 잊었고, 요셉의 이야기는 한마디도 꺼내지 않았다.

요셉은 왕궁으로부터 좋은 소식을 기다리는 것으로 매일 아침을 시작했지만 고대하던 소식은 좀처럼 들리지 않았다. 그는 2년을 더 감옥에서 살았다. 바로가 해괴망측한 꿈을 꾸지 않았더라면 죽을 때까지 감옥에서 살았을지도 모른다. 바로가 꿈을 꾸었는데 그 내용이 매우 해괴하여 온 백성들의 이야깃거리가 되었다. 백성들은 하늘의 신이 바로에게 무슨 계시를 하려는 것인지 무척 궁금해했다.

바로의 꿈은 이러했다. 바로는 한 줄기에서 자라난 일곱 개의 잘 익은 이삭을 보았는데, 별안간 같은 줄기에서 나온 일곱 개의 쭉정이 이삭이 이것

**바로 왕의 궁전**

을 몽땅 먹어 버렸다. 다음에는 일곱 마리의 삐쩍 마른 암소들이 나일 강가에서 풀을 뜯어 먹고 있던 일곱 마리의 살진 암소들을 잡아 삼켜, 가죽이나 뼈의 흔적조차 남기지 않았다. 간단한 꿈이지만 바로의 평화롭던 마음을 흔들어 놓기에 충분했다. 그는 나라의 용하다는 점쟁이들에게 꿈을 설명해 보라고 했지만 아무도 답을 내놓지 못했다. 그때 시종장은 꿈을 설명하는 데 신통한 재능이 있었던 유대인 청년을 기억하고 바로에게 그를 불러오기를 청했다. 하인들은 감옥에 있던 요셉의 몸을 씻기고 머리를 단장시킨 뒤 새 옷을 입혀 바로 앞으로 데려갔다.

긴 감옥 생활의 단조로움 속에서도 요셉의 총명한 머리는 녹슬지 않았다. 그는 아주 쉽게 바로의 꿈을 설명했다. 이것이 그의 해몽이다. "먼저 7년간의 대풍작이 있을 것입니다. 일곱 마리의 살진 암소와 한 가지에서 나온 일곱 개의 잘 익은 이삭이 이를 말해 줍니다. 그다음 7년간은 흉년과 기근이 이어져, 앞선 7년간 비축해 둔 모든 곡식을 소비하게 될 것입니다. 바로께서는 현명한 사람을 뽑아 식량 관리를 맡기시어 앞으로 닥쳐올 기근에 대비하심이 마땅합니다."

바로는 청년의 논리적인 설명에 큰 감명을 받았다. 그는 서둘러 조처를 취해야 함을 알았다. 왕은 젊은 이방인을 즉시 농업 장관에 임명했다. 세월이 흘러 요셉의 영향력은 급속히 커졌다. 7년이 지난 후 야곱과 라헬의 아들은 이집트의 총독이 되어 온 나라를 다스렸다. 그는 거대한 창고를 지어 남

바로의 꿈을 설명하는 요셉

아도는 곡식을 가득 채워 닥쳐올 대기근을 대비함으로써, 바로의 충직한 신하임을 증명했다. 마침내 나라에 흉년이 찾아왔지만 요셉이 모든 대비를 마친 다음이었다.

　이집트의 농민들은 아주 옛날부터 하루 벌어 하루를 살았기 때문에 저축할 여분의 식량이 없었다. 흉년으로 먹을 양식이 바닥난 그들은 식량을 구하기 위하여 살던 집과 키우던 가축을 팔고, 마지막에는 경작하던 땅마저 바로에게 바쳐야만 했다. 7년의 기근이 끝났을 때 농민들은 모든 것을 빼앗기고 바로는 나라의 모든 땅을 차지하게 되었다. 이렇게 하여 시작된 이집트인의 노예 생활은 그 후 몇 천 년 동안 계속 이어진다. 반면, 이 재앙 속에서 이집트는 세계 상업의 중심지가

요셉이 지은 거대한 곡식 창고

될 발판을 마련했다. 큰 가뭄이 주위의 모든 국가에 찾아왔지만, 기근을 대비한 나라는 오직 이집트뿐이었기 때문이다.

－¦－

　바빌로니아, 아시리아, 가나안 땅에 사는 모든 주민들은 가뭄과 메뚜기 떼에 모든 것을 잃었다. 온 지역에서 수천 명씩 죽어 갔다. 인구는 급속히 감소했고 부모는 먹고살기 위해 아이들을 노예로 팔았다. 노쇠한 야곱과 가족들도 기근을 피할 수 없었다. 마지막 수단으로 그들은 식량을 구하러 이집트

에 사람을 보내기로 결정했다. 요셉의 친동생인 막내 베냐민만 집에 남고, 열 명의 형제는 당나귀에 빈 자루를 싣고 곡식을 구하러 서쪽으로 떠났다.

　형제는 시나이 사막을 통과하여 마침내 나일 강의 둑에 도달했다. 그곳에서 이집트 관리가 그들을 발견해 총독 앞으로 데려갔다. 요셉은 남루한 차림의 방랑자들이 자기 형제임을 곧 알아차렸다. 하지만 비밀을 곧장 밝히지

이집트를 휩쓴 대재앙

는 않았다. 그는 히브리어를 모르는 것처럼 가장해, 통역관을 시켜 그들이 누구인지 묻게 했다. "아버지께 드릴 양식을 구하러 온 가나안의 선량한 양치기들입니다"라고 그들이 답했다. "너희들은 이집트의 방위 태세를 살피러 온 정탐꾼은 아니지만, 너희들 중 한 명은 몰래 잠입하여 기밀을 알아낼 것이 아니냐?" 요셉이 통역을 통해 다시 물었다.

　열 명의 형제들은 아무 잘못도 저지른 것이 없다고 맹세했다. 그들은 가

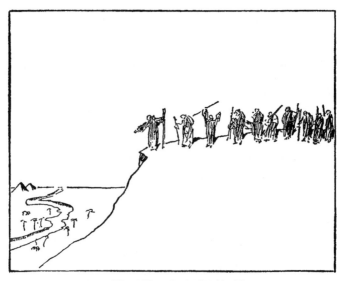

**이집트에 들어서는 요셉의 형제들**

나안 땅에서 늙은 아버지를 모시고 사는 열두 명의 양치기 형제라고 자신들을 소개했다. "그런데 나머지 두 명은 어디 있느냐?" "안타깝게 한 동생은 죽었고, 막냇동생은 집에서 아버지를 돌보고 있습니다." 요셉은 그들의 말을 확신할 수 없었다. 어딘지 몰라도 해명이 궁색해 보였다. 막냇동생이 사무치게 그리웠던 요셉은 집에 남아 있는 형제를 이곳에 데려와서 그들의 말이 사실인 것을 증명해 보이라고 요구했다. 총독의 명령을 거역할 핑계가 없으니 어찌하겠는가. 형제들은 먼 길을 다시 돌아가서 집에 있는 베냐민을 데려와야 했다.

요셉의 요구를 묵살할 수 없었던 형제들은 큰 근심에 싸였다. 그들은 요셉의 천막에 둘러서서 히브리어로 앞일을 급하게 논의했다. 오래전에 저지른 범죄 행위가 그들의 마음을 심하게 괴롭혔다. 노예 상인에게 친형제를 팔아넘긴 것은 엄청난 잘못이었다. 이제 또 한 명의 형제를 잃게 될 것이 뻔했다. 이 소식을 듣고 아버지 야곱이 무슨 말을 하실 것인가. 그들은 요셉에게 살려 달라고 애원했다. 형제들의 대화를 엿듣던 요셉은 그들이 뉘우치는 것을 듣고 매우 기뻤지만, 베냐민을 데려오라는 요구는 거두지 않았다. 형제들은 시므온을 인질로 남겨 놓고 베냐민을 데리러 떠나기로 결정했다.

돌아온 아들들의 말을 듣고 야곱은 애통해했다. 이번 일은 결코 쉽지 않았다. 그렇지만 식구들은 굶주린 상태였고, 종들은 죽어 가고 있었다. 심지어 내년에 뿌릴 씨앗도 없었다. 야곱은 그들의 말을 따르지 않을 수 없었다. 베냐민과 형제들은 이집트로 출발하고 야곱만 홀로 남게 되었다.

지난번에 그들은 국경을 넘는 순간 체포되었지만, 이번에는 달랐다. 모든 관리들이 무척 친절했다. 베냐민과 열 명의 형제는 총독 관저로 즉시 안내되어 방을 배정받고 융숭한 대접을 받았다. 그러나 그들은 이런 환대가 별로 반갑지 않았다. 정확하게 말해서, 형제들은 거지 패가 아니었다. 그들은 가난했지만 식량을 구입할 때 쓸 돈을 준비해 왔다. 그들은 동정을 구걸하지 않았다. 형제들이 식량 대금으로 황금을 내놓자, 요셉의 부하들은 받기를 거절하고 원하는 만큼 식량을 가지고 가라고 말했다. 형제들이 대금을 지불하겠다고 고집하자, 그들은 받은 대금을 도로 부대에 넣어 돌아가는 낙타의 등에 실었다.

형제들이 식량을 자루에 넣어 가나안으로 돌아가려고 할 때, 요셉은 부하를 불러 자신의 은제 술잔을 베냐민의 자루 속에 몰래 집어넣으라고 은밀히 지시했다. 지난 30년의 세월이 형제들에게 큰 교훈을 준 듯했지만, 그는 확신할 수 없었다. 요셉은 그들을 용서하기 전에 한 번 더 확인하고 싶었다. 형제들의 진심을 시험해 보기로 마음먹은 것이다.

긴 하루의 여정을 마치고 쉬고 있던 저녁 때, 요셉의 형제들은 부대 속에 들어 있는 큰돈을 우연히 발견하고 어쩔 줄을 몰랐다. 그때 갑자기 요란한 소리와 함께 이집트 군사들이 들이닥쳤다. 형제들을 잡으러 온 병사들이었다. 누군가 총독의 술잔을 훔쳐 갔다는 혐의였다. 형제들은 잘못이 없다고 항변했지만, 부대장은 상관의 명령을 따를 뿐이라고 말했다. 그날 총독 옆에 있었던 사람은 유대 사람들뿐이었기 때문에 모든 유대인들이 수색당했다. 한 사람씩 그들의 짐을 풀어 보이는데, 이것이 웬일인가! 한 번도 풀었던 적이 없는 베냐민의 부대 맨 밑에 총독의 술잔이 들어 있었다. 이것은 확실한 도둑질의 증거였다.

요셉의 형제들은 체포되어 총독 앞에 끌려왔다. 그들은 죽을힘을 다해 잘못한 일이 없다고 항변했지만, 요셉은 호의를 배신으로 갚는 무리라고 질타했다. 모든 형제들은 베냐민을 용서해 준다면 자신이 요셉의 종이 되겠다고 애원했지만, 요셉은 술잔을 훔친 자만 종이 되면 끝이라고 말했다. 마침내 요셉을 미디안 대상들에게 팔자고 제안했던 유다가 형제들을 대신하여 총독에게 탄원했다. "저희 아버지의 생명이 막냇동생에게 달려 있는데, 만일 이 아이가 우리와 같이 돌아가지 않으면 아버지가 죽게 될 것입니다. 이 아이 대신 제가 총독의 종이 되어 여기에 머물러 있겠습니다. 그러니 제발 이 아이는 다른 형제들과 함께 돌아가게 해 주십시오."〔자기 목숨을 걸고 결자해지의 모범을 보인 유다는 이후로 열두 형제들의 우두머리 역할을 한다. 훗날 유다 지파는 12지파의 중심 세력으로 성장하여 다윗 왕국의 모체가 된다.〕

요셉은 형들이 옛적에 자신을 팔아넘긴 것처럼 이번에도 베냐민을 버리고 자신들의 살길을 찾는지 시험해 보고 싶었던 것이다. 형제들은 요셉의 시험을 너끈히 통과했다. 요셉은 참았던 감정을 더 이상 감출 수가 없었다. 그는 자기가 술잔을 베냐민의 부대 속에 숨기라고 명령했다고 말했다. 그는 모든 이집트 병사들을 밖으로 내보낸 다음, 총독 자리에서 내려와 베냐민과 형제들을 얼싸안았다. 미디안 노예 상인에게 팔아넘긴 이복동생이 이집트의 총독이 되어 형제들의 눈앞에 나타난 것이다.

이처럼 믿기 어려운 이야기일수록 흥미가 당기는 법이다. 바로도 예외가 아니었다. 그는 야곱을 이집트로 데려오도록 많은 수레를 보냈고, 요셉은 고센 지역의 경작지를 형제들에게 내주었다. 이때(B.C. 1522) 이집트로 이주한 야곱의 가족은 모두 70명이었다.

얼마 후에 요셉은 아버지가 병들었다는 말을 전해 듣고 두 아들과 함께 병문안을 갔다. 자신이 둘째 아들로 태어난 설움이 평생 뼛속에 사무쳤던지, 야곱은 첫째 손자 므낫세보다 둘째 손자 에브라임을 먼저 축복했다. 더욱이 야곱은 두 손자를 양자로 삼았다. 그 결과, 에브라임과 므낫세는 삼촌들(야곱의 다른 아들들)과 같은 족장의 지위에 오르게 되어, 요셉의 후손들은 12부족 가운데 한 부족이 아니라 두 부족을 형성했다. 〔제사장의 직분을 맡은 레위의 후손은 가나안 땅 분배에서 제외되고, 12지파에도 들어가지 않기 때문에 총 지파 수는 변함이 없다.〕

떠나온 고향으로 돌아가기를 간절히 바랐던 야곱은 자기가 죽으면 부모와 조부모의 무덤이 있는 가나안 땅에 장사해 줄 것을 당부했다. 야곱이 죽자, 요셉은 아버지의 유언대로 가나안 땅으로 돌아가 막벨라 동굴에 야곱을 묻고 이집트로 돌아왔다. 요셉의 마지막 유언 역시,

**야곱이 묻힌 막벨라 동굴**

훗날 유대인 후손들이 약속의 땅으로 귀환할 때 '자기의 뼈도 이집트 땅에서 추려 내어 고향 땅에 묻어 달라'는 것이었다. 이집트 총독이었던 요셉은 성실함과 자비로움으로 오랫동안 온 백성의 사랑을 받았다. 이런 사연으로 유대인은 이집트로 이주하여 210년을 살게 된다.

## 제 5 장

# 피난처 이집트

유대인이 이집트로 이주한 지 수백 년이 흐르면서 머릿수가 급증하자, 생활
터전을 차지하기 위한 두 민족 간의 갈등이 심화된다. 더욱이 목축 생활을
하던 유대인들에게 이집트의 도시들은 좋은 터전이 아니었다. 그들은 도시
노동자로 생계를 이어 가다 마침내는 바로의 노예 신세로 전락한다.

B.C. 1700년경, 이집트는 힉소스라 불리는 아라비아의 목축민족에게
정벌당했다(힉소스 족은 유대 민족이 속해 있는 셈 족 중의 하나이다). 힉소
스는 이집트 전 지역을 합병하여 새 수도를 세우고, 약 200년 동안 나일 강
유역의 최강자로 군림했다. 힉소스 왕조의 마지막 통치자 아페파가 바로로
있을 때, 요셉과 형제들이 이집트로 이주해 왔다.

하지만 수많은 싸움 끝에 이집트 사람들은 정복자들을 물리칠 수 있었다. 그들이 새로이 옹립한 아쉬메스 왕은 힉소스 족을 몰아내고 다시 온 지역을 통치하게 된다. 유대인은 힉소스 왕조와 우호 관계에 있었기 때문에, 새 왕조의 출현이 그들의 처지를 무척 어렵게 만들었던 것은 물론이다. 요셉은 힉소스 왕궁에서 매우 돋보이는 존재였다. 그는 이집트 원주민에게 돌아

대도시의 향락에 빠져드는 유대인들

갈 이익과 권리를 자신의 종족인 유대인에 몰아주었다. 이집트 사람들은 요셉이 자기 조상들을 대기근에서 구했던 역사를 까마득하게 잊고, 그의 동족 편애만을 기억했다. 이런 나쁜 감정이 유대인 멸시와 증오로 나타난 것은 당연했다. 〔반유대주의Anti Semitism는 이렇게 시작된다.〕

유대인들이 나일 강의 비옥한 터전에서 오래 머물렀던 시간이 후손들에게 꼭 유익했다고만 할 수는 없다. 유대인들은 본래 양치기로, 넓은 대지

에서 보내는 단순한 생활이 몸에 밴 사람들이었다. 하지만 이제는 도시 생활에 익숙해진 것이다. 이런 편리함과 왕궁의 사치를 맛본 그들은, 조상들이 수백 년 동안 만족하고 살아 온 유목 생활을 경멸하기 시작했다.

유대인들은 가축을 팔고 고센 땅의 초원을 떠나 도시로 이주했다. 하지만 도시는 벌써 포화 상태였다. 새 이주자는 환영받지 못했다. 이집트 사람들은 자신들의 입으로 들어갈 빵을 가로채는 자들이라며 유대인을 박대했다. 유대인과 이집트인 사이의 반목은 곧 두 민족 간의 난동으로 표출되었다. 유대인은 이집트 사람으로 귀화하든지, 아니면 이집트를 떠나든지 선택해야 할 처지에 놓였다. 어느 쪽도 택할 수 없는 난감한 상황에 직면한 유대인이 타협을 거부하자, 두 민족 간의 갈등은 양쪽 모두 견디기 어려울 만큼 악화되었다. 유대인은 이집트 사람으로 귀화하지도 않고, 이집트 땅을 떠나지도 않았기 때문이다.

본래 요셉과 형제들은 기근을 면하려고 이집트로 간 것이었지 그곳에서 자리를 잡을 생각은 없었다. 그들의 후손들은 기회가 있을 때마다 가나안으로의 귀환을 들먹였지만, 돌아갈 길이 멀고 험했다. 이집트에는 빵이 넘쳐나고 냄비에 고기가 가득했다. 이제 그들은 고달픈 사막 생활 대신 도시 생활의 쾌적함에 익숙해졌다. 유대인들은 결정을 내리기가 무척 어려웠다. 처음에는 도시 빈민촌에서 잠시 살기로 했다. 하지만 하루가 며칠이 되고, 며칠이 몇 년이 되고, 몇 년이 몇 백 년이 되어도 유대인은 떠날 줄을 몰랐다.

그때 한 위대한 지도자가 나타났다. 그는 여러 유대 부족을 모아 국가를 세우고, 편한 생활에 젖어 있던 동족을 인도하여 이집트를 탈출한다. 자기들의 조상 아브라함, 이삭 그리고 야곱이 진정한 고향이라고 부르던, 젖과 꿀이 흐른다는 가나안 땅으로……

# 제 6 장

# 이집트 탈출

이집트인과 유대인 사이의 갈등이 최악의 상태로 치닫고 해결의 가능성이 조금도 보이지 않자, 모세는 노예 생활을 하던 히브리 민족을 이끌고 이집트를 탈출하기로 결심한다. 여호와는 탈출을 가로막는 바로에게 참혹한 패배를 안기고, 모세와 유대인 탈출 행렬은 양쪽으로 갈라진 홍해를 걷는다.

이집트의 람세스 왕이 나일 강 유역을 다스리고 있던 B.C. 14세기 무렵, 히브리인과 이집트인의 갈등은 골이 매우 깊어져 난동 사태로까지 발전했다. 수백 년 전 이집트의 왕조로부터 큰 환영을 받았던 히브리인은, 이제 더 이상 견디기 어려운 비참한 상태에 놓였다. 이때는, 피라미드 건립은 이미 유행이 지나고, 이집트 왕들이 거대한 왕궁과 공공건물 세우는 것을 몹시 좋아하던 시기였다. 따라서 왕궁에서는 도로, 병영 그리고 댐을 건설하기 위해 많은 노동자들이 필요했다. 임금이 매우 적었던 까닭에 이집트인들은 노동을 피했고, 대신 히브리인들이 많은 건설 현장에 투입되었다.

반면 무역에 종사하는 상당수의 히브리인은 도시에 머물고 있었다. 이집트인들은 이들과 무역 경쟁에서 밀렸기 때문에 히브리인을 질시했다. 더욱이 유대인들은 아이를 많이 낳아 인구가 폭증했다. 이집트인들은 이방인들에게 나라를 빼앗길지도 모른다는 두려움을 느꼈다. 그들은 바로에게 달려가 히브리인을 몰살할 것을 요구했지만 쉬운 일이 아니었다. 동족의 요구를 무시할 수 없었던 바로는 다른 방법으로 히브리인 문제를 해결했다. 바로는 남자로 태어나는 모든 히브리인 아기를 죽이라는 명령을 내렸다. 간단한 해결책인 듯보였지만 매우 참혹한 처사였다.

이때 레위 지파 후손 아므람과 아내 요게벳에게는 두 명의 자식이 있었다. 남자아이의 이름은 아론이고, 여자아이의 이름은 미리암이었다. 이 가정에 세 번째 아이가 태어났는데 남자였다. 부모는 무슨 수를 써서라도 아기를 지키기로 결심했다. 석 달 동안은 아기 모세(B.C. 1392~1272)를 집에 잘 숨겨서 감시의 눈을 피할 수 있었다. 하지만 이웃이 아기의 울음소리를 듣게되어 더 이상 집에서 키우기 어려워졌다.

별다른 방법을 찾지 못한 요게벳은 아기를 데리고 나일 강가로 갔다. 그녀는 조그만 바구니를 만들어 진흙을 발라 물이 들지 않게 한 다음 아기를 바구니에 뉘었다. 어머니는 바구니를 강에 띄워 아기를 넓고 넓은 세상으로 혼자 떠내려 보냈다. 강물의 흐름이 세지 않았기 때문에 임시방편으로 만든 바구니는 멀리 가지 못하고, 나일 강변에서 자라는 수많은 갈대 사이에 걸려 버렸다.

운 좋게도 그때 그곳에서 바로의 딸이 물놀이를 하고 있었다. 공주의 시녀들이 이상한 바구니를 발견하고 아기를 건져 왔다. 태어난 지 4개월 된 아기였으니 얼마나 예뻤을까! 바로의 딸은 아기를 보자마자 자기가 기르기로 마음먹었다. 그녀는 아기를 키울 유모를 찾아야 했다. 가까이에서 이 광경을 훔쳐보고 있던 아기의 누이 미리암이, 기회를 놓치지 않고 공주 앞으로 나아가 자기가 아기에 맞는 유모를 알고 있다고 아뢰었다. 그녀는 집으로 뛰어가 어머니를 데려왔다.

**갈대 사이에 걸린 아기 모세**

이런 사연으로 한 히브리인 아기는 대량 살육을 피해 친어머니의 젖을 빨아 가면서 이집트 왕자로 자라나게 된다. 그의 친형은 벽돌 만드는 곳에서 감독의 매를 맞아 가며 중노동을 하는데, 모세는 궁궐에서 왕자의 예우와 교육을 받고 있었다. 이것은 죽을 운명에 있던 자에게 찾아온 여호와의 축복이 아닐까?

하지만 모세는 가슴 깊은 곳으로부터 자기가 히브리인임을 느낄 수 있었다. 어느 날, 모세는 한 이집트인이 힘없는 히브리 노인을 때리는 것을 보고 울분에 차 싸움에 끼어들게 된다. 모세가 이집트인을 좀 심하게 쳤는지,

그만 죽어 버렸다. 이 사건이 알려지면 모세도 즉결 처형을 당할 위험이 있었다. 비밀은 오래가지 않는 법, 얼마 후 모세는 거리에서 다투고 있는 두 히브리인을 보았다. 모세는 그들에게 멈추라고 말했다. 그들 중 하나가 싸움을 말리는 모세를 이렇게 조롱했다. "누가 너를 우리들의 주인으로 만들었느냐? 전날 네가 이집트 사람을 죽인 것처럼 우리도 죽이려 하느냐?"

예전이나 지금이나 왕실의 스캔들은 빨리 퍼진다. 바로는 모세를 잡아 처형하라는 명령을 내렸다. 위험을 감지한 모세는 즉시 국외로 도망쳤다. 모세의 도주는 히브리 민족의 앞날에 엄청난 변화를 몰고 온다. 만약 모세가 잡히지 않고 이집트에 있었더라면, 그는 평범한 이집트 사람으로 일생을 마쳤을지도 모른다. 이집트 공주의 아들로 입양되어 이집트 최고의 교육을 받았던 모세는 타향살이를 통해 완전히 차원이 다른, 새로운 세계를 만나게 된다. 이것을 그의 숙명이라고 해야 할까, 여호와의 간섭이라고 해야 할까?

이집트 밖으로 줄행랑을 친 모세는 홍해에서 가까운 미디안 사막을 방황하다가 우물을 발견했다. 마침 그때 제사장 이드로의 딸들이 가축들에게 물을 먹이려고 우물가를 찾았다. 저녁 무렵이면 양치기들이 가축들에게 물을 먹이려고 늘 같은 시간에 모여들었기 때문에 종종 차례 싸움이 일어나곤 했다. 이날 저녁에 한 양치기가 이드로 딸의 자리를 새치기하려고 하자, 용기 넘치는 사나이 모세가 딸들을 보호한 것은 물론이다. 덕분에 모세는 딸들의 청으로 그녀의 아버지 집에 저녁 초대를 받았다. 이런 사건을 통해 모세는 이드로를 만나고 아브라함, 이삭, 야곱처럼 목자가 된다. 그는 이드로의 딸 십보라와 결혼하고 간소하기 짝이 없는 사막 생활을 시작한다. 십보라가 아들을 낳자, 모세는 "내가 낯선 땅에 몸 붙여 사는 나그네가 되었구나"라고 하면서 아들 이름을 게르솜(나그네)이라고 지었다.

모세가 미디안 광야에서 장인 이드로의 양 떼를 키우며 생활한 지 40년이 흘렀다. 그가 마흔 살에 이집트 왕궁을 도망쳐 나왔으니, 그의 나이 이제 여든. 대업을 감당할 수 있는 완숙한 시기였다. 하나님은 평범한 가장이 되어 양치기 생활을 하는 모세를 잊지 않고, 그를 광야에서 불러낼 기회를 찾고 있었다.

어느 날, 모세가 호렙(또는 시나이) 산에서 가축을 돌보고 있을 때 불에 타고 있는 가시덤불을 보았다. 덤불은 불이 붙었는데도 타서 없어지지 않았다. 기이하게 생각한 모세가 불에 가까이 가자, 가시덤불 속에서 "모세야, 모세야" 하며 자신을 부르는 소리가 들렸다. 모세가 "제가 여기 있습니다"라고 하자 말소리가 들려왔다. "이곳에 가까이 오지 마라. 네가 밟고 있는 곳은 성지이니 신발을 벗어라." 그 말을 들은 모세는 하나님을 마주 쳐다보기가 두려워 얼굴을 가렸다.

모세가 신발을 벗고 계속 타고 있는 덤불로 가까이 가자, 목소리가 들렸다. "나는 너의 조상의 하나님, 곧 아브라함과 이삭과 야곱의 하나님이다. 나는 이집트에 있는 나의 백성들이 고통당하는 것을 똑똑히 보았고, 억압 때문에 괴로워서 부르짖는 신음 소리를 들었다. 이제 내가 내려가서 이집트 사람의 손아귀에서 그들을 구해 젖과 꿀이 흐르는 땅, 가나안으로 데려가려고 한다. 이제 나는 너를 바로에게 보내, 나의 백성을 이집트에서 이끌어 내게 하겠다."

모세는 강력한 왕으로부터 백성을 구출하는 것이 얼마나 엄청난 일인지 알고 있었다. 그가 맡긴 과업을 감당할 수 없다고 말하자, 하나님이 대답하셨다. "나는 너와 함께하여 너를 도울 것이다. 네가 나의 백성들을 이집트에서 이끌어 낸 다음에 너희가 이 산 위에서 하나님을 예배하게 될 때, 그것이 바로 내가 너를 보냈다는 징표가 될 것이다."

그러자 모세가 하나님에게 다시 물었다. "제가 이집트로 들어가서, '너의 조상의 하나님이 나를 너희들에게 보내셨다' 하고 말하면, 그들이 저에게 '그의 이름이 무엇이냐?' 하고 물을 터인데, 제가 무엇이라고 대답해야 합니까? 그들은 오랫동안 박해를 받고 노예 생활을 했기 때문에 하나님을 오래전에 잊었을까 두렵습니다." 하나님이 모세에게 대답하셨다. "나는 스스로 있는 나다. 너는 이스라엘 자손들에게 이르기를 '아브라함의 하나님, 이삭의 하나님, 야곱의 하나님, 곧 여호와가 나를 너희에게 보내셨다'고 하여라. 여호와가 영원한 나의 이름이며, 이것이 바로 너희가 대대로 기억할 나의 이름이다."

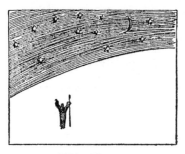

**적막한 사막의 모세**

모세는 동족의 구원자가 되기로 결심했다. 다시 한 번 여호와의 전능한 힘을 믿게 된 모세는, 위대한 신의 섭리를 따르는 겸손한 사람이라고 스스로 다짐했다. 끊임없이 불타는 가시덤불 속에서 여호와의 말씀을 듣고 자신의 임무를 확신한 모세는 모든 동족을 이집트에서 탈출시켜, 끝없이 펼쳐진 시나이 사막을 넘어, 젖과 꿀이 흐르는 '약속의 땅'으로 이주시키는 대역사를 시작한다.

—¦—

모세를 잡으려던 람세스 왕은 이미 죽었고, 그의 후계자 미네타는 모세의 살인 사건을 들어 본 적도 없기 때문에, 모세는 무사히 이집트로 돌아올 수 있었다. 그러나 히브리인들이 모세를 믿으려 하지 않는 것이 문제였다. 노예제도는 인간의 정신 건강에 결코 좋은 것이 못 된다. 이것은 인간을 겁쟁이로 만든다. 히브리인들은 이집트에서 힘든 생활을 했지만 하루 세끼의 밥은 먹을 수 있었다. 새 나라를 만들어 자유를 누리고 사는 것은 참 기쁜 일이긴 하지만 약속의 땅은 저 멀리에, 그것도 이교도에게 지배받고 있었다. 몇 달에 걸쳐 폭염 속의 시나이 사막을 횡단하는 것도 문제였고, 성공을 확신하기도 어려웠다.

모세는 불굴의 용기와 인내를 겸비한 사람이었지만 안타깝게도 달변가는 아니었다. 또한 그는 용맹하고 명석한 지도자들이 그러하듯이, 자기의 합리적인 주장을 이해하지 않으려는 사람들을 설득할 때, 그들의 이야기를 끝까지 듣는 참을성이 매우 부족했다. 영리한 모세는 지루한 토론은 형 아론에

노예제도

게 맡기고 자신은 대원정의 세부 계획을 세우는 데 시간을 보냈다.

모세는 담대하게 바로 앞으로 나가, 요셉이 총독이었을 때 이집트에 자유의 몸으로 이주해 온 히브리인들을 이제 떠나게 해 달라고 요구했다. 바로는 그의 요구를 단칼에 거절했다. 불행히도 불똥은 왕궁에서 벽돌을 만드는 불쌍한 히브리 노동자의 어깨 위로 떨어졌다. 그날부터 히브리인들은 도주하려는 포로로 취급받아 더 삼엄한 감시를 받았고 작업량은 늘어났다. 게다가 이제는 직접 짚을 구해서 예전과 같은 양의 벽돌을 만들라는 명령까지 떨어졌다. 갑자기 불어난 일 때문에 모세는 히브리인들의 원성을 샀다. 그의 간섭이 도리어 역효과를 낳은 것이다. 모세는 바로의 불같은 분노가 불러올 히브리 민족의 멸종을 막으려면, 자신은 이제까지 살던 사막으로 돌아갈 수밖에 없다는 사실을 깨달았다.

그제야 모세는 자기가 매우 위험한 처지임을 절감했다. 그는 아내와 자식들을 먼 아라비아 반도의 미디안 지방에 살고 있는 장인 집으로 보내고, 모든 노력을 기울여 앞으로 닥쳐올 사태를 준비하기 시작한다. 이스라엘이 큰 나라가 될 것이라는, 여호와가 아브라함과 맺은 언약을 이루려면 그들을 노예로 만든 땅을 당장 떠나야 했다. 모세는 수차례나 히브리인들이 서둘러 해야 할 일들을 역설했지만, 주의 깊게 듣는 사람은 아무도 없었다.

유대인들은 모세의 말을 귓전으로 흘려버리고, 서로 중얼거리기만 할 뿐 떠나는 것을 거절했다. 수백 년의 노예 생활이 그들의 자존심을 송두리째 앗아간 것이다. 그들은 여호와의 능력까지 의심했다. 불행하게도 대다수의 유대인들은 노예 생활이 낫다고 생각했다. 완강한 동족을 모세 혼자 깨우치기에는 힘이 부쳤다. 그렇다고 바로를 설득할 자신도 없었다. 모세는 무력시위 없이는 어느 한편도 움직이지 않을 것이라고 판단했다. 모세는 여호와만이 이 대업을 해결할 수 있다고 믿었다. 그는 곤궁에 처한 충성스러운 종을 버리신 적이 없지 않은가!

여호와는 모세에게 다시 한 번 바로 앞으로 가서 유대인 신의 명령을 듣지 않으면 참혹한 일이 일어날 것임을 경고하라고 명령했다. 모세와 아론은 두 번째로 왕궁에 들어가 자기 동족들이 평화로이 떠나게 해 달라고 요구했다. 또다시 그들의 요구는 묵살되었다. 그러자 아론이 지팡이를 들어 나일 강을 내리쳤다. 이집트 안의 모든 물이 핏빛으로 변하자 사람들은 목말라 죽지 않으려고 우물을 팠다. 바로는 목마른 백성들의 아우성을 들었으나 히브리인들이 떠나는 것을 허락하지 않았다. 이것이 바로에게 닥친 첫 번째 재앙이었다.

더 큰 재앙이 바로를 기다리고 있었다. 나일 강가에는 개구리가 무척 많았다. 이번엔 끈적끈적한 수백만 마리의 개구리들이 습지대를 떠나 온 나라를 뒤덮었다. 개구리들은 집집마다 찾아들었고 새로 판 우물에 뛰어들어 백성들에게 온갖 괴로움을 끼쳤다. 바로는 수많은

**재앙이 찾아든 이집트 마을**

개구리 떼들이 왕실 마룻바닥을 온통 초록색으로 뒤덮은 것을 보았다. 그는 망설이다가, 개구리를 치워 달라고 모세에게 요구했다. 모세의 명으로 모든 개구리가 몰살되었지만, 바로는 약속을 지키지 않았다.

바로의 마음을 움직일 다음 재앙이 기다리고 있었다. 이번에는 크고 징그러운 파리 떼들이 온 땅을 뒤덮었다. 파리 떼는 온 천지에 전염병을 퍼뜨렸다. 음식은 썩어 갔고, 사람들은 죽어 갔다. 바로는 절충안을 제시했다. 그는 히브리인들이 그들의 방식대로 신에게 희생 제물을 바치기 위해 사막으로 나가는 것을 허용한다고 모세에게 통보했다. 만약 예식을 끝내고 돌아온다면 짧은 휴가를 주겠다고도 했다. 모세는 살인적 전염병을 몰고 온 파리떼의 침입을 끝냈다. 하지만 바로는 마지막 남은 파리 한 마리가 왕실 식당에서 사라지자, 모세와의 약속을 허공에 날려 버렸다.

바로의 결정을 뒤집을 다음 재앙이 기다리고 있었다. 이집트의 모든 가

축들이 괴이한 질병으로 쓰러져 갔다. 어디에서도 날고기를 구할 수 없게 되었다. 그래도 바로는 그들의 요구를 거절했다. 이어 다음 재앙이 닥쳐왔다. 사람들의 몸에 흉측한 종기가 돋아났지만 치료법을 아는 의사가 아무도 없었다. 또 다음 재앙이 다가왔다. 큰 뇌성과 우박이 쏟아져 추수를 앞둔 들판의 농작물을 휩쓸어 버렸다. 재앙은 계속됐다. 번갯불이 내년에 심을 씨앗을 보관하고 있던 창고를 불태웠다.

바로를 쓰러뜨릴 다른 재앙이 기다리고 있었다. 메뚜기 떼가 구름처럼 일어나 온 땅을 뒤덮었다. 하루 만에 모든 수목이 발가벗고 잎사귀 하나 남지 않았다. 이제 바로는 완전히 겁을 먹었다. 그는 모세를 다시 불렀다. 히브리인들이 자식들을 인질로 내놓는다면 떠나도 좋다고 제안했다. 모세는 거절했다. 자기 동족은 아들딸과 함께 떠나야 한다고 답했다. 그렇지 않으면 이집트에 남을 것이라고 선언했다.

바로를 패배시킬 다음 재앙이 모습을 드러냈다. 굉장한 모래바람이 사막에서 불어왔다. 태양은 먼지 때문에 3일 동안 빛을 잃었다. 이집트는 깜깜한 세상이 되었다. 바로는 모세를 급하게 불러 말했다. "네 백성들을 떠나게 하겠지만 모든 가축은 남겨 두고 떠나라." "내 동족은 모든 자녀와 모든 가축과 모든 집안 살림을 가지고 떠나야만 합니다." 모세는 이렇게 말하고 왕궁에서 물러났다.

바로가 아홉 번째 재앙을 당하고도 완강하게 버티자, 여호와는 이집트 땅에서 처음 태어난 것을 모두 죽이기로 작정했다. 물론 히브리인들은 재앙을 피할 방책을 미리 통고받았다. 그들은 지시받은 대로 어린 양의 피를 문 설주에 발라 붉은 표시를 만들었다. 여호와의 명령으로 죽음의 천사가 지역을 휩쓸고 지나가자, 바로의 맏아들을 비롯하여 몸종의 맏아들과 짐승이 처음 난 것까지 죽어 갔다. 하지만 천사는 문틀의 붉은 핏자국을 보면 아브라함의 후손들이 사는 집으로 알고 넘어갔다.

이제야 바로는 자기보다 강한 힘으로부터 참패당하고 있음을 깨달았다. 더 이상 히브리인이 떠나가는 것을 막을 수 없었다. 오히려 바로는 히브리인들에게 하루빨리 이곳을 떠나 지긋지긋한 사태를 멈춰 달라고 애원했다. 그날 저녁, 히브리 12지파인 르우벤, 시므온, 유다, 단, 납달리, 갓, 아셀, 잇사갈, 스불론, 베냐민, 에브라임, 므낫세 부족이 이집트 땅에서 마지막 밥을 지어 먹었다. 밤이 되자 그들은 요단 강 계곡의 고향 집으로 돌아갈 모든 채비를 끝냈다. 그들은 잔뜩 겁을 먹은 이집트 사람들에게서 금은붙이와 의복까지 빼앗아 가지고 떠났다.

그러나 맏아들의 죽음으로 울화가 머리끝까지 치민 바로는 자기가 한 말을 다시 한 번 후회했다. 바로와 군사들은 억울하게 죽은 수많은 아이들의 복수를 위해 도망자들을 추격했다. 그들은 홍해 가까이에서 히브리인의 탈출 행렬을 발견했다. 하지만 큰 구름이 히브리인 캠프를 보지 못하도록 이집

홍해에 수장되는 바로와 병사들

트 병사들의 눈을 가렸다.

이른 새벽, 모세의 명령으로 홍해의 물이 두 쪽으로 갈라지고, 모든 히브리인은 한 명의 실종자도 없이 이쪽 해안에서 저쪽 해안으로 건너갔다. 큰 구름이 걷히자 바로는 저편 해안의 급한 기슭을 오르는 히브리인들을 볼 수 있었다. 맨 앞에서 군사를 이끌던 바로는 얕은 바닷속으로 뛰어들었다. 그때 바닷물이 둘로 갈라질 때처럼 갑자기 합쳐졌다. 거대한 파도에 밀려 바로와 모든 병사들은 바닷물에 빠져 익사했다. 이집트로 살아 돌아가 바로의 수장 소식을 전한 사람은 아무도 없었다. B.C. 1312년에 일어난 홍해 도강의 기적을 기념하는 유월절은 유대인 최대의 축제일이 되었다.

야곱은 기근을 피하기 위해 70명의 식솔을 거느리고 가나안을 떠나 이집트로 이주했었다. 노예 생활 210년을 끝내고 홍해를 건널 때 히브리 백성은 성인 남자들만 약 60만 명이었다. 이제 그들은 큰 민족을 이루어 가나안으로 돌아가게 된다. 히브리인들은 자유의 몸이었다. 하지만 그들은 광야의 유랑민 신세로 다시 긴 세월을 보내게 된다.

# 제 7 장

# 광야의 유랑 생활

이집트를 탈출한 히브리 민족은 40년이라는 긴 세월 동안 사막에서 방랑한다. 모세는 좌절에 빠진 사람들에게 여호와의 율법을 선포하고 용기를 북돋았다. 하지만 모세는 여호와가 언약한 약속의 땅으로 유대인을 인도하기 직전, 여호와의 부름을 받는다.

이집트를 탈출한 유대인들은 가나안 땅으로 갈 길을 서둘렀다. 고향으로 가는 가장 빠른 길은 지중해 해안을 따라 북상하는 간선도로였다. 그러나 이 도로는 호전적인 블레셋 사람들의 마을을 통과해야만 했다. 수백 년간의 노예 생활로 나약해진 유대인들이 강력한 블레셋 사람들을 상대했다가는 많은 생명을 잃을 위험이 컸다.

여호와는 지름길 대신 홍해의 해안을 따라 남하하는 광야의 길로 백성들을 인도했다. "백성들이 적을 만나 전쟁을 하게 되면 마음을 바꾸어 이집트로 되돌아갈 것이다"라고 생각했기 때문이다. 광막한 사막과 험준한 바위산을 통과하는 길이었지만, 다행히도 모세는 여기서 40년간 양치기 생활을 했기 때문에 지리를 훤히 알고 있었다. 유대인들은 군대식으로 대열을 만들어 출발했고, 여호와는 그들이 밤낮으로 행군할 수 있게 낮에는 구름 기둥으로, 밤에는 불기둥으로 앞길을 인도하셨다.

　이렇게 시작된 히브리 민족의 광야 생활은 끊임없는 불만과 불평으로 점철되었다. 이제 막 이집트에서 탈출하여 자유의 몸이 되었건만, 그들은 다시 불평을 시작했다. 유대인들은 매일매일 마주치는 사막, 모래, 태양열에 진저리를 쳤다. 그들은 이집트 벽돌 공장 감독의 회초리보다 사막의 거친 삶을 더 두려워했기 때문에 자신들을 사막으로 이끈 모세를 원망했다. 하지만 홍해 물결 속으로 이집트 군사들이 궤멸하는 것을 코앞에서 지켜보며, 히브리인은 난생처음으로 승리와 기쁨의 순간을 맛보지 않았던가. 그들은 이렇게 여호와를 찬양했다. "여호와여, 누가 당신과 같겠습니까. 이 세상 모든 영광과 권세의 신들 가운데서 어디에 당신 같은 분이 계시겠습니까!"

　그러나 시나이 산의 끝없는 골짜기에서 수개월을 허송세월하자, 승리의 감격을 안겨 주고 힘과 지팡이가 되었던 여호와는 유대인들의 머릿속에서 점차 사라졌다. 안타깝게도 그들은 엄청난 희생을 치르고 탈출한 것도 까맣게 잊고 이집트로 다시 돌아가기만을 원했다. 유대인들은 고통스러운 광야 생활을 저주했고, 모세의 무모한 계획을 대놓고 공격했다. 비축한 식량이 바닥나자 이대로는 굶어 죽을 것이라고 외치면서 "우리들을 먹여 살리든지, 아니면 이집트로 보내 달라"고 요구했다.

　불굴의 신념을 가진 사나이 모세는 필요한 때가 되면 여호와가 모든 것을 줄 것이라고 타일렀다. 그런데 이상한 일이 일어났다. 다음 날 새벽안개가 걷히자, 광야 지면에 하얀 서리 같은 것이 깔려 있지 않은가. 유대인들은 처음 보는 그것이 신기해서 "만 후(이게 무엇이냐?)" 하고 서로 물었다. 모세가 그들에게 "이것은 여호와께서 너희들에게 주신 양식이다"라고 알려 주었다. 모세의 말

사막의 거친 삶

을 믿고 흰 싸라기를 손으로 주물러 보았더니 빵 반죽이 되어 꿀맛 나는 빵을 만들수 있었다.

훗날 이 식물은 히브리어 '만 후Man Hu'를 그리스어로 번역한 '만나Manna'라고 불리게 된다. 그들은 매일 새 만나를 채취했다. 하지만 7일째 되는 안식일에는 따지 않고, 하루 전에 두 배로 채취한 만나로 생활했다. 유대인은 가나안 땅에 정착할 때까지 40년 동안, 저녁에는 메추라기를 먹고 아침에는 만나를 배불리 먹었다.

하늘이 보살피는 동안 유대인은 잠시 순종하는 듯했다. 하지만 이런 분위기는 오래가지 못했다. 유대인들은 불평할 새 핑곗거리를 찾았다. 마침 아랍 족속 중에 흉악한 아말렉 족이 유대인의 가축을 노략질하려고 혈안이 되어 있었다. 물론 유대인들은 날강도를 막아 낼 충분한 힘이 있었지만, 오랫동안 도시의 보호 벽 안에서 지냈기 때문에 활과 칼을 무서워했다. 그들은 나가서 싸우기보다는 차라리 양과 당나귀를 몇 마리 잃는 쪽을 택했다. 이런 소극적인 태도에 신이 난 아말렉 족이 가축을 계속 탈취하자, 모세는 도둑질을 근절하기 위한 강력한 조치를 취하기로 결정했다. 그는 에브라임 지파의 젊은이 여호수아를 불러들였다. 그는 수차례 주어진 임무를 잘 수행하여 모세의 큰 신임을 얻은 용맹한 젊은이였다. 모세가 "아말렉 족을 몰아내라"고 여호수아에게 명령했다.

여호수아는 명령을 받고 지원자 몇 명과 함께 캠프를 떠났다. 그가 떠나자 모세는 하늘을 향해 두 팔을 들어 올렸다. 모세가 팔을 들고 있는 동안 여호수아는 승리를 거듭했다. 하지만 모세는 노인이었다. 그가 지치고 피로하여 팔을 내리면, 아말렉 족은 뒤돌아서서 유대인을 습격했다. 이것을 본 아론과 훌(모세의 누나인 미리암의 남편)은 모세의 팔을 양쪽에서 부축했다. 저녁이 되자 아말렉 족은 완전히 괴멸되었고, 여호와는 충실한 자기 종에게 승리를 안겨 주었다.

여정을 다시 시작한 유대인 행렬은 모세의 장인이 살고 있는 미디안 땅에 도착했다. 장인은 사위와 친척을 다시 만나 몹시 기뻐했다. 그는 감사 제물을 여호와에게 올리고 아들 호밥을 유대인 행렬에 합류시켜 북쪽으로 가는 길을 안내하게 했다. 모래밭을 방황하던 부족은 사막을 떠나, 달의 여신 이름을 따 시나이라고 부르는, 암벽으로 둘러싸인 산악 지대로 접어들었다. 이집트를 탈출한 지 3개월 만이었다.

모세에게는, 여호와를 유일신으로 믿도록 동족을 설득하지 못한다면 자신의 목적도 이룰 수 없다는 사실이 분명히 보였다. 아브라함, 이삭, 야곱은 이 같은 진실을 경험으로 잘 알고 있었다. 하지만 히브리 후손들은 수많은 신을 받드는 이집트 사람들과 오랜 세월을 함께 살았기 때문에, 하늘과 땅의 전능한 유일신과 개인적인 관계를 맺는 감격을 오래전에 잊었다. 그들의 안중에 여호와는 없었다.

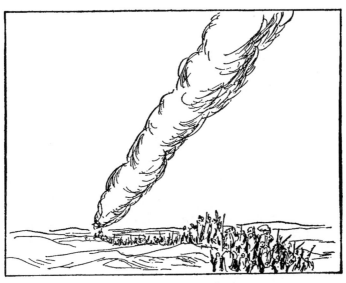

유대 행렬을 인도하는 구름 기둥

모세는 시나이 산기슭에 캠프촌을 세우고, 자기가 돌아올 때까지 여기에서 기다리라고 명령했다. 그는 매우 중요한 메시지를 가지고 올 작정이었다. 아론은 총책임자로 캠프에 남기고, 여호수아만을 데리고 유서 깊은 산의 높은 바위를 오르기 시작했다. 모세는 산꼭대기에 오르자, 여호와의 메시지를 듣기 위하여 여호수아를 남겨 놓고 혼자 나아갔다. 40일의 낮과 밤이 지났다. 그동안 시나이 산은 두터운 구름 베일에 가려 보이지 않았다.

모세는 여호와의 율법인 십계명이 새겨진 돌판 두 개를 가지고 산을 내려왔다. 불행하게도 모세가 캠프를 떠난 사이, 유대인들은 여호와를 망각한 몹쓸 행동을 저질렀다. 아론은 나약한 통솔자였다. 아론이 유대인들을 강한 규율로 다스리지 못하자, 유대인의 캠프는 이집트와 조금도 다름없는 모습

시나이 산기슭의 캠프촌

금송아지를 경배하는 유대인들

으로 변해 버렸다. 아주 옛날부터 나일 강가에 살던 사람들은 금송아지를 경배했는데, 캠프의 여인들도 금으로 만든 장신구를 녹여서 금송아지를 만들었다. 모세가 캠프로 들어왔을 때, 그들은 금송아지 주위를 돌며 춤을 추고 있었다.

　　모세는 매우 화가 났다. 멀리서 노래하며 고함치는 소리를 들은 모세는 어떻게 된 사태인지 짐작했다. 화를 참지 못한 모세가 돌판을 땅에 내던지자 산산조각 났다. 이어 금송아지를 끌어내려 가루로 만들고, 지원자들을 뽑아 악한 반란자들을 밟아 죽일 것을 명령했다. 부족 중에서 가장 세력이 컸던 레위 족이 모세를 적극적으로 도왔다. 그들은 여호와를 거부하는 모든 이들을 죽이고, 모세가 없는 동안 소동을 일으키고 배신을 주동한 우두머리를 처단했다. 밤이 되자 유대인들의 캠프에 평화가 찾아들었다. 2000명의 유대인이 살해당해 땅에 쓰러져 있었고, 감지 못한 눈들이 시나이 산의 봉우리를

시나이 산에서 십계명을 받는 모세

응시하고 있었다. 이 시나이 산이야말로 여호와께서 첫 믿음의 선조들에게 인간의 어리석음을 일깨워 주려고 노력한 성스러운 곳이다.

　다시 한 번 모세는 시나이 산 꼭대기로 올라갔다. 모세는 이 세상 모든 사람들에게 숨겨져 있던 비밀을 보았다는 얼굴로 돌아왔다. 그의 눈은 빛을 발하고 있어서 그 누구도 모세를 오래 쳐다볼 수 없었다. 모세는 땅에 팽개쳤던 돌판 대신 새로 받은 돌판을 가지고 산에서 내려왔다. 이것이 바로 여호와가 모세에게 준, 유대인이 명심해야 하는 삶의 지침을 새긴 열 개의 계명이다.

　✝ 너희는 여호와 외에 다른 신을 섬기지 마라.
　✝ 너희는 이집트 사람처럼 어떤 모양을 본떠서 우상을 만들지 마라.
　✝ 너희는 여호와의 이름을 헛되게 사용하지 마라.
　✝ 너희는 6일 동안 일하고, 7일째 되는 날은 쉬며 여호와를 경배하는 날로

보내라.

† 너희는 부모를 공경하라.

† 너희는 살인하지 마라.

† 너희는 남의 아내를 취하지 말며, 여자들은 남의 남편을 택하지 마라.

† 너희는 남을 유괴하지 말고, 남의 물건을 훔치지 마라.

† 너희는 이웃에게 불리한 거짓 증언을 하지 마라.

† 너희는 이웃이 가진 집, 하인, 가축 그리고 이웃이 소유한 어떤 것도 탐내지 마라.

이제 유대인들은 엄수해야 할 계명을 받았다. 또한 여호와는 모세를 통해 예배 방식과 각종 사회생활의 행동 지침을 백성들에게 알려 주고 "내가 거룩하니, 너희들도 내 계명을 지켜 거룩해져라"라고 명령했다. 만약 계명을 지키지 않는다면 어떤 처벌이 있을까? 여호와는 그의 이름을 모독하는 자, 자기 부모를 치는 자, 짐승과 음란한 짓을 하는 자는 반드시 죽이라고 했다. 사람을 죽인 자도 물론 죽여야 하며, 만일 누가 다른 사람에게 상처를 입혔다면 "눈은 눈으로, 이는 이로, 손은 손으로, 발은 발로, 그가 남에게 상처를 입힌 그대로 갚아 주어야 한다"고 죄의 크기에 상응하는 처벌을 명령했다. 〔이 율법에는 처벌과 배상액의 상한선을 설정하여 강자의 횡포로부터 약자를 보호하려는 목적이 숨어 있었다. 예수는 이 율법을 어떻게 해석했을까?〕

또한 백성들이 함께 모여 여호와를 경배할 장소가 필요했기 때문에, 모세는 성막聖幕을 짓도록 명령했다. 나무로 벽을 만들어 세우고 지붕은 천막을 씌워 만들었다. 유대인들이 방랑을 끝내고 도시에서 다시 살게 되었을 때, 벽돌과 대리석과 화강암을 가지고 예배 처소를 만들었는데, 이것이 그 유명한 예루살렘 성전이다. 이렇게 이스라엘은 여호와의 직접 통치를 받는 신정 국가가 되어 간다.

—+—

이제 유대인에게 필요한 것은 예배를 집행할 제사장이었다. 금송아지를 경배했던 자들을 처벌할 때 모세를 도운 공을 높이 사, 레위 족 사람들 중 누군가에게 제사에 관한 일을 맡기기로 했다. 하지만 더 큰 이유는 모세가 레위 지파 출신이었고, 12지파에서 이들의 수가 가장 적어, 생업에 종사하지 않아도 다른 지파가 거둔 공물로 생활할 수 있었기 때문이다. 모세는 비록 왕관을 쓰지는 않았지만 살아남은 모든 유대인의 실질적 군왕이 되었다. 오래전에 장인이 했던 충고에 따라, 모세는 여호와의 명령을 받으러 그의 앞에 설 때는 오직 자기 혼자만이 갈 수 있다고 공표했다. 더욱이 모세는 자기가 죽은 후에 대제사장의 직분을 형 아론과 그의 자식 그리고 손자들이 대대로 이을 것이라고 선언했다.

여호와가 모세에게 말했다. "너는 아론과 그 아들에게 이스라엘 자손을 위해 다음과 같이 축복하라고 말하여라. '여호와께서 너에게 복을 주시고 너를 지켜 주시며, 여호와께서 밝은 얼굴로 너를 대하시고 너에게 은혜를 베푸시며, 여호와께서 너를 고이 보시어서 너에게 평안을 주기를 원하신다.' 아론과 그의 아들들이 나의 이름으로 이렇게 축복하면 내가 친히 이스라엘 자손에게 복을 내리겠다." 이로써 이스라엘 후예들은 여호와로부터 '선택된 민족'이 되었지만, 그들은 특권과 특혜에 따르는 책임이 있다는 사실을 망각하곤 했다.

모세는 긴 여행을 하는 동안, 여러 부족이 서로의 우두머리가 누구인지 몰라 혼란을 일으키는 것을 종종 보아 왔다. 이런 까닭에 모세는 유대인들을 일정한 크기의 그룹으로 나누고, 믿을 만한 장로들을 각 그룹의 우두머리로 삼았다. 장로들은 모든 불평을 듣고 작은 분쟁을 해결하는 일을 맡았다. 이제 백성들은 말 대신 글로 쓰인 율법을 가지게 됐고 장로들의 지시에 복종해야 했다. 만약 그렇게 하지 않았다면 탈출 행렬은 혼란에 빠졌을 테고, 히브리 족이 하나로 통합되는 일은 불가능했을지도 모른다.

　이 모든 것이 해결된 후 모세는 캠프를 해체하라고 지시했다. 1년 전부터 높은 구름 기둥이 히브리 방랑자들을 인도했는데, 이번에는 십계명이 새겨진 돌판을 담은 성궤에 구름 기둥이 드리워졌다. 레위 족은 성막에서 일하라는 막중한 임무를 부여받았고, 살아남은 히브리 사람들은 가나안 땅으로 갈 길을 재촉했다.

**성궤를 지키는 구름 기둥**

　유대인들이 선조가 살던 땅으로 점점 가까이 가는 동안, 숨어 있던 문제들이 하나씩 터져 나왔다. 모세가 아내 십보라가 죽은 뒤 구스 족의 여자와 결혼한 것이 문제를 일으켰다. 히브리 사람들의 눈에 그녀는 이방인(에티오피아인)이었다. 그들은 이 여인을 시기하고 공공연히 멸시했다. 모세의 형제자매까지도 그의 편을 들지 않았다. 모세가 그들에게 새로 세운 나라의 높은 지위를 주었지만, 그들은 탐욕을 부리고 더 큰 명예를 누리려 했다. 화가 난 모세는 아론을 호르 산으로 데리고 가서 모든 지위를 빼앗았다.

마침내 가나안 땅에 가까이 이르렀을 때, 뱀들이 출몰하여 큰 피해를 입게 되었다. 모세는 구리로 만든 큰 뱀을 높은 막대기에 매달아서 모든 사람들이 쳐다보게 했다. 그 후에는 독뱀이 사람을 물어도 아무런 해가 없었다. 히브리 족이 요단 강에 가까이 감에 따라 그들에게 대항하는 적의 태세도 더욱 강렬해졌다. 한편, 유대인 캠프는 무시무시한 거인족과 아낙 자손들에 관한 두려움으로 들썩이고 있었다. 모세가 유대인들을 정착시키려고 계획한 지역을 그들이 점령하고 있었기 때문이었다.

모세는 이런 풍문이 사실인지 확인하려고 12지파에서 한 사람씩 뽑아 쳐들어갈 땅을 정찰하게 했다. 얼마 후, 매사에 능수능란한 여호수아와 유다 지파의 젊은이 갈렙이 에스골 골짜기에서 발견한 어마어마하게 큰 포도송이

에스골 골짜기의 큰 포도송이

를 메고 40일 만에 돌아왔다. 그들은 땅이 매우 비옥하고 젖과 꿀이 넘쳐흐른다고 보고했다. 그러나 10지파의 정탐꾼들은 "그곳에 사는 사람들의 체격이 어찌나 장대한지 저희들은 마치 메뚜기같이 느껴졌습니다"라고 보고했다. 하지만 여호수아와 갈렙은 적을 물리칠 수 있다고 확신하고 즉시 진격할 것을 제안했다.

그러나 히브리인들은 깊은 좌절감에 사로잡혀 있었다. 그들은 이제까지 진격, 진격, 또 진격해 왔다. 굶주림, 더위, 목마름은 물론이고 독사에게 시달리기까지 했는데 이제는 헷 족, 여부스 족, 아모리 족, 가나안 족, 아말렉 족으로부터 목숨을 위협받는 처지에 놓였다. 히브리인들은 더 이상 참지 못하고 다시 한 번 여호와를 버렸다. 성미가 급한 사람들은 이집트로 돌아가자고 공공연히 주장했다. 고성이 오가고 수많은 토론이 있었다. 모세, 아론, 여호수아는 현재 상태로는 되돌아가는 것이 불가능함을 동료 유대인들에게 설득시키는 데 실패했다. 모든 사람들이 이성을 잃었다. 그들은 끝나지 않는 여행이 지긋지긋했다. 속박에서 오는 평안일지라도 그 평안함을 원했다.

그러자 여호와의 분노가 커져 갔다. 참을성도 한계에 이르렀다. 여호와의 목소리가 장막 한가운데서 울려 나왔다. "너희 유대인들은 끈덕지게 나의 명령에 복종하지 않는구나. 너희의 자식들은 40년 동안 광야에서 양을 치면서, 너희의 시체가 썩어 없어질 때까지, 너희가 저지른 죄를 대신 짊어질 것이다. 너희가 가나안 땅을 40일 탐색했으니, 그 하루를 한 해로 쳐서, 너희는 40년 동안 너희의 죄와 짐을 져야 한다." 이러한 경고에도 불구하고 자기 멋대로 행동한 많은 멍청한 자들이 가나안 족과 아말렉 족에게 목숨을 잃었다.

하지만 다른 부류의 유대인들은 하늘로부터 받은 운명에 순종했다. 그들은 눈앞에 펼쳐진 '약속의 땅'을 등 뒤로하고, 사막을 40년 동안 유랑했다. 그사이 그들은 아브라함과 야곱처럼 양 치는 사람으로 서서히 되돌아갔다. 젊은 세대들은 부모들이 이집트에서 보낸 시절을 까마득하게 잊고 옛 선조들처럼 단순한 광야의 생활로 돌아갔다. 이것이야말로 모세가 맨 처음부터 이루려 했던 목표였다. 그는 크게 만족했다. 맡은 임무를 완수해 냈기 때문이다.

광야 생활의 마지막 해가 시작되었다. 유대인들이 신 광야의 가데스에 머물렀을 때 마실 물이 없었다. 백성들이 또다시 모세에게 몰려와 이집트의 노예 생활이 낫다고 아우성을 치자, 여호와가 모세에게 말했다. "너는 나일 강을 친 그 지팡이를 가지고 백성들을 불러 모아라. 그리고 너의 형 아론과 모든 사람이 보는 앞에서 저 바

**바위에서 솟아나는 생수**

위에게 물을 내라고 명령하여라." 모세는 호렙 산 바위 앞에 회중을 불러 모아 외쳤다. "너희 반역자들아, 들어라. 이 바위에서 너희가 마실 물이 터져 나오게 해 주랴?" 모세가 손을 들어 지팡이로 바위를 두 번 치니 물이 콸콸 터져 나왔다. 멋모르는 백성들은 물을 실컷 마시고, 모든 그릇마다 물을 가득 채웠다.

하지만 여호와가 모세에게 시킨 것은 바위에게 물을 내라고 명령하라는 것이었지, 역정을 내면서 지팡이로 바위를 치라는 것이 아니었다. 여호와는 모세와 아론

을 꾸중했다. "너희들은 백성들 앞에서 나의 능력을 신뢰하는 마땅한 행동을 하지 않았기 때문에, 그들이 나의 영광을 보지 못하게 했다. 그러므로 너희는, 내가 이 회중에게 줄 땅으로 그들을 데리고 가지 못할 것이다."〔훗날 자신의 불찰을 회개한 모세는 "주 너희 하나님을 시험하지 마라"라고 백성들에게 경고했고, 예수도 같은 말씀으로 마귀의 시험을 이겨 냈다.〕

**약속의 땅을 내려다보는 모세**

이 위대한 예언자는 이제 늙고 늙어 매우 노쇠해졌다. 마지막 날이 가까이 온 것을 감지한 모세는 노쇠한 아론 대신 여호수아를 후계자로 임명했다. 그리고 사해의 동쪽 해안에 있는 느보 산의 비스가 봉우리에 홀로 오른다. 여호와가 모세에게 말했다. "저기 내려다보이는 곳이 내가 아브라함과 이삭과 야곱에게 맹세하여 그들의 자손에게 주겠다고 약속한 땅이다. 내가 너에게 이 땅을 보여 주기는 하지만, 네가 그곳으로 들어가지는 못한다."

　　모세는 요단 강 계곡을 하염없이 내려다보며 홀로 죽었다. 모세가 묻힌 곳을 아는 사람은 아무도 없다. 실로 역경 속에서 보낸 120년의 삶이었다. 여호와와 얼굴을 마주하고 대화를 나눈 사람은 모세가 처음이자 마지막이었다.

# 제 8 장

# 가나안 정복

가나안 땅에는 수천 년 동안 살던 원주민들이 있었다. 이곳에 첫발을 딛으려는 유대인의 노력은 눈물겹다. 그들은 원주민들과 치른 수많은 전쟁에서 승리하며 마침내 여호와가 약속한 땅을 차지한다.

천신만고 끝에 이집트를 탈출하여 홍해를 건넌 히브리 민족은 여호와가 약속했던 가나안 땅으로부터 불과 11일 남짓 떨어진 지점까지 진군했다. 하지만 그들은 가나안 입성을 눈앞에 두고 40년의 긴 세월을 유랑해야 했다. 대탈출을 주도했던 모세는 가나안 땅을 밟아 보지 못하고 수명이 다하여, 여호와가 손수 그의 무덤을 만들어 주었다. 여호와가 젖과 꿀이 흐르는 땅이라 했던 가나안 땅은 실제로는 광막한 황야였다. 모세로부터 통수권을 인계받은 여호수아는 완강히 저항하는 가나안의 원주민을 몰아내고 절망과 두려움의 땅을 정복하여 희망과 축복의 땅으로 만드는 과업을 시작한다.

모세의 뒤를 이어 총지휘자가 된 여호수아(B.C. 1354~1244)는 신중한 지도자였다. 그는 조금도 요행수를 바라지 않았다. 여호수아는 적의 영토로 진격하기 전에 심사숙고하여 상세한 계획을 수립했다. 한편, 이집트의 속박에서 탈출할 때 소수였던 유대 병사들은 이제 4만 명에 이르는 강력한 집단이 되어 있었다. 여호수아는 싯딤 마을에 작전 본부를 마련하고 가나안 땅으로 두 정탐꾼을 보내 지세를 살피게 했다. 정탐꾼들은 유대 캠프를 떠나 여리고 성읍에 잠입했다. 이곳은 가나안의 가장 중요한 요새였기 때문에 더 전진하기 전에 반드시 함락시켜야 했다.

정탐꾼들은 성문을 통해 성읍에 잠입했다. 그들은 주민들의 생활 형편을 살피고, 성벽의 구조를 조사하고, 군사들의 사기를 알아보는 데 하루를 소비했다. 밤이 되자 그들은 라합이라 불리는 여인의 집으로 갔다. 라합은 몸을 파는 거리의 여인인지라 별다른 질문도 없이 두 정탐꾼에게 방을 내주었다.

어떤 경로를 통해서인지는 모르나 두 이방인의 출몰이 관계 당국에 알려지게 되었다. 곧바로 경찰이 침입자를 추적했다. 당장 라합이 혐의를 받았다. 그녀의 좋지 못한 평판 때문에, 이런 문제가 생기면 라합의 집이 가장 먼저 수색당했다. 하지만 라합은 기대했던 것보다 큰 역할을 한다. 그녀는 문을 두드리는 소리가 들리자 두 정탐꾼을 편평한 지붕 위로 데리고 가서 바닥에 쌓여 있는 삼대 더미 속에 숨겼다. 모든 집들이 지붕 위에서 삼대를 말렸기 때문에 경찰은 별 이상한 것을 발견하지 못했다. 여러 곳을 수색했지만 아무런 단서를 잡지 못한 경찰은 막사로 돌아갔고 성 안은 다시 잠잠해졌다.

라합은 새 삼대로 만든 선명한 붉은 색의 밧줄을 가지고 지붕으로 올라갔다. 라합은 두 정탐꾼에게 말했다. "이 밧줄로 두 분을 거리에 내려드리겠습니다. 이제 성을 지키는 사람들이 없으니 쉽게 도망칠 수 있을 것입니다.

성을 나가서 산으로 오르면 강을 건널 기회가 올 것입니다. 이제 한 가지만 기억해 주십시오. 오늘 나는 당신들의 목숨을 구했습니다. 당신의 병사들이 여리고 성을 함락할 때, 나의 목숨은 물론이고 가족과 친구들의 안전을 보장해 주십시오. 약속해 주시겠습니까?"

물론 정탐꾼들은 이보다 더 어려운 약속이라도 받아들였을 것이다. 그들은 여호수아의 군사들이 성으로 들어올 때 빨간 밧줄을 창턱에 매달라고 라합에게 말했다. 그러면 군사들이 친구의 집인 것을 알아보고, 집안사람들을 보호할 것이라는 이야기였다. 라합은 손해 볼 것 없는 거래라고 생각했다. 정탐꾼들은 그녀가 지붕 기둥에 맨 밧줄에 매달려 텅 빈 거리로 미끄러져 내려갔다. 어떻게 그들이 성을 빠져나갔는지는 모르겠지만, 정탐꾼들은 온 힘을 다해 달려서 산으로 올랐다. 3일 후에는 요단 강을 헤엄쳐 건너갔다. 이제 그들 앞을 가로막는 자는 없었다. 정탐꾼들은 동족의 품으로 돌아와 여리고 성에서 보고 들은 것을 여호수아에게 보고했다.

**라합의 집을 빠져나가는 두 정탐꾼**

여리고 성읍 주민들이 두려워 떨고 있다는 보고를 받은 여호수아는 강을 건널 준비가 되는대로 공격할 것을 결정했다. 예상했던 것보다 강을 건너는 일은 순조로웠다. 군사 행렬 맨 앞에서 십계명을 새긴 두 돌판을 담은 법궤를 운반하던 제사장들이 요단 강가에 도착하자, 요단 강은 별안간 흐름을 정지했다. 강바닥 한가운데로 들어선 제사장들은 모든 군사들이 강 저편으로 완전히 건널 때까지 제자리를 지켰다. 잠시 후 강물은 제자리로 찾아들고 다시 흐르기 시작했다. 마침내 유대인들이 선조들의 고향, 가나안으로 돌아온 것이다.

얼마간의 행진 후 유대인 부대는 길갈 마을 앞에서 정지했다. 이날은 이

**요단 강 여울**

집트 탈출을 기념하는 유월절이었다. 광활한 시나이 사막의 모래벌판 속에서 첫 유월절을 기념한 지 벌써 40년이 흘렀다. 유대인들은 그동안 경험한 수많은 기적과 축복을 베푸신 여호와에게 감사했다. 하지만 할 일이 아직 많았다. 병사들이 축제일을 즐기고 있는 땅 건너편에는 웅장한 여리고 성이 있지 않은가. 장기간의 포위 공격 없이 견고한 여리고 성을 탈취하는 것은 거의 불가능했다. 주의 깊은 여호수아는 자신의 능력만으로는 승리할 수 없다는 것을 깨달았다. 그는 기도했다. 여호와에게 도움을 간청했다. 여호와는 천사를 보내어 여호수아에게 작전 계획을 알려 주었다.

여호수아의 군사들은 공격작전에 따라 매일 아침, 엿새 동안 하루도 빠지지 않고 여리고 성 주위를 천천히 그리고 경건하게 돌았다. 행렬의 가장 앞에는 일곱 명의 제사장이 섰다. 그들은 법궤를 어깨 위에 메고 행진하며 숫양의 구부러진 뿔로 만든 나팔을 연신 불어 댔다. 이레째 되는 날은 성 주위를 일곱 번 돌았다. 그리고 갑자기 모두가 동작을 멈추었다. 제사장들은 귀청이 터질 정도로 나팔을 힘차게 불었고, 모든 군사들은 신에게 감사함을 소리쳤다.

바로 그 순간 여호와가 약속을 지켰다. 철옹성 같던 여리고의 성벽이 파도에 씻기는 바닷가 모래성처럼 힘없이 무너져 내렸다. 강대한 여리고 성이 유대인의 수중에 들어온 것이다. 그들은 남녀노소 구별 없이 모든 주민을 살육했고 짐승들까지 모두 죽였다. 목숨을 구한 사람은 라합과 그녀의 친척들뿐이었다. 그들은 성을 완전히 탈취한 후 다음 전투를 대비했다. 이제 지중해 앞까지 정복하는 일은 그들 마음먹기에 달렸다 해도 과언이 아니었다.

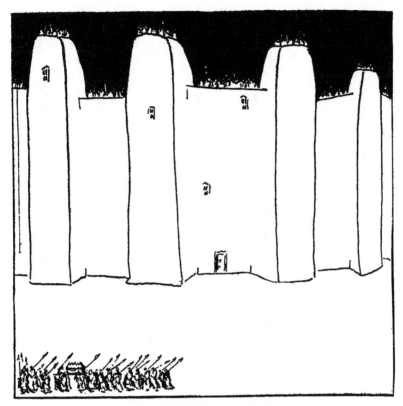

여리고 성 주위를 도는 유대 병사들

—┼—

하지만 여호수아 캠프에 아무런 문제도 없었던 것은 아니다. 그렇게 잘 나가던 진격 작전이 갑자기 실패할 위험에 처하게 된 것이다. 공격을 시작하기 직전, 여호수아는 모든 병사에게 전쟁 노획물 소유를 금지하는 엄격한 군령을 하달했었다. 모든 노획물은 장막으로 보내야만 했다. 모든 이가 군령을 엄수했지만, 유다 족에 속한 아간이라는 사람이 금은 수백 점을 훔쳐 천막

무너져 내리는 여리고 성

바닥에 숨겼다. 물론 이 사건을 알 리 없는 여호수아는 여호와가 승리를 계속 안겨 주시리라는 확신을 가지고 서쪽으로 진격을 계속했다.

다음 공격 목표는 아이 족이었다. 아이 족은 여리고 성 주민이 당한 패배 소식을 듣고 겁을 먹었지만 여호수아에게 항복하지 않았다. 유대인 부대가 공격을 시작하자 아이 족은 반격하여 유대군의 최전선을 뚫고 들어가 많은 유대 병사들을 죽였다. 여호수아는 후퇴하지 않을 수 없었다.

여호수아는 누군가가 군대의 법규를 어겼음을 알아차렸다. 그래서 전투에서 살아남은 생존자들을 불러 수상한 점을 물었다. 누구든 앞으로 나와 자백하면 다른 병사들은 아무런 문제가 없을 것이라고 말했다. 하지만 아간은 자신을 속여서라도 곤경에서 벗어나려고 앞으로 나서지 않았다. 아무도 나서는 사람이 없자 여호수아는 주사위를 던져 범인을 찾아내기로 결정했다. 아간이 범인이라는 패가 나왔다. 그는 훔친 물건을 숨긴 장소를 말하라고 추궁당했다. 훔친 귀중품들은 불 속에 던져졌다. 이제 병사들이 달려가 아간을 죽이는 일만 남았다. 아골 골짜기의 작은 돌무덤은, 이곳을 지나는 사람들에게 여호와의 명령을 거역한 한 유대 병사의 비참한 최후를 상기시키고 치를 떨게 만들었다.

여호수아는 일단 군사들을 후퇴시키고, 맹렬히 항거하는 아이 성을 침략할 계획을 세웠다. 그는 군사들을 두 무리로 갈랐다. 먼저 깊은 밤을 틈타서 3만 명의 군사를 아이 성 바로 앞에 있는 벧엘 산에 매복시켰다. 그 후 5000명의 군사를 추가로 매복에 투입했다. 여호수아는 또 다른 5000명의 군사를 이끌고 아이 성으로 용감히 쳐들어갔다. 적은 규

여리고 성 함락을 지켜보는 아이 족

모의 군사를 목격한 아이 수비대는, 며칠 전에 격퇴시켰던 것처럼 야곱 히브리군과 또다시 가볍게 한판 붙을 생각이었다. 방심한 아이군은 유대군을 크게 비웃으며 그들을 살육하기 위해 아이 성을 나섰다.

하지만 여호수아는 그들을 기다리지 않았다. 그는 병사들과 함께 산등성이로 도망쳤다. 아이군은 허공 속에 신중함을 날려 보낸 것인지, 여호수아 군사들을 잡으려고 전속력으로 달렸다. 곧 그들은 좁은 골짜기에 내동댕이쳐진 자신들을 발견했다. 그곳에서 여호수아는 갑자기 후퇴를 멈추었다. 그는 창끝에 맨 천 조각을 흔들어 서쪽 언덕 위에 매복한 군사들에게 신호를 보냈다. 곧 군사들이 매복지에서 뛰어나와 뒤편에서 아이 병사들을 공격했다. 양편으로 협공당한 아이 병사들은 유대군의 먹이가 되었다. 몇 시간 후 아이군은 완전히 몰살되었다. 성문이 활짝 열려 있었기 때문에 아이 성은 쉽

게 함락되었다. 남녀노소 모든 아이 성 주민들이 살해되었고, 모든 부락이 전소했다. 그날 저녁 가나안의 붉게 물든 하늘은, 여호와의 뜻을 거역하는 자들에게 무자비한 정복자들이 가나안 땅에 당도했음을 알리는 듯했다.

---

　주위의 부족들이 하나씩 정벌되어 가자 두려움 속에 떨던 가나안의 여러 부족들은 유대군과 싸워 이길 묘수를 짜기에 여념이 없었다. 그중 기브온 성에 사는 한 부족들의 계략은 거의 성공할 뻔도 했다. 그들이 생각해 낸 전략은 고작 이러했다. "유대인들은 여기에 영구히 거주하려고 온 것이다. 그들은 막강해서 우리가 대적할 수 없으니 싸우지 말고 협상을 해야 한다. 기브온 성이 여기서부터 수천 킬로미터 밖에 있다고 거짓말하면 될 것이다. 그들은 우리와 협상할 테고, 우리 부족이 큰길 건너편에 사는 것을 발견하지 못할 것이다." 이 전략은 언뜻 보기에는 그럴싸해서 처음에는 성공하는 듯 보였다.

　밤늦게 기브온의 협상단이 유대 캠프로 찾아와 여호수아를 만나기를 청했다. 기브온 사람들은 몹시 지친 상태였다. 잘 걷지도 못할 뿐더러 물을 못 마셔 쓰러지기 직전이었다. 옷은 진흙이 묻어 더러웠고, 곰팡이가 핀 음식을 가지고 있었다. 그들은 여기까지 멀고 먼 길을 오는 동안 음식이 변해 버린 것이라고 설명했다. 여호수아는 어디서 온 사람들이냐고 물었고, 협상단은 머나먼 기브온 성에서 왔다고 답했다. 너무 멀

**여호수아를 찾아온 기브온 협상단**

어서 오는 도중에 거의 죽을 뻔했다고 강조하는 것을 잊지 않았다. 그들은 유대군 총사령관에게, 자기 종족은 새로이 이곳에 온 사람들과 평화롭게 살기를 원하니 우호조약을 맺자고 제안했다. 수천 킬로미터나 떨어져 있는 사람들과 서로 원수처럼 지낼 필요가 없다는 주장이었다.

여호수아는 그럴듯한 논리 때문에 함정에 빠졌다. 기브온 성이 장차 쳐들어갈 바로 그 지역에 있다는 것을 파악했을 때는 이미 늦은 후였다. 벌써 기브온 주민들의 목숨을 살려 주겠다고 약속했기 때문이다. 여호수아는 한 번 맺은 약속을 파기할 수는 없었지만, 그들을 노예로 삼아 울분을 달랬다. 기브온 사람들은 목숨은 구했지만 평생을 무보수로 유대인들을 위하여 일해야 했다. 이것만도 억울한데, 가나안의 다른 부족들에게 기브온의 항복 소식이 들어가자 더 비참한 일들이 닥쳐왔다.

다른 부족들은 겁쟁이가 아니었다. 그들은 자신을 지키기 위한 전쟁을 치를 각오가 되어 있었다. 여리고 성과 아이 성은 함락되었지만, 전쟁이 나면 동맹을 맺을 강력한 기브온 부족이 활 한 번 쏘지 못하고 항복한 것이다. 이것은 참으로 치욕스러운 일이었기 때문에 다른 부족들이 이를 본받기 전에 응징해야 했다. 즉시 예루살렘 왕 아도니세덱의 주선으로 가나안의 다섯 왕들이 한데 모여 유대인에 대항하는 공동전선을 맺기로 했다. 먼저 그들은 군사를 모아, 배신한 기브온으로 쳐들어갔다. 갑자기 큰 위기에 처한 기브온 족은 구원을 요청하러 여호수아에게 연락병을 급파했다.

여호수아는 이 전쟁의 승패로 최후의 승리가 판가름 나리라 감지했다. 그는 군사들을 독촉하여 적들이 알아채기도 전에 기브온 성 가까이 도착했다. 그러고는 전쟁 준비가 안 된 병사들을 급습했다. 모두들 도주했기 때문에 전투다운 전투도 없었다. 다섯 왕들은 동굴 속에 몸을 숨기고, 유대 군사들에게 발각되지 않기만을 바랐지만 결국 들켜 버렸다. 여호수아의 병사들이 큰 바위로 동굴 입구를 급히 막아 버리자, 왕들은 꼼짝없이 감옥에 갇힌 꼴이 되었다. 그러나 연합군은 점차 전투할 용기를 회복했다. 그들도 이번

싸움이 자유와 독립을 건 마지막 전투가 되리라는 것을 잘 알고 있었다. 그들은 뒤돌아서서 죽을힘을 다하여 저항했다. 만약 몇 시간을 더 버틴다면 밤이 찾아올 것이고, 그러면 깊은 밤을 틈타 도망칠 수 있을 터였다.

여호수아는 전투를 단판에 끝내야 한다고 판단했다. 그렇지 않으면 모든 것을 잃게 된다. 다시 한 번 그는 여호와에게 도움을 간청했다. 여호와는 즉시 해를 향해 기브온 하늘에 멈출 것을 명령했다. 또한 달에게도 아얄론 골짜기에 정지할 것을 명했다. 이리하여 밝은 낮이 열두 시간 연장되어 유대군은 싸움을 계속할 수 있었다. 마침내 해가 떨어질 무렵, 그들은 최후의 승자가 되었다. 이제 유대 자손들이 가나안 전 지역을 통솔하게 되었다. 그들은 조금도 지체하지 않고 왕들이 사로잡혀 있는 동굴로 돌아갔다. 병사들은 예루살렘 왕, 헤브론 왕, 라기스 왕, 에글론 왕, 야르뭇 왕을 동굴에서 끌어내 모두 죽였다. 이어서 여호수아는 아직 남아 있는 30여 명의 가나안 통치자들로부터 항복을 받아 냈다.

**동굴 속에 갇힌 다섯 왕들**

그제야 여호수아는 자신이 이룬 업적에 만족했다. 그는 세겜과 길갈의 중간 지점인 실로에 신생 유대 국가의 정치적·종교적 거점을 마련했다. 그러고는 성막을 세운 뒤, 길갈에 임시로 보관 중이던 성궤를 옮겨 왔다. (성궤는 솔로몬의 성전이 준공되기 전까지 실로의 성막에 보관된다.) 다음으로는 회막會幕을 세우고 여러 지도자를 불러들여 국정을 논의했다. 첫 안건은 점령지 분배에 관한 것이었다. 여호수아는 황량한 사막에서 생사를 같이한 부족들의 용맹과 인내를 치하하고, 점령한 땅을 균등하게 나누어 노고에 보답했다. 이때가 여호수아가 영토 전쟁을 시작한 지 7년이 지난 B.C. 1265년이었다. 또한 아브라함이 가나안을 향해 고향을 떠난 지 470년이 되는 해이기도 했다.

여호와의 선택을 받은 유대 민족이 마침내 아브라함, 이삭, 야곱에게 약속했던 땅을 차지했다. 그들은 수 세기 동안 이어진 도시 생활과 끊임없는 사막 속의 행진을 끝내고 마침내 조상들이 살던 단순한 삶으로 돌아갔다. 이제 더 이상

**하늘에 멈춘 해와 달**

이집트의 빈민굴로 돌아가지 않아도 되었다. 유대인들은 다시 한 번 가축을 치며 사는 사람들이 되었다. 모든 사람들이 자기 땅을 가지고, 모든 가정이 자기 집을 소유했다. 이제 분산되었던 유대 부족들이 온 천지의 주인이신 여호와를 경배하는 강력한 단일국가로 뭉친 것이다.

하지만 가나안 변방에는 유대 민족의 단합과 발전을 질시하는 강력한 부족들이 건재했다. 유대인들은 이들과 대적하기 위해 보다 강력한 통치자를 선출한다.

제 9 장

# 재판관의 등장

유대 민족은 가나안 정복으로 방랑을 끝내고 농경 생활을 시작한다. 이어 나라의 치안을 유지하고 영토를 방위하기 위해서 예전의 족장보다 강력한 통치자, 재판관을 선출한다. 약 200년간의 재판관 시대를 거치면서 유대 백성들은 주변 국가처럼 나라를 왕국으로 성장시키고자 하는 꿈을 키운다.

—┼—

마침내 유대 민족이 가나안 땅을 정복했다. 가나안 원주민들은 살해하거나 노예로 삼았다. 하지만 히브리 민족이 팔레스타인의 명실상부한 주인이 되려면 아직 많은 장애물들을 넘어야 했다. 주변의 강력한 국가들이 호시탐탐 침략할 기회를 노리고 있었기 때문이다. 특히 물이 풍족하고 땅이 비옥한 가나안 최적의 농경지, 이스르엘 평원을 지켜 내기에는 군사력이 아직 약했다.

가나안 정복을 주도했던 여호수아는 장수하다가 평화로운 죽음을 맞았다. 부족들은 경건하게 장사를 지냈다. 그들은 후계자를 뽑지 않기로 결정했다. 큰 전쟁도 끝난 지금, 전쟁을 이끌 최고 통치자가 꼭 필요하지는 않았기 때문이다. 만약 부족 간에 분쟁이 생기면 실로에 있는 대제사장이 여호와의 법에 따라 판결하면 됐다. 또한 새 통치자를 선출하는 일은 오랫동안 쌓인 부족 간의 갈등을 다시 꺼내게 만들 터였다. 전쟁에 시달려 온 백성들은 싸우는 일이라면 진저리를 쳤다. 끊임없이 이동해야 하는 유목민 신세를 끝내고 드디어 한곳에 정착하여 농사를 짓는 생활이 열린 지금, 백성들이 원하는 것은 밭갈이를 서로 어떻게 도울지 의논하는 일이었다.

하지만 새로 태어난 유대 국가는 사방이 적국으로 둘러싸여 있었기 때문에, 최고 통치자가 없으면 나라의 존립이 위태로운 지경이었다. 서쪽 국경 너머 메소포타미아 계곡에는 강력한 군주들이 살고 있었다. 그중에서도 바빌로니아 왕은 가나안의 안전에 가장 큰 위협이 되었다. 바빌론 왕이 출정하여 가나안 변방을 차지하자, 유대인은 자신들이 성급하게 내린 결정을 다시 생각하게 되었다. 그들은 왕국을 세우고 왕을 옹립하는 데 주저했지만, 결국 통치자의 절대적 역할을 인정하지 않을 수 없게 됐다.

새 유형의 통치자들은 국가 위기 때마다 비상한 판단력을 발휘했기 때문에, 백성들은 그들을 재판관 혹은 사사라고 불렀다. 전방에서 적들과 전투를 치루며 하루를 보내는 것이 재판관들의 주요 일과였다. 〔사사士師는 옛날 중국에서 법령과 형벌을 맡아보던 재판관의 명칭이었다.〕

비교적 평화로운 시절이 도래하자, 풍성한 수확을 기원하는 바알 숭배가 전국에 만연했다. 유대인이 여호와를 배신할 때마다, 여호와는 주변 국가의 병사들을 불러들여 유대인을 징벌했다. 그들이 회개하면 여호와는 새 재판관을 세워 백성들을 구원해 주었다. 하지만 계속되는 유대인의 배신은 또 다른 재판관을 배출하게끔 했다. B.C. 1225년부터 약 200년 동안 열다섯 명의 재판관이 가나안 땅을 통치했다. 옷니엘이 첫 번째 재판관이 되었고, 마지막 재판관은 사무엘이었다.

옷니엘은 거인족 아낙의 수도였던 기럇세벨을 함락시킬 때 큰 공을 세워 유명해진 사람이다. 수십 년 전만 해도 아낙 족은 군사력이 막강하여 모세의 추종자들을 겁먹게 했지만, 옷니엘의 활약으로 이빨 빠진 호랑이 신세가 되었다. 그는 40년 전 모세의 명령으로 여호수아와 함께 에스골 땅으로 정찰을 나갔던 갈렙의 사위이기도 하다. 옷니엘은 유대 영토에서 바빌로니아 군대를 몰아내는 전쟁을 승리로 이끌어, 왕관만 쓰지 않았을 뿐이지 실질적인 통치자 역할을 30년간 했다.

옷니엘이 죽자 유대인들은 무분별했던 옛 생활로 돌아갔다. 그들은 이방인의 딸들과 결혼하고 가나안 원주민 여인들을 취했다. 이방 여인들로부터 태어난 아이들은 어머니의 말을 배우고 어머니가 믿던 이방 신을 믿게 마련이다. 유대인들은 곤궁에 빠졌을 때 그들을 인도한 여호와를 서서히 잊었고, 자신들이 수많은 적에 둘러싸여 여호와의 보호 없이는 꼼짝도 못하는 작은 셈 족이라는 사실을 망각했다. 결과적으로 그들은 서로가 공동 운명체임을 급속히 잊어버렸다. 유대인들은 서로

**아낙 족의 성채**

다투기 시작했다. 내분 소식이 적들의 귀에 들어갔다. 모압 족, 암몬 족, 아말렉 족은 서로 연합하여 수년 전에 여호수아에게 빼앗긴 영토를 다시 탈환해 나가기 시작했다. 유대군이 패배에 패배를 거듭하면서 노예 생활이 다시 시작됐다. 유대인들은 약 20년 동안 모압 왕 에글론을 주인으로 모셨다.

마침내 유대 민족을 모압의 속박에서 벗어나게 할 사람이 나타났다. 에훗이라는 사람이었다. 그는 에글론을 살해하기로 결심한다. 마음의 준비를 끝낸 에훗은 에글론을 만나고 싶다고 청했다. 왕에게 긴급히 알려야 할 비밀 정보가 있으니, 잠시만 왕을 대면하기를 바란다고 말했다. 에글론은 의심이

많은 인물었지만, 긴박한 폭동 소식을 듣기 위해서 독대를 허락했다. 에홋은 왼손잡이였는데, 당시에는 불완전하다고 취급되던 특징이 이리 크게 쓰일 줄이야!

보통 사람은 칼을 왼쪽에 차기 때문에 왕의 호위병은 방문자의 외투에서 왼쪽만을 조사한다. 따라서 왼손잡이 에홋이 외투 오른쪽에 숨긴 단검은 호위병의 눈을 피할 수 있었던 것이다. 에홋이 왕의 집무실에 들어서자 에글론은 부하들을 밖으로 내보냈다. 방문이 닫히는 순간 에홋은 단검을 뽑았다. 에글론은 몸을 피하려고 의자에서 일어났지만, 에홋의 단검이 가슴을 뚫고 들어가 바닥을 뒹굴다 죽었다. 왕의 암살은 모압 족에 대항하는 봉기가 시작된다는 신호였다. 에홋은 모압 족을 물리친 공로를 인정받아 유대 민족의 재판관이 되었다. 이때부터 재판관들의 연속적 승계가 시작되었다.

—¦—

세월이 흐르면서 국경 전쟁은 더욱 치열해졌다. 여자들까지도 국가 방위의 임무를 지게 되었다. 가나안의 작은 도시들은 유대인에게 골칫거리가 못 되었다. 그들은 이 도시들을 하나하나 파괴하고 점령했다. 그러나 한 부족만은 막강하여 유대인에게 큰 위협이 되었는데, 바로 블레셋이었다. 불행하게도, 영토를 뺏고 뺏기는 전쟁은 갈수록 잔인해지게 마련이다. 블레셋 족이 히브리 족의 한 마을을 불태우면, 유대인은 블레셋의 두 마을을 파괴하여 복수했다. 블레셋이 이에 물러서지 않고 세 개의 유대 마을을 약탈하면, 유대인은 더 나아가 마을 네 개를 약탈했다. 서로 돌아가며 죽고 죽이는 보복 전투는 어느 편이든 큰 성과를 거둘 수 없는 일이었다.

우리는 앞으로 블레셋이란 이름을 자주 듣게 될 것이다. 히브리 사람이나 서부 아시아의 사람들과 달리 그들은 셈 족에 속하지 않는다. 이들은 본래 지중해 중앙에 위치한 크레타 섬의 원주민이었는데, 약 1000년 동안 세계 문명의 중심지 역할을 하던 수도 크노소스가 적에게 파괴되자 섬을 탈출한다. 이 참사의 생존자들은 바다로 도주하여 나일 강 삼각지에 정착을 시도했지만, 이집트인들로부터 쫓겨난다. 그들은 동쪽으로 항해하여 지중해와 서부 구릉지 사이에 위치한 길고 좁은 지역

유대와 블레셋의 국경

을 차지한다. 이집트인은 이 부족을 블레셋이라고 불렀고, 오늘날 우리들은 팔레스타인이라고 부른다.

　내륙 민족인 유대인들이 바다로 진출할 수 있는 항구를 원하고, 해양 민족인 블레셋 사람들은 서쪽으로 요단 강까지 모든 땅을 차지하기 바란 것은 당연한 일이다. 이것이 유대 국가와 블레셋 간에 벌어지는 끝없는 전쟁의 불씨였다. 이스라엘은 블레셋과의 전투에서 패배의 쓴맛을 많이 보았다. 옛 크레타 출신 사람들이 가진 전쟁 기술이 주위 국가들보다 월등했기 때문이다. 구약에 나오는 유명한 전쟁 이야기들 대부분이 약 800년간에 걸친 이 두 부족 간의 투쟁사이다. 구리로 만든 방패와 철로 만든 칼과 무장한 전차를 가진 블레셋 군사들은 나무 방패와 돌화살을 사용하는 유대군을 쉽게 물리칠 수 있었다. 하지만 히브리 부족이 여호와의 뜻을 받들어 싸울 때면 간혹 큰 승리를 거두기도 했는데, 바로 드보라가 재판관으로 있을 때였다.

—¦—

　재판관 삼갈이 죽자 가나안의 왕 야빈의 군사들이 곧장 유대 국경으로

팔레스타인에 상륙하는 블레셋 사람들

진격해 왔다. 그들은 가축을 약탈하고 백성들을 죽이고 여자와 아이들을 끌고 갔다. 히브리 부족이 복수를 하고 싶어도, 따를 지도자가 없었다. 야빈의 군사는 시스라라는 이방인이 통솔하고 있었다. 그는 출세를 위해 북쪽으로 올라온 이집트인이었다. 대부분의 직업군인이 그러하듯 시스라도 최신 병법에 매우 능했다. 그는 철로 만든 전차 부대를 가지고 있었다. 말이 끄는 쇠 전차는 칼로 버터를 자르듯이 유대 병사들을 쉽게 난도질했다. 시스라는 900대의 전차를 가지고 있었다고 한다. 이 이집트 출신 장군은 새로 탄생한 유대 국가를 완전히 전멸시키고도 남을 막강한 전력을 보유해서, 요단 강 양쪽 산과 골짜기에서는 한숨과 걱정이 날로 커져만 갔다.

이 무렵, 벧엘 마을 가까이에 드보라라는 여인이 살고 있었다. 이 여인도 이집트의 바로를 감탄케 했던 요셉처럼 앞날을 예측하는 비상한 능력을

가지고 있었다. 서부 아시아에 사는 사
람이라면 항해를 떠나거나 전쟁을 치르
기 전, 혹은 새 사업을 시작하거나 결혼
을 하기 전에 누구나 드보라의 자문을
구하러 몰려들었다. 유대인들도 적을
몰아내려면 무엇을 해야 할지 알려 달
라고 그녀에게 간청했다. 다행히도 그
녀는 용기 있는 사람이었다. 드보라는
항복하지 말고 대항하여 싸우라고 권고
했다.

드보라의 외딴 산간 집

　　드보라는 납달리 지파에 사람을 보내어 바락이라는 사람을 만나고 싶
다고 전했다. 바락은 용감한 병사라고 알려져 있었다. 드보라가 바락에게 적
진으로 출전하길 권하자, 그는 "패전할 것이 뻔합니다. 우리 군사들은 시스
라의 쇠 전차를 막아 낼 수 없습니다"라며 나서기를 주저했다. 드보라는 유
대군이 공세를 취하는 순간 여호와가 함께하실 것이며, 적의 눈에 우리 군사
들이 보이지 않을 것이라고 용기를 북돋았다. 그러나 바락의 눈에서는 900
대의 무장 전차가 아롱거리며 사라지지 않았고, 결국 최고 지휘자에 오르는
영예를 거절했다. 드보라는 크게 실망했다. 하지만 자신이 전투에 동행하여
바락이 용기를 얻을 수 있다면 그렇게 하겠다고 다시 제안했다. 그러나 이
경우에, 전쟁을 승리로 이끈 명예는 바락이 아니라 어느 여인에게 돌아갈 것
이라고 말했다. 마침내 바락은 승복하고 병사들에게 다볼 산 요새를 떠나 전
투지로 출발하라는 명령을 내렸다.

　　시스라는 전차 부대를 이스르엘 평원으로 몰아와, 산등성이에서 내려
오는 유대군을 공격했다. 그렇지만 여호와는 유대의 편이었다. 야빈의 군사
들은 죽을힘을 다하여 싸웠지만 패전할 운명이었다. 극소수의 패잔병들은
뺑소니를 쳤고 시스라는 전차를 버리고 맨몸으로 도망쳤다. 그는 달아나다

가 곧 지쳐서 길가의 한 집으로 들어가 도움을 청했다.

그곳은 겐 사람인 헤벨의 집이었다. 마침 헤벨은 집을 비우고 아내 야엘 혼자 집에 있었다. 그녀는 전투 소식을 들어 알고 있었다. 야엘은 이방인 모습을 하고 금 투구를 쓴 사나이가 명령조로 음식을 청하자 아무래도 시스라임에 틀림없다고 생각했다. 야엘은 불청객에게 먹고 마실 것을 준 뒤, 마루 위에서 담요를 덮고 쉬라고 권했다. 그동안 유대 병사가 가까이 오는지 망을 보다가 여차하면 도망칠 때를 알려 주겠다는 약속도 했다. 시스라는 야엘의 말을 믿고 깊은 잠에 빠졌다. 그러자 야엘은 천막의 말뚝을 박는 큰 대못을 시스라의 눈에 깊이 박아 버렸다. 적장을 자기 집에서 살해한 그녀는 바락에게 달려가 이 일을 자랑했다.

드보라의 이야기는 여기서 끝난다. 믿음직했던 장군을 잃은 야빈 왕은 유대 쪽과 적대 관계를 청산하고, 유대 백성은 다시 자유를 얻었다. 유대 사람들은 드보라와 야엘에게 큰 명예를 안기는 것을 잊지 않았다. 하지만 불행하게도, 이처럼 평화로운 시절은 백성들의 영적 생활을 타락시키기에 더없이 좋았다. 모세가 명령한 여호와 경배는 유대인이 영원히 지켜야 할 불문율이었지만, 어떻게 돈을 쓸까 말고는 다른 걱정거리가 없는 이들이 정신적인 일에 관심을 쏟기란 매우 어려운 일이었다.

이제부터 시작되는 이야기들은, 사막 속을 호령하던 위대한 여호와가 유대인의 머릿속에서 완전히 잊혔으며, 그의 율법이 다음 세대에게 얼마나 철저히 배척받았는지 보여 준다. 먼저 에브라임 산간지대에 살았던 부자 과부의 외아들 미가의 불경스러운 이야기부터 살펴보자. 미가는 어머니의 돈을 훔쳤다. 그 사실을 안 어머니는 미가를 혼내기는커녕 용서했을 뿐 아니라, 사랑하는 아들에게 금은을 녹여 우상을 만들어 주었다. 미가는 번쩍이는 장난감이 좋았다. 그는 집 안에 번쩍이는 우상을 모시는 조그마한 장막을 짓고 레위 지파 한 사람을 전속 제사장으로 고용했기 때문에 예배를 드리러 집을 떠날 필요가 없었다. 그의 행동은 모세가 전한 율법에 크게 위배되는 것이었다. 그 시절 신앙심이 별로 없던 유대인조차 놀라 기절할 일이었지만, 철모르는 미가는 자기가 좋아하는 일을 고집했다.

어느 날, 가축들을 먹일 목초를 찾아 서쪽으로 행진하던 단 지파 사람들이 미가의 집에 침입해 금 우상을 훔쳐 갔다. 우상이 없어진 것을 안 미가의 개인 제사장은 우상을 훔친 사람을 찾아가 제사 일을 도왔다. 여호와가 보기에 크게 불쾌한 사건이었는지 곧 진노함을 나타냈다. 여호와는 이스라엘 땅에 미디안 군대를 보냈다. 미디안 병사들은 매년 여름, 한 번도 거르지 않고 침범하여 수확을 앞둔 보리와 곡식을 약탈해 갔다.

미가가 세운 신전과 우상

모든 유대 마을이 미디안 병사들의 잔혹한 약탈 소식으로 벌벌 떨었다. 유대인들은 그들이 나타나기만 해도 산속 동굴로 숨었고, 가끔은 겨울 내내 그곳에 틀어박혀 있기도 했다. 마침내 백성들이 농사를 포기하고 마는 절박한 상황이 벌어졌고, 심각한 기근이 들어 사람들이 죽어 갔다. 굳은 의지가 있는 자들만이 여기저기서 농토를 경작하고 있었다. 그중 기드온의 아버지인 요아스라는 사람이 있었다.

요아스는 그리 율법에 신실한 사람은 아니었다. 그 역시 이 지역 원주민들이 극진히 모시는 우상을 경배했다. 그러나 아들이 꼭 아버지를 닮으라는 법은 없었다. 요아스의 아들은 드보라나 요셉처럼 예언을 할 수 있었고,

율법을 충실히 따랐다. 기드온의 아버지가 바알 신전을 세웠을 때, 기드온은 천사가 나타나 차린 음식을 순식간에 먹어 치우는 꿈을 꾸었다. 이에 용기를 얻은 어린 기드온은 한밤중에 일어나 흉측한 우상을 때려 부수고 그 자리에 여호와를 경배하는 예배소를 세웠다. 다음 날 아침, 신전에서 부스러진 돌조각을 보고 사태를 파악한 마을 사람들은 요아스의 집으로 달려가 신을 모욕한 그의 아들을 처벌해야 된다고 소리쳤다.

다행스럽게도 요아스는 어느 정도 상식을 가진 사람이었다. 그는 마을 사람들이 주장하는 대로 바알 신이 그렇게 강력하다면, 신성을 모독한 기드온을 틀림없이 죽일 것이라고 말했다. 하지만 기드온은 아무 걱정 없이 잘 지냈다. 그리고 몇 주가 지나도록 아무 일도 없자, 사람들은 생각을 바꾸었다. 기드온은 여룹바알(바알 신전을 부순 자)로 널리 알려지고, 이웃 도시까지 명성이 퍼져 갔다.

**기드온이 부순 바알 신전**

미디안 병사들의 약탈이 극에 달하자, 유대인은 생사를 건 공세를 펴든지 전멸할지를 선택해야 하는 처지에 놓였다. 이때 기드온이 지도자로 추천받은 것은 당연한 일이었다. 그는 이스르엘 평원에 병사들을 집합해 훈련시킬 계획이었다. 하지만 병사들의 사기는 형편없이 나빴다. 모두들 나약했고, 전쟁에는 아무런 관심도 없었다. 그저 편안한 동굴 집으로 가기만을 원했으며 육체적 훈련보다 배고픔이 차라리 낫다고들 했다. 기드온이 집으로 돌아가고 싶냐고 물었더니 "물론입니다. 빠를수록 더 좋습니다"라는, 한심한 대답을 했다.

기드온은 믿음직스러워 보이는 병사 수천 명을 추려 내고 나머지는 집으로 돌려보냈다. 하지만 이 병사들도 완전히 믿을 수 없었다. 기드온은 앞으로 있을 전쟁에서 승리하리라는 징표를 달라고 여호와에게 요구했다. 기드온은 양털을 땅 위에 놓았다. 아침에 양털을 들어 보니 이슬로 흠뻑 젖어 있었다. 하지만 양털이 놓여 있던 주위의 잔디는 바싹 마른 상태였다. 이것은 다가올 전투에 여호와가 기드온과 함께할 것이며, 그가 준비한 대로 나아가도 좋다는 뜻이었다.

기드온은 병사들을 모아 장거리 행군 훈련을 실시했다. 훈련을 시작한 지 한참이 지나 상당히 지칠 때쯤, 기드온은 그들을 강가로 데려갔다. 수천 명의 병사들 중에서 300명만이 강 건너편을 주시하면서 물을 마시는, 병사다운 경계심을 보였다. 이들은 무기를 한 손에 들고 다른 손으로 물을 떠 마셨다. 그러나 나머지 병사들은 병기를 땅에 버려둔 채 얼굴을 강물에 처박고 허기진 짐승처럼 물을 마셨다. 기드온은 이 300명만 남기고 나머지는 돌려보냈다. 나머지는 전투에 도움이 되기커녕 성가신 존재가 될 터였다.

300명의 믿음직한 병사들은 전투 명령을 받았다. 기드온은 각 병사들에게 숫양의 뿔과 횃불을 나누어 주었다. 횃불은 흙으로 만든 단지 속에 숨겨져 있어서 빛이 밖으로 새 나가지 않았다. 한밤중에 기드온은 자기 병사들을 미디안 진지로 이끌었다. 병사들은 적진 앞으로 진격하면서 뿔 나팔을 불어 댔다. 기드온의 신호가 떨어지자 모든 병사들이 동시에 단지를 깨뜨렸다. 별안간 나타난 단지 속의 횃불은 미디안 병사들의 눈을 멀게 만들었다. 혼란과 공포에 빠진 그들은 겁을 먹고 도망쳐 버렸다. 미디안 병사들의 시체 수천 구가 피비린내 나는 전투지에

**기드온 병사들의 야간 기습**

내동댕이쳐졌다.

그 후 기드온은 왕관을 쓰지 않은 유대인의 왕으로 존경받았고, 오랫동안 재판관으로 지냈다. 하지만 그가 죽자 여러 문제들이 불거져 나왔다. 결혼을 여러 번 한 기드온은 많은 자식들을 남겼다. 그가 땅에 묻히자마자 아들들이 후계자 다툼을 시작했다. 그중 아비멜렉이 야심이 많았다. 그는 유대인의 왕이 되길 원했고, 자신만이 모든 자격을 갖추었다고 믿었다. 하지만 아비멜렉을 잘 아는 사람들은 그의 자질을 알아주지 않았다. 아비멜렉은 별수 없이 고향 집을 떠나 어머니의 친정이 있는 세겜 마을로 갔다. 그곳에서 왕이 되기 위한 공작을 시작한다. 돈줄이 없었던 아비멜렉은 세겜 사람들로부터 융통한 자금으로 살인 청부업자를 고용하여 자기 형제들을 살해한다. 하룻밤 사이에 기드온의 아들들이 살해되고, 막내아들 요담만이 간신히 살아남아 산속으로 숨어 버렸다.

아비멜렉은 세겜 사람들로부터 왕이라 추앙받고 큰 잔치를 베풀었다. 그 후 4년 동안 아비멜렉과 그의 최고 부관 스불은 꾸준히 세력을 불려 주위의 몇몇 성읍을 손아귀에 넣었다. 때때로 요담의 소식이 들려왔다. 이 소년은 시장터에 불쑥불쑥 나타나 자기의 형이 얼마나 악랄한지 성토했다. 하지만 요담은 동전한 푼 없는 빈털터리에다가 단한 명의 추종자도 따르지 않았기 때문에 아비멜렉은 조금도 신경 쓰지 않았다.

**불타는 세겜 마을의 석탑**

하지만 아비멜렉이 세겜에서 얻은 영광은 오래가지 못했다. 백성들은 그의 완고하고 멍청한 구석에 점점 불만을 가졌다. 가알이라는 사람이 봉기하여 반란을 이끌었다. 아비멜렉과 스불은 폭도들과의 싸움에서 승리를 이어 가고, 가알과 추종자들은 도망치다가 높은 석탑으로 피신했다. 병사들이 폭도들의 요새를 점령하지 못하자, 아비멜렉은 땔나무를 구해 오라고 명령했다. 그는 탑 주위로 장작을 높이 쌓고 불을 질렀다. 가알과 모든 추종자들은 불에 타 죽었다.

몇 년이 흐른 후, 데베스 성에서 또 다른 봉기가 일어났다. 아비멜렉은 이번에도 그들을 제압했고, 폭도들은 다시 탑 속으로 방책을 치고 숨어 버렸다. 지난번처럼 산 채로 화장시키려고 진격해 들어갈 때, 한 여인이 탑 꼭대기에서 그를 향해 바윗덩어리를 던졌다. 바위는 아비멜렉의 머리통을 부숴 버렸다. 여자에게 입은 부상으로 죽는 것은 싫었던 아비멜렉은 한 병사에게 "칼을 뽑아 나를 죽여라"라고 명령했다. 멍청했던 아비멜렉은 그렇게 개죽음을 맞았다.

그 후 여러 유대 지파를 통합하여 하나의 왕국을 만드려는 운동은 잠시 중단됐다. 미디안 족이 요단 강 양쪽의 모든 땅을 차지하겠다고 위협해 왔기 때문이다. 수년 후에는 암몬 족도 똑같은 협박을 했다. 그들은 많은 부락을 불태우고 노략질을 일삼았다. 유대인은 이들과 대적하려고 내분을 끝낸 지 오래였다. 이때 길르앗 땅에 있던 유대 지도자들은 "누가 먼저 나가서 암몬 족을 물리치겠느냐? 누구든지 먼저 나가 싸우는 자가 우리의 통치자가 될 것이다"라며 지망자를 찾았다. 뛰어난 용사였지만 비천한 출신의 입다가 출세를 위해 앞으로 나서겠다고 자원했다. 그들은 므낫세 지파의 입다를 최고사령관으로 선출했다.

용맹한 입다도 암몬 족을 혼자 물리치기에는 벅찼던지, "주께서 암몬 사람을 제 손에 넘겨주시면 적을 섬멸하고 집으로 돌아가는 길에 처음 만나는 생명체를 제물로 드리겠다"고 허황된 맹세를 했다. 그는 아마도 사랑하는 개, 아니면 말을 생각했을지도 모른다. 여호와의 격려를 받은 입다의 대진격으로 암몬 족은 전력을 상실하고 항복해 버렸다. 이제 여호와에게 맹세

**입다를 마중 나오는 외동딸**

한 서약을 지키기 위하여 입다는 고향으로 출발했다. 그러나 불행하게도, 입다를 반기려고 제일 먼저 뛰어나온 생명체는 하나뿐인 외동딸이었다. 입다는 맹세한 대로 사랑하는 딸을 죽여 여호와에게 번제물로 바쳤다.

적과의 전쟁 중에도 지파 간의 오랜 분쟁은 계속됐다. 누군가가 에브라임 지파의 병사들이 나태하다고 고발했다. 적이 후퇴를 시작할 때가 되어서야 전쟁터에 도착한 에브라임 병사들은, 유감스럽지만 지체할 수밖에 없었다고 변명했다. 요단 강 건너편에서 먼 거리를 행군해 왔기 때문이라는 것이 이유였다. 하지만 성질이 급했던 입다는 그들의 사과도 받지 않고, 변명도 들으려 하지 않았다. 입다는 에브라임 사람이라고 의심되는 사람들까지 몽땅 잡아들였다.

입다는 요단 강의 모든 나루터에 병사를 보내 에브라임 병사들이 강을 건너지 못하게 막으라고 지시했다. 병사들은 에브라임 사람이라고 의심되는 자가 강을 건너려 하면, '쉽볼렛'을 말해 보라고 요구했다. 그들은 '쉬'를 '시'라고 발음했기

**나루터를 지키는 입다의 병사들**

때문에, 만약 '십볼렛'이라고 말하면 에브라임 사람이라고 간주해 교수형을 시켰다. 이렇게 하여 죽임당한 에브라임 사람이 4만 명이 넘는다. 입다는 지도자들과의 약속대로 재판관이 되어 6년 동안 나라를 다스리다가, 죽은 뒤에는 길르앗의 한 성에 장사되었다.

—┼—

다시 한 번 이스라엘 땅에 평화가 찾아왔다. 하지만 블레셋인과 유대인은 머지않아 또다시 앙숙이 된다. 전투는 전에 없이 격렬했고, 온 유대 공동체가 파괴되었다. 이때 유대 민족의 영웅 삼손이 나타난다. 삼손은 그리스의 장수 헤라클레스만큼 힘이 셌지만 똑똑하지는 않았다. 삼손은 마노아의 아들로, 엄청난 팔 힘을 자랑해 어릴 때부터 소문이 자자했다. 그러나 보기 좋은 사람은 아니었다. 머리털은 빗어 본 적이 없었고, 수염은 마구 자라게 내버려 두었으며, 늘 지저분한 옷을 입었다. 그저 망치 같은 단단한 두 팔을 가졌을 뿐, '위험'이라는 말의 뜻도 몰랐다.

삼손이 열여덟 살이 되었을 때, 블레셋 여인과 사랑에 빠져 결혼을 고집하는 바람에 부모는 큰 어려움에 직면했다. 삼손이 이방인과 결혼한다는 소식에 가족들은 물론 이웃 사람들까지 소동이 터질까 봐 걱정했다. 하지만 삼손은 주저하지 않고 신부를 데리러 딤나로 떠났다. 서쪽으로 가는 길에 사자가 삼손을 습격했다. 그는 마치 고양이를 다루듯 맨손으로 사자를 낚아채 죽이고는 시체를 숲 속으로 던져 버렸다. 그 뒤, 같은 장소를 지날 때 죽은 사자의 입을 벌집 삼은 벌들이 쉬지 않고 꿀을 모으는 것을 본 삼손은, 손으로 꿀을 떠먹고는 제 갈 길을 갔다.

마침내 삼손이 신부가 사는 마을에 도착하자, 이 행복한 부부를 축하하는 성대한 파티가 열렸다. 잔치판보다 싸움터가 편한 삼손은 이런 환대가 거북스러웠지만 행복한 신랑 역할을 해내려 노력했다. 어느 날 저녁, 모든 손님들이 수수께끼를 풀며 즐거워할 때, 삼손은 자기도 수수께끼를 하나 내겠다며, 누구든 정답을 맞히면 겉옷 30벌을 주겠다고 약속했다. 삼손이 낸 문제는 바로 이것이다. "먹는 자가 먹는 것이 되고, 강한 자에게서 단 것이 쏟아져 나왔다. 이것은 무엇이냐?" 딤나 사람들은 머리를 짜내고 또 짜냈지만 삼손의 수수께끼를 풀 수 없었다. 그들은 유대 지방에서 올라온 낯선 시골뜨기에게 바보 취급을 당할까 봐 창피했다. 그들은 신부에게 찾아가 "이 남자는 너를 사랑하지 않느냐? 삼손은 너를 위해 무엇이든지 할 것이다. 그가 수수께끼의 답을 털어놓도록 만들어라"라고 따지듯 말하며 덤벼들었다.

딤나의 신붓감은 그리 영리하지 못했나 보다. 여자는 삼손이 정답을 말할 때까지 그를 들들 볶았다. 마침내 삼손은 "죽은 사자는 모든 짐승의 먹이가 되고, 사자의 입은 벌집이 되었다"라고 답을 알려 주었다. 블레셋 사람들은 좋아서 낄낄거리며 삼손을 찾아가 소리쳤다. "네가 낸 문제는 식은 죽 먹기다. 우리는 답을 알고 있다. 무엇이 사자보다 강하고, 무엇이 꿀보다 달겠느냐?" 그제야 삼손은 자기가 속임수에 말려든 것을 깨달았다. 그는 몹시 화가 나서 한마디 말도 없이 신부를 버리고 마을을 떠났다. 아스글론 마을을 지나던 삼손은 유순한 블레셋 사람들과 마주쳤다. 그는 30명이나 되는 사람들을 모두 죽였다. 그리고 죽은 자들의 겉옷을 벗겨, 수수께끼를 푼 결혼식 손님들에게 상품으로 보냈다. 고향으로 돌아온 삼손은 뿌루퉁하여 부모님 집에 틀어박혔다.

삼손은 블레셋 여인을 너무 사랑했기 때문에 그녀를 떠나 지낼 수가 없었다. 그는 더 이상 참지 못하고 모든 일이 잘 해결됐을 거라는 희망을 가지고 그녀를 찾아갔다. 하지만 때는 이미 너무 늦어 버린 뒤였다. 그녀는 며칠 전, 동족의 한 젊은이와 결혼했던 것이다. 삼손은 그녀에게 버림받았다고 믿을 수밖에 없었다. 자존심에 큰 상처를 입은 삼손은 복수를 다짐했다.

삼손은 산으로 들어가 여우 300마리를 잡았다. 그는 여우를 두 마리씩 모아 꼬리를 붙들어 매고, 여기에 횃불을 놓아 마을에 풀었다. 불쌍한 짐승들은 정말 죽을 맛이었다. 녀석들은 온 들판을 헤치고 다니다가, 꼬리에 붙은 불을 끄려고 추수를 기다리는 밀밭을 뒹굴었다. 바짝 마른 밀밭에 불이 붙었다. 화염은 옆에 있는 포도원으로, 올리브 나무로 옮겨 갔다. 결국 블레셋 지방은 하룻밤 사이에 큰 불로 막대한 손해를 입었다. 사람들은 화가 나면 매우 바보 같은 짓을 저지르게 마련이다. 그들은 삼손의 신부였던 여인에게 화재로 난 손해를 책임지라며 집으로 쳐들어가 그녀와 아버지를 살해했다. 이 소식을 들은 삼손은 그를 따르는 모든 사람들을 데리고 블레셋 땅으로 쳐들어가 수백 명을 살육했다.

그 후, 블레셋과 유대 국경은 잠시 평온했다. 하지만 블레셋과 이웃한 유다 지파는 그들과 평화적인 관계를 유지하고 싶었기 때문에 삼손이 벌인 행패를 몹시 못마땅하게 생각했다. 그들은 삼손을 붙잡아 팔을 묶고 블레셋 사람들에게 데려갔다. 유다 지파 사람들은 동족을 살해했다는 오명을 쓰고 싶지는 않았기 때문에, 블레셋 사람들이 삼손을 죽이는 것을 팔짱 낀 채 바라볼 심산이었다. 블레셋 사람들은 유대인들과 포로가 길을 따라 내려오는 것을 보고 기뻐 날뛰었다. 삼손은 그들이 자신을 에워쌀 때까지 기다렸다. 그러고는 갑자기 힘을 뻗어 포박을 풀더니, 길가에 버려진 죽은 당나귀의 턱뼈를 집어 들어 블레셋 사람들을 닥치는 대로 살해했다.

이때부터 블레셋 사람들은 무슨 수를 쓰더라도 삼손의 목숨을 빼앗는 것은 불가능하다는 사실을 깨달았다. 정식 결투에서는 그를 이길 수 없었다. 그래서 좀 야비한 방식이라 하더라도 어떻게 삼손을 죽일지 궁리해야만 했다. 이 또한 매우 어려워만 보였다. 하지만 삼손이 스스로 빌미를 만들어 주리라고 누가 알았겠는가. 삼손은 이 여자, 저 여자와 닥치는 대로 사랑에 빠졌다. 일단 사랑에 빠지면 앞뒤를 가리지 않고 날뛰는 바람에 동족의 안전을 위협하는 온갖 사고를 일으켰다.

어느 날 저녁, 블레셋 사람들은 삼손이 친구를 만나러 가자 성으로 간다는 소식을 들었다. 그들은 말했다. "마침내 우리가 그놈을 잡을 수도 있을 것 같다." 블레셋인들은 성문을 닫고 아침이 되기를 기대했다. 성문을 통과해야만 집으로 돌아갈 수 있는 삼손을 무장한 사람들 50여 명이 기다리고 있었다. 삼손은 그 계획을 들은 것이 분명했다. 그는 한밤중에 일어나 집을 떠났다. 그러고는 엄청나게 무거운 성문을 통째로 뜯어 등에 메고 가자에서부터 헤브론까지 가져갔다. 삼손은 자기를 죽이려는 사람들에게 경고할 목적으로 메고 온 성문을 그곳에 세워 놓았다.

삼손에게 패배란 없다는 것이 분명했다. 그의 난폭한 행동을 경멸하는 유대인들까지 삼손을 지도자로 인정하지 않을 수 없었다. 그들은 삼손을 재판관으로 선출했고, 그는 유대를 약 20년 동안 다스렸다. 삼손은 최전방의 용맹한 지휘자로서 큰 영예를 안고 죽을 수도 있었지만, 말년에 큰 사고를 친다.

**성문을 등에 메고 가는 삼손**

삼손은 다시 한 번 블레셋 여인과 사랑에 빠졌다. 목숨까지 잃는 파국을 가져올 사랑이었다. 그 여자의 이름은 델릴라였다. 그녀는 삼손을 손톱만큼도 좋아하지 않았다. 하지만 블레셋 사람들은 "삼손과 결혼하여 엄청난 힘의 비밀을 알아내면 은화 1100개를 받을 것이고, 실패하면 돌에 맞아 죽을 각오를 하라"고 그녀를 협박했다. 델릴라는 그 제안을 받아들이지 않을 수 없었다.

두 사람이 결혼하자마자, 델릴라는 그가 다른 남자보다 무척 강하다고 삼손을 치켜세우기 시작했다. 그녀는 그동안 늘 궁금했던 것이 있었다며 말했다. "어떻게 내 남편은 이렇게 넓은 어깨와 강한 두 팔을 가졌을까?" 삼손은 델릴라의 말을 웃어넘기고는 뚱딴지같은 소리를 했다. 새 활줄 일곱 개로 몸을 묶으면 자기의 힘은 순식간에 사라진다는 것이었다. 델릴라는 그 말을 곧이곧대로 믿었다. 한밤중에 삼손이 자고 있을 때, 그녀는 블레셋 이웃을 집안으로 불러들여 새 활줄 일곱 개로 삼손을 묶었다. 소란 때문에 잠에서 깬 삼손이 적들을 발견했다. 그러고는 몸에 묶인 활줄을 털어 버리고 침대로 다시 돌아갔다. 혼쭐이 난 블레셋 사람들은 줄행랑을 쳤다.

두 사람 사이에 매일 똑같은 게임이 되풀이됐다. 삼손은 블레셋 사람들이 자신을 붙잡는 데 계속 실패하는 것을 보며 큰 기쁨을 느끼는 듯했다. 자만심에 빠진 새신랑은 힘의 원천에 대한 온갖 거짓말로 델릴라를 곯렸다. 삼손은 자기 남편보다 동족의 말을 따르는 그녀를 진작 떠나는 편이 좋았을 것이다. 하지만 사랑에 푹 빠진 삼손이 어떻게 그녀를 버릴 수 있었겠는가. 어느 날 저녁, 삼손은 델릴라의 성화를 견디다 못하여 머리털을 깎으면 힘이 달아난다는 비밀을 알려 주었다.

마침내 델릴라는 은화 1100개를 차지하게 됐다. 그녀는 블레셋 사람들을 불렀다. 그들은 조용히 집으로 들어섰다. 델릴라는 잠에 빠진 삼손의 머리털을 깎았다. 그러고는 남편을 불렀다. "일어나세요! 일어나세요! 블레셋 사람들이 왔어요!" 그녀는 소리

**맷돌을 돌리는 삼손**

쳤다. 삼손은 웃음을 띠고 일어났다. 그는 똑같은 비명 소리를 종종 들어 왔고, 적들은 삼손이 험악한 얼굴만 해도 고양이 앞의 쥐처럼 달아나기 바빴다. 하지만 이제 그의 힘은 사라져 버렸다. 두 팔은 양쪽으로 힘없이 늘어졌다. 삼손이 포박되었다. 블레셋 사람들은 삼손의 눈을 뽑고, 그의 이름만 들어도 겁에 질렸던 사람들을 위해 가자에

있는 방앗간에서 맷돌을 돌리게 했다.

삼손은 영원한 암흑 속에서 무모했던 용맹을 회개하고 여호와와 화해하는 시간을 가졌다. 그가 감옥에 있는 동안 머리털은 다시 자라나 길어졌지만, 블레셋 사람들은 삼손을 체포한 기쁨에 빠져 그런 조그만 일에는 신경 쓸 겨를이 없었다.

어느 날, 블레셋 사람들이 신 다곤에게 성대한 제사를 드리는 축제를 벌이고 있었다. 여기에 참석하려는 사람들이 전국에서 몰려들었다. 갑자기 한 사람이 방앗간에 잡혀 있는 유대인 포로를 기억하고 소리쳤다. "삼손을 여기로 끌어냅시다. 그는 우리 백성을 수백 명이나 죽였지만 지금은 힘이 빠져 고양이 새끼같이 양순합니다. 그 늙은이에게 진흙덩이를 던지며 장난치면 재미있는 구경거리가 될 테니 여기로 끌어옵시다."

블레셋 사람들은 신전으로 끌려온 삼손에게 온갖 욕설을 퍼부었다. 삼손은 사방에서 들리는 고함 소리로 무슨 일이 일어났는지 알 수 있었다. 그는 여호와에게 마지막 기도를 들어 달라고 간청했다. 한순간만이라도 힘을 돌려 달라는 기도를! 그들은 삼손을 신전 한가운데로 데려가, 지붕을 받치고 있는 두 기둥 사이의 의자에 앉혔다. 그는 천천히, 차가운 돌기둥을 쓰다듬었다. 삼손을 둘러싼 군중이 환호하며 열광하는 동안 그는 대리석 기둥을 붙잡았다. 그리고 넓은 어깨에 힘을 주고 두 기둥을 옆으로 순식간에 밀어제쳤다. 기둥은 수백 개로 산산조각 나 부서졌다. 지붕도 무너져 내렸다. 신전 안과 지붕 위에 있던 모든 사람들이 죽임당했다. 무너진 폐허 속에는 지난날의 잘못을 죽음으로 속죄하는 한 영웅의 부서진 시체도 있었다.

—┼—

이 엄청난 사건들이 벌어지는 동안, 분열된 유대 지파를 합쳐 한 국가

삼손의 죽음

로 통합하려는, 매우 미묘한 운동이 일어나고 있었다. 유대인들은 아직 통치자를 왕이라 부르는 것을 거부하고 있었다. 하지만 재판관들의 권력은 점차 커져 갔다. 만약 모세나 여호수아의 지도력과 인품을 갖춘 지도자가 있었더라면 유대인들은 기꺼이 그를 군주로 모셨을 것이다. 하지만 삼손을 계승한 엘리는 심약한 사람이었다. 그리고 엘리의 두 아들 비느하스와 홉니는 비열했다. 그들은 여호와를 한 점도 배려하지 않고 살아갔다. 두 사람이 탐하는 것은 오직 쾌락뿐이었고, 아버지의 높은 지위를 이용하여 온갖 악한 일을 하고 다녔다.

이때, 매우 다른 부류의 지도자가 나타났다. 바로 그 유명한 예언자 사무엘이다. 그는 라마라는 작은 마을에서 태어났다. 아버지는 엘가나, 어머니는 한나이다. 두 사람에게는 오랫동안 자식이 없었다. 그녀는 자식을 바라는 기도를 드리려고 매년 실로에 있는 성전을 찾았다. 아이가 태어나자 무척 행복했던 어머니는 그를 사무엘이라 불렀다. 사무엘이 걷기 시작하자, 한나는 사무엘이 언젠가는 여호와의 앞에 설 수 있도록 그를 성전에서 일하게 해 달라고 엘리에게 부탁했다. 쓸 만한 자식이 없던 엘리는 무척 영리한 이 소년을 좋아했고, 어린 사무엘을 후계자로서 훈련시키기 시작했다.

어느 날 이른 새벽, 여호와가 "사무엘아, 사무엘아!" 하고 불렀다. 사무엘은 엘리가 자기를 찾는 줄 알고 다른 방에서 누워 있던 엘리에게 달려가서 대답했다. "네. 주인님, 제가 여기 있습니다. 무엇이 필요하십니까?" 엘리는 "나는 아무것도 필요 없고 너를 부르지도 않았다"라고 말했다. 소년은 다시 누웠지만 자신을 부르는 음성을 또 한 번 들었다. 사무엘은 이번에도 벌떡 일어나 엘리에게 달려갔다. 똑같은 일이 세 번 일어났다. 그제야 엘리는 여호와가 사무엘에게 말했다는 것을 깨닫고, 사무엘이 홀로 여호와의 이야기를 들을 수 있도록 자리를 피해 주었다.

여호와는 엘리의 자식들이 매우 악한 행동을 했기 때문에 죽음을 맞을 것이라고 사무엘에게 알려 주었다. 다음 날 아침, 사무엘은 전날 밤에 계시받은 모든 일을 엘리에게 말했다. 곧 모든 사람들이 이 소식을 들었다. 그날 부터 그들은 사무엘을 높이 대접했고, 이 소년이 훗날 위대한 예언자이자 통 치자가 될 것이라고 수군거렸다.

엘리가 아직 재판관으로 있을 때 블레셋 사람들이 다시 한 번 전쟁을 걸 어왔다. 이제 전투에 나설 때면 십계명을 새긴 두 돌판을 담은 법궤를 전쟁 터까지 가져가는 것이 유대 민족의 관습이었다. 재판관이자 최고 제사장인 엘리의 아들 비느하스와 홉니는 유대 진영까지 법궤를 수송하라는 명령을 받았다. 그들은 평소에 모세의 모든 율법을 거슬러 여호와를 몹시 화나게 만 들었지만 법궤를 전쟁터로 가져갔다.

여호와의 영이 없으면 법궤는 그저 나무 상자일 뿐이다. 여호와의 혼이 떠난 법궤로는 재앙을 막을 수 없었는지, 히브리 군대는 전투에서 참패당했 다. 엘리의 타락한 두 아들이 죽은 것은 물론이고, 법궤마저 적의 손에 들어 갔다. 이 소식을 들은 엘리는 큰 한숨을 내쉬더니 급사했고, 사무엘은 그를 대신하여 재판관이 된다. 이날은 유대 역사상 가장 참담한 날 중 하나로 꼽 힌다.

온 정성을 기울여 이집트에서 가나안 땅으로 가져온 유대인의 법궤가 블레셋의 신전으로 옮겨졌다. 블레셋 사람들이 법궤를 그들의 신 다곤 앞에 안치하자, 다곤 상은 보이지 않는 손에 의하여 수천 개의 조각이 되어 무너 져 내렸다. 겁에 질린 블레셋 사람들이 법궤를 가드로 가져가자, 갑자기 그 성읍의 모든 사람들이 병들어 쓰러졌다. 블레셋 사람들의 원인 모를 불행은 그것으로 끝나지 않았다. 그들은 사방으로 법궤를 옮겼는데, 가는 곳마다 재 앙이 뒤따랐다.

블레셋 사람들은 지긋지긋한 재앙을 떨쳐 버리려는 마지막 수단으로 법 궤에 황금을 채운 뒤 황소 두 마리가 끄는 수레에 실어 광야로 떠나보냈다. 주인 없는 황소들은 동쪽을 향해 나아갔다. 어느 날 아침, 밭에서 일하던 몇 몇 유대인 농부들이 법궤를 실은 수레가 길 한복판에 있는 것을 발견했다.

그들이 서둘러 제단을 세우자 많은 주민들이 경배하러 모여들었다. 그 후 법궤는 레위 지파의 제사장 아비나답의 집으로 옮겨졌다. 법궤는 솔로몬 왕이 예루살렘에 지은 성전에 안치될 때까지, 오랫동안 이곳에 자리했다.

법궤가 돌아오자 희망찬 앞날이 기다리는 듯했다. 하지만 유대 사람들은 재판관이 이끌어 가는 허술한 통치 체제에 점점 큰 실망감을 느꼈다. 더욱이 사무엘의 두 아들 역시 그 못됐던 엘리의 아들들보다 나을 것이 없어서 뒤를 이을 자격이 없었다. 보다 못한 유대 장로들이 사무엘을 찾아가, 그가 죽고 나면 유대 민족은 어떻게 살아가야 할 것인지 물었다.

**돌아온 법궤**

사무엘은 무슨 조처를 취해야 하는지 알려 달라고 여호와에게 간청했다. 여호와는 왕이 나타날 것이라고 대답했다. 여호화는 유대인들의 끊임없는 불복종에 싫증이 났다. 오랫동안 유대인들은 그들의 왕을 갈망해 왔다. 여호와가 사무엘에게 말했다. "좋다! 백성들이 나를 버리고 왕을 받들고 싶어 하니, 그들에게 이 땅의 왕을 세워 주어라. 하지만 왕은 백성의 아들을 뽑아 병정으로 삼고, 딸을 뽑아 종으로 삼고, 백성이 추수한 곡식과 올리브유와 포도주를 가져가 자신의 신하들에게 줄 것이며, 백성이 가진 모든 재산의 10분의 1을 가질 것이며, 이 모든 일을 쇠방망이로 엄격히 다스릴 것이다." 사무엘은 여호와의 경고 메시지를 장로와 백성 들에게 그대로 전했다.

이 소식을 전해 들은 모든 지파들은 기뻐서 날뛰었다. 이집트, 바빌로니아, 아시리아의 영광에 대적하는 강력한 제국을 만드는 것이 오랜 야망이었기 때문이다. 안타깝게도 그들은 자신들이 감당해야 할 비용이 얼마나 되는지 계산할 여유가 없었다. 농부와 양치기로 자유롭게 생활하던 그들은, 타향에서 지배자의 종으로 사는 신세가 된 후에야 왕국을 건설하는 데 엄청난 희생이 필요하다는 사실을 깨닫기 시작했다.

# 제 10 장

# 룻 이야기

유대 청년에게 시집 온 이방 여인 룻은 곧 청상과부가 된다. 홀로된 시어머니를 끝까지 봉양하던 룻은 재혼하여 아들을 낳는다. 훗날 그녀의 증손자는 다윗 왕이 되는 축복을 받는다.

---

영웅들이 히브리 지파들을 통치하던 재판관 시대가 끝나갈 무렵이었다. 수많은 전쟁이 벌어지고 피가 흐르는 잔혹한 시대였지만, 유대인의 삶에는 매우 아름다운 풍속도 있었다.

유대 땅 베들레헴에 엘리멜렉이라는 사람이 살았다. 그는 아내 나오미와 두 아들, 기룐과 말론을 두었다. 엘리멜렉은 원래 살림이 넉넉했지만, 흉년이 베들레헴 지역을 강타할 때 모든 재산을 잃고 말았다. 그에게는 부유한 친척 보아스가 있었다. 하지만 친척에게 구걸하는 것은 엘리멜렉의 자존심이 허락하지 않았다. 그는 도움을 부탁하는 대신 아내와 두 자식을 데리고 새 삶을 개척하기 위해 이국땅 모압으로 이주했다.

엘리멜렉은 열심히 일했으나 어느 날 갑자기 죽어 버리고, 아내 나오미가 두 아들을 책임지게 되었다. 사람들에게 호감을 주는 청년으로 자란 아들들은 밭에서 어머니를 도왔고, 때가 되자 모압 처녀와 결혼했다. 그리고 이렇게 평생을 이국땅에서 보낼 것처럼 보였다. 하지만 아버지의 허약한 체질을 이어받은 기룐과 말론은 몹쓸 병에 걸려 짧은 간격으로 모두 죽고 말았다.

슬픔에 빠진 나오미는 고향으로 돌아갈 결심을 했다. 마침 여호와의 보살핌을 받아 풍년이 들었다는 고향 소식이 들려왔다. 천지에 홀몸이 된 그녀는 고국으로 돌아가 같은 히브리어를 쓰는, 어릴 때부터 알던 고향 사람들과 말년을 보낼 작정을 했다. 나오미는 두 며느리를 사랑했지만 차마 자기와 함께 베들레헴으로 가지고 청할 수가 없었다. 그녀가 그렇게 말

**나오미와 작별하는 오르바**

하자, 기룐의 아내 오르바는 시어머니의 권유대로 고향을 떠나지 않기로 결정했다. 그녀는 나오미에게 애정이 넘치는 작별 인사를 올리고 모압 땅에 남았다.

하지만 말론의 아내 룻은 이 세상에 홀로 남은 늙은 여인을 버리고 떠날 수가 없었다. 룻은 엘리멜렉 가문에 시집을 왔다. 그녀는 남편의 집안사람이 되려고 친족을 버리지 않았던가. 떠나라고 재촉하는 나오미에게 룻은 이렇

게 말했다. "어머님을 버리고 혼자 돌아가라고 떼밀지 마십시오. 어머님이 가시는 곳에 저도 가고, 어머님이 머무시는 곳에 저도 머무르겠습니다. 어머니의 백성이 저의 백성이고, 어머니의 하나님이 저의 하나님이 될 것입니다. 어머님이 숨을 거두는 곳에서 저도 죽고, 그곳에 묻히겠습니다. 죽음 말고는 아무도 저를 어머니에게서 떼어 놓지 못합니다." 룻은 나오미와 함께하기로 결심했다. 이것만은 자신의 책임이라고 절감한 룻은 아무도 자기와 시어머니를 떼어 놓을 수 없다고 흐느끼며 나오미를 다정히 끌어안았다.

고향으로 돌아가는 나오미와 룻

두 여인은 베들레헴으로 떠났다. 그들은 무척 가난하여 빵을 살 돈도 없었다. 하지만 모세는 때때로 굶어야 하는 사람들의 비통함을 이해한, 현명한 율법 창안자였다. 그는 추수 후에 남겨진 이삭은 극빈자와 나그네 신세로 떠도는 외국인들에게 돌아갈 몫이라고 선언했다. 모세의 율법에 따르면, 농부는 자기가 거둔 곡식을 모두 소유할 권리가 있으나, 추수할 때 이랑에 떨어진 이삭을 차지하는 것만은 하늘로부터 부여받은, 농토가 없는 사람들의 권리였다.

나오미와 룻이 베들레헴에 다다랐을 때는 마침 추수기였다. 엘리멜렉의 가까운 친척인 보아스와 일꾼들도 추수하러 들에 나가 있었다. 룻도 나오미에게 줄 빵을 사려고 추수하는 사람들의 뒤를 따랐다. 그녀는 며칠 동안 땅에 떨어진 이삭을 모으는 일을 했다.

베들레헴에 사는 히브리 여인들은 10년 만에 타향에서 굴러들어 온 룻에게 궁금한 점이 많았다. 곧 모든 사람들이 그녀에 관해서 알게 되었고, 마

침내 보아스의 귀에도 그녀에 대한 소문이 들어갔다. 그도 룻이 어떤 여자인
지 궁금하여 추수터를 돌아본다는 핑계로 그녀를 만나 이야기를 나누었다.
점심때가 되자 보아스는 일꾼들이 밥 먹는 장소로 룻을 초대하여 빵을 내주
었다. 룻은 빵을 조금만 먹고, 나머지는 너무 늙어 일을 못하는 나오미에게
주려고 집으로 가져갔다.

　　다음 날, 룻은 아침 일찍 들로 나갔
다. 보아스는 그녀의 감정을 상하게 하
지 않으면서 어깨를 가볍게 해 주고 싶
었다. 그는 일꾼들에게 이삭을 너무 싹
싹 긁어모으지 말고, 고랑 사이에 넉넉
히 남겨 놓으라고 지시했다. 룻은 하루
종일 이삭을 모았다. 밤이 되어 집으로
가져갈 짐을 챙겨 보니 이삭이 너무 많
아서 혼자 들 수도 없을 정도였다.

**이삭을 줍는 룻**

　　나오미는 누구의 밭에서 일을 했기에 이렇게 많은 이삭을 모았느냐고 물었다.
룻이 "보아스!"라고 말하자, 나오미는 감격하여 "어찌 이런 좋은 일이 있겠느냐! 그
는 우리 집안과 매우 가까운 친척이다"라고 말했다. 룻은 어떻게 보아스를 만났
는지 나오미에게 설명하고, 보아스가 추수가 끝날 때까지 이삭을 줍도록 허
락했다고 덧붙였다.

　　룻의 이야기를 들은 나오미는 무척 기뻤다. 그녀는 자신이 앞으로 오래
살지 못하리라는 것을 느끼고, 보아스가 룻을 아내로 맞았으면 했다. 그리하
면 룻이 남은 생을 좋은 집안에서 보낼 것이라 생각했다. 가까운 친척인 보
아스와의 결혼만이 그녀가 명문 유대 가문의 일원이 되는 길이었다. 모든 사
람들이 그녀를 좋아했지만, 룻이 이방 여인인 것을 어찌하랴. 그런데 그렇게
바라던 일이 성사된다.

　　추수가 끝나갈 무렵, 나오미는 룻에게 말했다. "얘야, 네가 행복하게 살 만한

안락한 가정을 내가 찾아봐야겠다. 보아스는 우리 집안과 매우 가까운 친척이다. 그 사람이 너와 결혼하면 참 좋을 것 같구나. 마침 그가 타작을 마치고 쉬고 있으니, 너는 곱게 단장하고 그의 잠자리로 몰래 파고들어라. 그다음은 보아스가 알아서 할 것이다."

한밤중에 잠에서 깬 보아스는 당황함을 애써 감추고 룻에게 다정하게 말했다. "그대는 주께 복을 받을 여인이오. 당신이 바라는 것은 다 들어주겠소. 내가 친족으로서 그대를 맡을 의무가 있다는 것은 알고 있소. 하지만 그대를 받아야 할 사람으로, 나보다 더 가까운 친척이 한 사람 있소. 내가 모든 것을 처리할 터이니, 당신은 아무 걱정하지 말고 아침까지 여기 누워 있으시오."

유대 율법에는 죽은 형제에 대한 의무가 있다. 결혼한 남자가 아들 없이 죽었을 때, 홀로 남은 과부는 다른 집안의 남자와 재혼할 수 없다. 대신 죽은 남편의 형제 한 사람이 그 여자를 아내로 맞아, 여자가 낳은 첫아들이 죽은 형제의 이름을 이어받게 해야 한다. 이것이 형제로서의 의무이다. 룻의 남편에게는 생존한 형제가 없었기 때문에, 남편의 가장 가까운 친척이 형제의 의무를 행해야만 했다.

먼저 보아스는 엘리멜렉의 가장 가까운 친척에게 형제의 의무와 권리를 행사하겠느냐고 물었다. 그 친척은 룻을 아내로 맞는 것 뿐 아니라 시어머니 나오미까지 공양해야 한다는 부담 때문에 제안을 정중히 거절했다. 그러자 다음으로 가까운 친척인 보아스가 형제의 의무를 맡을 차례가 왔다. 보아스는 엘리멜렉이 소유했던 땅을 사들인 다음, 지체하지 않고 룻에게 청혼했다.

룻은 보아스를 남편으로 받아들이고, 나오미는 죽을 때까지 그들과 함께 행복하게 살았다. 나오미는 눈을 감기 전에 보아스와 룻의 첫아들인 오벳을 보았다. 오벳은 장성하여 아들 이새와 손자 다윗을 보았다. 다윗은 유대 역사상 가장 위대한 왕이자, 나사렛의 목수 요셉과 아내 마리아의 직계 조상이다. 한편, 보아스는 여리고 성 공략 때 정탐꾼을 도왔던 라합의 아들이었다. 이런 사연으로 라합과 룻은 예수 가문의 족보에 이름을 올리게 된다.

# 제 11 장

# 이스라엘 왕국

여호와는 온 백성의 열망에 응답하여 유대 민족의 첫 왕국 수립을 허락한다. 사울과 다윗은 하찮은 유목 민족의 왕이었다. 하지만 솔로몬이 왕위에 오르자, 이스라엘 왕국은 여러 부족의 연합체에서 강력한 군주가 다스리는 전제 국가로 탈바꿈한다. 이에 맞추어 유대 민족은 국제 교역에서 중요한 위치를 차지하고 이스라엘의 황금시대를 열었다.

수 세기 동안 유대인들은 가나안 땅 원주민들과의 끊임없는 투쟁 속에서 성장해 왔다. 동서남북에 위치한 이웃들과 벌이던 영토 전쟁을 끝내고, 마침내 이스라엘 왕국은 비교적 평화로운 시절을 맞이하고 있었다. 멤피스(지금의 이집트 수도인 카이로)에서 바빌로니아로, 소아시아에서 아라비아로 통하는 새 길이 열리자, 사막의 대상들이 무역품을 손쉽게 수송할 수 있게 되어 국제무역이 활기를 띠었다. 이런 외적 변화는 유대인의 삶에도, 느리지만 점차적이고 확연한 변화를 가져왔다.

전쟁을 지휘하던 용맹한 재판관들이 절대적인 통치력으로 한때 나라를 다스렸던 것은 사실이다. 하지만 그들 중 누구도, 스스로를 왕이라고 칭하는 것은 꿈도 꾸지 못했다. 아마 백성들도 그런 독재를 허용하지 않았을 것이다. 백성들은 나라가 위기에 처했을 때는 재판관의 말에 복종했지만, 평화가 찾아오면 작은 부족의 우두머리 정도로 생각했다. 재판관은 백성들과 협력 관계에 있었다. 따라서 백성들과 주종 관계를 이루는 왕과는 신분적 격차가 컸다.

유대인의 생활 수단이 농업 공동체에서 개인적 상업으로 옮겨 가자 국가와 개인 간의 관계에도 변화가 생겼다. 대다수 백성들은 국가적인 문제로 사생활을 간섭받는 것을 꺼리고, 자기들의 농사일이나 상행위에 온 힘을 쏟고 싶어 했다. 따라서 그들은 소수의 직업 제사장들과 직업군인들이 국가의 영적, 물리적 안위를 지켜 주기를 고대하게 되었다. 그리고 우리 모두가 그런 것처럼, 그들도 세금을 내기 싫어했다. 하지만 세액이 적정선을 넘지만 않으면 질문도, 불평도 하지 않았다. 튼튼한 재정을 바탕으로 나라는 점차 중앙집권 형태를 띠어 갔다. 마침내 유대 민족은 한 세기 안에 어엿한 절대 왕권 국가를 건설하게 된다.

앞으로 우리는 이스라엘 왕국의 건국 비화를 비롯하여, 황금시절을 주도한 인물들과 급작스럽게 왕국이 붕괴한 원인을 살펴보려 한다. 또 이 기간을 호령한 수많은 왕들도 만나게 될 것이다. 사울, 다윗, 솔로몬, 르호보암, 여로보암, 바아사, 예후, 시드기아 등과 마지막에는 추하고 피로 얼룩진, 언급하기도 싫은 헤롯 왕을 만난다. 그들은 이제 사라지고 없는 법령들을 반포했고, 지구상에서 흔적도 없이 자취를 감춘 많은 도시들을 건설했다. 그들은 전쟁에 뛰어들어 때때로 큰 승리를 거두었고 방대한 영토를 통치했지만, 점령한 지역들의 이름은 시간이 흐르면서 잊혀 갔다. 안타깝게도 그 영광의 기록은 황폐한 바빌론 궁궐 도서관의 문헌 외에는 남아 있는 것이 없다.

—┼—

우리가 지난 장을 마쳤을 때, 사무엘은 유대 백성의 재판관이었다. 그는 왕의 옹립을 맹목적으로, 간절히 원하는 순진한 백성들에게 경고했다. "왕은 너희들의 아들과 딸, 재산 그리고 가축을 가져가 자기 자신의 쾌락을 위하여 사용할 것이다." 하지만 왕과 왕국을 갖는 것은 대다수 백성들이 바라는 바였다. 그들은 앞으로 세울 왕국의 영광을 고대하고 있었지만, 안타깝게도 그들이 감당해야 할 희생에 대해서는 생각하지 못했다.

백성들의 강력한 요청을 모른 체할 수 없었던 사무엘은 유대 왕관을 차지할 후보자를 찾으러 나서야만 했다. 사무엘은 그 후보자를 기브아 부락에서 발견했다. 소년의 이름은 사울, 베냐민 지파에 속한 기스의 아들이었다. 히브리 민족의 두 영웅이 만난 것은 참으로 우연이었다. 기스는 기르던 소 몇 마리를 잃었다. 그는 도망친 소들을 찾지 못하고, 아들 사울에게 소를 찾아오라고 명령했다. 사울은 온 마을을 돌면서 아버지가 잃어버린 소들을 보았느냐고 사람들에게 물었지만, 아무런 자취도 발견하지 못했다.

절망 끝에 사울은 신통한 예언으로 널리 알려진 사무엘을 찾아가 도움을 청했다. 사울을 본 사무엘은 이 젊은이가 유대인의 지도자로 부름받은 것을 즉시 알아챘다. 사무엘이 그렇게 말하자 사울은 덜컥 겁이 났다. 이것은 아직 세상 물정을 모르는 젊은이가 감당하기 어려운, 너무 큰 명예가 아닌가. 사무엘이 사울의 머리에 기름을 부어 안수를 한 후 백성들 앞에 소개했을 때, 그는 아버지의 짐을 끌던 당나귀 사이에서 불려 나와야 했다. 사울은 짐짝 뒤로 숨었다. 쥐구멍이라도 있으면 들어가고 싶은 심정이었다. 하지만 사무엘은 엄격한 훈련관이었기에, 사울은 자기 운명을 받아들이고 왕이 되기 위한 교육을 받을 수밖에 없었다. 이런 기이한 인연으로 B.C. 1020년, 사울은 이스라엘의 첫 번째 왕이 된다.

사울은 무엇보다 먼저 유대군의 총사령관이 되어 블레셋, 암몬, 아말렉을 비롯해 아직 정복하지 못한 가나안 종족들과의 수많은 전쟁을 이끌었다. 그는 아직도 군주로서 배울 것이 많았다. 하지만 사무엘이 강요하는 여호와에 대한 절대복종은, 자유분방한 젊은이로서는 쉽게 받아들이기 어려웠다. 더욱이 그는 새 직책이 주는 재미를 즐기기 시작했고, 사람은 한 번 태어나면 이 세상을 두 번 지나가지는 못한다는 사실을 깨닫기 시작했다. 민생을 살펴보고 온갖 부류의 사람들과 접촉한 사울의 마음은 급격히 세속적으로 변해 갔다. 그러나 이미 노인이 되어 율법 책 속에 파묻혀 묵상으로 하루를 보내는 사무엘은, 깨어 있는 모든 시간을 여호와를 경배하는 데 쓰라고 사울에게 강요했다.

사울은 여호와의 계율을 맹목적으로 따르는 사람이라기보다는 퍽 현실적인 유형의 인간이었다. 전쟁의 승리 끝에는 큰 전리품이 따르게 마련이다. 사무엘은 전리품의 대부분을 성막 유지 비용으로 써야 한다고 주장했다. 반면에 사울은 자신과 병사들을 위해 얼마만큼은 남기기를 원했다. 마침내 두 사람 사이에 피할 수 없는 일이 벌어지고 말았다. 사울은 아말렉 족의 왕 아각의 군대를 섬멸한 후, 유대 군사들에게 적당한 상을 내리겠다고 결정했다. 이를 위해 그는 마땅히 제사장에게 돌려야 할, 아각이 소유했던 가축을 은밀히 취했다. 하지만 더욱 큰 문제는 사울이 아각의 목숨을 살려 준 것이었다. 당시 유대 법에 따르면 그는 모든 전쟁 포로를 죽여야 했다.

이 소식을 들은 사무엘은 여호와의 뜻을 거역한 사울을 질타했다. 사울은 자기 범죄를 뉘우치지 않고 변명을 늘어놓았다. 그는 암소, 수소, 양 들을 살찌운 다음에 도살하여 신전에 바칠 작정이었다고 말했다. 사무엘은 그가 그럴 생각이 없다는 것을 알고 있었다. 사무엘은 사울의 정직하지 못한 마음을 질책하고, 이처럼 통탄할 행동의 결과로 유대 왕이 될 자격을 상실할 것이라고 경고했다. 사울은 이 질책에 반론을 제기하지 못했다. 그는 기브아의 자기 집으로 돌아갔다. 하지만 마음에 큰 상처를 받은 사울은 곧 분노를 드러낸다.

사무엘은 앞날을 예측하는 비범한 예언자로도 널리 알려져 있었다. 이 사실을 모를 리 없는 사울은 자기 영토 안에 있는 모든 점쟁이를 죽이든지 또는 국외로 추방시키라는 명령을 내렸다. 사무엘 편에서도 그냥 방관하고 있을 수 없었다. 몹시 화가 난 사무엘은 압박의 수위를 높이기로 마음먹었다. 그는 즉시 유대 왕관을 차지할 마땅한 후보자를 물색하기 시작했다. 이번에는 자기의 조언을 잘 듣고, 사울보다 덜 독자적으로 행동할 인물을 찾아야겠다고 생각했다. 하지만 이 중차대한 일을 자기 마음대로 결정할 수는 없지 않은가.

–¦–

여호와가 베들레헴에 사는 이새의 막내아들 다윗을 찾아가라고 사무엘에게 명령했다. 그 소년은 목동이었는데, 그의 용맹함은 주민들 사이에 이미 널리 알려져 있었다. 다윗은 양들이 사자나 곰에게 습격당했을 때, 주위에 도움을 청하지도 않고 혼자서 짐승들을 죽이고 양 떼를 보호했다. 더욱이 다윗은 뛰어난 음악가였다. 노래를 잘하는 것은 물론이었다. 다윗은 스스로 하프를 익혀 양 떼를 돌보는 길고 지루한 시간에 노래를 만들어 불렀다. 사무엘은 여호와의 지시에 따라 그의 형제들이 둘러선 가운데서 다윗의 머리 위에 올리브기름을 부었다. 이때 여호와가 혼자 속삭였다. "다윗은 내 마음에 맞는 사람이니, 내 뜻을 다 이룰 것이다."

다윗에게 다음 제왕 자리가 보장되었다는 소문이 퍼져 나가자, 온 백성들은 참으로 잘된 선택이며 이제 나라 전체에 평화가 찾아올 것이라고 크게 반겼다. 단 한 사람만이 이 젊은 하프 연주자에게 열광하지 않았다. 사울 이외에 누가 있겠는가. 사울의 양심이 스스로를 괴롭혔다. 사울은 여호와의 명령을 따르지 않고 아각의 가축을 차지한 자신의 잘못을 지적한 사무엘이 옳다는 것을 모르지 않았다. 그는 다윗에 대한 두려움 속에 살고 있었고 달갑지 않은 경쟁자를 없애고 싶었다. 하지만 그가 무엇을 할 수 있었겠는가. 유대 사람들이 두 사람을 주의 깊게 지켜보고 있었기 때문에 사울은 처신을 조심하지 않을 수 없었다.

다행스럽게 새로 터진 전쟁이 사울을 도왔다. 블레셋 사람들이 쳐들어온 것이다. 그들은 부대를 재정비하여 사울이 맡은 동부 계곡을 위협했다. 골리앗이라 불리는 거인이 블레셋을 이끌었다. 그는 집채만 한 몸에 엄청나게 큰 갑옷을 입었는데, 일찍이 유대인은 그 같은 거인을 본 적이 없었다. 그는 매일 아침저녁으로 유대와 블레셋 진영을 어슬렁거리면서, 유대 병사들을 향해 자기에게 덤벼 보라고 소리쳤다. 골리앗은 2.1미터의 무거운 칼을 사납게 휘두르면서, 유대 병사들을 겁쟁이라고 놀리고 온갖 욕설로 조롱했는데, 그 혐오스러운 꼴은 차마 눈 뜨고 못 볼 지경이었다.

이런 사태 속에 하루하루가 지나고 몇 주가 흘렀지만 유대 병사들은 아무런 대항도 하지 못했다. 수치심을 참을 수 없던 병사들은 굴욕을 만회하고 자기들을 지켜 줄 사람을 찾았다. 최고사령관 사울이 그들의 속죄양이 되었다. 왜 사울은 블레셋의 거인과 한판 붙지 않는 것인가? 사울의 몸에 생긴 원인 모를 병이 그 까닭이었다. 실제로 그는 심각한 우울증으로 고통받고 있었다. 그는 자기 천막에 들어박혀 종일토록 무엇을 곰곰이 생각했다. 몇 주가 지나도록 사울의 침묵이 계속되자 장군들이 걱정하기 시작했다. 사울은 이성을 잃은 것처럼 보였다. 그는 누구와도 말을 나누지 않았고, 질문을 받아도 대답하는 법이 없었다. 무슨 조처가 필요했다. 그것도 아주 긴급하게.

음악의 놀랄 만한 치료 효과는 고대부터 유명했다. 다윗의 명랑한 노래가 사울의 어두운 심기를 밝게 할 것이라는 제안이 들어왔다. 매우 좋은 제안이라는 판단으로 다윗은 곧 부름을 받았다. 소년이 도착하여 연주를 훌륭하게 마치자 사울은 쓴 눈물을 흘리면서, 잠시 고민을 잊고 훨씬 기분이 좋아졌다고 말했다. 그래도 사울은 자기 천막을 떠나지 못했고, 지휘관의 통솔이 부재한 유대군은 전투에 임할 수가 없었다. 골리앗은 유대 병사들을 빈정거리며 놀려 댔다. 블레셋 병사들은 매일 일정한 시각에 참호를 나서서 배꼽을 잡고 웃어 대며 그들을 조롱했다.

이런 상황이 계속되던 중에 다윗이 유대 진영을 찾아갈 일이 생겼다. 그는 여덟 형제 중 막내로, 형 세 명은 군대에 있었다. 유대 병사들은 각자의 양식으로 음식을 만들어 먹게 되어 있었는데, 이새의 아들들이 새 보급품을 보내 달라고 아버지에게 연락한 것이다. 이새는 다윗에게 옥수수 한 자루를 가지고 전선으로 가라고 명령했다. 다윗이 짐을 가지고 전선에 도착했을 때, 그는 모든 병사들이 블레셋 진영의 무시무시한 거인에 대하여 수군거리는 것을 엿들었다.

다윗은 죽을 수밖에 없는 한 인간을 이스라엘 병사들이 그토록 두려워하는 것을 도저히 이해할 수 없었다. 고독하게 살아가는 대다수의 사람들처럼 다윗도 신앙적 주제를 가지고 많은 사색의 시간을 가졌다. 그는 여호와의 능력을 절대적으로 믿고 있었기 때문에, 여호와의 보호를 확신하는 사람에게는 어떤 일도 일어날 수 없다고 생각했다. 다윗은 다른 병사의 도움도 없이 혼자 나아가 자기 민족의 원수를 죽이겠다고 자원했다.

병사들은 그가 너무 무모하고 바보 같은 일에 뛰어든다고 말렸지만 다윗은 막무가내였다. 다윗의 굳은 결심을 확인한 병사들은 그가 전투에 사용할 병기들을 준비했다. 위로는 왕으로부터, 아래로는 모든 병사들에 이르기까지 자신들의 갑옷을 내어놓았다. 하지만 다윗은 "아니, 괜찮습니다"라고 답했다. 그는 칼도, 창도, 방패도 필요 없다고 했다. 다윗에게 필요한 것은 오로지 여호와의 정신적 지원뿐이었다. 이것이 전부였다. 다윗은 강가로 나가 빛나는 둥근 조약돌을 한 주먹 집었다. 그런 다음, 돌팔매 끈을 가지고 참호를 떠났다. 거인과 대적할 다윗의 최종 병기가 고작 돌팔매 끈이라니, 유대 병사들은 어안이 벙벙할 뿐이었다.

블레셋 병사들은 어린아이가 자기보다 두 배나 큰 사람과 싸우러 나오자, 자신들의 영웅 골리앗을 불러내어 아이에게 본때를 보여 주라고 소리쳤다. 골리앗은 서두르지 않았다. 그는 무지막지한 칼을 휘두르면서 다윗에게로 한 걸음 한 걸음 나아갔다. 하지만 다윗의 힘찬 팔매질로 하늘을 나르던

골리앗의 칼과 머리통을 빼앗은 다윗

조약돌이 골리앗의 두 눈 한가운데를 맞혔다. 골리앗은 급소를 맞아 비틀거리더니 넘어지면서 칼을 떨어뜨렸다. 다윗은 번갯불 같은 속도로 그를 덮쳤다. 다윗은 거인의 칼을 잡아 쥐고 골리앗을 격렬하게 난도질했다. 그리고 단칼에 괴물의 목을 베어 환호하는 유대 병사들에게 가져갔다. 블레셋 병사들은 모두 도주했고, 다윗은 나라를 구한 수호자로 칭송받았다.

그 후로 다윗은 사울을 따라 출전할 때마다 승전하고 돌아왔다. 다윗이 블레셋

사람을 쳐 죽이고 돌아오면 모든 성읍의 여인들은 악기를 들고 길거리로 쏟아져 나와 사울 왕을 환영했다. 하지만 여인들은 이런 노래를 불렀다. "사울은 수천 명을 죽이고, 다윗은 수만 명을 죽였다." 화가 치밀어 오른 사울은 그날부터 다윗을 경계하기 시작한다. 더욱이 아들 요나단과 베들레헴의 한 목동이 처음 만난 순간, 깊은 우정의 관계로 발전하는 현장을 목격한 이후, 사울의 반감은 공공연한 질투심으로 자라났다.

사울의 처지를 더욱 난처하게 만들려는지, 그의 딸 미갈은 붉은 머리의 미남자 다윗과 사랑에 빠졌다. 사울은 다윗이 블레셋 병사 100명을 죽이면 미갈과 결혼할 수 있다고 말했다. 100명은 큰 숫자였기에 사울은 다윗이 임무를 끝내기 전에 도리어 죽임을 당하리라는 것을 의심하지 않았다. 그러나 다윗은 그가 맡았던 다른 과제들처럼 이번 일도 쉽게 해치워 마침내 미갈과의 결혼을 승낙받았으니, 이제 그들은 어색하기 짝이 없는 장인과 사위의 관계가 된다.

사울의 우울증 발작은 점점 악화되었다. 왕실 주치의도 별다른 치료 방법이 없자, 다시 한 번 음악회를 열기로 했다. 하지만 이번 공연은 하프 연주자에게 치명적이었다. 다윗이 몇 곡을 연주하자, 사울은 격렬한 흥분 상태로 빠져들었다. 그가 창을 집어 다윗을 향해 던졌고, 다윗은 방을 잽싸게 뛰쳐나가 위기를 모면했다.

바로 그날 밤, 사울은 다윗의 집으로 부하를 보내 그를 지키고 있다가 다음 날 아침에 죽이라고 명령했다. 그러나 밀명을 엿들은 다윗의 아내 미갈은 다윗의 침상에 염소 털로 만든 허수아비를 넣어 놓고, 다윗이 자고 있는 것처럼 꾸몄다. 아침에 사울의 부하들이 찾아가 보니 다윗은 벌써 멀리 도망친 후였다. 사울이 미갈에게 호통쳤다. "네가 어찌 아버지를 속이고, 내 원수를 빠져나가게 했느냐?" 미갈은 "다윗을 도망하도록 돕지 않았더라면, 그는 나를 죽였을 것입니다"라고 거짓말을 했다.

왕을 다시 만날 생각이 눈곱만큼도 없었던 다윗은 왕실 천막을 떠나 멀리 도주했다. 그러자 사울은 자기의 명을 어기고 다윗과 절친한 관계를 맺고 있는 아들 요나단마저 죽이려고 했다. 사울의 부하들이 그의 두 손을 붙잡아 간신히 살인을 막을 수 있었다. 이 일로 극도로 화가 난 요나단은, 다윗을 만나 모든 것을 설명해야겠다고 생각했다. 둘만의 마지막 정겨운 만남을 끝내고 다윗은 사막으로 도망가 아둘람이라는 동굴 속에 몸을 숨긴다. 하지만 곧 사울의 병사들이 아둘람 근처까지 수색해 들어왔고, 생명의 위협을 느낀 다윗은 광야 깊숙이 숨어 버렸다.

사막의 생활은 몹시도 단조로웠다. 끝없는 도피 생활 속에서도 다윗은 흔들리지 않고 여호와를 찬양하는 시를 지었다. "나를 불쌍히 여겨 주십시오, 주님. 나를 불쌍히 여겨 주십시오. 내가 주께로 피합니다. 이 태풍이 지나갈 때까지, 주의 날개 아래 그늘로 이 몸을 피하렵니다. 주님이시여, 내 마음은 든든하고, 내 마음은 흔들림이 없습니다. 내가 노래하고 내가 주를 찬양하렵니다. 깨어나라, 내 영혼아! 깨어나라, 비파야, 거문고야! 내가 새벽을 깨우렵니다."

이때 다윗은 그의 파란만장한 생애 중에서 가장 괴이한 시기를 지나고 있었다. 사울의 불복종으로 사무엘이 그를 왕위에서 물러나게 하고, 후계자로 다윗에게 기름을 부었으니, 이론적으로 다윗은 유대 왕임이 틀림없다. 하지만 대부분의 사람들은 급격한 정치적 변화를 따라갈 수 없었다. 백성들은 막연하게 사울을 왕이라고 간주했고, 다윗은 다음 왕이 되기 위해 왕세자 수업을 받는 중이라고 생각했다. 어찌 보면, 당시 백성들이 누구든 한 번 왕이되면 죽을 때까지 왕이라고 믿는 것은 당연한 일이었다. 다윗은 왕이지만 왕으로 행세할 수 없는 매우 난처한 처지에 놓여 있었다.

사울의 실제 위치가 무엇이든, 그는 계속 왕실 천막에서 살았다. 호위병과 시종에 둘러싸인 사울은 유대 정규군의 최고사령관으로 언제든지 명령을 내릴 태세였다. 반면에 다윗은 국법 앞에 도망자 신세였다. 그는 광야의 여러 동굴을 전전하며 살았는데, 체포당하는 위험을 피하려면 인근의 도시와 부락에 모습을 나타낼 수 없었다.

오랜 세월이 흐른 뒤에 다윗은 유대 사람들의 적법한 통치자가 되지만,

그의 도피 시절에 대해서는 자세한 해명이 필요하다. 유대인의 영웅은 때때로 도둑 떼의 우두머리보다 나을 것이 없었다. 심지어 그는 유대인의 숙적이었던 블레셋 사람들을 위해 사역을 마다하지 않은 적까지 있었다. 하지만 한때의 부끄러운 행적을 빌미로 그를 심하게 질타할 수는 없다. 다윗은 사울로부터 너무 부당한 대접을 받았다. 그럼에도 불구하고 자신의 원수를 극진히 대접하고, 관용을 베풀었던 다윗의 통 큰 행동은 칭찬받을 만하지 않은가.

**다윗의 동굴로 들어가는 사울**

당시 사울은 완전히 미쳐 가고 있었다. 그는 이 지역에서 저 지역으로 쉬지 않고 정신없이 옮겨 다니며 지냈다. 어느 날, 사막을 통과하는 여행길에 저녁 암흑이 닥쳐오자 사울은 하룻밤을 지낼 동굴을 찾아 들어갔다. 그런데 이 동굴이 다윗이 피신하여 살고 있는 바로 그 동굴일 줄이야. 다윗은 반갑지 않은 손님이 들어오는 것을 보았지만, 몸을 숨기고 때를 기다렸다. 한밤중이 되자 그는 잠든 사울에게 살금살금 기어 가서 그의 외투 한 조각을 잘라 가지고 나왔다.

다음 날 아침, 사울이 동굴을 떠날 때 다윗이 그를 부르며 쫓아가 외투 조각을 보여 주었다. 다윗이 말했다. "이것 보십시오. 당신의 목숨은 내 손에 있었습니다. 마음먹기만 했다면 나는 당신을 쉽게 죽일 수도 있었습니다. 당신은 나를 계속 죽이려고 하지만, 나는 당신의 목숨을 살려 주었습니다." 물론 사울은 다윗을 탓할 명분이 없다는 것을 잘 알고 있었다. 그러나 그는 미친 사람처럼 타오르는 적개심을 삭이지 못하며 다윗을 증오했다. 그는 사과의 말을 중얼거리면서도, 다윗에게 왕궁으로 돌아오라고 하지는 않았다.

얼마 후 사무엘이 죽었다. 사울과 다윗은 장례식에서 만났지만 화해는 하지 않았다. 다시 한참의 세월이 흘렀다. 광야를 찾아 전지요양을 하던 사울이 다시 한 번 다윗의 손에 목숨이 달리는 사건이 발생한다. 말년에 이른 사울의 속마음은 순박한 유대 농부의 그것이었다. 그는 도시를 싫어했고, 왕궁에서 지내는 것을 거부했다. 사울은 가능한 한 사막에서 날들을 보냈다.

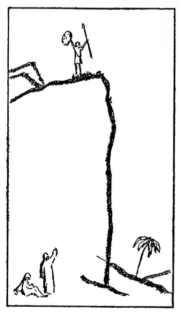

어느 날, 사울은 다시 한 번 광야의 평화와 고요를 맛보려고 왕궁을 떠났다. 뜨거운 오후가 되자 그는 높은 바위 밑에서 잠이 들었다. 그런데 이 장소는 다윗이 해와 바람의 소리를 듣기 위해 즐겨 찾는 곳이기도 했다.

사울의 사촌이며 유대군의 최고사령관인 아브넬도 상관 옆에서 자고 있었다. 그때 다윗이 그들을 발견했다. 그리고 소리 없이 가파른 경사를 타고 내려가 아브넬의 창과 방패를 집어 들고 바위 꼭대기로 되돌아갔다. 그러고는 "야, 아브넬! 아브넬!" 하고 소리쳤다. 왕의 경호 대장이 외부 침입자에게 무기를 뺏

아브넬의 창과 방패를 탈취한 다윗

긴 것이다. 아브넬을 정말 성실한 부하라고 말할 수 있을까. 다윗은 그의 직무 태만을 질책했다. 정신병으로 고통받고 있던 사울마저 다윗의 관대한 아량을 인정하지 않을 수 없었다. 다윗이 그의 목숨을 두 번이나 살려 준 것이다. 사울은 자기의 잘못을 후회한다고 다윗에게 말하고, 이제 왕궁으로 돌아오라고 요청했다.

다윗은 왕궁으로 돌아갔지만 오래 머물지는 못했다. 사울의 병세는 계속 악화되어 갔다. 몇 주 후에는 다윗을 대하는 사울의 마음이 예전으로 돌아가, 왕궁에 머무는 것이 더 이상 안전하지 않았다. 물론 다윗은 유대 통치자로, 정식 기름 부음을 받은 자의 권리를 주장할 수도 있었다. 그러나 사울의 남은 날들이 얼마 되지 않음을 알고 때를 기다리기로 작정했다. 다윗은 멀리 떠나 다시는 그의 숙적을 보지 못했다.

—⊹—

다윗은 잠시 시글락 마을에 머물렀다. 이곳은 유대의 변방 지역으로, 가드 왕 아기스가 통치하고 있었다. 이곳에서도 다윗의 형편은 그리 편안하지 못했다. 그에게는 사람을 끄는 특별한 재주가 있었던 것 같다. 다윗은 그의 부하가 되어 출세해 보려는 패기 넘치는 젊은이들에게 언제나 둘러싸여 있었다. 다윗이 광야 생활을 할 때는 400명이나 되는 추종자들이 그를 좇던 때도 있었다. 당시에 400명은 대단한 규모의 무리임에 틀림없다. 이로 인해 다윗은 주변 지역에서 확고한 통치자로 자리 잡았고, 당시 그가 벌였던 기이한 행적들이 오늘날까지 전해진다.

이웃에 사는 농부들이 강도의 위협에서 자신들을 지키려고 다윗 일행을 청원 경찰처럼 고용했던 듯하다. 전해 내려오는 이야기에 의하면, 갈렙 집안의 우두머리인 나발이라는 사람이 다윗의 보수를 지급하기 거부했다고 한다. 불의한 행동에 너무 화가 난 다윗이 모든 병사를 모아 나발의 친족을 몰살하러 움직였을 때, 나발의 아내 아비가일은 이 용맹한 전사의 분노를 진정시키기 위해 큰 선물을 들고 뛰어나갔다.

아비가일이 집에 돌아와 보니 하필이면 남편이 술에 곯아떨어져 있는 바람에 오후에 일어난 일을 전할 수가 없었다. 다음 날 아침, 자기가 목숨을 잃을 뻔했다는 이야기를 들은 나발은 발작을 일으키더니 열흘 후에 죽었다. 그리하여 아비가일은 과부가 된다. 그녀는 짧은 만남 속에서도 다윗에게 깊은 인상을 준 것이 분명하다. 아비가일의 남편이 죽었다는 소식을 전해 들은 다윗은 그녀에게 청혼했고, 아비가일은 받아들였다. 아내 미갈은 남편을 도망시키기 위해 아버지 사울까지 배반했건만, 다윗은 미갈을 갈림에 사는 친구에게 맡긴 다음 아비가일과 결혼하고 함께 헤브론으로 갔다. 거기서 그들은 아들 길르압을 낳았다.

하지만 새 결혼이 다윗의 다른 어려움들을 모두 해결해 준 것은 아니었다. 그는 충성스런 부하를 많이 거느리고 있었는데, 예전처럼 청원 경찰 일이 들어오지 않자 그들을 먹여 살릴 길이 막막했다. 마침내 블레셋 사람들의 두통거리였던 다윗이, 블레셋 사람들을 위해 일을 해야만 하는 상황이 되었다. 이 기가 막힌 사연인즉슨 이러하다. 다윗을 돌봐 주던 아기스 왕은 블레셋 사람들이 곧 유대와 전쟁을 할 것이라고 다윗에게 갑작스레 통보했다. 협정에 따라 블레셋을 도와야 하는 아기스 왕은, 자기 도움을 받고 있는 다윗이 블레셋과 한편이 되어 사울의 군사를 물리치기를 기대했다.

다윗은 어떻게 할 수 없는 궁지에 몰렸다. 그는 애매한 답변으로 시간을 벌었지만 전쟁이 시작되면 블레셋 진영에 합류하지 않을 수 없었다. 하지만 블레셋 사령관은 그런 의심스럽고 미적지근한 도움은 받지 않는 것이 좋다는 영리한 판단을 내렸다. 그는 다윗에게 시글락 마을로 돌아가라고 조용히 명령했다. 다윗과 부하들이 자기들이 살던 시글락 마을로 돌아와 보니, 아말렉 사람들이 마을을 불태우고 전멸시킨 뒤였다. 그는 강도들을 추격하여 모두 죽였고, 이렇게 다시 한 번 마을에 평화가 찾아왔다.

블레셋 부족은 계획한 대로 유대와의 전쟁을 감행했다. 급박한 침략 위험을 보고받은 사울은 매우 심한 우울증으로 쓰러졌다. 그는 모든 일이 끝장 났다는 것을 감지했다. 자기와 가족의 앞날이 너무나 절망적이었던 사울은 마법사의 조언을 구하기로 결정했다. 그러나 모든 마술사는 죽거나 이 지역을 떠나 버린 후였다. 그들은 예전에 사울이 내렸던 명령에 따라 멀리 추방되었기 때문이다.

마지막으로 왕은 엔돌에 늙은 여자 마법사가 살고 있다는 보고를 받았다. 하지만 그 노파는 사울을 맞이하기 두려워했다. 마법사라는 사실을 들키면 큰 처벌을 받았기 때문이다. 그녀는 왕에게 문을 열어 주지 않았다. 사울은 그녀를 안심시키고, 찾아온 용건을 말했다. 그는 수년 전에 죽은 사람의 영혼과 대화할 수 있도록 주선해 준다면 큰 상금을 내리겠다고 약속했다. 마법사는 사울에게 원하는 것이 무엇인지 물었다. 사울은 자기를 왕으로 만든 사무엘과 이야기하고 싶다고 대답했다. 그러자 검은 외투로 몸을 감싼 노인의 시커먼 형체가 땅속에서 올라왔다. 사무엘의 귀신이었다. 다시 한 번 살아 있는 왕 사울과 죽은 재판관 사무엘이 얼굴을 마주한 것이다. 사무엘은 소름 끼치는 비운이 블레셋 사람의 손에서 사울을 기다리고 있다고 경고했다. 사무엘이 말을 마치자 사울은 기절해 쓰러졌다.

하지만 한때 영토 확장 전쟁에 앞장섰던 사울이 전투도 해 보지 않고 그냥 물러날 겁쟁이는 아니었다. 다음 날 일찍 그는 블레셋 진영을 공격했다. 그러나 정오가 되기 전에 사울의 병사들은 전멸당했다. 사울의 세 아들 요나단, 말기수아, 아비나답이 모두 전사했다. 그는 칼을 들어 자기 가슴을 깊이 찔렀다. 온 백성들의 열망으로 왕위에 올랐던 사울이 아니던가. 사울은 다윗의 큰 그림자에 가려져서, 이렇다 할 업적 하나 남기지 못하고 비참한 죽음을 맞았다.

블레셋 사람들이 사울의 시체를 발견했다. 그들은 본국으로 사울의 잘린 머리를 보냈고, 기쁜 승전 소식이 전국 각지로 퍼져 나갔다. 블레셋 사람

**사울의 장례식**

들은 사울의 병사들이 사용했던 방패, 창 등의 무기를 모아 아스다롯 신전에 전시하고, 머리 없는 사울과 세 왕자의 시체를 벧산 성벽에 못 박았다. 그때 길르앗의 야베스 사람들이 이 소식을 듣고, 한때 자기 성읍을 구출해 주었던 사람의 시체를 수습하기로 결정했다. 그들은 한밤중에 벧산으로 숨어들어 사울 가족의 시체를 가져와, 그들이 살고 있는 마을의 상수리나무 밑에 묻어 주었다.

사울의 패전 소식은 기이한 방법으로 다윗에게 전달되었다. 어떤 블레셋 사람이 새 유대 왕의 환심을 살 목적으로 시그락 마을로 급하게 달려가 사울이 죽었다고 아뢰었다. 그는 다윗에게 이렇게 거짓말을 했다. "저는 길보아 산 근처에서 사울과 그의 병사들을 갑자기 마주쳤습니다. 그런데 그들은 당신의 적 아닙니까? 저는 그렇게 알고 있기 때문에 그들을 모두 죽였습니다." 그가 기대했던 상을 받지 못한 것은 물론이다.

다윗은 그를 목매달아 죽이라고 명령했다. 그런 다음 옛 주인 사울과 깊이 사랑했던 친구 요나단의 죽음을 애통해했다. 다윗은 오랫동안 금식했다. 이를 통해 모든 백성이 그의 마음이 진실임을 알게 되고, 다윗은 왕국을 되찾을 준비를 시작한다. 다윗은 여호와에게 우선 어디로 가야 하느냐고 물었고, 여호와는 "헤브론으로 떠나라"고 명령했다. B.C. 1004년, 헤브론에서 온 유대 사람들은 사울의 후계자로 다윗을 왕위에 앉혔다. 이때 다윗의 나이 30세였다.

—†—

다윗은 약 40년 동안 유대 땅 대부분을 통치했다. 그는 참으로 뛰어난 통치력을 소유한 사람이었다. 하지만 다윗의 앞길을 큰 장애물들이 가로막고 있었다. 첫째로, 블레셋 사람들이 있었다. 유대 사람들은 그들과 수백 년 동안 전쟁을 치렀지만 위협을 떨쳐 내지 못했다. 블레셋의 군사력은 여러 차례 소멸했다가 되살아나기를 반복해 그들에게 큰 고통을 주었다. 우수한 전투력을 보유한 블레셋은 무력 충돌이 있을 때마다 승리를 거두었고, 유대 국가는 매년 조공을 바쳐야만 했다.

둘째로, 다윗은 유대 지파 간의 끊임없는 분쟁에 직면했다. 작은 부락 사람들이 서로 질투하는 것처럼 종족 간의 갈등은 골이 깊었다. 그들은 왕을 원하지 않았던가. 하지만 왕을 옹립하자마자 왕의 권력을 질시하기 시작했다. 큰 명망을 누렸던 다윗마저도, 법을 위반한 실세 부하를 국법에 따라 공정히 처벌할 수 있는 힘이 충분하지 않았다. 예를 들면, 다윗의 조카 요압 장군이 사울의 충직한 부관이었던 아브넬을 살해했지만, 다윗이 아브넬을 위해 할 수 있었던 일은 고작 성대한 장례식을 베푸는 것뿐이었다. 그 후에도 막강했던 요압은 법의 심판을 받을 일이 없었으니, 다윗은 그의 목숨을 살려 준 그날을 후회해야만 했다.

다윗은 총명함과 불굴의 의지력으로 유대 땅의 절대적인 통치자가 되는 길을 차근차근 밟아 간다. 얼마 후 사울의 살아 있던 아들의 종들이 주인을 살해하는 일이 발생했다. 다윗이 본때를 보일 좋은 기회를 놓칠 리 없었다. 그는 살인자들의 목을 매달고, 법의 판결에 의하지 않고 남에게 사형私刑을 가하는 자들은 같은 처벌을 받을 것이라고 선포했다. 이 같은 조치는 유대인의 가슴에 여호와에 대한 두려움을 깊게 심었고, 다윗은 강대한 왕국을 건설하기 위한 다음 단계를 밟는다. 그는 왕국의 수도를 예루살렘으로 옮겼다. 이곳은 아프리카에서 메소포타미아로 가는 간선도로에서 접근하기 편한 지점이었다. 그곳에 다윗은 왕궁을 지었다.

다음으로 다윗은 성막을 대신할 성전을 지을 논의를 시작했다. 주인 없는 황소가 끄는 수레에 실려 블레셋 땅에서 돌아온 법궤는, 기럇여아림 마을의 제사장 아비나답의 집에 보관되어 있었다. 이제 법궤를 새 수도의 적당한 장소에 편안히 모실 때가 되었다. 사막을 헤매던 유랑 시절에는 성막 안에 성궤를 모셨지만, 수도를 결정하고 한곳에 정착하게 된 지금, 왕과 백성들은 하나님의 궤를 모실 영구한 성전을 짓는 것이 막강한 나라의 책임이라고 느끼기 시작했다.

우선 법궤를 예루살렘으로 옮겨 오기로 결정했다. 다윗은 법궤를 가지러 큰 병력을 이끌고 동쪽으로 갔다. 제사장들이 법궤를 수레에 싣고, 아비나답의 아들 웃사가 소의 고삐를 잡았다. 하지만 앞으로 잘 나가던 수레바퀴가 땅에 박히자, 황소들이 비틀거리면서 법궤가 거의 뒤집힐 뻔했다. 웃사는 법궤가 땅에 떨어지는 것을 막으려고 무의식중에 손을 내밀어 법궤를 붙들었다. 그러나 무엇이 잘못되었는지, 웃사는 그 자리에서 즉사했다. 유대 율법에 의하면 평민들은 법궤를 만지는 것이 금지되어 있었다. 이것은 제사장들만의 독점적 권한이었다. 다윗은 웃사를 땅에 묻고, 법궤는 가드 사람인 오벳에돔의 집으로 실어 가게 했다. 법궤는 그곳에서 석 달을 머물렀다.

황금보다 소중한 법궤를 외지에 무작정 방치할 수는 없는 노릇이었다. 다윗은 법궤를 가지러 병사들과 함께 기럇여아림으로 갔다. 다시 한 번 법궤가 수레에 실렸다. 이번에는 무사히 예루살렘에 도착하여 새 성막에 법궤가 안치되었고, 훗날 이 성막은 다윗의 후계자 솔로몬이 세운 유명한 성전으로 대체된다. 이후로 예루살렘은 유대 왕국의 수도일 뿐만 아니라 아브라함의 자손이라 칭하는 모든 사람들의 신앙적 센터가 된다.

팔레스타인에는 다른 성지들도 있지만, 그 어느 곳도 예루살렘 성전의 장엄함을 쫓아갈 수는 없었다. 더욱이 히브리 민족의 사제 직분을 독점한 레위 지파는 영리한 사람들이었다. 그들은 경쟁 관계에 있는 부족에게는 절대로 관용을 베풀지 않았지만, 국왕에게는 열렬한 지원을 보냈다. 그 보답으로 왕은 나라 안의 모든 사원의 문을 닫으라 명령하고, 예배자들을 모두 예루살렘으로 모여들게 함으로써 호의에 답했다.

백성들의 신앙적 삶이 점차 안정되어 가자 다윗은 국가 방위에 온 힘을 쏟게 된다. 첫 번째로 왕국의 모든 전방을 순회했고, 두 번째로 암몬 족을 완전히 섬멸하여 큰 골칫거리를 없앴다. 세 번째로 블레셋 족과 휴전협정을 맺어 평화를 유지했다. 세상의 눈으로 보면, 다윗의 왕국은 대단한 성공을 거뒀다. 하지만 나라의 우두머리 되는 사람에게도 모든 것이 잘됐다고 말할 수 있을까?

다윗이 가진 무한한 절대 권력은 그를 망치기 시작했다. 사울처럼 다윗도 어떤 면에서는 매우 나약한 사람이었다. 그는 적에게도 친절하게, 호의를 가지고 대했다. 다윗은 사울의 마지막 남은 손자이며 마음을 나눈 친구였던 요나단의 아들에게 큰 호의를 베풀었다. 다윗은 양쪽 다리를 못 쓰는 그 불쌍한 소년을 입양하여 그의 마지막 날까지 함께 왕궁에서 살았다. 동시에 다윗은 자신의 쾌락을 위해서 이 세상 어느 인간보다 비열하고 잔인하게 행동했다.

어느 날 저녁, 다윗은 무더운 여름날에 하는 유대인의 습관대로 왕궁 옥상에 올라가 바람을 쐬고 있다가 멀리서 목욕하는 한 여인을 보게 되었다. 다윗은 그녀의 모습에 반해서 아내로 만들 흑심을 품었다. 알아보니 그녀는 헷 사람인 우리아의 아내였다. 당시 우리아는 전방에서 복무하고 있었는데, 그의 상관은 아브넬을 살해하고도 처벌을 면제받은 요압 장군이었다.

물론 다윗은 그 여인을 당장 잊어야 했지만, 속으로는 그녀를 탐내고 있었다. 다윗의 비상한 머리는 재빨리 돌아갔다. 우선 그는 우리아를 왕궁으로 초대했다. 다윗은 그를 매우 친절히 대접하고 선물도 안겼다. 그러고는 요압 장군에게 쓴 편지와 함께 전방으로 돌려보냈다. 다윗은 이 편지를 통해 우리아를 최전방에 배치시켜 적에게 죽임을 당하게 하라고 요압에게 명령했다. 냉혹한 살인을 청부받아 실행에 옮기려는 요압은 어느 범죄자보다 악독한 부류의 인간이었다.

요압은 우리아에게 위험이 닥칠 것이라고 말하지 않았다. 오히려 우리아가 용맹함을 인정받아 최전선에 배치받은 것이라며 충직한 부하를 부추겼다. 모든 것을 곧이곧대로 믿은 우리아는 기꺼이 선봉에서 지휘를 맡았다. 전투가 벌어지자 다윗의 밀명이 세세한 것까지 빈틈없이 수행되었다. 아무런 낌새도 채지 못한 우리아는 앞으로 진격했다. 그리고 요압의 명령에 따라 다른 병사들이 일제히 후퇴하자, 우리아는 적의 반격을 혼자 막아 내지 못하고 결국 전사했다.

우리아의 느닷없는 죽음으로 아내 밧세바는 졸지에 남편 없는 몸이 되었고, 다윗은 그녀와 결혼했다. 다윗은 자기의 악한 행위가 백성들에게 알려지지 않을 것이라고 생각했지만, 커다란 오산이었다. 전투에 배치되었던 병사들은 전선의 비밀을 친척들에게 전했다. 작은 나라 안에서 흥미로운 뉴스는 순식간에 입에서 입으로 전달되는 법이다. 온 유대 백성들은 자기 병사의 아내를 탐낸 왕이 어떻게 그녀의 남편을 죽이고, 그 과부와 결혼했는지 알게 되었다. 물론 왕은 왕이다. 많은 백성들은 다윗이 그처럼 악한 일을 할 수 있겠느냐고 의심했다. 다른 사람들은 잡혀서 죽임을 당할까 봐 마음속 생각을 털어놓지 못했다.

왕의 추잡한 행실로 유대 민족은 왕국이 뿌리째 흔들릴 위기를 맞고 있었다. 하지만 모든 유대인이 입을 다물고 있을 때, 국가의 양심이 입을 열고 나섰다. 때마침 예언자 나단은 다윗에게 꼭 전해 주고 싶은 작은 이야기를 들었다. 나단은 그 이야기를 다윗에게 들려주려고 왕궁으로 갔다. 다윗은 말해 보라고 나단에게 명령했다.

"옛날에 부자와 가난한 사람이 있었습니다. 그들은 이웃이었습니다. 부자는 양을 많이 소유하고 있었지만, 가난한 사람은 어린 양 한 마리를 키우고 있었습니다. 그는 자기 애완동물을 친자식처럼 사랑했습니다. 자기가 먹을 것은 모자라도 양에게 빵과 우유를 꼬박꼬박 챙겨 먹였고, 날이 추우면 외투를 벗어 덮어 주었습니다. 어느 날, 부자가 친구를 대접할 일이 생겼습니다. 부자는 자기 양 한 마리를 손쉽게 잡을 수도 있었지만 그렇게 하지 않았습니다. 그는 가난한 이웃이 가진 어린 양을 훔쳐 친구를 위한 저녁상을 준비했습니다."

이야기를 들은 다윗은 치밀어 오르는 분노를 참을 수 없었다. 그는 이처럼 비열한 자의 이야기를 들어 본 적이 없다고 나단에게 말하면서, 엄중하게 처벌할 것을 약속했다. "어린 양을 도둑맞은 가난한 자는 일곱 배의 보상을 받을 것이며, 가증스러운 범죄를 저지른 천박한 사람은 즉시 사형에 처할 것이다." 그러자 예언자 나단은 벌떡 일어나 다윗에게 말했다. "오, 왕이시여. 당신이 바로 그 사람입니다. 당신이 우리아의 아내를 탐해서 그를 죽였습니다. 따라서 여호와는 당신과 당신의 가족에게 큰 애통함을 내릴 것이며, 당신과 밧세바의 아들은 부모가 지은 죄를 속죄하기 위하여 횡사를 당할 것입니다."

다윗은 공포와 양심의 가책에 시달렸다. 얼마 후 다윗의 막내아들이 심한 병에 들었는데, 이것이 예언의 시작이었다. 다윗은 머리에 재를 뿌리고 여호와에게 몸을 낮추어 지은 죄를 회개했다. 그는 7일 밤낮을 먹지도 마시지도 않았다. 8일째 되던 날, 다윗의 아들이 죽었으니 나단의 예언이 들어맞은 셈이었다. 다윗은 자기의 죄를 고발한 나단을 처벌하지 않고, 스스로를 자식을 죽인 살인자로 간주했다. 그는 우리아를 죽인 죄를 여호와에게 고백했다. 다윗은 속죄물을 바쳤다. 잘못을 용서해 달라고 빌고 기도하고 탄원했다. 진정으로 참회하는 다윗의 애통함을 여호와가 받아들이셨는지, 그는 마음의 고통을 치료받고 정상 일과를 시작했다.

곧이어 밧세바는 다른 아들을 낳았다. 이 아이가 바로 솔로몬이다. 다윗은 너무 기쁜 나머지 먼저 태어난 모든 자식을 제쳐 두고 솔로몬을 자기 후계자로 삼겠다고 밧세바에게 약속한다. 물론 이 같은 결정은 합법적 후계자들인 압살롬과 아도니아에게 청천벽력과 같은 소식이었다. 아도니아는 정치적 야욕이 없어서 후계자 문제에 큰 관심이 없었다. 하지만 시리아 사막 출신의 어머니에게서 태어난 압살롬은 야심에 불타는 젊은이였다. 그는 아버지를 없앨 음모를 꾸미기 시작한다.

압살롬은 예루살렘 사람들에게 인기를 얻으려고 각별한 노력을 들였다. 그는 금발이 목까지 흘러내리는 잘생긴 젊은이였다. 여러 사람들이 모인 곳에는 언제나 그가 있었다. 압살롬은 부자들의 억압으로부터 가난한 자를 보호하는 대변자로 나서기를 좋아했다. 다윗이 점차 전제군주로 변해 가고, 세금이 시도 때도 없이 계속 오르자 왕에게 불만을 갖는 사람들이 늘어 갔다. 그들은 꺼내지 못했던 불평을 후계자 자리를 빼앗긴 불운한 왕세자 앞에서 털어놓기 시작했다. 백성을 부추기는 운동을 4년간 벌인 압살롬은 믿을 만한 추종자를 충분히 모았다고 생각하고 예루살렘을 떠나 헤브론으로 향했다. 여호와에게 제물을 드리겠다는 핑계를 댔지만, 실제로는 아버지를 몰아내는 캠페인을 시작한 것이다. 친아들의 배신은 다윗에게 치명적 타격을 입혔다.

다윗은 자식들 중에서 압살롬을 제일 사랑했는데, 그에게 공평하지 못했다고 후회했다. 혈육을 맺은 아들과 싸움을 벌인다는 것은 생각조차 하기 싫은 괴로운 일이었다. 그는 왕궁을 피하여 요단 강을 넘어가면 있는, 마하나임 마을을 임시 거처를 정했다. 다윗 왕의 도주는 종족 간의 내란을 불러오는 결과를 낳았다. 그러나 지금은 국가의 위기가 아닌가. 백성들은 부하의 아내를 강탈한 비열한 왕에 대한 기억은 잊고, 블레셋과 대적하여 골리앗을 죽인 용맹한 지도자 다윗을 기억했다. 그들은 열렬한 충성심으로 군주 앞에 모여들었다.

백성들은 본의 아니게 두 편으로 나누어졌다. 한편은 다윗 쪽에 서고, 다른 편은 압살롬에게 충성했다. 하지만 대부분은 왕의 편에 속했다. 요단 강 동쪽의 에브라임 숲 속에서 전투가 벌어졌다. 전투가 시작되기 전에 다윗은 병사들에게 압살롬을 너그럽게 대하라고 지시했다. 그는 괘씸한 반역죄를 지은 아들을 자기 자신의 안위보다 더 염려했다.

온종일 왕의 군사들과 압살롬의 도당들이 서로 싸워 많은 사상자가 발생했다. 저녁이 되자 다윗의 군사들에게 전세가 유리해져, 궁지에 몰린 압살롬은 후퇴하게 된다. 그는 노새를 타고 전속력으로 도망쳤다. 하지만 압살롬의 긴 머리카락이 억센 나뭇가지에 걸려 그를 놓아주지 않았다. 겁을 먹은 노새는 달아나고, 압살롬은 공중에 대롱대롱 매달리고 말았다. 다윗의 병사 한 명이 그를 발견했다. 도당들에게 관용을 베풀라는 왕의 명령에 따라, 병사는 압살롬을 죽이지 않고 진지로 되돌아가 요압에게 보고했다. 충직했던 우리아를 죽음으로 몰았던 요압은 일말의 양심의 가책도 없었다. 그는 창 세 개를 가지고 달려가, 하늘과 땅 사이에 매달려 아무 힘도 쓰지 못하는 압살롬의 심장을 찔렀다.

요압은 압살롬의 시체를 상수리나무 아래 구덩이에 던져 버리고, 흑인 종을 불러 이 특종 사건을 다윗에게 보고하라고 명령했다. 종은 왕의 진영으로 달려가 어떻게 적이 격퇴되었는지, 또 어떻게 그의 아들이 살해되었는지

**압살롬의 최후**

아뢰었다. 다윗은 조금도 기뻐하지 않았다. 그는 깊은 실의에 빠졌다. 다윗은 자신의 죄와 예언자 나단의 저주를 기억했다. 다윗은 승리했고 모든 반란군은 항복을 서두르고 있었지만, 어느 것도 불쌍한 압살롬을 살아오게 할 수는 없었다. 다윗의 울음소리가 온 왕궁 안에 퍼져 나갔다.

다윗 왕은 쇠약해 가고, 여생은 얼마 남지 않았다. 더 이상 군대를 지휘할 수 없는 지경에 이르렀는데, 블레셋이 다시 한 번 침공해 왔다. 더 큰 문제는 압살롬의 형제 아도니아가 왕위를 차지할 음모를 시작했다는 것이었다. 이런 사태는 다윗의 마지막 결단을 강요했다. B.C. 965년, 다윗은 예언자 나단의 주선 아래 솔로몬을 유대 왕국의 다음 왕으로 임명했다. 이때 솔로몬은 겨우 열여덟 살이었다. 정국이 솔로몬 편으로 돌아서자, 아도니아는 자신보다 훨씬 명석한 솔로몬에게 항복하고, 솔로몬은 아도니아를 용서했다.

하지만 다윗은 이런 일들에 신경 쓸 기력조차 남아 있지 않았다. 그는 왕궁 한구석에 처박혀 자신과 대결하다 살해된 아들 압살롬의 이름만 중얼거릴 따름이었다. 드디어 자비로운 죽음이 다윗을 찾아와 육신의 고통을 끝내 주고, 여호와의 계명을 거역한 이후 잃어버렸던 마음의 평화를 찾아 주었다. 일찍부터 여호와의 마음에 들어 왕으로 선택됐던 다윗은 왕국의 근간을 세우고 이 땅을 떠났다.

유대 왕국의 제왕이 된 솔로몬의 위세는, 최초의 개척자들이 사막의 땅 우르를 떠났을 때와 비교하면 모든 면에서 엄청나게 변해 있었다. 아브라함이 손님을 대접하고 싶을 때면 종들에게 양 한 마리를 잡으라고 명령했었다. 하지만 솔로몬은 완전히 다른 규모, 다른 세계에서 살았다. 그의 식탁을 차리기 위해 매일 필요한 재료는 이렇다. 고운 밀가루 7킬로리터, 거친 곡식 가루 14킬로리터, 축사에서 기른 살진 소 열 마리, 초원에 놓아기른 마른 소 스무 마리, 그밖에 많은 노루, 사슴, 닭이 조달되었다. 아브라함은 새 지역으로 옮겨 가면 간소한 천막을 스스로 만들고, 맨땅에 낡은 짐승 털을 깔고 잤다. 반면에 솔로몬은 20년을 들여 호화로운 궁궐을 짓고 순금으로 만든 식기로 식사를 했다.

엄청난 사치를 누리려면 엄청난 돈이 필요했다. 수백 년 뒤 유대인들이 바빌론에서 포로 생활을 하며 과거사를 기록할 때, 그들은 유프라테스 강과 지중해 사이에서 가장 막강한 군주였던 솔로몬 왕의 위엄과 영광을 곰곰이 상기하는 것을 즐겼다. 하지만 이 강력한 군주 밑의 백성들은 공공 사업장에서 강제로 노동해야 했고, 왕궁, 성전, 예루살렘 성벽, 밀로 요새의 보수와 관리를 위해 매년 세금을 바쳐야 했다. 조국에 대한 백성들의 열의는 식어 갔고 반동까지 생각하는 지경에 이르렀다. 다행히 솔로몬은 빈틈없는 사람이었기에 왕실의 지출 한도를 넘기지 않았다.

요셉처럼 솔로몬도 꿈속에서 환상을 잘 보았다. 그가 왕위를 계승한 지 얼마 되지 않았을 때, 여호와가 꿈에 나타나 가장 바라는 선물을 말해 보라고 했다. 솔로몬은 백성의 마음을 헤아리는 지혜를 달라고 답했다. 여호와는 부귀와 장수를 마다하고, 백성의 송사를 듣고 무엇이 옳은지 분별하는 능력을 바란 솔로몬이 퍽 마음에 들었다. 여호와는 솔로몬에게 지혜롭고 총명한 마음뿐만 아니라, 부귀와 영화도 함께 주었다.

당시 유대 왕은 국가의 최고 통치자이자 최고 재판관이기도 했다. 솔로몬이 처음 처리한 사건은 두 여인이 한 갓난아이를 서로 자기 자식이라고 우기는 다툼이었다. 솔로몬은 아기를 두 쪽으로 잘라 두 여인에게 한 쪽씩 나누어 주라고 호위 병사에게 명령했다. 그러자 그가 예측했던 일이 일어났다. 첫 번째 여인은 왕에게 이렇게 애걸했다. "임금님, 그건 안 됩니다. 제발 아기를 죽이지 마시고 저 여인에게 주십시오." 그러나 다른 여인은 이렇게 저주의 말을 내뱉었다. "누구도 아기를 못 가질 바에는 두 토막을 내 주십시오." 삼척동자라도 누가 진짜 어머니인지 알 수 있을 법했다. 왕은 첫 번째 여인에게 아기를 주라고 지체 없이 명령했다. 이처럼 신속하고 정곡을 찌르는 판단은 대중에게 큰 기쁨을 주었다. 솔로몬의 인기는 날로 높아 갔다. 말년에 저지른 어리석은 행위에도 불구하고 솔로몬을 향한 백성들의 깊은 애정은 식을 줄을 몰랐다.

—¦—

솔로몬은 40년간 온 유대 땅을 다스렸다. 그동안 그는 돈을 물처럼 썼다. 무엇보다 먼저 호화로운 왕궁을 지었다. 수많은 객실과 정원을 갖춘 엄청난 크기의 왕궁은 곧바로 성전으로 연결되는 편리함도 갖추었다. 궁 안에는 경비가 삼엄한 무기고가 있었는데, 왕은 백성들을 이곳으로 초대하여 사정을 들었다. 왕궁에는 왕과 시종들을 위한 완벽한 생활공간과, 호기심 많은 백성들의 눈을 피하기 위해 만든 후궁들의 처소 하렘도 있었다. 성의 겉면은 돌로 지었고 내부는 사이프러스 나무로 마감했다. 왕궁을 완성하는 데만 20년이 걸렸다.

다음 차례는 성전 건축이었다. 물론 옛 성전은 오늘날의 교회와는 판이하게 다르다. 이곳은 백성들이 유일신 여호와에게 제물을 바치는 거룩한 장소이다. 성전에서는 여호와의 말씀이 공포되는 법이 없고, 수많은 예배자들이 제물을 바치려고 끊임없이 오고갈 뿐이다. 성전 건물은 아주 클 필요는 없었다. 솔로몬의 성전은 오늘날 흔히 보는 작은 교회당 크기로 길이가 27미터, 폭이 9미터였다. 하지만 싱전을 치장하는 데 막대한 재물이 쓰였다. 농업과 상업을 주로 삼아 생활했던 유대인 중에서 예술적 재능을 갖춘 자를 찾는 것은 어려웠다. 따라서 성전 건축에 필요한 석수, 목수, 금은 세공인을 나라 밖에서 구해 왔다. 당시 세계 최대의 상업 중심지였던 페니키아(시리아

연안의 도시국가)에서 많은 기술자들이 뽑혀 왔다.

오늘날의 두로와 시돈은 지중해를 바라보는, 버려진 작은 어촌이다. 하지만 솔로몬 시절에는 바다 구경을 처음 하는 유대 방문객들에게 커다란 감명을 주던 큰 도시였다. 다윗은 두로의 지배자와 친선 관계를 맺었고, 솔로몬도 시돈의 왕과 동맹을 체결했다. 매년 곡식을 제공받는 답례로 두로의 히람 왕은 유대 왕실이 사용할 여러 척의 배를 제공했고 성전 공사에 필요한 숙련공을 공급할 것을 약속했다. 히람 왕이 제공한 상선들은 지중해의 모든 항구는 물론, 스페인의 다시스까지 찾아가 성전 건축을 위한 고급 석재와 목재를 싣고 왔다.

하지만 사치스럽기 그지없는 제왕이 필요로 하는 모든 물자를 조달하기에 지중해 지역은 너무 협소했다. 솔로몬은 인도로 가는 무역로를 개설하기로 결정했다. 그는 페니키아에서 온 조선 기술자를 홍해 동부 연안에 정착시켰다. 그들은 에시온 게벨에 조선소를 짓고 많은 배를 건조했다. 그곳에서 만든 배들은 오빌(인도의 서쪽 해안)까지 항해하여 백단목, 상아, 향료를 구해 솔로몬에게 바쳤다.

멤피스와 니느웨, 바빌론에 지어진 신전들에 비하면 솔로몬의 성전은 별로 위압적이지 않다. 하지만 서아시아의 셈 족 가운데 작은 부족이 이토록 야심찬 성전 건축을 계획한 것은 처음 있는 일이었다. 유명한 황금의 나라 아라비아(지금의 예멘)의 스바 여왕도 호기심에 끌려 예루살렘을 방문하여 솔로몬이 이룩한 업적을 보고 치하했다. 불행하게도 성전 건축 경비에 대한 상세한 기록은 남아 있지 않지만, 대략 금 3000톤, 은 3만 톤이 소요되었다고 전한다. 이 같은 물량은 당시 전 세계 금 수급량의 50배에 해당하니, 약간 과장된 이야기일 것이다. 원형 건물의 돌조각도 한 점 남아 있지 않고, 성전이 있던 터전도 30미터가 넘는 흙 밑에 깔려 있으니 정확한 금액을 추산하기는 어렵다.

성전 건축에는 총 7년 6개월이 소요되었다. 돌을 다듬고 재목을 자르는 준비 작업을 모리아 산기슭에서 마쳤기 때문에, 건축하는 동안 현장에서 도끼나 연장 소리는 들리지 않았다. 석축 건물에서 살아 본 적이 없는 유대인은 맨벽을 좋아하지 않았다. 그런 까닭에 솔로몬은 성전의 모든 바닥, 벽, 천장에 백양목과 잣나무로 만든 판자로 깐 뒤 그 위를 순금으로 덮었다.

성전의 심장이라 부를 수 있는 지성소至聖所는 길이, 폭, 높이가 각각 9미터인 정육면체의 작은 방이다. 방 안 한쪽에 두 개의 대형 천사 조각상이 배치되어 있다. 펼친 두 날개 밑에는 지난 5세기 동안 유대 민족과 애환을 함께한 법궤가 놓였다. 법궤 속에는 시나이 산 구름 속에서 모세에게 나타났던 여호와의 율법을 기록한 두 돌판이 있었다.

지성소 안에는 영원한 침묵이 흐른다. 1년에 단 한 번, 대제사장만이 성령이 임재한 곳에 들어갈 수 있다. 이날은 온 백성이 죄를 벗는 날로, 속죄일이라 부른다. 대제사장은 속죄일에 공식 예복을 벗고 순백의 모시옷으로 갈아입는다. 그는 먼저 자기의 죄와 집안의 죄를 벗기는 예식을 올린다. 한 손에는 제단에 쓸 숯불이 담긴 향로를, 다른 손에는 제물로 바친 수송아지의 피가 담긴 황금 대접을 들고, 속죄의 표시로 지성소의 마룻바닥에 피를 뿌린다. 대제사장이 꽃과 종려나무 문양의 황금 문을 닫고 지성소를 나서면, 날개를 펼친 두 천사상이 깊은 적막 속에서 법궤를 지킨다.

자신의 죄를 속죄받은 후에 대제사장은 온 백성의 속죄를 위한 예식을 올린다. 이번에는 두 마리의 숫염소가 바쳐진다. 두 마리 가운데서 제비를 뽑아, 한 마리는 번제물로 태우고 그 피를 지성소 안에 뿌린다. 그다음에는 살려 둔 염소를 불러들여, 백성들이 지은 모든 죄를 염소 머리에 씌우고, 사람을 시켜 빈 들로 쫓아 보냈다. 인간의 죄를 짊어지고 광야로 달아난Escape 숫염소를 지칭하여 속죄양Scapegoat 또는 희생양이라고 부른다.

지성소 바로 앞에 위치한 성소는 성전에서 제일 바쁜 곳이다. 그곳에는 번제를 올리는 제단이 있었는데, 제물을 바치는 사람들은 희생 동물의 피를 이 신전 앞에서 뿌려야 했다. 아침부터 저녁까지 신전은 사람과 짐승 들이

지성소

부르짖는 소리에 파묻혀 있었다. 유대인의 제사 율법은 까다롭고 복잡하다. 제사를 독점 관리하여 큰돈을 벌어들이는 제사장들은 모세의 예법을 쉬지 않고 변경했다. 지은 죄의 크기와 종류에 따라 온갖 형태의 제사 규정이 생겨났다. 매우 가난한 사람들은 누룩을 넣지 않은 빵이나 볶은 곡식을 제물로 바치는 것이 허용되었다. 그러나 수소, 양, 염소를 살 수 있는 사람들은 속죄 짐승을 사서 성전의 제사장 앞으로 가져갔다.

예배자들의 편의를 위해서 속죄 짐승을 성전 앞에서 판매하고 있었는데, 묶인 염소들과 송아지들의 처량한 울음소리가 하루 종일 광장에 가득했다. 처음에는 제물을 가져온 사람이 자기 짐승을 잡도록 되어 있었다. 하지만 점차 제사장이 번제의 일을 도맡게 되자, 다양했던 제사 방법이 획일적으로 변해 갔다. 먼저 짐승을 완전히 죽이고 작은 토막으로 잘랐다. 짐승의 피는 제단 앞에 뿌리거나 쏟고, 기름이나 기름진 부분은 신전 밖 광장에 있는 제단에서 불로 태웠다. 제사장의 광장이라고 불리는 이곳에는 하늘로 올라가는 연기를 쉽게 볼 수 있었다. 제사 후 남은 부위는 제사를 올린 사람이 먹거나 제사장에게 보내졌다.

성전이 완공되자 솔로몬은 성대한 성전 봉헌식을 올렸다. 그는 온 유대 지도자들을 예루살렘으로 초대했다. 모든 사람들이 법궤를 모시러 예루살렘에서 시온까지 걸어갔다. 시온은 예루살렘이 수도로 선정되기 전에 중심지

**번제물을 태우는 제사장**

로 삼았던 한 언덕의 이름이다. 이곳은 가나안 원주민의 요새가 있던 곳이기도 하다. 가나안의 왕들은 여호수아에게 살해되었지만, 그들은 수 세기 동안 독립을 유지했다.

시온을 차지한 다윗은 이곳을 다윗성이라고 부르고 미래 수도의 중심 거점으로 삼았다. 다윗이 법궤를 기럇여아림에서 운반해 올 때, 언약궤는 다윗성 왕궁 안의 임시 성막에 보관되어 있었다.

거기에서 제사장들은 법궤를 마지막 안식처가 될 지성소 안으로 옮겨 왔다. 법궤를 모시는 모든 절차가 끝나자 큰 구름이 성전 하늘로 몰려들어 여호와의 임재를 보여 주었다. 솔로몬은 무릎을 꿇고 백성들을 위해 기도를 올렸다. 때마침 하늘에서 번갯불이 내리쳐 제단의 모든 재물을 태워 버렸고, 이를 통해 왕과 백성들은 여호와가 새 성전을 좋아한다는 것을 알게 되었다. 솔로몬은 화목제로 황소 2만 2000마리와 양 12만 마리를 바쳤다.

이스라엘 왕국은 유대 역사상 처음으로 국제적인 관심을 끌게 되었다. 방문객이 세계 각국에서 찾아왔다. 국제무역은 여느 때보다 활기를 띠었다. 많은 유대 상인들이 이집트의 중요 도시와 지중해 연안에 사무실을 개설했다. 바야흐로 찬란한 번영의 시대가 열리고 있었다.

하지만 풍요가 온전한 축복만을 가져오지는 않았다. 솔로몬은 왕궁을 나서는 때가 별로 없었다. 그는 왕궁에 별도의 기마대를 창설하고, 호위병도 대폭 늘렸다. 노년에 들어선 솔로몬은 국가 공무에서 완전히 손을 떼었다. 그는 목축을 하던 작은 집단의 우두머리가 아니라 강력한 왕국의 전제군주로 행세했다. 솔로몬은 국가 안전을 굳건히 한다는 명목으로 이스라엘보다 강력한 이웃 국가의 여인들과 결혼했다. 이집트, 모압, 에돔, 암몬, 헷, 페니키아 여자들이었다. 자기들이 믿던 고향의 신을 버릴 수 없었던 그들 때문에 왕궁 주위에는 이방 신을 위한 제단들이 들어섰다.

때때로 솔로몬은 사랑하는 아내를 기쁘게 하려고 그녀가 어릴 때부터 믿던 이방 신을 위한 작은 신전을 짓기도 했다. 어찌 보면 통이 크고 진보적인 왕처럼 보일지도 모른다. 하지만 이런 행위는 유일신 여호와만을 엄격하게 따르는 대중들을 크게 실망시켰다. 그들은 노예처럼 강제 노역에 끌려 나갔고 성전 건축을 위해 말로 다할 수 없는 고통을 당했다. 백성들은 솔로몬 왕이 여호와의 성전을 버리고 이방 신전의 희미한 영광에 참여하고 있다고 생각했다. 점차 솔로몬의 인기는 추락하고 백성들의 불만은 커져 갔다.

솔로몬이 죽자마자 반란의 기운은 공공연히 폭동으로 발전한다. 우리는 솔로몬의 말년에 대해 아는 것이 별로 없다. 그가 보인 말년의 행적은『솔로몬 일대기』에 기록되었는데, 불행히도 이 책은 소실되었다. 솔로몬은 유대 왕국의 기초를 단단히 세울 수도 있었다. 하지만 사치와 향락을 탐닉하고 여호와에게 무관심했던 그에게는 가능한 과업이 아니었다. 솔로몬은 평화로운 죽음을 맞았고 그의 선조들과 함께 다윗성에 묻혔다. 곧이어 큰 태풍이 밀려왔다.

# 제 12 장

# 양분된 왕국

이스라엘에 현명한 군주가 나타났더라면 분열의 길을 걷던 왕국을 구할 수 있었을까? 솔로몬을 이은 계승자는 나태하고 무지했으며 악한 조언자들에 둘러싸였다. 북쪽 10지파들은 그의 학정에 대항하여 새 왕을 뽑고 북이스라엘이라 부르는 새 왕국을 수립했다. 남쪽 2지파는 정통성을 이어받은 다윗 왕실에 충성을 지켰다. 남쪽 왕국은 유다라고 불렀고, 수도는 예루살렘이었다.

솔로몬이 죽자, 아들 르호보암이 뒤를 이어 왕이 되었다. 암몬 족에 속한 여인 나아마에서 태어난 르호보암은 우둔하고 무지하며 속이 좁았다. 그러나 르호보암이 왕위를 인계받은 후에 닥친 재앙과 한 민족이 두 적대 국가로 양분된 책임을 그에게 모두 뒤집어씌우는 것은 옳지 않다. 여기에는 절대

군주를 싫어하는 백성들의 공통된 심리 이외에 다른 이유가 있었다.

남쪽에 살고 있었던 유다 지파와 북쪽에 살았던 이스라엘 지파 간에는 오래전부터 시기심과 적대감이 공존해 내려왔다. 이런 앙숙 관계가 어떻게 시작되었는지 추정하기는 쉽지 않다. 우리는 야곱의 후손인 이스라엘 백성이, 야곱의 넷째 아들 유다의 직계 후손이라 주장하는 유다 백성들보다 더 활동적이었는지 알 수 없다. 이스라엘 사람들은 광활한 계곡 사이에 도시와 마을을 건설하여 비교적 평화로운 삶을 살았다. 반면에 유다 사람들은 높은 바위산과 불모의 고지대에서 살면서 족장이 이끄는 목축 생활양식을 오랫동안 지켜왔다.

여호수아, 기드온, 사무엘, 사울, 세례 요한 그리고 예수까지 거의 모든 위대한 유대인 지도자들은 북쪽 지역에서 태어났다. 남쪽은 다윗을 제외하면 특출한 인물을 배출하지 못했다. 남쪽 출신이라고 사울로부터 업신여김을 받았던 다윗은, 이스라엘 왕이 되자 현명하게도 남북 화해 정책을 펼쳤다. 그가 북쪽 사람들에 대한 선입관을 잠재우려는 열망으로 선택한 극단적 조치는 때때로 자기 종족의 분노를 일으키기도 했다. 하지만 다윗의 왕국은 온건과 절충의 단단한 기초 위에 세워졌기 때문에, 그가 노쇠하여 군대를 이끌지 못할 때도 반란을 잠재울 수 있었다.

솔로몬도 재위 전반부 동안은 다윗의 화해 정책을 따랐다. 하지만 그는 다윗만큼 성실하지 않았고 포용력도 없었다. 국가의 안위를 위협하는 사람들은 체포되어 무자비하게 처형당했다. 그렇지만 외교 분야에서는 아버지보다 성공적이었다. 솔로몬은 변방의 캠프 생활을 싫어하여 왕궁에 남아 있고 장군들만 나가 전쟁을 지휘했지만, 연이어 승리를 거두어 백성들에게 평화와 안전을 보장했다. 그러나 솔로몬은 중년에 이르자 왕국의 멸망을 재촉하는 과오를 하나씩 저지르기 시작한다.

예루살렘은 국가 정책을 원만히 수행하기 위한 지정학적 필요성 때문에 이스라엘 왕국의 수도로 결정되었다. 이스라엘 백성들은 왕궁과 성전이 북방 지역에 건설되길 원했지만, 다윗과 솔로몬 왕의 결정을 기꺼이 받아들이고, 여호와에게 제물을 바칠 때마다 수백 킬로나 되는 남쪽으로 여행할 각오를 했다. 그런 다음 솔로몬은 성전 건축을 시작했다. 이 세상에는 거창한 건물을 세우는 허황한 꿈에 잡혀 나라를 파산에 이르게 한 군주들도 종종 있었다. 하지만 백성들에게 가혹할 만큼 세금을 징수했기 때문에, 그 어떤 국가도 이스라엘만큼 재정이 고갈된 적은 없었다.

처음에 이스라엘 백성들은 왕의 정책에 반대하지 않았다. 그들은 여호와의 영광을 위하여 희생할 것을 각오했다. 그러나 예루살렘이 겉만 번지르르한 야만적 수도로 변해 가고, 솔로몬 왕은 이방 신들을 위한 신전 건축으로 왕실 국고를 마구 탕진하자, 백성들 사이에서 불만의 소리가 튀어나오기 시작했다. 마침내 백성들이 왕의 실질적 노예와 농노가 되어 가고, 솔로몬이 오빌로부터 다량의 금괴를, 다시스로부터는 더 많은 은괴를 수입하라고 명령하자 백성들은 반란을 일으키겠다고 위협했다.

−¦−

솔로몬의 신하 가운데 에브라임 지파에 속한 느밧이라는 사람이 있었다. 그의 아들 여로보암은 성전 공사장에서 감독을 맡고 있었다. 어느 날, 여로보암은 실로 마을에서 예루살렘으로 옮겨 온 예언자 아히야를 만났다. 예언자는 새 겉옷을 입고 있었다. 예언자들은 너무 가난하여 오래된 낙타털 속옷 이외에는 입을 수 없었기 때문에, 그의 옷차림은 퍽 기이해 보였다. 아히야는 여로보암을 보자마자 자기 겉옷을 벗어 조심스럽게 열두 조각으로 찢고는, 그중 열 조각을 여로보암에게 주었다. 이것은 그를 북이스라엘의 10지파의 통치자로 삼겠다는, 여호와가 보내는 무언의 징표였다.

첩보원들로부터 긴급 정보를 보고받은 솔로몬은 여로보암을 죽이라고 명령했다. 극비 암살 지령은 예루살렘의 높은 담장을 타고 순식간에 여로보암에게도 전달되었다. 여로보암은 이집트로 도망쳤고, 22대 바로였던 시삭 왕은 그의 망명을 허가한다. 시삭은 동쪽 국경선에 위치한 유대 제국의 급격한 성장이 장차 이집트의 큰 걱정거리가 될 것이라고 예상한, 매우 영리한 정치인이었다. 솔로몬이 죽은 뒤 벌어질 후계자 경쟁에 그가 여로보암을 이용해서 득을 보려 한 것은 의심할 여지가 없다. 르호보암이 솔로몬의 왕위를 인계받았다는 소식을 듣자마자, 시삭 왕은 여로보암의 예루살렘 귀환 경비를 부담하고, 그가 왕위 경쟁자로 나설 수 있도록 지원했다.

이스라엘 왕국은 다윗 왕 때부터 아들이 아버지의 뒤를 잇는 세습 왕조였다. 그렇지만 재판관이 다스리던 시절부터 독특한 통치자 선출법이 있었는데, 통치자가 죽으면 새 군주를 추대하기 위한 종족 회의를 소집하는 것이었다. 이번에도 전국 각처에서 대표들이 한자리에 모였다. 그들은 솔로몬의 아들 르호보암을 왕으로 인정할 작정이었지만, 그전에 세법을 가혹하게 집행하지 않겠다는 다짐을 받아야 한다고 주장했다. 왕궁의 하렘에서만 교육받아 백성들과는 별로 접촉이 없었던 르호보암은 솔로몬 왕의 자문관으로 일했던 노인들을 불렀다. 그들은 르호보암에게 어떤 조언을 했을까? 늙은 자문관들은 백성들이 견디기 어려운 세금 부담으로 신음하고 있으니, 세금을 깎아 줄 것을 건의했다. 하지만 사치를 좋아하는 르호보암은 자문관들이 왕실 경비의 축소를 언급하는 것조차 듣기 싫어했다.

대신 르호보암은 동년배인 젊은 보좌관들에게, 백성들의 짐을 가볍게 해 달라는 원로들의 건의를 어떻게 생각하느냐고 물었다. 그들은 늙은 오합지졸의 의견에 깊은 경멸을 표시하고, 오늘날까지도 전해 오는 황당한 제안으로 르호보암에게 헛된 용기를 불어넣었다. 백성들이 르호보암의 대답을 들으려고 찾아왔을 때, 그는 젊은 보좌관들의 의견에 따라 이렇게 말했다. "나의 아버지는 당신들에게 무거운 짐을 지웠습니다. 매우 옳은 처사였습니다. 나는 당신들의 신임 왕으로서, 그 짐을 더 무겁게 할 것입니다. 나의 아버지는 가죽 채찍으로 당신들을 다스렸지만, 나는 쇠 채찍으로 다스릴 것입니다." 이것이 르호보암의 최후통첩이었다.

B.C. 926년, 솔로몬 왕은 이스라엘 왕국을 40년간 통치하다 죽었다. 북쪽 10지파는 르호보암을 왕으로 인정하지 않고, 대신 여로보암을 왕으로 선출했다. 유다 지파와 베냐민 지파만이 솔로몬의 아들, 르호보암에게 충성을 지켰다. 5년 후에 왕국의 남북 분할이 이루어지고, 백성들은 이를 기정사실로 받아들였다. 불행하게도 이스라엘 왕국은 재통일을 이루지 못하고 주변 신흥 제국에 나라를 빼앗긴다. [독자의 혼동을 피하기 위하여, 통일 왕국은 이스라엘이라 부르고, 분열된 북쪽 왕국은 북이스라엘, 남쪽 왕국은 유다라고 부르기로 한다.]

양분된 두 유대 왕국의 앞날은 매우 암울했다. 북이스라엘에서는 200년을 존속하는 동안, 일곱 명의 왕이 암살되고 한 명은 스스로 목숨을 끊는 피바람 정쟁 속에서 총 열아홉 명의 왕을 배출했다. 유다는 340년간 스무 명의 왕이 나라를 다스렸다. 북이스라엘은 서로 다른 아홉 가문에서 왕이 나왔지만, 유다에서는 다윗의 후손들만이 왕위에 올랐다.

두 왕국은 외형적 장단점이 판이했다. 북이스라엘은 유다보다 세 배 넓은 영토와 두 배나 많은 인구를 가지고 있었다. 더욱이 북이스라엘의 땅은 목초지가 많고 비옥했지만, 유다는 땅의 4분의 3이 불모의 광야였다. 그렇다고 북이스라엘이 남쪽 이웃보다 두세 배 더 부유했다는 것은 아니다. 방대한 영토는 도리어 북이스라엘에 국가 방위라는 큰 짐을 얹어 주었다. 반면에 작고 밀집한 모양새의 유다는 중앙집권적 정부를 가지고 있어, 외부의 침략을 막기 위한 준비를 하기가 보다 용이했다.

유다의 지형을 살펴보면, 동쪽으로 사해에 둘러싸인 암석 광야가 있다. 이것은 모압 족과 암몬 족의 침략을 막아 내는 천연 방어선이 되어 주었다. 남쪽으로는 아라비아까지 뻗어 나간 사막이 있었다. 서쪽 방위선은 블레셋 땅과 마주 닿았다. 크레타 섬의 피난민이었던 블레셋 사람들은 잔인했던 예전 모습과 많이 달랐다. 그들은 정착하여 목장과 일터에서 평화롭게 살고 있었다. 블레셋 사람들은 이웃 유다 사람들을 해치지 않았고, 오히려 해안 지대의 미개한 집단이 약탈하려는 것을 막아 주기까지 했다.

반면에 북이스라엘은 적의 침략에 사방이 노출되어 있었다. 동쪽에 위치한 요단 강은 최상의 천연 방어벽이었다. 하지만 수많은 전쟁에서 승리한 이스라엘의 활동 영역은, 이미 요단 강을 넘어 동쪽으로 수백 리 뻗어 나가고 있었다. 북이스라엘은 수차례에 걸쳐 요단 강 동쪽 지역을 요새화하려고 시도했지만, 사막을 가로질러 만리장성을 쌓는 것은 불가능한 일이었다. 이후, 의지할 것이라고는 행운밖에 없던 북이스라엘은 마침내 월등한 군사력만을 신뢰하는 강력한 동쪽 이웃에게 패배하게 된다.

북이스라엘 왕국은 또 다른 심각한 약점으로 고통받았다. 북쪽 왕국은 이해관계가 상반되는 열 개의 지파로 구성되었다. 각 지파들 모두 통합과 협력을 강조했지만, 동시에 자신들의 권리와 이익을 빼앗기지 않으려고 동분서주했다. 그들은 수도 하나 결정하지 못했다. 유대 민족의 수도로 에브라임 땅의 세겜이 여러모로 최적인 것처럼 보였다. 세겜은 유명했던 옛 도시로, 아브라함이 약속의 땅을 찾으러 서쪽으로 나섰을 때 들른 곳이기도 하다. 그러나 반란에 성공해 왕위에 오른 여로보암은, 모든 적으로부터 자신을 보호하려는 본능에서, 세겜은 왕실의 안전을 완벽하게 보장할 수 없다고 판단했다. 그는 세겜에서 동쪽으로 더 나간 곳에 있는 디르사로 왕실을 옮겼다. 50년 후, 북이스라엘의 수도는 산 정상에 위치하여 방위가 수월한 사마리아로 옮겨 간다.

우리는 역사를 통해 많은 국가들이 수도를 잘못 선정하여 국가 발전에 지장받았던 일들을 보았다. 북이스라엘도 예외가 아니었다. 그러나 북이스라엘이 가진 약점의 근본적 원인은 지역적 취약성이 아니라 다른 곳에 있었다. 처음부터 유대 국가는 신정 체제였다. 신정은 신이 지배하는 체제이다. 신은 이 땅 위에서 살 수 없기 때문에, 선택된 직업 제사장들이 신의 뜻을 백성에게 전하고 다스렸다. 자연의 모든 재앙에 노출되어 있었던 옛사람들이 신의 노여움에서 보호해 달라고 제사장들에게 탄원하는 것은 자연스러운 일이었다. 이처럼 중요한 역할을 맡은 제사장들은 막강한 힘을 휘두르는 특정 계급으로 자리 잡았다. 따라서 이들이 신정정치에서 군주정치로 옮겨 가는 흐름에 반대 운동을 벌인 것은 당연했다.

가나안 땅을 정복하기 위한 전투 때문에 제사장의 힘이 일시적으로 약해지자, 군대의 장수들에게 막대한 권력이 갔다. 하지만 대부분의 재판관이 제사장들이어서, 국가 운영에 커다란 영향력을 행사했다. 다윗과 솔로몬은 최고 제사장이 하늘 위 여호와의 뜻보다 땅 위 군주의 명령을 따르는, 절대 군주 정치를 확립하는 듯 보였다. 하지만 역경은 기회를 낳는다고 하지 않던가. 여로보암의 반역과 양분된 두 왕국의 출현은, 사제 계급에게 새 힘을 부여하고 영악한 제사장들에게 특권을 다시 차지할 기회를 주었다.

유다의 왕 르호보암은 백성의 3분의 2와 국토의 4분의 3을 잃었지만, 통일 이스라엘의 수도인 예루살렘을 품 안에 지킬 수 있었다. 모든 유대인의 신앙의 센터가 되었던 예루살렘은 북이스라엘의 제일 큰 도시 대여섯 개와 맞먹을 정도로 중요한 가치가 있었다. 예루살렘 성전이 유대 땅의 모든 제사 활동을 독점했기 때문이다. 중세 시기에는 모든 길이 로마로 통한다고 말했지만, 팔레스타인에서는 모든 길이 예루살렘 성전으로 통했다.

북이스라엘의 왕들이 자기 백성들을 유다 왕국으로부터 떼어 놓을 방벽을 세우자, 예루살렘은 생각지도 못했던 위엄과 권위를 확보했다. 본의 아니게 여호와의 수호자 역할을 떠맡게 된 것이다. 성전의 제사장들은 유다 왕과 공동전선을 구축했다. 그리고 적법한 왕위 계승자 르호보암을 거절하고 여호와의 뜻을 배역한 북쪽 일당을 규탄했다. 그들은 모든 북이스라엘 백성을 실질적으로 파문하고 그들의 죄악을 저주했다. 훗날 북이스라엘이 아시리아의 발아래 쓰러졌을 때, 유다의 신전 수호자들은 기뻐 환호성을 질렀다고 한다.

이제 강력한 중앙집권 왕국의 꿈은 영원히 사라졌다. 분단된 두 작은 나라는 국력이 너무 약하여 동쪽의 강력한 이웃들로부터 자신을 지켜 낼 수 없었다. 먼저 북이스라엘이 아시리아 제국의 침략을 받아 멸망했다. 약 140년을 더 버틴 유다도 신바빌로니아 사람들의 손에 의해 같은 운명에 놓인다.

# 제 13 장

# 예언자의 대두

원수지간으로 돌변한 두 유대 왕국은 끊임없는 영토 전쟁으로 국력을 쇠진하고, 마침내는 왕국의 운명을 주위 신흥 제국들에게 애걸하는 신세가 된다. 사악한 왕들이 여호와를 저버리고 우상숭배와 탐욕에 빠져들자, 예언자들은 정치 일선에 대두하여 왕과 백성들을 향해 여호와의 뜻에 순종할 것을 탄원하고 경고했지만, 이런 노력도 쇠망의 길을 걷는 국운을 돌려놓지 못한다.

—¦—

큰 산이 무너지거나 오래된 제국이 멸망하는 것은 갑자기 생긴 사고처럼 보일 수 있다. 그러나 이것들은 수많은 세월을 거친 투쟁의 산물이다. 자연처럼 인간의 역사도 갑자기 바뀌는 법은 없다. 그렇게 보일 뿐이다. 유대 사회에 급격한 변화가 닥친 데에는, 수백 년 동안 쌓인 원인들이 있었다. 양분된 유대 왕국도 큰 변화를 겪고 있었지만, 실제로 어떤 일이 일어나고 있는지 이해하는 백성들은 거의 없었다. 그렇다고 국가의 존립을 위협하는 사태에 모든 사람들이 두 눈을 감고 모른 척했던 것은 아니었다. 동시대 사람들보다 사태를 더 잘 직시할 수 있는 능력을 가졌던 소수의 사람들은 불길한 경고의 말을 뱉어 냈다. 우리는 그들을 예언자 또는 선지자라고 부른다.

예언자, 국가 양심의 대변자

예언자는 무엇을 하는 사람인가? 한마디로 정의하기는 어렵지만, 유대인의 정신적 지도자라고 할 수 있을 것이다. 많은 예언자들은 위대한 시인이기도 했다. 하지만 그들이 시만을 웅얼대며 세월을 허송한 것은 아니다. 그들 중 몇몇은 탁월한 연설 능력이 있었다. 하지만 단순한 웅변가 그 이상이었다. 예언자들의 공통점이 하나 있다면, 눈앞에 펼쳐진 진실을 선포하는 데 조금도 주저함이 없다는 것이다. 많은 예언자들은 소견이 매우 좁았고, 자신의 주장과 다른 견해를 포용하는 유연성이 없었다. 그러나 원칙적인 문제가 흔들릴 때는 신념을 지키기 위하여 때때로 목숨까지 내놓는 용기를 가지고 있었다.

이스라엘 왕들이 죄악을 저지를 때마다, 다윗 왕을 질책한 나단처럼, 그들의 잘못을 지적하는 예언자가 있었다. 백성들이 여호와의 옳은 길에서 벗어나면 그들의 잘못을 깨우쳐 주었다. 나라가 죄악에 빠지면 전능하신 여호와의 진노가 찾아올 것이라고 경고했다. 안타깝게도 남북 유대 왕국을 통치한 대부분의 군주들은 사악했고, 여호와의 길에서 멀리 벗어나 있었다. 당연히 왕과 예언자 간의 갈등은 심화될 수밖에 없었고, 예언자들의 발언은 국가양심의 구체적 표현이 되었다. 수 세기 후에 유대 국가가 스스로의 어리석음탓에 역사의 뒤편으로 물러났을 때, 예언자들의 양심을 담은 기록은 유대인이 온 인류에게 베푸는 정신적 유산으로 남게 된다.

우리가 남북 유대 왕국을 통치했던 제왕들의 이름을 머릿속에서 잊는다 해도, 이 시대를 이해하는 데 큰 지장은 없을 것 같다. 하지만 엘리야, 엘리사, 예레미야, 이사야, 에스겔, 다니엘 등 몇몇 예언자들은 눈여겨보아야한다. 3000년 전에 신바빌로니아 군사들이 예루살렘을 함락하고 아시리아군대가 사마리아를 위협할 때 예언자들이 선포했던, 품었던 사상들은 오늘날에도 진실하고 고귀하다.

---

요단 강 옆의 길갈(한때 여호수아의 본부)에서부터 블레셋 국경의 게셀 성까지 줄지은 요새들은 유대 땅을 남북으로 갈라놓았다. 위대한 유대 제국을 세우려 했던 사무엘, 다윗, 솔로몬의 꿈은 수포로 돌아간 것일까? 유대인들이 서로 뭉쳤다면 독립을 지킬 수 있었을지도 모른다. 남북으로 쪼개지자, 그들의 운명은 강력한 주위 국가들의 손바닥 위에 놓인다. 유약하고 사악한 왕들이 여호와를 멀리하자, 예언자들은 정치 일선으로 대두하고, 위정자와 예언자 사이의 갈등은 깊어 간다. 이제 우리는 두 왕국이 분단됐던 때부터 멸망할 때까지 활약했던 예언자들의 투쟁을 살펴보려 한다.

북이스라엘과 유다 왕국 간의 분쟁은 외부에서 나타난 적의 침입으로 갑자기 중단되었다. 이집트의 통치자가 된 시삭 왕은 새 왕조를 세우고, 유대 왕국의 정세를 깊은 관심으로 주시하고 있었다. 시삭 왕은 솔로몬의 진노를 피해 이집트로 피신한 여로보암을 돕고, 솔로몬이 죽자 여로보암의 귀국을 지원하여 반란을 성사시킨 야심찬 인물이다. 이제 시삭 왕은 형제 국가에서 적대국으로 돌변한 두 왕국의 분쟁을 이용하여 큰 이득을 챙길 속셈이었다. 그는 유다를 침략하여 예루살렘을 점령하고, 병사들이 성전을 파괴하는 것을 방관했다. 그런 다음 북쪽으로 진격하여 133개의 성읍을 파괴한 뒤 엄청난 양의 약탈품을 가지고 이집트로 돌아왔다.

북이스라엘은 피해를 쉽게 복구할 수 있었지만, 유다는 회복이 어려울 만큼 큰 타격을 입었다. 국가의 모든 부는 나라 밖으로 실려 나갔다. 성전은 재건되었지만, 고갈된 재정은 왕년의 사치를 감당할 수 없었다. 금은 대신 철과 구리로 성전을 장식했다. 옛 영광은 사라졌고, 솔로몬 왕을 찾았던 스바 여왕은 다시 유다를 찾지 않았다.

이집트의 침략이 있은 지 얼마 후에 북이스라엘의 왕 여로보암이 죽고, 아들 나답이 뒤를 이었다. 이 젊은 왕은 현명한 선조들도 꺼려 왔던 블레셋과의 전쟁을 시작했다. 깁브돈 성이 항복하지 않자, 나답은 성을 포위하여 공격했다. 이 요새의 탈환도 끝내지 못한 채, 나답은 자신의 부하인 잇사갈 지파 출신의 장군 바아사에게 암살당한다. 바아사는 스스로 왕의 자리에 올라 나답의 모든 가족을 죽이고 디르사로 거주지를 바꾼다. 그는 깁브돈 성도 함락시키지 못한 상태에서, 한술 더 떠 유다에게 전쟁을 선포했다.

유다에서는 르호보암이 죽고 아비야가 뒤를 이었다. 아비야가 3년을 통치하고 죽자, 마흔두 명의 자식 중에서 아사가 왕 위에 오른다. 아사는 선조들보다 조금 나은 왕이었다. 그는 지역 안에 산재한 모든 이방 신전을 파괴하여 성전 제사장들의 위치를 강화시켰다. 하지만 41년간의 재위 기간이 쉽지는 않았다. 첫째로 아사는 수차례 거듭된 에티오피아 종족의 침략으로부터 나라를 지켜야 했다. 이들의 침략을 막아 내자, 북이스라엘과의 전쟁을 시작했다. 그러자 북이스라엘 왕 바아사는 유다를 봉쇄하기 위해, 남북을 연결하는 간선도로를 지키는 라마 성을 요새화했다. 이것으로 유다는 다마스커스 및 페니키아와의 왕래와 교역이 단절되는 타격을 받게 된다. 북이스라엘의 봉쇄 작전으로 국가 재정이 파탄날까 두려웠던 유다의 아사 왕은 해외에 구원을 요청한다.

당시 아람(옛 시리아) 왕 벤하닷은 레바논의 산악 지대부터 유프라테스 강에 이르는 광활한 지역을 다스리고 있었다. 아사 왕은 벤하닷의 궁전으로 외교사절을 파견했다. 유다 사절단은 아람 군주에게 큰 뇌물을 바치고, 북이스라엘을 뒤쪽에서 공격해 달라고 간청했다. 벤하닷은 출병 요청을 흔쾌히 수락했다. 아마도 전쟁을 끝내고 받을 출병 비용에 눈독을 들였을 것이다. 사실 벤하닷은 북이스라엘의 바아사 왕과 친선 동맹조약을 체결한 직후였지만, 당시 군주들은 한 번 맺은 조약을 그리 심각하게 생각하지 않았던 모양이다.

벤하닷 왕은 군대를 정비하여 수도 다마스커스를 떠나 남쪽으로 진군했다. 그는 북쪽에 위치한 요새를 탈취하고, 갈릴리 바다까지 이르는 북이스라엘의 모든 땅을 차지했다. 그러자 바아사 왕은 화평을 구걸하는 신세로 전락하고, 다마스커스로 통하는 유다 상인들의 무역로는 다시금 활짝 열린다. 유다의 아사 왕은 국가를 위해 최선을 다한 것이 틀림없다. 하지만 그 뒤를 이은 왕들은, 동족인 유대 국가 간의 영토 전쟁에 이방 군대를 끌어들인 이 날을 영영 후회하며 살게 된다. 그 후로 동방의 군주들이 자금이 필요할 때면, 북이스라엘이나 유다에서 원병 요청이 오기를 은근히 기대하게 되었기 때문이다.

북이스라엘의 바아사 왕은 29년의 통치 기간 대부분을 예언자 예후와 대결하는 데 소진했다. 그가 이방 신 숭배를 멈추지 않는 것이 다툼의 원인이었다. 유다는 비교적 같은 히브리인으로 구성된 나라인데 반해, 북이스라엘 관할지에는 많은 외국 종족들이 살고 있었다. 어떤 종족은 태양의 신 바알에게 희생 제물을 드렸고, 또 다른 종족은 힘의 화신인 황금 황소를 경배했다. 따라서 북이스라엘의 왕들은 전국에 만연한 우상숭배를 근절시키기가 무척 어려웠다.

바아사 왕도 같은 어려움에 직면하게 된다. 한편, 나라 안에는 이방 종교에 베푸는 관용을 무조건 비도덕적인 것으로 간주하는 광신자들도 살고 있었다. 그들은 이방 신들과 이방 제사장들뿐만 아니라, 유일신 여호와를 거부하는 모든 사람들을 근절시켜 달라고 왕을 계속 다그쳤다. 통치자들이 그 요구를 거부하면, 그들은 왕관을 차지할 자격도 없는 정의의 배신자라고 매도했다. 하지만 나답을 살해하고 왕위에 오른 바아사가 자신의 신변에 위험을 자초할 까닭이 없었다. 그는 황금 송아지에 제물을 바치는 사람들을 관대히 대했고, 그들은 이에 대한 보답으로 왕에게 협조할 것을 약속했다. 바아사는 예언자 예후가 메시지를 전달할 때마다 열심히 경청했지만, 가증스러운 이방 신에 대해서는 어떤 조처도 취하지 않았다. 바아사가 죽었을 때, 북이스라엘에 있는 바알 신전의 수는 전보다 많이 늘어났다. 진노한 예후는 이방 종교의 확산을 방관한 죄로 그의 집안에 큰 처벌이 있을 것이라고 예언했다. 이 예언은 너무도 빨리 적중한다.

바아사의 자리를 이어받은 아들 엘라는 곧 암살당한다. 이 젊은 왕도 아버지보다 나을 것이 없었다. 디르사에서 열린 한 파티에서 엘라는 왕궁 전차부대장 시므리와 말다툼을 벌였다. 시므리는 단검을 뽑아 엘라를 살해했다. 그러고는 자신이 북이스라엘의 왕이라 선언하고 왕궁을 손에 넣었다. 유혈사태와 살인에 익숙한 백성들이었지만, 이 폭력 사태는 그냥 넘어가기에는 너무 지나친 것이었다. 그들은 깁브돈 성 함락을 위해 출병 중인 최고 지휘관 오므리에게, 돌아와서 정국을 바로잡으라는 전갈을 보냈다. 오므리의 군사들이 디르사를 향해 진군하고 있다는 보고를 받은 시므리는 온몸의 기운을 잃고 만다. 그는 왕궁을 불태우고 그곳에서 자결했다. 일주일도 왕의 자리를 못 지킨 시므리는 이렇게 연기 속으로 사라졌다.

시므리가 6일간 왕 노릇을 하는 동안 엘라의 모든 형제들이 살해당해 왕위를 계승할 적법한 후계자가 없는 상황이었다. 따라서 제일 합당한 후보자 오므리가 왕으로 추대되었다. 그는 디르사를 떠나기로 결정하고 수도로 삼을 마땅한 후보지를 찾기 시작했다. 그는 서쪽으로 더 나아가서 세멜이라는 농부가 소유한 산등성이를 발견했다. 오므리는 은 68킬로그램을 주고 땅을 사서 성을 쌓고, 세멜의 이름을 따라 사마리아라고 불렀다. 빠르게 바뀌었던 북이스라엘의 왕권 계승자 중에서 오므리는 중요한 인물이다. 그는 실패도 했지만, 최소한 항전하는 용기를 가지고 있었다. 오므리는 아람 왕 벤하닷과의 전쟁으로 12년을 보낸다. 비록 승산 없는 투쟁이었지만, 최선을 다해 작은 땅이나마 탈취하여 자기 영토에 포함시켰다. 오므리는 아들 아합에게 보다 넓은 영토를 물려주고 죽었다.

북이스라엘의 진짜 골칫거리는 아합 왕의 출현으로 시작된다. 아합은 나약했지만, 아내 이세벨은 완강했다. 이세벨은 왕비가 되자, 곧 북이스라엘의 실질적 통치자로 행세했다. 백성들은 그녀의 독주와 독선을 따르지 않을 수 없었다. 이세벨은 페니키아 시돈 성의 왕 엣바알의 딸이었다. 페니키아 사람들은 태양신을 믿었고, 그녀는 바알 신의 열렬한 신봉자였다. 왕비는 남편의 국교를 믿는 것이 관례였지만 이세벨은 정반대였다. 그녀는 사마리아로 시집을 오면서 자신의 제사장도 함께 데려왔다. 아합 왕궁에 자리를 확고히 잡자, 이세벨은 북이스라엘의 수도 한복판에 바알 신전을 세웠다. 백성들은 경악했고 예언자들은 하늘을 향해 부르짖었다. 하지만 이세벨은 아무 상관도 하지 않고 여호와의 사람들을 탄압하는 운동을 전개한다. 이 종교적 테러 행위는 예언자 예후가 그녀를 창밖으로 내던져서 목숨을 빼앗을 때까지 계속된다.

다행스럽게도 이때 유다에는 매우 지혜롭고 총명한 왕, 여호사밧이 있었다. 그는 아사 왕의 아들이다. 철저한 왕위 수업을 받은 여호사밧은 외교가이자 비범한 전술가였다. 그는 무력으로는 유다가 북이스라엘보다 취약하다는 사실을 잘 알고 있었기 때문에, 양국 간의 정전협정을 수립했다. 우선 여호사밧은 자기 아들을 아합과 이세벨의 딸인 아달랴와 결혼시키고 친선 조약을 맺었다. 이렇게 북방 국경의 안전을 보장받은 그는 사해 동쪽의 암만 족과 모압 족을 공격하여 그 지역들을 정복했다. 여호사밧은 큰 명예를 얻었다. 하지만 간악한 이세벨을 대하는 우호적인 태도, 북이스라엘과 맺은 친선 조약은 여호와에 대한 모독이라는 강경 예언자들의 질타를 막아 내기 어려웠다. 여호와에 대한 믿음이 미적지근하다는 비난에도 불구하고, 여호 사밧은 많은 공적을 세우고 B.C. 850년에 죽어 다윗 성의 선조들의 묘지에 묻혔다.

—¦—

지금까지 B.C. 9세기 전반부의 두 유대 왕국의 역사를 살폈다. 이제부터 우리는 여호와를 망각한 북이스라엘이 비틀거리는 모습을 볼 것이다. 이 가난한 나라는 모든 면에서 황폐해지고 있었다. 이세벨은 엄중한 이단자 탄압 정책을 제정하여 태양신 경배를 거절하는 모든 사람들을 사형이나 추방으로 처벌했다. 이런 강제적인 신앙 전향을 아무도 막을 수 없어 보였다.

예전에도 그랬던 것처럼, 국가적 양심은 위기의 순간에 행동으로 나타났다. 예언자(혹은 선지자) 엘리야가 등장하여 철저한 타락에 빠진 백성들을 구한 것이다. 우리는 이 놀라운 사람의 어린 시절에 대해 별로 아는 바가 없다. 엘리야는 많은 위대한 예언자들의 고향인 갈릴리 출신이고, 젊은 시절의 대부분을 요단 강 동쪽 기슭의 길르앗 광야에서 보냈다. 그는 본질적으로 구식이었다. 엘리야는 의심도, 논쟁도, 논리도 없이 여호와를 주±로 받아들였다.

엘리야는 도시의 쾌락보다 단순하고 거친 사막 생활을 좋아했다. 그에게 도시는 신앙에는 무관심하고 향락만 탐하는 온상이었다. 도시 사람들은 페니키아, 이집트, 니느웨에서 들어온 이방 신들에게 관대했을 뿐 아니라 환영하기까지 했다. 엘리야가 이방 신앙의 배양지이며 이교도들의 서식처였던 도시를 혐오한 것은 당연했다. 아합과 이세벨의 눈에 예언자 엘리야는 극도의 위험인물이었다. 엘리야는 사자처럼 용감했다. 그는 단 한 점의 세속적 야심도 없었으며, 모든 소유물을 경멸했다. 낙타의 털로 만든 거친 외투가 그가 가진 단 한 벌의 의복이었다. 그는 자비로운 사람들이 주는 음식으로 끼니를 때웠다. 어떤 도움도 받을 수 없던 때는 까마귀가 그를 먹여 살렸다고 한다. 한마디로, 세상과 죽음을 초월하고 여호와를 위해 평생 헌신할 것을 서약한 엘리야는 어떤 유혹에도 빠지지 않는 사람이었다. 이처럼 훌륭한 선지자가 동료들에게 깊은 인상을 준 것은 이상한 일이 아니다.

엘리야는 활동적으로 살았고 극적인 사건을 즐기는 버릇이 있었다. 그는 갑자기 멀리 떨어진 성읍의 시장 바닥에 나타나서 불길한 예언을 남기고, 사람들이 놀라움에서 깨어나기도 전에 사라지고는 했다. 그리고 며칠 후, 다른 장소에 불쑥 나타났다가 올 때처럼 신비하게 사라졌다. 사람들은 엘리야가 초인간적인 힘을 가졌기 때문에 마음만 먹으면 모습을 감출 수 있다고 믿게 되었다. 이 비범한 인물은 북이스라엘 정치 무대에서 주연 역할을 하게 된다.

**아합의 왕궁에 불쑥 나타난 엘리야**

북이스라엘의 아합 왕이 또 다른 권한을 바알 신당에 양보했다. 그러자 엘리야가 맑은 하늘의 번갯불처럼 불쑥 그의 앞에 나타났다. 엘리야가 경고했다. "여호와께서 우상숭배를 허락하시지 않기 때문에 온 땅에 가뭄이 들 것입니다. 또 기근과 전염병이 창궐할 것입니다." 말을 마치는 순간 그는 사라졌다. 아합의 군사들이 엘리야를 찾았지만 헛수고였다. 그는 높은 구릉지를 가로질러 자신이 좋아하는 사막으로 돌아갔다.

그릿 시냇가로 불리는 요단 강 동쪽의 깊은 골짜기에 있는 작은 오두막이 엘리야가 거처하는 곳이었다. 극심한 가뭄으로 마실 물까지 말라 버리자, 엘리야는 새 주거지를 찾으러 떠나야 했다. 그는 지중해 연안의 사르밧 성읍에 닿을 때까지, 북이스라엘 땅을 동쪽에서 서쪽으로 가로질러 나갔다. 그곳은 페니키아 두로 성읍의 관할권 아래에 있었다. 이곳에서 엘리야는 마지막으로 남은 빵을 그에게 내놓은 신실한 과부를 위하여 그녀의 밀가루 통에 밀가루가, 기름병에 기름이 끊임없이 넘치게 했고, 죽은 아들을 살려 냈다. 이런 연유로 엘리야는 이방인들 사이에서도 기적을 행하는, 신비한 사람이라고 알려지게 된다.

만약 엘리야가, 백성들이 온갖 재앙에 당하는 것을 보고 악한 왕이 제정신으로 돌아오리라 기대했다면, 그것은 큰 오산이었다. 사태는 정반대로

**그릿 시냇가**

흘러가고 있었다. 별안간 나라에 닥친 가뭄은 이세벨을 더욱 격분시켰고, 그녀는 여호와의 추종자들을 전보다 더 무자비하게 처벌했다. 소수의 제사장들만이 아합의 궁중 대신 오바댜의 보호로 목숨을 건졌다. 여호와를 따르는 오바댜가 제사장들을 동굴에 숨기지 않았다면, 그들은 모두 죽었을 것이다. 여호와가 엘리야에게 명령했다.

"북이스라엘로 돌아가 내 경고를 다시 한 번 왕에게 전하라." 물론 엘리야는 북이스라엘의 국경을 넘는 순간 목숨이 위태로울 것을 잘 알고 있었다. 엘리야는 "아합이 여호와의 사자를 만날 준비를 시켜라"라고 오바댜에게 명령했다. 다시 한 번 왕과 예언자가 얼굴을 마주했다. 엘리야의 마력을 두려워했던 아합은 그의 말을 경청하고, 명령받은 대로 실행했다. 아합은 모든 바알 제사장들을 소집하여, 갈멜 산꼭대기로 지체 없이 모이라고 명령했다. 백성들을 가뭄과 기근에서 구할 긴급 구호책을 마련할 수 없다면 큰 폭동이 일어날 태세였다. 궁지에 몰린 아합은, 산 정상에서의 회합을 나라를 구할 좋은 기회로 삼으려는 속셈에서 엘리야의 제안을 덥석 받아들인 것이다.

전국의 바알 제사장들이 갈멜 산으로 걸음을 재촉하고, 많은 사람들이

엘리야의 신비한 마력을 직접 보려고 모여들었다. 그들은 허물어져 버려진 돌 제단 앞에 서 있는 한 노인을 보았다. 모든 바알 제사장들이 모이자, 엘리야가 연설을 시작했다. "여호와와 바알 중에 누가 더 강한지 의심하는 사람들이 있습니다. 좋습니다! 이 자리에서 그 문제의 시비를 최종적으로 가려 봅시다." 그는 송아지 두 마리를 가져오라고 명령했다. 희생 제물을 준비하라고 지시한 엘리야는 한 마리를 바알 편에 내주었다. 그들은 송아지를 잡아, 자른 고기를 제단의 나뭇단 위에 올렸다. 엘리야가 선언했다. "아무도 제단 위의 나뭇단에 불을 지필 수 없습니다. 각기 자기 신에게 불을 내려 달라고 빌고, 어느 편에 기적이 일어나는지 두 눈을 크게 뜨고 기다려 봅시다."

이방 제사장들은 하루 종일 바알을 향하여 얼굴을 쳐들고 도와 달라고 애걸했다. 하지만 그들의 제단은 기손 강의 물처럼 차갑기만 했다. 소리를 지르고 이상한 주문을 외웠지만 아무 일도 일어나지 않았다. 엘리야는 그들을 꾸짖었다. "너희들이 자랑하던 바알 신은 자기 백성들이 처한 위험도 모르고, 너희들을 구하러 오지도 않는구나. 너희 신은 어디로 여행을 갔느냐? 잠을 자고 있는 것이냐? 그가 너희들의 외침을 듣지 못하는 모양이다. 소리를 더 크게 질러라." 엘리야는 저녁때까지 기다려 주었다. 그래도 아무 일도 일어나지 않았다.

엘리야는 모인 사람들에게 가까이 다가와 자기를 보라고 명령했다. 그는 이스라엘 12지파를 상징하는 열두 개의 돌을 가져와 무너진 제단을 고쳤다. 그러고는 제단이 사람이나 물체로부터 격리되도록 제단 주위에 도랑을 팠다. 마지막으로, 사람들을 시켜 번제물과 나무 위에 물을 퍼붓게 했다. 세 번씩이나 양동이로 퍼부은 물이 제단을 넘쳐흐르자, 엘리야는 아브라함과 이삭과 야곱의 하나님에게 청했다. [가뭄에 산꼭대기에서 어떻게 물을 구했을까?]

즉시 하늘에서 번갯불이 내리쳤다. 흥건했던 물은 수증기가 되어 피어오르고, 젖은 나무가 타들어 가는 소리 속에서 엘리야의 제물이 연기가 되어

**엘리야의 타오르는 번제물**

하늘로 올라갔다. 모든 사람들 앞에서 여호와의 힘이 입증되었다. 엘리야는 이 승리의 순간을 제대로 이용했다. 엘리야가 바알 제사장들을 가리키며 "이 사기꾼들을 잡아 없애라"라고 소리치자, 백성들은 그들을 잡아 기손 강가로 데려갔다. 그곳에서 450명의 바알 제사장들은 모두 목숨을 잃었다.

엘리야는 아합을 다시 불러, 여호와가 흡족해하셨으니 저녁이 오기 전에 가뭄이 끝날 것이라고 알려 주었다. 아합은 이 소식을 듣자마자 왕궁으로 돌아갔다. 그가 1킬로미터도 채 가기 전에, 바다에서 갑자기 밀려온 구름으로 하늘이 시커멓게 변했다. 잠시 후, 비가 내리기 시작했다. 장대비가 바싹 마른 들판 위에 쏟아졌다. 3년 반 만에 처음으로 북이스라엘의 농토가 물방울을 반기고 있었다. 아합이 아내에게 오후에 일어났던 일을 말하자, 왕비는 화가 치밀어 제정신이 아니었다. 이세벨은 엘리야를 잡아들여 자신의 친구들을 살해한 죄를 다스리라고 명령했다.

자신을 잡아 죽이라고 가만히 있을 엘리야가 아니었다. 엘리야는 사라졌다. 이번 사태는 전과 달리 매우 심각했기 때문에, 그는 극도로 조심하여 몸을 숨겼다. 그는 유대 땅의 북쪽에서 남쪽을 향해 걸어 유다의 최남단에 있는 브엘세바 성읍에 닿았다. 그는 그곳에서도 안심할 수 없다는 것을 알았다. 그는 곧장 사막 속으로 돌진했는데, 갈증과 배고픔 때문에 금방이라도 쓰러질 것같이 보였다. 기진맥진한 엘리야는 로뎀 나무 아래에 주저앉아 차라리 죽기를 여호와에게 간구했다. 하지만 여호와는 아직 임무가 끝나지 않은 엘리야를 버리지 않았다. 여호와의 천사는 두 번씩이나 음식을 장만하여 로뎀 나무 밑의 엘리야를 찾아갔다. 천사의 음식을 받아먹고 힘을 얻은 엘리야는 40일 동안 사막을 걸을 수 있었다.

마침내 엘리야는 시나이 반도의 높은 봉우리 중 하나인 호렙 산에 도착했다. 이곳은 성지이다. 천둥이 내리치는 가운데 모세가 여호와의 율법을 받았던, 바로 그 장소이다. 여기서 엘리야가 한 경험은 모세가 겪은 것과는 크게 달랐다. 우선 무서운 강풍이 불어 그를 절벽 아래로 떨어뜨릴 기세였다. 엘리야는 여호와의 소리를 들으려고 귀를 기울였으나 아무것도 듣지 못했다. 다음에는 강한 지진으로 땅이 흔들리는 우렁찬 소리가 들렸다. 불꽃이 뒤따라 나타났다. 다시 한 번 엘리야는 귀를 기울였으나 아무 소리도 들리지 않았다. 갑자기 땅과 바람이 잠잠해졌다. 적막 속에 희미한 소리가 있었다. 그제야 엘리야는 여호와의 목소리를 들을 수 있었다. "너는 너무 늙었으니 왔던 곳으로 되돌아가 너의 과업을 인계받을 후계자를 찾아보도록 해라." 실제로 그의 여생은 얼마 남지 않은 상태였고, 유대 땅에는 할 일이 많았다.

**지진 속의 엘리야**

엘리야는 복종했다. 그는 사막을 떠나 낯선 도시로 갔다. 엘리야는 재판관 기드온이 미디안의 군대를 물리쳤던 이스르엘 평원에 도착해, 농지에서 한가로이 밭을 갈고 있는 농부를 만났다. 여호와는 저 청년이 그의 제자가 될 것이라고 엘리야에게 신호를 보냈다. 엘리야는 걸음을 멈추었다. 그리고 가던 길을 벗어나 겉옷을 벗어 청년의 어깨 위로 던졌다. 엘리사라는 이름의 청년은 이 행동이 무엇을 뜻하는지 금방 알아차렸다. 엘리사는 집으로 돌아가 부모님께 작별 인사를 올리고 새 주인을 따라나섰다.

엘리야와 엘리사가 북이스라엘로 돌아와 보니 온 나라가 혼란에 빠져 있었다. 국정은 이사벨의 만행으로 최악을 향해 치닫고 있었다. 그녀는 페니

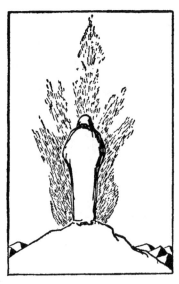

여호와의 음성을 듣는 엘리야

키아에서 다른 바알 제사장들을 불러왔고, 예전처럼 이방 미신이 판을 치고 있었다. 한편, 안절부절못하던 아합 왕은 사마리아에 있던 거주지를 이스르엘 성읍으로 옮기고 새 왕궁을 지었다.

이때, 농부 나봇이 소유한 과수원을 아합 왕이 강제로 빼앗는 사건이 발생한다. 아합은 나봇에게 과수원을 사고 싶다고 말했다. 하지만 나봇은 집안 대대로 오랫동안 지켜 온 과수원을 팔 수 없다고 대답했다. 어쩔 줄 모르고 고심하는 아합 왕에게 이사벨은 힘들이지 않고 과수원을 차지할 수 있는 손쉬운 방법을 알려 주었다. "당신은 이 나라의 왕입니다. 왕이 원하는 일을 왕이 할 수 없어서야 되겠습니까? 과수원을 빼앗고 나봇을 죽이면 됩니다." 이사벨의 계책은 쉬운 방법이지만 잔인하기 그지없었다. 아합은 그녀의 제안을 받아들이지 않았다. 그는 엘리야를 다시 만날 일이 두려웠다. 왕비의 끈덕진 설득을 피해 보려고 아합은 병을 핑계 삼아 침대에 묻혀 지냈다.

그러나 영악한 이사벨이 모처럼 찾아온 기회를 놓칠 리가 없었다. 아합이 침대에 파묻혀 있는 동안, 그녀는 나봇을 대역죄로 몰아세웠다. 재판이 있을 수 없었다. 불쌍한 농부는 자식들과 함께 돌에 맞아 죽임당하고, 시체는 개들에게 던져졌다. 나봇이 살해당하자마자, 엘리야는 왕궁 정원에서 아합을 마

나봇의 과수원

주하고 섰다. 언제나 그랬던 것처럼 엘리야는 돌연히 나타나 까무러칠 만큼 놀라운 메시지를 전했다. "네가 나봇을 죽이고 그의 포도원까지 빼앗으려고 하느냐? 개들은 나봇의 피를 핥은 곳에서 너의 피도 핥을 것이다." 그의 메시지는 아합을 참담한 공포 속으로 몰아넣었다.

엘리야의 경고로 겁을 잔뜩 먹은 아합은 숙명을 피할 수 있는 방법을 강구했다. 아합은 철권통치를 수립했기 때문에 백성과 부하들을 두려워하지 않았다. 만약 자신이 암살당할 운명이라면, 그것은 외부에서 온 적의 소행일 것이라고 아합은 생각했다. 북이스라엘의 적은 북쪽에 포진하고 있었으니, 아합은 아람 족의 침략을 경계해야 했다. 다행히 아람 족은 아시리아의 왕에게 시달리고 있었다. 남쪽과 동쪽에서 동시에 공격한다면 아람 족의 야욕을 끝낼 수 있으리라 생각한 아합은 시간을 지체하지 않고 선수 치기로 결정했다. 그는 유다의 왕 여호사밧에게 사절단을 보내어 아람 족 공략에 동참하기를 청했다. 여호사밧이 기꺼이 응하자, 두 군주는 북쪽으로 진군해 나갔다.

바알 제사장들은 큰 승리를 거둘 것이라고 예언했다. 하지만 여호와에게 충성을 지켰던 몇몇 예언자 중 하나인 미가야는, 아합이 숙명을 피하려고 아무리 발버둥 쳐도 죽음을 피할 수 없을 것이라고 수차례 경고했다. 아합이 취한 어리석은 행동은 그가 어떤 인간인지를 여실히 보여 준다. 그는 병졸들이 입는 군복으로 갈아입고, 여호사밧에게는 왕복을 입으라고 권했다. 아합은 잔머리를 굴렸다. "이렇게 하면 아람 병사들이 여호사밧을 알아보고 잡아 죽이려 애쓰는 통에 나에게는 관심을 둘 여유가 없을 것이다."

그러나 진홍 외투를 입은 여호사밧은 한 군데도 다치지 않고 살아났고, 병졸의 옷을 입은 아합은 목표를 잃고 날아가던 화살에 맞아 죽었다. 그의 시체는 이스르엘로 실려 왔다. 장례식을 치르기 전에, 병사들이 아합의 피로 물든 왕실 전차를 물로 씻었다. 그리고 길가의 개들이 몰려들어 그 핏물을 핥아 먹었다. 이렇게 선지자 엘리야의 예언은 적중했다.

아합의 죽음은 북이스라엘의 정치적 변화를 예고했다. 장기간에 걸친

무정부 시대의 시작이었다. 아합의 왕위는 아들 아하시야가 계승했다. 하지만 아하시야는 왕이 된 지 얼마 안 되어 사마리아 왕궁의 창문에서 떨어지는 바람에 심하게 다쳤다. 그는 바알 신전에 사람을 보내 자신이 살아날지, 못 살아날지를 물어보게 했다. 엘리야는 왕의 신하를 중간에 가로채 "그는 죽을 것이다"라고 답했다. 그의 말대로 아하시야는 죽었다.

아하시야의 형제 요람이 북이스라엘의 왕이 되었다. 이때, 매년 북이스라엘에 조공을 바치던 모압의 왕 메사가 반란을 일으켰다. 요람은 유다의 여호사밧에게 함께 모압을 협공하고, 뺏은 땅은 나누어 가지자고 제의했다. 유

아합을 묻고 돌아가는 병사들

다의 왕은 매우 좋은 제안이라고 생각했다. 그러나 이번 장정은 시작부터 불운이 따랐다. 무슨 이유에서인지 두 왕은 북에서 출발하는 통상 노선이 아닌, 사해 옆 광야를 가로질러 전진했다. 그들은 사막에서 길을 잃고 갈증으로 목숨을 잃을 뻔했다. 어렵사리 모압 땅에 도착했지만 메사 왕이 수도 방위를 어찌나 철저하게 준비해 놨는지, 공격을 미루고 성을 포위할 수밖에 없었다.

포위 작전은 몇 달씩 지루하게 이어졌다. 마침내 유대 연합군에게 투항할 수밖에 없게 되자, 모압 왕은 항복 대신 자기 아들을 희생 제물로 바칠 것을 결심했다. 이때, 신과 인간 모두에게 잊지 못할 사건이 벌어진다. 왕은 맏아들을 잡아 적들이 주시하는 가운데 성벽 위에서 죽이고, 모압 우상들의 영광을 위해 시체를 태웠다. 여호와에 대한 믿음이 그들만큼 확고하지 않았던 요람과 여호사밧은, 더 이상 모압 족과 맞서 싸울 의지를 상실한다. 그들은 이런 상황에서 모압 성을 계속 포위하는 것은 아무런 도움이 안 된다고 투덜거리며 각자의 진지로 돌아갔다.

—┼—

    이 무렵 유대 민족은 역사상 가장 심각한 위기를 지나고 있었다. 오므리 집안이 유대 남북 양쪽에서 막강한 힘을 휘두르던 시절이었다. 북이스라엘에서는 오므리의 며느리 이세벨이 폭력으로 독재정치를 자행하고 있었고, 유다에서는 그녀의 딸 아달랴가 여호람 왕과 결혼하여 바알 제사장의 뜻에 따라 국정을 좌지우지하고 있었다. 온 땅에서 여호와의 통치는 끝나고, 바알 신은 승리한 것처럼 보였다. 백성들의 어리석은 행위로 초래된 죄악에서 나라를 구하려면 어떤 일이 일어나야만 했다. 강력한 행동이 당장 필요한 시점이었다. 하지만 과묵하고 행동력이 있던 사람은 가 버렸다. 엘리야는 더 이상 이 땅 위에 없었다.

    어느 날 엘리야와 엘리사가 함께 걷고 있을 때, 하늘에서 내려온 불 마차가 늙은 선지자를 천국으로 데려갔다. 엘리사가 벧엘 성읍에 혼자 돌아와 백성들에게 엘리야가 승천했다는 이야기를 하자, 백성들은 그의 말을 의심하지 않고 받아들였다. 엘리사는 자연법칙을 초월하는 엘리야의 힘을 인계받았기 때문에 백성들로부터 존경받는 사람이 되었다. 장난꾸러기 아이들이 벧엘 성읍에서 엘리사가 대머리라고 조롱하자, 모든 사람들에게 경고라도 하듯이, 곰 두 마리가 숲에서 나와 아이들을 찢어서 먹었다. 이외에도 엘리사가 보여 준 신비로운 일들은 끝이 없었다. 쇠도끼를 물 위로 떠오르게도 하고, 완치시킨 병자는 헤아릴 수 없이 많았다. 특히 엘리사는 사람들 앞에서 사라지는 신비한 능력을 가지고 있었다.

    엘리사는 마침내 여왕 이사벨을 북이스라엘 정국에서 제거할 때가 왔다고 느꼈다. 이 일을 맡을 자격도 충분했다. 그는 오므리 집안을 쓸어 내고 남북 유대의 바알 미신을 척결할 혁명운동에 조심스럽게 앞장섰다. 하지만 실제로 반란 운동에 참가하지는 않았다. 엘리사는 원칙 앞에서 흔들림 없는 강직한 사람이었지만, 칼을 휘두르는 사람은 아니었다. 엘리사는 구약성서에서 가장 역동적인 인물, 예후에게 혁명 속 실제 투쟁을 맡겼다. 예후는 본래 북이스라엘 군대의 장군이었다(바아사 왕을 탄핵했던 예언자 예후와 동명이인이다). 그는 앞뒤를 재지 않는 용맹함으로 유명했다. 그는 누구보다 빨리 말을 달릴 수 있었고, 어떤 병사보다 활을 정확히 쏘았으며, 적을 추격할 때는 지칠 줄 모르는 체력을 자랑했다. 그는 낡은 왕조를 전복하는, 위험한 일에 딱 맞는 그런 부류의 인물이었다.

예후에게 운이 따랐는지, 마침 북이스라엘 왕과 유다 왕이 함께 한자리에 있게 되었다. 두 왕은 친척 관계였고 외관상으로도 친선 관계를 유지하고 있었다. 북이스라엘의 왕 요람이 먼저 위기를 알아차렸다. 그는 예후가 진격해 온다는 보고를 받자 철갑 전차를 타고 도망했지만 때는 이미 늦었다. 화살은 요람의 가슴을 뚫었다. 왕의 뒤를 따르던 병사들이 요람의 시체를 발견하고, 아합 왕이 뺏은 다봇 땅에 던져 버렸다. 요람 왕의 처참한 최후에 놀란 아하시야 왕은 유다 국경을 향해 달려갔다. 므낫세 땅 블리암에 이르러 아하시야 왕은 반란군에게 추격당해 생명이 위독할 만큼의 중상을 입었다. 그는 아마겟돈 전투로 유명한 므깃도 요새까지 도망하여 거기서 죽었다.

거사가 성공리에 끝나자 예후의 분노는 이사벨로 옮겨 갔다. 늙은 왕비는 자기의 때가 온 것을 알고, 여왕의 위엄을 갖추고 최후를 맞을 결심을 했다. 그녀는 조심스럽게 화장을 하고 왕실 예복으로 갈아입었다. 그리고 사형 집행관을 기다렸다. 왕궁에 도착한 예후는 이사벨의 시종을 불러 왕비를 창문 밖으로 내던지라고 명령했다. 내시 두 명이 명령에 복종했다. 이사벨의 시체는 거리에 버려졌다. 예후는 그녀의 시체 위를, 전차를 탄 채로 뒤도 돌아보지 않고 지나갔다. 그날 밤, 아합 왕에게 끝까지 충성했던 몇몇 사람들이 죽은 왕비의 장례를 준비하려고 왕궁을 나왔지만 이사벨의 시체를 찾을 수 없었다. 이스르엘 거리의 개들이 시체를 먹어 치웠기 때문이다.

다음은 아합의 모든 후손들이 당할 차례였다. 그들 대부분은 사마리아

로 도망한 후였다. 하지만 온 나
라가 예후 편으로 돌아서는 것
을 보자, 대항해도 소용없다는
것을 알아채고 예후가 원하는
조건대로 항복했다. 그는 단 한
명도 살려 두지 않았다. 예후는
잘린 머리통을 성문 앞에 두 무
더기로 쌓아 올려, 자기 말을 거
역한 자들의 최후가 어떠한지
똑똑히 보여 주었다. 얼마 후, 아
하시야 왕의 친족 마흔두 명도
같은 운명을 맞았다. 한편, 바알

이사벨의 시체 위를 지나는 예후의 전차

제사장들이 아직 남아 있었다. 예후는 그들에게, 당신들과 싸울 까닭이 없으
며 오히려 호의를 품고 있다고 알렸다. 그러고는 앞으로 할 일을 의논하자며
왕궁으로 초대했다. 그들은 예후의 말을 곧이곧대로 믿고 왔다. 바알 제사장
들이 모두 왕궁으로 들어오자, 모든 문이 봉쇄되었다. 밤이 되자 태양 숭배
자들은 한 사람도 남김없이 살해되었다.

　예후는 이방 신의 확산이 초래할 위험을 과감한 일격으로 종결지었다.
오므리 가문도 전멸되었다. 바알 제사장들도 사라졌다. 예후는 북이스라엘
의 왕이 되었고, 엘리사는 만족했다. 여호와의 완벽한 승리였다. 하지만 사
람들은 유혈 참사로 얼룩진 승리는 국가에 별로 도움이 안 된다는 사실을 깨
닫기 시작했다. 예후는 용감하고 저돌적인 사람이었지만, 지혜와 균형 감각
이 모자랐다. 그는 완전한 신정을 실천하려고 주위를 배회하는 종교 지도자
의 손아귀를 벗어나지 못했다. 제사장들이 이방 신과 이방인에게 느끼는 두
려움이 어찌나 컸던지, 순수 유대 혈통이 아닌 사람들을 용납하지 못하는 것
은 물론, 유대 땅 밖에서 태어난 사람들까지 국외로 추방했다. 그들은 국외

세력과의 연합은 무엇이든 여호와에게 불충하는 것이라고 간주했다.

하지만 남북 유대 왕국은 국력이 극도로 소모되어, 외부 후원자의 실질적인 도움 없이는 살아남기 어려운 형편이었다. 숙련된 병사들 대부분이 전사하고 지휘관급 군인들의 80퍼센트가 사라진 지금, 순수 유대인 선별 정책은 파국을 부를 개혁이었다. 제사장들은 예후의 획기적인 개혁이 남북 유대 왕국에서 야만인들의 영향을 깨끗이 씻어 내, 온 유대 땅을 성지로 변화시킬 것이라 믿었다. 참으로 고상한 야욕이지만 실패할 운명이었다. 이 세상에 살인과 학살로 성취되는 성스러운 일은 없다. 아모스와 호세아같이 신앙심이 깊은 예언자들도 오래전부터 이 사실을 인지하고 무고한 피를 흘렸던 것을 후회했다. 그러나 그들이 선별 정책이 부당함을 선포하고 나섰을 때는 이미 늦은 후였다. 벌써 북이스라엘은 동방 제국들로부터 침략당하고 있었다.

한편, 아람에서도 혁명이 일어나고 있었다. 아람의 장군이었던 하사엘은 자기 주인이었던 벤하닷 왕을 죽이고 왕위에 올랐다. 그는 수도 다마스쿠스를 강성하게 키웠다. 하지만 대제국으로 장성한 아시리아(B.C. 900∼625)의 살만에셀 3세가 침략하면서 왕위 찬탈자 하사엘의 영광은 순식간에 끝났다. 하사엘의 군대는 헤르몬 산 가까이에서 패배당하고, 다마스쿠스는 점령당했다. 이 소식이 지중해 연안으로 퍼져 가자 시돈, 두로, 북이스라엘의 왕들은 아시리아의 정복자가 요구하는 모든 조건을 서둘러 받아들인다. 진짜 주인이 나타났다는 것을 깨달았기 때문이다.

하사엘의 군대가 헤르몬 산에서 아시리아와 대적하여 전투를 벌이고 있을 때, 예후는 아시리아의 군대를 지원하고 있었다. 아시리아의 살만에셀이 정복에 성공하고 수도 니느웨로 돌아가자, 하사엘은 북이스라엘 북단을 침입해 몇 성읍을 차지하는 것으로 예후에게 화풀이를 톡톡히 했다. 그의 병사들은 남자들은 죽이고, 여자들은 훔치고, 아이들은 바위에 던지는 만행을 저지르고는 아람 사람들을 이곳에 이주시켰다.

예후는 어찌할 바를 모르며 새 상전으로 모시게 된 살만에셀에게 도움을 청했다. 아시리아의 지원병이 도착하기도 전에 아람 군사는 북이스라엘을 또다시 황폐화하고, 내친 김에 남쪽으로 전진하여 유다 군대까지 쳐부수었다. 그들은 모압, 에돔, 블레셋 군대와 합류하여 온 유대 땅을 초토화했다. 침략자의 칼을 용케 피한 자들은 노예 신세가 되었다. 유대인 손에 남은 성읍은 사마리아뿐이었다. 이 절박한 시각에 엘리사가 예후를 구원하러 왔다. 왕과 예언자는 아시리아의 구원이 도착할 때까지 성읍을 지켰다.

　아시리아 군대는 아람 왕을 패배시키고 다마스쿠스를 점령하여 북이스라엘이 당한 압박을 풀어 주었다. 하지만 평정이 끝나자 싸워 준 대가를 요구하는 청구서를 내밀었다. 그들은 북이스라엘이 큰돈을 지불할 것이라고 기대했고, 양국 친선을 계속 유지하는 조건으로 매년 조공을 바치라고 요구했다. 유대인들은 가끔 작은 성공도 거두었으나, 스스로 자초한 멍에를 벗기 위해 다음 한 세기 동안을 내내 투쟁해야 했다.


─¦─


　예후의 아들 여호아하스는 전쟁 운이 좋았다. 여호아하스는 다마스쿠스를 점령하고, 아시리아의 수도 니느웨까지 진격했다. 그의 아들 여호아스 역시 전사로서 행운아였다. 여호아스는 엘리사의 지도를 따랐고, 그가 죽을 때까지 열렬한 지원자로 남았다. 또한 여호와를 존경했고, 자신에게 맡겨진 종교적 책임에 충실했다. 하지만 여호아스는 기회가 있었는데도 불구하고 아시리아 군대가 예루살렘 성전을 약탈하는 것을 막지 않았다. 반면에 그의 아들 여로보암 2세는 북이스라엘 백성들에게 국가의 독립과 영광을 누리는 마지막 기쁨을 안겼다. 겉보기로는 솔로몬 시절이 다시 돌아온 듯했다. 사람들은 동방 제국들을 능가했던 옛 이스라엘 왕국이 다시 돌아왔다고 우쭐거리기까지 했다. 하지만 가슴 아픈 실망감을 맛봐야만 했다. 그날의 밝던 하늘은 또 다른 영광의 날을 선포하지 않았다. 그것은 태양이 서쪽으로 떨어지기 직전에 보인, 마지막 붉은 광채였다.

약 50년 동안 예상하지 못한 번영이 북이스라엘에 찾아온 것은 사실이다. 하룻밤 사이에 마을은 도시로 변했다. 목자들은 양 떼를 버리고 장사꾼이 되어 시장터로 몰려들었다. 옛 무역로가 다시 열리고, 무역상들이 남북을 바쁘게 왕래했다. 그러나 부족장들이 다스리던, 평화로웠던 성읍들의 모습은 사라졌다. 백성들의 마음속에서 여호와는 버려지고 잊혀 갔다.

B.C. 8세기에 가장 위대했던 선지자 아모스, 이사야, 호세아는 백성들이 가짜 우상을 섬기고 있으며, 단지 재물만으로는 행복할 수 없다고 설득했다. 호세아는 마지못해 올리는 제사가 아니라, 여호와를 진정으로 경배할 것을 탄원했다. "내가 반기는 것은 제물이 아니라 사랑이다. 제물을 바치기 전에 이 하나님의 마음을 먼저 알아 다오." 엘리야와 엘리사는 천둥과 번갯불의 위엄으로 백성의 악행을 질타했었다. 아모스, 호세아, 이사야는 이들과는 다른 부류의 예언자들이었다. 그들은 설교뿐만 아니라 집필 활동을 했다.

이 시절부터 유대인들은 바빌로니아 사람들에게 글 적는 방법을 배워 선조들의 이야기를 기록하기 시작했고, 후손들의 교육을 위하여 선지자들의 지혜를 글로 남겼다. 이사야, 호세아, 아모스는 금은을 부정직하게 축적하는 것의 부당함을 쉬지 않고 경고했다. 그들은 쾌락 자체는 악한 것이 아니지만, 인간의 정신세계를 풍요롭게 하고 진정한 삶의 의미를 제공하는, 하늘이 내리는 신비한 체험은 이 세상의 쾌락에서 찾을 수 없다고 젊은 세대를 설득했다.

하지만 설교는 메아리가 되어 허공에 떠돌고, 나라의 독립을 빼앗길 징조가 점점 명확해지자 그들은 얌전했던 말투를 엘리야처럼 천둥소리로 바꾸어야 했다. 하지만 이세야, 호세아, 아모스는 정치 일선을 떠나 진실을 찾고 토론하는 것으로 생애의 대부분을 보냈다. 만약 그들이 오늘날을 살고 있었다면 사회 개혁자라고 불렸을 것이다. 그들은 부자들에게는 보다 자비로워야 함을, 가난한 자들에게는 더욱 인내해야 함을 가르쳤다. 세 예언자는 관용과 자발적 자선이라는 새 강령을 선포했다.

그들이 논리적으로 추출한 결론은 '사랑의 여호와' 사상이었다. 새롭게 알게 된 여호와는 자기를 따르는 모든 사람들을 친아들처럼 사랑하고, 자기의 모든 자식들도 남들을 그렇게 사랑하길 원했다. 안타깝게도 매우 소수의 사람들만이 그 말에 귀를 기울였다. 유대인들은 새로 찾아온 번영과 여로보암 왕의 승전 소식, 번창하는 상업과 무역 활동 때문에 시장 모퉁이에서 재앙이 다가온다고 예견하는, 괴상한 사람들에게 아까운 시간을 낭비할 수 없었다. 예언자들의 경고가 조금은 진실일지 모른다고 의심을 품기 시작했을 때는, 이미 모든 일이 벌어진 후였다.

저 멀리 위치한 아시리아의 수도 니느웨에서는 탁월한 능력과 총명을 겸비한 장군이 스스로 왕의 자리에 올랐다. 그는 500년 전에 살았던, 한 국가의 영웅을 경배하는 뜻에서 자신을 디글랏 빌레셀이라 불렀다. 그는 티그리스 강에서 지중해에 이르는 온 지역을 통치하는 제국을 꿈꾸었다. 기대한 것보다 더 빨리, 디글랏 빌레셀의 야심을 이룰 기회를 유대인이 제공한다. 유다의 왕 아하스는 사소한 분쟁에 휘말려 아람 부족과의 전쟁을 피할 수 없게 되자, 디글랏 빌레셀에게 구원을 청했다. 이 사실을 알게 된 선지자 이사야는 유다의 왕은 오로지 여호와에게만 의지해야 하며, 이방 세력과 연합해서는 안 된다고 경고했다. 그러나 아하스는 걱정하지 말라고 답을 보냈다. 아시리아의 도움을 받으면, 아람 족과의 싸움에서 절대로 지지 않을 것이라고 자만했기 때문이다.

선지자 이사야는 아하스의 그릇된 생각을 지적하고 남북 유대 왕국의 멸망을 예언했다. 그는 지금 태어난 아이들이 성인이 되기 전에 두 왕국이 독립을 뺏길 것이라고 경고했다. 이사야의 경고를 무시한 아하스는 디글랏 빌레셀에게 보내는 선물로 성전에 장식한 금은을 떼어 니느웨로 보냈다. 아하스가 존엄한 동맹자에게 경의를 표하러 다마스쿠스로 올라갈 때, 그는 지성소 앞에 있는 청동 제단까지 갈취하여 아시리아 왕에게 헌납했다. 디글랏 빌레셀은 몹시 흡족했다. 이처럼 극진한 상납이 아시리아 왕의 마음을 바꾸어 유다를 전보다 호의적으로 대했는지는 알 수 없지만, 적어도 디글랏 빌레셀은 유다를 멸망시키지는 않았다. 그의 뒤에 왕위를 이은 살만에셀 5세는 부친의 외교정책을 따라 유다에는 관용을 베풀었지만, 북이스라엘은 냉혹하게 다루었다.

북이스라엘의 마지막 왕 호세아는 나라가 침략당할 것이라는 소식에 이집트와의 연합작전을 서둘렀다. 하지만 구원병이 도착하기도 전에 살만에셀이 전선을 돌파하여 북이스라엘 군을 전멸하고, 호세아를 인질로 잡아 니느웨로 압송했다. 그러고는 사마리아 성읍을 포위했다. 사마리아 사람들은 불굴의 용기로 국가의 마지막 보루를 지켰다. 그들은 3년 이상을 버텨 냈다. 그후 살만에셀은 한 돌격전에서 부상을 입고 성벽 아래에서 죽었다고 한다. 그를 이은 사르곤 왕이 전열을 크게 증강시켜 성을 공격하자, 사마리아는 마침내 함락되었다. 마지막 북이스라엘의 독립 항쟁은 허물어지고 B.C. 722년, 왕국은 굴욕적인 종말을 맞았다. 이제 엄청난 시련의 시기가 시작된다. 약 2만 7000명의 북이스라엘 백성이 아시리아 제국의 여러 지역에 포로로 끌려갔다.

연이은 전쟁으로 피폐한 강토는 아시리아의 다섯 개 지역에서 흘러온 이방 사람들과 겨우 목숨을 유지한 북이스라엘의 10지파 사람들로 채워졌다. 아시리아의 동화정책으로 사방에서 모여든 이민자들은 서로 혼인 관계를 맺어 사마리아인이라고 불리는 새 종족을 이루었다. 처음 그들은 아시리아의 통치를 받았고 후에 바빌론, 마케도니아, 로마의 지배 아래 있었다. 사마리아인들은 다시는 독립국가를 세우지 못했다.

끌려가는 북이스라엘 포로들

유다는 북이스라엘보다 한 세기 반을 더 존립했다. 하지만 주위 국가들로부터 강한 모멸감과 시달림을 감내해야 하는, 이름뿐인 독립이었다. 산혜립이 아시리아의 왕위에 올라 이집트 정벌에 오르자, 유다의 히스기야 왕은 황금 900킬로그램을 헌납하고 국토의 안전을 보장받았다. 그는 이 뇌물을 마련하기 위해 성전 벽의 마지막 남은 금까지 긁어내야 했다. 이처럼 국가의 큰 모욕을 예루살렘 시민들이 수치로 여기지 않은 것은 흥미로운 일이다. 그들은 이방 병사들이 예루살렘의 주인인 양 수도 한복판을 어슬렁거릴 때도 이를 상관하지 않고 즐겁게 먹고 마셨다. 하지만 그 무관심은 곧 엄청난 공포로 바뀐다. 산혜립이 후방으로부터 공격을 미리 차단하기 위해, 유다에 대한 관용정책을 바꿔 예루살렘을 함락시킬 것이라는 풍문이 떠돌았기 때문이다.

예루살렘 함락에 대한 소문으로 공포에 떨던 유다 사람들은 한 예언자를 찾는다. 선지자 이사야는 백성들이 예루살렘을 끝까지 지킬 각오를 한다면, 여호와 역시 자기 백성을 버리지 않고 꼭 지킬 것이라고 약속했다. 그의 예언이 사실로 나타났다. 아시리아의 군대가 나일 강 삼각지 늪에 빠져 헤어나지 못하는 돌발 상황이 발생했다. 대부분의 병사들이 고열로 사망하고, 알 수 없는 질병이 창궐하고, 활의 줄을 갉아먹는 쥐 떼까지 출현하자 남은 병사들은 극도의 공포에 빠져 전쟁을 포기하고 집으로 돌아갔다. 백성들은 기뻐했지만, 그 기쁨은 오래가지 못했다. 아시리아 군대는 니느웨로 돌아갔으나 커다란 복수를 준비하고 있었기 때문이었다.

히스기야가 죽고 아들 므낫세가 열두 살의 나이로 왕위에 올라 55년 동안 유다 왕국을 마음대로 주물렀다. 북이스라엘과 유다에는 악한 왕들이 많았지만, 가장 사악했던 왕으로 므낫세가 꼽힌다. 그는 여호와를 버리고 이방 신에 빠져서 아버지

히스기야가 헐어 버린 신당을 다시 세웠으며, 바알 제단을 쌓고, 자기 아들까지 산 채로 잡아 불에 태워 이방 신에게 제물로 바쳤다. 그는 백성들로 하여금 우상을 섬기게 유도한 죄 외에도, 죄 없는 백성들을 수없이 죽여 예루살렘 거리를 온통 피로 물들이는 악행을 저질렀다. 북이스라엘에 이어 유다 왕국도 돌이킬 수 없는 파멸의 궤도에 들어선 것이다.

B.C. 6세기 초반에 시드기야가 유다의 마지막 왕이 되었다. 그는 완전히 주위 국가의 통제 아래에 있었다. 시드기야의 관심사는 오직 자신의 향락 뿐, 국가의 독립 문제는 안중에 없었다. 막강했던 아시리아도 모든 제국에 주어진 성쇠의 숙명을 피할 수 없었다. B.C. 625년, 북이스라엘을 농락했던 아시리아 제국은 갈대아 족이 세운 신바빌로니아(B.C. 626~539) 제국에 정복당한다.

시드기야에게 상전 국가가 바뀌었다는 사실은 별다른 의미가 없었다. 그는 자신만 살아남을 수만 있다면 아시리아와 이집트에 그랬던 것처럼 갈대아에도 조공을 바칠 작정이었다. 이 겁쟁이는 일생에 한 번쯤은 행동을 조심했어야 했다. 신바빌로니아의 왕 느부갓네살이 이집트와 다툼을 벌이고 있을 때, 시드기야는 유다 왕국에 길이 빛날 영광을 가져올 일을 할 때가 왔다는 친구들의 말을 곧이곧대로 믿었다. 고뇌의 예언자 예레미야가 어리석은 생각은 그만두라고 소리쳤으나 헛수고였다. 그는 왕 앞에 나아가 모반을 꾀하는 시도는 파멸을 부를 뿐이라고 경고했다. 어리석은 열정에 빠진 시드기야는 반대 의견이라면 듣는 것조차 거절했다. 예레미야는 이제까지 네 명의 왕들을 큰 문제없이 모셔 왔다며, 항전을 포기하라고 간청했으나 허사였다. 화가 받친 시드기야는 예레미야를 쫓아냈다.

갑자기 시드기야 왕은 갈대아에 매년 바치던 조공을 폐지하고 독립을 선언했다. 그 즉시 수도가 느부갓네살의 병사들로 가득 찼다. 예루살렘은 장기 포위 공격에 대한 준비가 전혀 안 되어 있었다. 식량과 식수가 떨어지고 빈민층에서는 유행병이 돌았다. 예레미야 혼자만이 신념을 굽히지 않고 '항

**예루살렘 성벽 위의 예레미야**

복'이라는 말을 거절했다. 질병으로 나약해진 백성들은 그를 버렸다. 백성들은 예레미야가 돈에 매수되어 갈대아 쪽에 붙었다면서 그들의 신실한 지도자를 비난했다. 그는 무죄라고 항변했지만 지하 감옥에 던져졌다. 한 착한 흑인이 껌껌한 토굴에서 예레미야를 건져 내, 갈대아의 포위 공격이 끝날 때까지 간수 집에 숨겨 주었다.

유다의 마지막 왕, 시드기야는 공식적인 항복을 발표하기도 전에 백성들을 배신했다. 그는 몇 명의 수행원을 데리고 한밤중을 틈타 왕궁을 떠나 갈대아 보초들의 포위망을 넘었다. 아침이 될 때쯤에는 요단 강을 향해 도망치고 있었다. 이 소식을 들은 느부갓네살은 유다 왕을 체포해 오라며 기마병을 파견했다. 시드기야는 여리고 가까이에서 포로가 되었다. 그는 왕의 캠프로 끌려가 참혹한 처벌을 받았다. 우선 자기 자식들의 처참한 죽음을 목격해야 했다. 그러고는 두 눈을 빼앗겼고, 바빌론으로 끌려가 갈대아 황제의 승리 행진에 나가야만 했다. 그 후 곧 바빌론 감옥에서 죽었다. B.C. 586년, 유다 왕국은 이렇게 문을 닫고 역사의 뒤안길로 사라진다.

신바빌로니아 사람들은 예레미야의 목숨을 살려 주고 예의를 갖추어 대접했다. 그들은 사심 없는 예레미야의 마음과 지혜에 존경을 표하고 주거의 자유를 허락했다. 하지만 대부분의 유다 사람들은 북이스라엘 백성이 아시리아 병사들에게 당한 치욕처럼, 자기들도 포로가 되어 메소포타미아로 끌려갈까 봐 두려워했다. 그들은 이집트로 도주할 준비를 했다. 예레미야는 지금 있는 곳에 머물라고 조언했다. 하지만 공포에 빠진 예루살렘 사람들은 그의 말을 듣지 않았다. 많은 사람들이 재산을 모아 짐수레에 싣고 동쪽으로 향했다. 자기 백성을 차마 버릴 수 없었던 예레미야는 그들을 따랐으나, 이같은 힘든 여정을 이겨 내기는 너무 나이가 많았다. 예레미야는 한 이집트 부락에서 죽어 길가에 묻혔다. 이집트로 피난했음에도 불구하고, 세 차례에 걸쳐 메소포타미아로 끌려간 유대인은 모두 4600명이었다.

예루살렘은 완전히 파괴되었고, 갈대아 총독이 여호수아와 다윗의 땅에 자리를 잡았다. 연기로 얼룩진 성전의 검은 벽이 가나안의 푸른 하늘과 선명하게 대비되었다. 마지막 독립 유대 국가가 문을 닫은 것이다. 과연 여호와는 자신의 율법을 차 버린 유다 왕국을 영영 버린 것일까?

# 제 14 장

# 바빌로니아 유배 생활

바빌로니아에 포로로 끌려간 유대인들은 당시 첨단을 달리던 바빌론 문명과 접촉할 기회를 얻었다. 유대인들은 메소포타미아 계곡에서 지난날의 잘못을 성찰하고, 조상의 율법과 역사를 심도 있게 공부하기 시작했다. 예언자 에스겔은 열정적으로 여호와를 경배할 그날을 고대하면서 가나안 귀환 후 신정을 복구할 계획을 세운다.

B.C. 7세기 초에 갈대아라 불리는 작은 셈 족의 무리들이 본거지 아라비아 사막을 떠나 북상하기 시작한다. 갈대아 족은 아시리아 제국의 영토를 탈취하려다 실패하자, 마지막 수단으로 메소포타미아 동쪽 평원에 거주하는 산악인들과 공동전선을 펴게 된다. 그들은 산악인들과 함께 아시리아 군대

를 격퇴시키고 수도 니느웨를 파괴했다. 마침내 B.C. 626년, 갈대아 족의 추장 나보폴라사르는 옛 제국의 폐허 위에 신바빌로니아 또는 갈대아라 부르는 왕국을 건설했다. 아들 느부갓네살은 부친으로부터 상속받은 영토를 크게 확장하고, 수도 바빌론은 고대 문명 세계의 중심지가 된다.

방대한 신바빌로니아 제국의 수도는 하나의 거대한 요새였다. 사각형 모양의 바빌론 성은 한 변의 길이가 22.4킬로미터에 달하는, 두 겹의 높은 성벽으로 둘러싸여 있었다. 도시는 규칙적으로 배열되었고, 도로는 곧고 넓게 건설되었다. 벽돌로 지은 가옥들은 큼직했고, 군데군데 2, 3층으로 지어진 집들도 있었다. 도시 중앙으로 흐르는 유프라테스 강은 페르시아 만과 인도로 가는 직통 뱃길을 열어 주었다. 도시 한복판에 위치한 인공 동산 위에는 유명한 느부갓네살 왕의 궁전이 있었다. 그 당시 바빌론은 오늘날의 뉴욕 시와 견줄 만한 대국제도시였다.

유대인의 새 주인이 된 사람들은 지적으로 매우 뛰어난 민족이었다. 바빌론 민족은 B.C. 1700년경에 함무라비 왕이 인류 최초의 법전을 제정한 이래, 서부 아시아에서 가장 개화된 민족으로 유명했다. 바빌론 학자들은 최초로 글을 적는 법을 발명했고, 페니키아 사람들은 우리가 쓰는 알파벳을 개발했다. 그들은 수학에도 능통했으며 천문을 과학적으로 연구했다. 또 1년을 열두 달로 나누고 한 달을 4주로 나눈 것도, 계량 단위와 도량형기를 발명하여 현대 상업의 기초를 놓은 것도 이들이다. 한편 바빌론 상인들은 뛰어난 사업가였다. 그들은 이집트를 비롯해 멀리 떨어진 중국까지 상거래를 확장하고 있었다.

바빌론이 유다를 침공한 것은 그들의 팽창주의와는 무관한, 작은 돌발사고라고 볼 수 있다. 이때 바빌론의 한 장군이 아람과 이집트 정복을 위해 출정한 일이 있었다. 작은 독립국가 유다는 북쪽에서 남쪽으로, 동쪽에서 서쪽으로 가는 간선도로에 위치하고 있었다. 신바빌로니아는 군사작전의 일환으로 유다를 점령한 것이다. 그뿐이었다.

바빌론

우리는 느부갓네살 왕의 재위 시절 때, 바빌론 사람들이 얼마나 유대인들의 존재를 의식했는지 알 수 없다. 다만 유대인은 변방의 작은 부족이었기 때문에 아마 그들에 대하여 들어보지도 못했으리라 추정할 뿐이다. 더더욱 그때는 아브라함과 이삭의 후손들이 인류 역사에 중요한 역할을 할 것이라는 어떤 징후도 찾을 수 없었다.

당시의 역사학자들도 유대인에 대해 언급한 적이 없다. 한 예로, 그리스의 역사학자 헤로도토스를 들어 보자. 그는 (노아의 홍수가 아니고) 그리스 홍수 이래 발생한 모든 주요 사건을 기록하려고 노력했다. 대다수의 아테네 사람들처럼 그 역시 호기심과 함께 포용성을 갖춘 사람이었다. 헤로도토스는 인종에 대한 편견 없이, 그저 사실을 확인하기 위해 여러 곳을 여행했다. 그는 이집트 사람, 바빌론과 지중해 연안에 거주하는 사람들에 대한 주요사실을 역사책에 수록했으나, 유대인에 대해서는 기록하지 않았다. 하지만 팔레스타인 평야에서 신기한 위생 시술(할례로 추정)을 시행하는 한 부족에 대하여 간략히 언급한 적은 있다. 이들이 유대인이었을지도 모른다.

많은 미국인들이 거주지에서 쫓겨난 북아메리카 원주민들을 측은히 보았듯이, 바빌론 사람들도 유대인의 불행한 유배 생활을 동정하는 눈으로 지켜보았다. 그렇지만 유대인의 유배 생활은 우리가 상상하는 것처럼 천대당하는 식의 노예 생활이 절대 아니었다. 순전히 세속적인 눈으로만 본다면, 메소포타미아로의 강제 유배는 오히려 생활환경의 개선이었다. 1.5세기 전에 유대인들은 네다섯 개의 아시리아 지역에 흩어진 채 유배되어 생활했다. 하지만 B.C. 586년에 신바빌로니아 제국이 집행한 유배는 한곳에 정착하는 것이 허용되어, 독자적 거류지를 형성할 수 있었다.

실제로 유대인들은 북적이는 예루살렘의 빈민가를 떠나 바빌론 그발 강의 푸른 하늘 밑으로 이주한, 비자발적 순례자 집단이라고 말할 수 있다. 그들은 가나안의 메마른 광야와 계곡을 떠나, 관개시설을 갖춘 초원과 정원이 있는 중앙 바빌로니아에 새집을 마련하게 된 것이다. 유대인들은 1000년 전

이집트에서 이방인 감독관이 휘둘렀던 것 같은 체벌을 당하지 않았고, 자신들의 지도자와 제사장을 갖는 것도 허락받았다. 유대인만의 고유한 종교적 관습과 예식도 방해받지 않았고, 팔레스타인에 남아 있는 친척들과 편지를 주고받는 일도 허용되었다. 심지어는 예루살렘에서 즐기던 풍속을 계속 유지하라는 격려까지 받았다.

유대인에게 금지된 상업과 직종 또한 없었기 때문에, 곧 바빌론의 부자 상인 명단에 많은 유대인들의 이름이 오르기 시작했다. 나중에는 출중한 능력을 가진 유대인이라면 국가의 고위직에 오를 수 있는 기회까지 열렸다. 바빌론 왕이 유대 여인에게 도움을 청한 일도 한두 번이 아니었다. 한마디로 유배 생활은, 마음대로 왕래하는 자유만 제외한다면, 행복하게 지낼 만한 모든 조건을 갖추고 있었다.

하지만 안타깝게도 타향 생활 중인 유대인들은 새로운 병을 앓고 있었다. 이것을 향수병이라고 불러야 할까? 태초부터 시작된 이 고통은 인간의 영혼에 괴이한 영향력을 행사해 왔다. 이 병은 행복했던 옛 고향 추억에 새 빛을 던진다. 또 과거의 상처와 고통을 별안간 잊게 만들기도 한다. 이리되면 '옛일'은 '좋았던 옛일'로 둔갑하고, 어려운 환경 속에서 보냈던 세월은

유배 생활을 하는 유대인들

'황금기'라는 칭호까지 얻게 된다. 사람이 향수병의 포로가 되면, 크고 멋진 새 집도 좋아 보이지 않는다. 새 이웃은 옛 이웃보다 못해 보인다. 새 도시가 옛 동네보다 열 배 크고, 스무 배는 더 화려해도 단조롭고 인색하게 느껴질 뿐이다. 짧게 말해, 옛것은 모두 좋게 기억되고, 새것은 모두 나쁘고 못마땅한 일로 보이는 것이다.

유대인의 유배 생활은 활기 없고

무료했다. 그들은 일상생활에 매달려 하루를 보내며, 마냥 그때를 기다렸다. 처음에 그들은, 어떤 갑작스러운 사건이 터지기를 진지하게 기다렸다. 참혹한 재난을 예언했던 위대한 선지자 예레미야가 했던 경고가 아직도 귓가에 남아 있었다. 하지만 예레미야는 죽었고, 그 빈자리는 채워진 바 없었다. 유대인이 바빌론에 머무는 동안, 팔레스타인 땅은 그들에게 실낙원이었다. 1세기 후, 유배자들은 예루살렘으로 돌아가도 된다는 허락을 받았지만, 실제로 그렇게 한 사람들은 극히 적었다.

−¦−

아브라함의 후손들은 B.C. 20세기경부터 페니키아 문자를 모방한 원형 히브리 문자를 사용하다가, B.C. 10세기경부터 '고대 히브리 알파벳'을 개발하여 율법을 기록했다. 초기 문자는 조잡했으나, 유대인은 바빌론 유배 기간 중에 아시리아 문자를 변형시킨 새 알파벳을 개발하여 널리 사용하게 된다. 많은 고대 율법이 이 개량 문자로 기록되었다.

히브리 문자는 모음이 없기 때문에 글을 해석하는 것은 상상력의 역할이었다. 문법 또한 불완전했다. 특히 완료 시제와 비완료 시제의 구별이 없었다. 같은 동사가 과거, 미래에 함께 쓰이기 때문에 전체 흐름을 살펴 문장의 뜻을 추측해야 했다. 이와 같은 표현법은 시를 쓰는 데 매우 유용해, 우리는 「시편」에서 아름다운 구절을 많이 발견할 수 있었다. 그러나 구체적인 생각을 다루거나, 과거사를 기록하는 작가들에게는 어려운 문제였다. 그들의 문법은 예언이 어디서 끝나고, 언제 역사가 시작되는지 분명하게 보여 주지 않는다. 하지만 조잡함과 불완전성에도 불구하고 유대인들의 글은 히브리 문화를 발전시키는 데 큰 공헌을 했다.

많은 사람들이 문자를 읽을 수 있게 되자, 예언가들은 사람들이 이집트에 살든, 바빌론에 살든 상관없이 모든 유대인에게 새로운 생각을 알릴 기회를 얻었다. 문자의 탄생으로 애매했던 예배 절차가 확실한 격식을 갖추게 되었다. 우리가 구약성경과 『탈무드』에서 볼 수 있는 예식과 민법의 집대성도 가능해졌다. 또한 예언가가 일하는 방식에도 큰 변화가 생겼다. 그들은 신세대 자녀들을 가르칠 때, 조상의 교훈이 담긴 기록물을 사용하기 시작했다. 행동으로 무언가를 보여 주던 사람에서, 책에 둘러싸여 살다 죽어 가는, 사색하는 현자로 변해 갔다.

옛적부터 예언자들은 백성들의 도덕적 지도자였다. 때때로 그들은 국가적 양심의 구체적 표현체로 역할하기도 했다. 그러나 시대는 변했다. 유대인들은 모세의 율법을 전수받을 때, 더 이상 입에서 입으로 전하는 구전에 의존하지 않게 되었다. 이제 그들은 문자를 가지게 되었고, 언어는 문법을 갖추었다. 더 이상 여호와는 바람이 휘모는 평원과 구릉에 머물 필요가 없었다. 더 이상 천둥번개 치는 사막에서 구름 속에 몸을 감추고 말할 필요도 없었다. 그의 목소리는 문자로 기록된 율법과 규약으로 바뀌었다. 여호와의 음성은 도서관의 적막 속으로 숨어들었다. 예언자는 랍비가 되어 하늘의 뜻을 설명하고 해석했다. 세월이 흐르면서 그들의 높은 뜻은 철학적 주석과 비평의 쓰레기더미에 파묻혀 버린다.

유배 생활은 이처럼 많은 변화를 가져왔고, 유대 백성들이 인정했던 옛 정신적 지도자에 버금가는 몇몇 예언자들을 새로이 배출한다. 특히 두 사람이 빼어났는데, 그중 한 사람이 에스겔이다. 다른 한 예언자의 이름은 불행히도 알 수 없지만, 예언자 중에서 가장 복음적인 인물이다. 이 무명작가는 구약을 집필한 어느 유명 작가보다 큰 명예를 얻었다. 여호와의 권세와 특성을 바라보는 독특한 안목이 작품을 빛나게 만들었기 때문이다. 우리는 그의 작품을 「이사야」 후편에서 찾아볼 수 있다.

무명작가는 유대 민족뿐만 아니라 만민을 보살피는 여호와를 「이사야」에 이렇게 기록했다. "주를 섬기기 원하는 이방 사람들은 여호와라는 이름을 사랑하여 주의

무명의 예언자

종이 되어라. 안식일을 지켜 더럽히지 않고, 나의 언약을 철저히 지키는 이방 사람들은, 내가 그들을 거룩한 산으로 불러다가 나의 기도처에서 기쁜 나날을 보내게 하리라. 또한 그들이 내 제단 위에 바치는 번제물과 희생 제물 들을 내가 즐겨 받으리라. 이것은 나의 집이 만민이 모여 기도하는 집이 될 것이기 때문이다." 이제 여호와는 작은 셈 족만을 보살피는 한 종족의 신이라는 경지를 뛰어 넘는다. 그래서 여호와의 이름은 온 땅과 온 하늘에 기록된다. 그는 모든 사람의 지배자였다.

막강한 바빌론과 페르시아의 왕들마저도, 스스로 인식은 못했지만, 이 유일신의 실질적 종이나 다름없었다. 이 신은 자기를 알지 못하는 인간들을 증오하는 무자비한 신이 아니다. 반대로 암흑 속에 살고 있는 사람과 여호와의 이름을 모르는 사람들에게까지 사랑과 동정을 베푼다. 그는 자신의 완벽성을 지키기 위해 구름 뒤로 모습을 숨기지 않는다. 그는 볼 수 있는 눈을 가진 모든 사람들에게 보인다. 그의 이야기는 들을 수 있는 귀를 가진 사람에게 분명히 들린다. 여호와는 모든 인간을 사랑하는 아버지이자, 말을 듣지 않는 양 떼를 평화와 정의의 피난처로 인도하는 목자이다.

「이사야」는 놀랍게도 이 세상을 구원할 목자의 모습과 역할을 이렇게 예견했다. "그는 마치 연한 순과 같이, 마른 땅에서 나온 싹과 같이 자라서, 그에게는 고운 모양도 없고, 훌륭한 풍채도 없으니, 우리가 보기에 흠모할 만한 아름다운 모습이 없다. 그는 실로 우리가 받아야 할 고통을 대신 받고, 우리가 겪어야 할 슬픔을 대신 겪었다. 그러나 우리는, 그가 징벌을 받아서 여호와에게 맞으며, 고난을 받는다고 생각했다. 그러나 그가 찔린 것은 우리의 허물 때문이고, 그가 상처를 받은 것은 우리의 악함 때문이다. 그가 징계를 받음으로써 우리가 평화를 누리고, 그가 매를 맞음으로써 우리는 치유를 받았다."〔고난을 겪는 이 종의 모습은 수백 년 후에 태어날 예수를 묘사한 것인가?〕

이런 언어와 해석은 시대를 상당히 앞선 것이다. 일반 유배자들은 깊은 우려감으로 이를 주시했다. 매일 빵을 먹어야 살 수 있는 것처럼 매일을 적대감으로 보내며, 여호와가 바빌론 침략자를 진멸할 날만을 끊임없이 기도

하는, 작은 유대 공동체에게 신에 대한 이러한 새로운 해석은 받아들일 수 없는 것이었다. 자연히 그들은 옛적의 엄격한 교리를 신봉하는 다른 예언자를 찾게 됐다. 백성들은 여호와가 아브라함과 야곱의 후손들만을 선택했다고 믿고, 모든 나라들이 새 예루살렘의 승리자 앞에 무릎 꿇을 날을 쉬지 않고 설파하는 국수주의적 예언자 앞으로 몰려들었다.

유배 생활에서 영향력을 발휘한 예언자들 중, 강건한 의지력을 보인 에스겔이 가장 뛰어났다. 그는 유배를 떠나기 전, 옛 고향 예루살렘에서 태어났다. 아버지가 제사장이었던 소년은 선지자 예레미야의 설교를 들으며 신실한 환경 속에서 자랐다. 유다를 점령한 바빌론 군사들이 유대인 유배를 시작하기 수년 전, 그를 수도 예루살렘에서 차출하여 국외로 유배시킨 것을 보면, 에스겔은 고장에서 장래가 촉망되던 젊은이였음이 틀림없다.

에스겔은 예루살렘의 함락 소식을 유배지였던 유프라테스 강 남쪽 하구의 텔아비브 마을에서 전해 들었고, 죽을 때까지 그곳에서 살았다. 에스겔의 문학적 자질은 「이사야」 후편을 지은 무명작가의 것에 훨씬 못 미쳤다. 문체는 경직되었고, 우리를 매료시켰던 옛 지도자의 인성과 견주기에도 부족했다. 겸손함과도 거리가 멀었다. 그는 때로 낯선 환상을 보며 신비한 음성을 듣고 황홀경에 몰입하기도 했다. 그런 반면, 에스겔은 상당히 실용적인 인물이기도 했다.

예언자 에스겔은 예루살렘이 신으로부터 선택받은 백성의 수도이기 때문에 다시 소생할 것이라고 믿는 광신자들에게 경고했다. "행위가 없는 믿음으로는 나라를 구출할 수 없다." 그렇지만 수도가 함락되면서 믿음이 얕은 사람들이 미래에 대해 낙심하자, 에스겔은 밝은 내일을 여는 승리의 대변자로 앞장선다. 그는 성전이 재건되고 제물로 바친 황소의 피가 여호와의 제단을 다시 물들일 기쁜 날이 올 것이라고 예언하는 것을 멈추지 않았다.

에스겔은 당시 그리스의 대철학자 플라톤의 사상을 받아들였다. 그는 자기 경험을 바탕으로 이상적인 국가의 형태를 백성들에게 제시했다. 특히 모세의 율법을 수정하고 보완하여 여호와의 거룩한 예식에 잘못 스며든, 이교도들의 우상 예배 방식을 없애기 바랐다. 또한 왕정의 부활을 강력히 주장했다. 하지만 새 왕국에서는 왕궁이 아닌 성전이 국가 경영을 비롯한 모든 활동의 중심점이 되고, 왕은 국가의 명색뿐인 우두머리가 된다.

에스겔의 혁신안에 의하면, 제사장들은 자신들만의 조합을 결성하고 오직 대제사장 사독의 자손만이 성직자가 될 수 있다. 제사장의 통치권을 강화하기 위해 축제일을 대폭 늘리고 속죄 제물을 바치는 형식에 특별히 신경써야 한다. 개인이 사사로이 바치는 제물을 금지하고, 성소에서 드리는 모든 예식은 유대 민족의 이름으로 집행되어야 한다. 그 옛날 다윗과 솔로몬은 모든 제사장을 임명하는 특권을 가졌지만 이제는 아니다. 마지막으로 예루살렘 주변에서 가장 좋은 경작지를 제사장들에게 귀속시켜, 제사장 조합을 든든한 수입원을 가진 영구적 자생 단체로 존재하게끔 한다.

실로 기이한 귀환 프로그램이었다. 하지만 에스겔과 동시대 사람들에게는 그리 엄청난 것으로 보이지 않았다. 성전이 복구되고 유배에서 풀려나 고향으로 돌아가면, 그들은 이처럼 경직된 신정국가를 세우려 할 것이다. 그날은 유배자들의 예상보다 빨리 찾아왔다. 저 멀리, 동쪽 산맥 뒤로 한 야만족의 젊은 족장이 기마병을 훈련시키고 있었다. 그가 바로 유대인 포로들을 외세의 압제로부터 해방시킬 구원자였다. 페르시아 백성들은 그를 쿠루시Kurus라고 불렀다. 우리는 키루스Cyrus라는 이름으로 그를 기억한다.

# 제 15 장

# 귀향길

바빌론에서 유배 생활을 하는 동안 이스라엘 백성들은 믿음을 수없이 시험당했다. 신바빌로니아를 멸망시키고 새 제국을 건설한 페르시아 황제 키루스는 유대인들이 가나안 땅으로 돌아가는 것을 허락했지만, 대부분의 유대인들은 바빌론의 안락한 도시 생활에 만족하여 귀향을 주저했다. 그러나 신실한 작은 무리들은 폐허가 된 예루살렘으로 돌아가 성전을 재건축하고 무너진 성벽을 쌓았다.

히브리인들이 가나안 정복으로 분주할 때, 유대 변방을 차지하고 있던 바빌론 민족은 유대 민족에게 많은 시련을 주었다. 아시리아 제국을 멸망시키고 중동의 최강자로 장성한 신바빌로니아 제국은, 이번에는 유대인들에게 나라를 빼앗기는 더 큰 아픔을 안겼다. 그들은 유다라고 알려진 옛 유대 왕국의 남은 영토를 정복하고, 지중해에서부터 유프라테스 강 유역까지, 유대 식민지를 건설했다.

신바빌로니아 제국의 느부갓네살 왕은 유대인에게 별 관심이 없었지만 너그럽게 대했다. 모든 근엄한 군주처럼 그도 앞날을 점치는 데 관심이 많았다. 따라서 꿈을 잘 해몽하는 사람은 느부갓네살의 큰 신임을 받게 마련이었는데, 다니엘이 바로 그런 사람이었다.

다니엘이 죽은 뒤 400년 후에 집필된 구약 「다니엘」에 의하면, 다니엘은 세 명의 사촌들과 함께 바빌론으로 끌려가 갈대아 왕궁에서 교육받던 유대 왕족 출신의 소년이었다. 네 명의 소년들은 여호와의 충성스러운 종들이었다. 그들은 유배 생활 속에서도 여호와의 모든 계율을 철저히 따랐다. 소년들은 갈대아 왕궁에서 주는 모든 음식을 거절하고, 조상 대대로 전해 오는 방법으로 조리한 음식만을 고집했다. 다행히도 갈대아 사람들은 융통성과 관용성이 있어서, 어린 포로들은 원하는 것을 먹을 수 있었다.

그 당시, 죽음을 몇 년 앞둔 느부갓네살 왕이 꿈을 하나 꾼다. 그는 나라 안의 모든 점쟁이들을 불러들여 그 꿈을 설명하라고 명령했다. 점쟁이들은 아뢰었다. "폐하, 그 꿈을 말씀해 주십시오. 그러면 최선을 다해서 설명해 올리겠습니다." 왕이 짜증 난 목소리로 대꾸했다. "꿈의 내용은 잊어버렸다. 하지만 꿈을 꾼 것은 분명하다. 내가 무슨 꿈을 꾸었고, 그 꿈이 무엇을 뜻하는지 말하는 것이 너희들의 할 일 아니냐." 점쟁이들은 "임금님 자신도 잊은 꿈을 어느 누가 알 수 있겠습니까"라며 자비를 애걸했다.

그렇지만 무법의 독재자가 그런 변명에 관심을 가질 리 없었다. 느부갓네살은 아무런 고심도 없이, 모든 마법사와 점쟁이 들을 교수대로 보내라고 명령했다. 왕은 그날 기분이 퍽 상했나 보다. 그는 꿈을 해몽하지 못한 점쟁이뿐만 아니라, 궁전 안의 모든 점쟁이를 죽이라는 명령을 내렸다. 궁전 당직병이 다니엘과 친구들의 거처로 이 기막힌 왕의 명령을 전해 왔다. 여러모로 이집트 시절의 요셉을 닮은 다니엘은 궁전 안에서 경호병들과 좋은 관계를 맺고 있었다. 다니엘은 경호 대장에게 얼마간의 시간을 달라고 요청했다. 그동안 무엇을 할 수 있을지 골똘히 생각했다. 그는 깊은 잠에 빠졌고, 여호와가 나타나 느부갓네살이 잊어버린 꿈의 내용을 다니엘에게 알려 주었다.

다음 날 아침, 경호 대장 아리옥이 다니엘을 느부갓네살에게 인도했다. 크게 상심하고 있던 왕은 이방 소년을 보자마자 해몽을 재촉했다. 다니엘은 400년 후에 일어날 정변에 관한 괴이한 꿈 내용을 말한 다음, 무엇을 뜻하는지 자세히 설명했다. 그의 총명함이 빛난 결과로 다니엘은 왕의 깊은 총애를 받아 바빌론 시의 총독으로 임명되었고, 세 친구 사드락, 메삭, 아벳느고는 부유한 지방의 책임자가 되었다.

그러나 좋은 날들은 그리 오래가지 못했다. 「다니엘」에 따르면 느부갓네살은 말년에 노망이 들어서 유대인은 물론 갈대아 사람들까지도 혐오하는 우상숭배에 빠져들었다고 한다. 그는 신상을 세우라고 명령했다. 그것도 전체를 온통 금으로 뒤집어씌운 높이 27미터, 너비 2.7미터의 거대한 신상이었다. 이 신상은 사방 먼 거리에서도 잘 보이는 두라 평원에 세워졌다. 귀청을 찢는 나팔 소리가 들리면 온 백성들이 커다란 신상 앞에 엎드려 절하고 경배를 올려야 했다.

하지만 다니엘의 세 친구 사드락, 메삭, 아벳느고는 신상에 절을 할 수 없었다. 그들은 여호와의 두 번째 계명을 기억했다. 결국 왕궁의 칙령을 거부했다. 모든 백성들이 얼굴을 땅에 묻었지만, 세 사람은 꼿꼿하게 서 있었다. 그들은 자신들을 기다리는 처벌을 잘 알고 있었다. 세 사람은 느부갓네살 앞에 불려 갔고, 왕은 그들을 용광로 안에 처넣으라고 명령했다. 그는 이들이 살아 도망하지 못하도록 용광로의 온도를 평소보다 일곱 배나 더 뜨겁게 하라는 지시까지 내렸다.

다니엘의 세 친구들은 손발이 묶여 뜨겁게 타는 용광로 속으로 던져졌다. 그런데 희한한 일이 일어났다. 다음 날 아침 용광로 문이 열리자, 세 젊은이가 마치 수영을 마치고 돌아오는 사람들처럼 태연히 걸어 나오는 것 아닌가. 그 후로 느부갓네살은 여호와가 모든 신 중에서 가장 위대하다고 확신하게 되었다. 그는 자신이 믿던 우상들을 잊고, 유대인 포로들을 전보다 더 잘 대접했다.

불행하게도 느부갓네살은 곧 괴상한 신경 질환에 시달리게 된다. 그는 자신이 짐승이 되었다고 착각했다. 느부갓네살은 사방으로 날뛰면서 짐승처럼 울부짖고, 초원에서 풀을 뜯어 먹다가 비참하게 죽었다고 한다. 그 후 아들과 사위가 잠시 왕 노릇을 했으나, 나보너더스라는 이름을 가진 한 장군이 왕의 자리를 탈취했다. 나보너더스는 바빌론에 체제하지 않았기 때문에, 아들 벨사살이 국정을 도맡아 보았다고 한다.

**불가사의한 문자를 판독하는 다니엘**

다니엘은 벨사살 왕의 수수께끼를 풀어 총애를 받는다. 페르시아 군사들로부터 기습당하기 직전, 벨사살은 1000명이 넘는 귀빈을 초대해 큰 잔치를 베풀었다. 모두가 먹고 마셨고, 연회장은 술 취한 사람들의 소리로 넘쳐났다. 그때 갑자기 왕의 소파 맞은편 벽에 손이 하나 나타났다. 그 손은 석회 벽에 알 수 없는 글자를 쓰고 조용히 사라졌다. 기이하게도 그 글자들은 히브리인의 글인 아람어로 쓰여 왕이 이해할 수 없었다. 벨사살은 점쟁이들을 불렀지만 아무도 해석하는 자가 없었다.

10세기 전 이집트 왕궁의 시종장이 요셉을 기억했던 것처럼, 이번에도 어떤 사람이 다니엘을 기억했다. 다니엘이 불려 왔다. 그에게는 상징적인 문자를 쓰고 읽는 예술적 재능이 있었다. 그는 글자를 위에서 아래로, 아래서 위로, 다시 아래로 내려 읽었다. 이것이 그가 본 글자들이다.

```
M            U            P
E            L            H
N            E            A
E            K            R
M            E            S
E            T            I
N            E            N
```

　그리고 이것이 다니엘이 판독한 네 단어이다. MENE(메네 또는 미나), MENE, TEKEL(데겔 또는 세겔), UPHARSIN(우바르신). 미나는 유대의 주조화폐인 세겔보다 50배나 더 큰 가치가 있고, 우바르신은 미나의 절반 또는 페르시아를 의미한다. 직역하면 "느부갓네살은 미나이다. 느부갓네살은 미나이다. 벨사살은 겨우 세겔이다. 페르시아 사람들은 미나의 절반이다"가 되고, 그 뜻을 해석하면 이렇다. "느부갓네살의 대제국은 벨사살의 나약한 지도력 때문에 약소국이 되어 메대와 페르시아 사람들에 의해 둘로 나뉠 것이다." 덧붙여 다니엘은 매우 겁나는 이 수수께끼의 의미를 벨사살에게 설명했다. "여호와가 당신을 저울에 달아 보았는데, 당신이 표준에 미치지 못한다는 사실을 발견했습니다."

　다니엘의 판독을 듣고 절망에 빠진 벨사살은, 유대인의 신으로부터 보호받고자 하는 속셈으로 다니엘을 총독 자리에 임명했다. 하지만 이런 영예는 오래가지 못했다. 페르시아 군사들이 바빌론 성문 앞에 진주함에 따라, 신바빌로니아 제국의 마지막 날이 다가왔기 때문이다.

—|—

    B.C. 539년, 페르시아의 키루스 황제는 한 수문을 통해 바빌론에 입성했다. 키루스는 나보너더스 왕의 목숨은 살려 주었으나, 페르시아 왕조에 저항하여 혁명을 주도한 벨사살 왕은 죽인다. 반세기 전에 바빌론 사람들이 유다를 자국의 속령으로 취한 것처럼, 키루스 황제도 신바빌로니아를 페르시아의 속령으로 귀속시켰다.

    키루스 황제가 다스리는 페르시아 백성들은 아리아 족에 속한다. 다시 말해 그들은 바빌론, 아시리아, 히브리 그리고 페니키아처럼 셈 족이 아니고, 오늘날의 서구인들과 조상이 같다. 본래 이들은 카스피 해의 동쪽 해안에서 거주했던 것으로 보인다. 그들도 큰 포부를 가지고 오래 살던 곳을 떠났다. 소수의 무리들은 서쪽으로 나아가 유럽 원주민을 정복하고, 그곳에 정착하는 데 성공한다.

    다른 무리들은 남쪽으로 전진하여 이란과 인도의 평원을 점령했다. 메디아 사람들과 힘을 합친 페르시아인들은 아시리아 군사들의 횡포로 황폐화된 몇몇 구릉 지역을 차지한다. 초기에 그들은 엉성하기 짝이 없는 조직체로 출발했으나, 키루스 황제는 탁월한 지도력을 발휘해 연이어 정복에 성공하고 막강한 페르시아 제국을 건설했다. 키루스는 지략에 매우 뛰어난 사람이었다. 그는 계략과 외교력으로 적을 이길 수 없을 때만 전쟁을 감행했다. 그는 바빌론의 모든 제후와 우방 세력을 왕실과 격리시켜 놓은 후에 바빌론 침공을 감행했다. '빨리빨리'가 아니라 '느릿느릿' 작전이었다.

    약 20년의 긴 작전을 수행하는 동안 흥분을 감추지 못한 사람들이 있었는데, 바로 유배 중에 있던 유대인들이었다. 애초부터 그들은 키루스를 여호와의 지시로 유대인의 멍에를 벗길, 구세주로 간주했었다. 유대인들은 키루스의 전투를 숨죽여 지켜보았다. 처음에는 황제가 소아시아의 갑바도니아와 전쟁을 벌인다는 소문이 들려왔다. 조금 뒤에는 리디아의 왕 크리서스와 격전 중이라는 소식을 여행자들이 전했다. 다음에는 그리스 해안을 침공하기 위해 소아시아에서 함대를 건설하고 있다는 소문이 흘러들었다.

모든 유대인 예언자들은 계속되는 키루스 황제의 전쟁을 깊은 관심을 가지고 주시했다. 페르시아 군의 승리 소식을 전해 들을 때마다 그들은 칭송과 희망의 노래를 불러 댔다. 그들이 확신한 바빌론의 멸망이 다가왔다. 악덕한 도시는 여호와의 말씀을 거역했다. 그들이 행한 죄악으로 말미암아, 여호와는 도시를 처벌할 준비가 되었다. 불가능해 보이던 바빌론 멸망이 마침내 일어나자, 모든 유대인 포로들은 기쁨의 함성을 질렀다. 그들은 새 점령군을 열렬히 환영했고, 고향으로 돌아가도 되겠느냐고 물었다. 키루스는 반대하지 않았다. 그는 자신의 관대함을 슬며시 내세우는 사람이었다.

옛 바빌론 제국에서 종살이하던 모든 민족들에게 즉시 고향으로 돌아가는 것이 허락되었다. 하지만 키루스는 이보다 한술 더 떴다. 그는 다른 민족의 개인적인 용무에 대해서는 절대적으로 무관심한 사람이었던 것 같다. 키루스는 유대인들이나 페니키아 사람들이 페르시아의 신이 아닌, 그들의 신을 받들기 원한다면 이것은 전적으로 그들이 결정할 문제라고 생각했다. 그들은 자기들의 신전을 세울 수 있었고, 원하는 우상을 만들어 신전 안에 모실 수도 있었다. 유대인들은 세금을 바치고 왕이 세운 총독의 명령에 복종하는 한, 자신들이 택한 정치적·종교적 삶을 영위할 수 있었다. 키루스 왕은 이처럼 통 큰 군주였다.

더욱이 전략적인 면에서, 가나안 땅으로 유대인들을 귀환시키자는 결정은 영민한 페르시아 황제에게 아주 매력적인 이야기였다. 키루스는 페르시아를 해양 대국으로 키우고 싶어 했기 때문이다. 지중해 연안의 페니키아 도시들은 황제의 뜻에 군말 없이 복종했다. 하지만 페니키아와 바빌론 사이에는 팔레스타인의 피폐한 빈 땅들이 즐비했다. 바로 이 사막에 사람들을 이주시키는 것이 필요했다.

바빌론 사람들도 이 같은 이주 정책을 몇 차례 시도했었다. 그들은 옛 유대 왕국에 이민자를 파송했다. 이민자들은 배를 곯며 살던 원주민 사이에 정착했다. 사마리아 사람이라 불리는 민족은, 이때 함께 살게 된 다른 종족들이 서로 혼인을 맺어 탄생한 새로운 종족이다. 그들은 한 번도 크게 번영한 적이 없었다. 히브리, 바빌로니아, 아시리아, 헷, 페니키아가 섞인 이 이상한 집단은 옛 유다 왕국의 순수 혈통 유대인들로부터 큰 멸시와 경멸을 받았다.

키루스 왕은 팔레스타인에 새로운 질서를 세우고자 할 때, 북이스라엘 출신의 후손들을 찾았다. 하지만 이런 출신의 유배자들도, 자손들의 흔적도 찾을 수 없었다. 바빌론 주위 주민들과 완전히 동화되었기 때문이다. 반면에 유다 출신을 찾는 것은 큰 문제가 아니었다. 그들은 종족의 순수성을 유지하고 있었다.

페르시아에서의 오랜 유배 생활 동안 유대인들은 새 종교에 익숙해져 갔다. 페르시아 사람들은 위대한 신앙의 스승, 자라투스트라의 열렬한 신봉자들이었다. 자라투스트라는 모든 삶을 선과 악의 끊임없는 투쟁으로 간주하고, 지혜의 신 오르마즈드는 무지와 악의 신 아리만과 영원한 전쟁을 펼친다고 가르쳤다.

이제까지 유대인들은 만물의 주인인 여호와만을 알고 있었다. 전투에 실패하거나 질병으로 고생할 때, 그들은 이 모든 재앙이 민족의 허물 때문에 생긴 일이라고 믿었다. 그들은 죄악이, 악한 영靈의 직접적 개입이라는 생각은 꿈에도 하지 않았다. 하지만 유대인들은 자라투스트라 교리에 영향을 받아서, 여호와가 계획한 선한 일들을 방해하려고 애쓰는 영이 있다는 것을 믿기 시작했다. 유대인은 그를 여호와의 적, 사탄이라고 불렀다. 그들은 사탄을 두려워하고 증오했다.

B.C. 537년, 페르시아 왕실은 유대인의 예루살렘 귀환을 공포했다. 동시에 성전을 다시 짓는 것도 허용했다. 느부갓네살 왕이 바빌론으로 가져갔

**자라투스트라**

던 모든 금은 장식물도 돌려받았다. 이 모든 조처는 예루살렘을 솔로몬 때처럼 빛나는 수도로 재건하는 원동력이 되었다.

반세기의 기도 끝에 예언자들의 예언이 사실로 드러났다. 여호와 자녀들의 유배 생활도 끝났다. 유대인에게 감옥 문을 나설 수 있는 자유가 주어졌다. 하지만 매우 소수의 사람들만이 멀고 위험한 사막을 거쳐야 하는 귀향길을 택했다. 대다수는 바빌론에 조용히 남거나, 엑바타나 성이나 수산 성 혹은 새 페르시아 제국의 큰 도시로 옮겨 갔다. 고향으로 향한 사람들은 신앙의 의무를 매우 중히 여기는, 믿음이 깊은 사람들이었다. 이제 그들에게 예루살렘의 유적 위에 모든 외부 세력을 배제하고 여호와만을 전적으로 모시는, 새 정부를 수립할 길이 열린 것이다.

다니엘이 팔레스타인으로 귀향하는 유대 백성들을 인도했다면 그보다 더 좋은 일은 없었을 것이다. 하지만 다니엘은 너무 늙어서 긴 여행을 할 수 없었다. 페르시아 사람들은 그를 잘 대접하고 자리를 보존해 주었다. 한때 다니엘은 왕실에 불충하다는 의심을 받았다. 한 달 동안은 어느 누구도 왕 이외의 신이나 사람에게 예배를 올릴 수 없다는 왕명에도 불구하고, 다니엘이 여호와에게 드리는 기도를 멈추지 않았기 때문이다. 다니엘은 불복종에 대한 벌로 사자 우리 안에 던져졌다. 그러나 맹수들은 이처럼 거룩한 예언자를 삼키기 마다했다. 다음 날 아침, 다니엘은 한 군데의 상처도 없이 우리를 걸어 나왔고, 죽을 때까지 평화로운 삶을 살았다.

─¦─

다니엘이 고향으로 돌아갈 처지가 못 된다는 것이 분명해지자, 페르시아 사람들은 유다 땅을 다스릴 새 지도자를 찾았다. 옛 유다 왕실의 먼 친척인 스룹바벨이라는 사람이 뽑혔다. 스룹바벨은 여러 제사장들과 함께 예루살렘으로 돌아가 재건 사업을 시작했다. 쉬운 일이 아니었다. 무너진 성벽을 쌓고 온 시가를 다시 세워야 했다.

도시 주변에 있는 대부분의 땅은 사마리아 출신의 무단 거주자들이 벌써 농터로 바꿔 경작하고 있었다. 그들은 땅을 빼앗기지 않기 위해서, 새로 이주해 온 유대인들을 힘들고 고달프게 하려고 온갖 노력을 다했다. 사마리아인들은 성전 건축 현장에서 막노동이라도 감수하려 했지만, 이 일조차 허락되지 않았다. 그러자 설움을 화풀이하기 위해, 성전이 완성되면 유대인들이 반란을 일으켜 왕국을 재건할 것이라는 밀서를 페르시아 황제에게 보냈다. 키루스 황제는 매우 바쁜 사람이었다. 그는 소수민족인 유대인의 폭동 같은 사소한 일까지 신경 쓸 시간이 없었지만, 큰일을 막기 위한 조처로 조사가 끝날 때까지 성전 건축을 중단하라는 명령을 내렸다.

세월은 쉬지 않고 흘러, 반쯤 올라가다가 멈춘 성전 벽에 초록빛 이끼가 끼기 시작했다. 이때 예언자 학개가 역사의 무대에 등장한다. 그는 스룹바벨의 나태함과 소심함을 탄핵하고, 왕실의 허가가 있건 없건 성전 공사를 계속하라고 명령했다. 큰일을 앞에 두고 약간의 격려가 필요했던, 배짱 없는 인간이었던 스룹바벨은 그제야 일꾼들에게 공사장으로 돌아가라고 명령했다. 하지만 사마리아 총독인 닷드내가 "너희들이 무슨 권한으로 요새처럼 보이는 건물을 건축하느냐"고 시비를 걸어왔다. 스룹바벨은 수년 전에 키루스 황제의 허가를 받았다고 답변했다. 닷드내는 페르시아 왕궁에 확인을 요청했다. 그 당시 키루스의 후계로 다리우스가 왕 노릇을 하고 있었다. 다리우스는 온 문서 보관소를 수색하라고 명령했다. 매우 복잡한 수색 작업이었지만, 다행스럽게도 키루스가 서명한 원본 칙령을 찾았다. 이에 따라 닷드내는 공사 중단 명령을 철회했고, 4년 후에 성전이 완공되었다.

유대인들은 약 70년의 바빌론 유배 생활을 끝내고 고향으로 돌아왔다. 하지만 대다수의 유대인들은 이집트, 바빌론 그리고 페르시아의 주요 상업 도시에 계속 살고 있었다. 그들은 기회가 있을 때마다 신성한 수도 이스라엘의 성벽 안에서 많은 종교적 축제를 올렸다. 그들은 아직도 빛바랜 도시를 정신적 고향으로 간주하고 사랑했다. 그러나 좁고 더러운 길과 버려진 상가로 가득 찬 비좁은 수도 예루살렘은 세속적인 번창을 이루기가 쉽지 않았다. 여호와에게 제물을 바치고 마지막 경배 시를 읊조리고 나면, 모든 방문객들은 수사 성에 있는 집으로 돌아가기 바빴다. 1년 열두 달을 수도에서 살지 않아도 된다면, 예루살렘은 그들에게 더없이 자랑스러운 도시였다. 예루살렘을 대하는 유대인들의 상반된 마음은, 앞으로 4세기 동안의 크나큰 고통과 시련을 자초한다.

유대인들은 유배 생활을 할 때 페르시아인, 이집트인, 그리스인 그리고 로마인과 평화롭게 살았지만 그들의 관습을 따른 적은 없다. 어디를 가도 국가 안에 국가를 만들어 그들만의 거주지를 조성했다. 유대인들의 발길은 언제나 자신들만의 신전으로 향했고, 일상생활에서도 여호와의 영광을 실천하려 노력했다. 자식들이 여호와의 이름을 우습게 여기는 또래들과 사귀는 것을 금하는 것은 물론이요, 딸을 이방의 남자에게 시집보내기 보다는 차라리 죽이는 쪽을 택했다. 음식도 특이한 방식으로 조리된, 자기들만의 음식을 먹었다. 의복도 다른 민족과 구분되는 고유한 것을 입었다.

페르시아인은 이해할 수 없는 이 괴상한 이웃을 경계하는 눈초리로 바라보았다. 타 종족의 신을 깔보고 민족의 단결을 무기로 삼는 유대인 집단은 이웃과의 거리를 점차 넓혔고, 마침내는 서로 반목하는 관계로 나아갔다. 이러한 상황 속에서 B.C. 5세기경, 페르시아에 거주하던 유대인들이 전멸당할 위기를 맞게 된다. 우리는 이 음모의 전말을 구약의 「에스더」에서 읽을 수 있다.

─┊─

구약의 역사서 중 마지막 책이 「에스더」인데, 이 책도 「다니엘」처럼 에스더가 죽은 뒤 수 세기 후에 기록되었다. 그 무렵, 페르시아의 황제는 아하수에로(크세르크세스)였다. 그리스로 쳐들어가 아테네를 함락했으나 해전에서 패배한, 바로 그 사람이다. 그는 유약한 군주였다. 아하수에로는 부부 사이에서 가장 치사한 핑계인 언쟁을 이유로 아내와 이혼했다. 왕은 한 연회에서 만취했고, 왕비 와스디도 마찬가지였다고 한다. 뜨거운 언쟁 끝에 왕비는 왕궁을 떠나라는 황제의 지엄한 명령을 받았다.

아하수에로 왕은 전국에 왕비 간택령을 내렸고, 에스더가 새 왕비로 뽑혔다. 고아였던 에스더는 궁중에서 신임을 받는 사촌 모르드개와 함께 살고 있었다. 에스더는 왕비 처소로 들어갔고, 모르드개도 종종 그녀를 만나러 갔다. 어느 날, 모르드개는 어떤 두 사람이 왕을 살해하려고 음모하는 것을 엿듣게 되었다. 모르드개는 에스더에게 알렸고, 그녀는 왕에게 보고했다. 두 사람은 체포되어 처형당했지만 왕의 생명을 구한 모르드개의 공은 잊혔다.

그러나 충분히 풍족하게 살고 있었던 모르드개는 개의치 않았다. 그는 여왕의 후견인 역할에 만족했다. 하지만 지위가 급격히 상승하면서 적이 많이 생겼다.

당시 왕에게 가장 큰 신임을 받는 각료는 아랍인 하만이었다. 유대 민족의 앙숙이었던 아말렉 족 출신인 하만은 모르드개를 질시했지만, 모르드개는 그를 공손하게 대했다. 두 사람이 만날 때면 하만이 모르드개에게 먼저 절을 올리라고 고집했다. 모르드개는 거절했다. 이 문제는 왕 앞으로 옮겨 갔다. 왕은 두 사람이 알아서 해결하라고 명령했지만, 쉽게 결론이 날 문제가 아니었다. 두 사람의 갈등은 깊어만 갔다. 남에게 먼저 예를 올리라고 시비를 거는 것은 참 사소한 일처럼 보이는데, 당시 사람들에게는 목숨을 걸만큼 큰 문제였나 보다.

하만은 위험한 상대였다. 그는 포로 신분이지만 부유하게 살고 있는 유대인에 대한 의구심과 질투심을 왕의 마음에 심으려는 공작을 벌였다. 하만은 유대인이 살고 있는 호화로운 주택을 보여주며, 그들이 거둔 엄청난 성공을 들추었다. 사실 대부분의 유대인은 빈민촌에 살고 있었으나, 이를 본 적 없는 왕은 하만의 말을 믿을 수밖에 없었다. 하만은 큰 힘도 들이지 않고 온 제국 안의 유대인을 사형에 처한다는 황제의 조서를 받아 냈다.

유대인 몰살을 모의하는 하만

하만은 이 무시무시한 칙명을 집행하라는 임무를 부여받았다. 모든 비열한 사람들이 그런 것처럼, 그 역시 복수의 희열을 완벽하게 즐기기 위해 집행을 서서히 조심스럽게 준비했다. 하만은 제비를 뽑아 여호와의 추종자들을 전멸시킬 가장 좋은 달을 뽑았다. 점괘에 2월이 나왔다. 그는 높은 산

정상에 교수대를 설치하라는 명령을 전국에 내렸다. 이 칙명은 내용이 너무나 엄청났기 때문에, 오랫동안 기밀로 지켜질 수가 없었다.

모르드개가 황급하게 요청하자 에스더는 왕의 허락도 없이 그의 앞으로 나아가 자기 백성들을 살려 달라고 간청했다. 처음에 아하수에로 왕은 에스더의 무례한 행동에 화가 났다. 하지만 모르드개가 자기 목숨을 구해 주었던 것을 기억하고 모든 증거를 종합해 보니, 하만이 자신의 개인적 원한을 풀기 위해 황제를 어떻게 기만했는지 이해되기 시작했다. 즉각 유대인의 목숨과 재산을 보장한다는 왕의 조서가 황실에서 기르는 준마의 엉덩이에 실려 전국에 공포되

교수대에 매달린 하만

었다. 모르드개를 죽이려고 산 정상에 특별히 만든 교수대에는 하만의 목이 대신 매달렸다.

이 모함의 내막이 알려지자, 유대인들은 간신히 위험을 모면했다는 사실에 치를 떨었다. 그들은 이 중대한 사건을 길이 기념하기로 했다. 그 후 매년 2월과 3월 사이에 유대인들은 제비뽑기라는 뜻을 가진 부림절이라는 이름의 큰 축제를 벌인다. 축제날에는 모든 유대 단체가 「에스더」를 크게 읽고 하만의 이름을 공공연히 저주했다. 부자들은 민족을 구한 착한 왕비를 기념하여 가난한 자를 위해 큰돈을 기부했다. 부림절은 유대 땅과 멀리 떨어진 페르시아에서 시작된 까닭에, 오래전에 예루살렘으로 귀환한 충직한 유대인들은 처음에 이 축제를 별로 반기지 않았다. 하지만 점차 널리 받아들여져, 오늘날에도 많은 유대인 사회가 부림절을 지키고 있다.

—┼—

　에스더의 이야기는 페르시아 제국이 왕성하던 시절, 이방에 살던 유대인의 활약상과 중요성을 보여 준다. 특히 예루살렘은 황폐한 상태로 방치되어 있었기 때문에 그들은 고향의 정국을 좌지우지할 수 있었다. 성전은 새롭게 완성했지만 무너진 성벽은 아직도 팽개쳐진 상태였고, 상업과 무역의 회복도 늦었다.

　유다 재건을 맡았던 스룹바벨은 죽었고 몇몇 사람들이 그의 뒤를 이었지만, 자금 부족과 인력난 때문에 큰 진전이 없었다. 마침내 외지에 살고 있던 유대인들이 조국을 위해 무엇인가를 하기로 결심한다. 제사장 에스라는 그들로부터 유다 땅으로 귀환할 때 필요한 자금을 지원받는다. 에스라는 동행할 지원자를 모집했지만 반응은 신통치 않았다. 하지만 끊임없는 설득으로 약 500명의 귀향민을 모집할 수 있었다.

　약 4개월의 여정 끝에 B.C. 458년, 성지 참배자들의 눈에 그토록 그리던 옛 성전의 모습이 들어왔다. 에스라가 바라본 예루살렘의 상태는 비참하기 짝이 없었다. 남자들은 이방 출신의 아내를 두었고, 여호와에 대한 신앙적 의무를 매우 게을리하고 있었다. 유다 땅은 또 하나의 사마리아로 변해 가는 중이었다. 에스라는 느헤미야의 도움을 받아 썩어 가는 나라를 개혁하는 작업에 뛰어든다. 도시의 성벽은 다시 재건되었고, 쓰레기를 치운 거리는 깨끗이 정리되었다. 이방 출신의 아내들을 각자 부모에게로 돌려보냈다. 성전 앞문 밖에는 목제 설교단이 세워지고, 예언자 에스라는 이곳에서 백성들이 영구히 기억해야 할 계명을 주기적으로 읽고 설명했다.

　이런 노력에도 불구하고 예루살렘의 지역 대부분은 사람이 살지 않아서 황폐했다. 예루살렘 성벽은 솔로몬 왕 시절의 많았던 인구를 감안하여 축조했기 때문에 매우 복잡하고 장대한 구조였다. 귀향한 주민들의 수로는 외부의 침략을 방어할 수 없었다. 적정 수준의 인구를 유지하려면 단호한 조처가 필요했다. 그 일환으로 예루살렘 인근의 주민 가운데 10분의 1을 제비로 뽑아 성 안으로 이주시키는 방책까지 강구되었다. 자발적으로 이주한 사람들은 국가에 대한 충성심이 높다는 영예를 얻었다. 명령을 따르지 않는 백성들은 강제로 이주당했다.

그러나 예루살렘은 옛 영광을 회복할 수 없었다. 막강했던 정치력과 군사력 그리고 번창하던 무역을 주도했던 시절은 다시 오지 않았다. 예언자 에스겔의 꿈은 실현되지 못했다. 하지만 이 도시는, 모든 사람들이 옛 영광에 연연할 때 앞을 내다보는 대범한 눈을 가졌던 「이사야」의 무명작가가 출현을 예견한, 가장 위대한 선지자의 본고장이 된다.

# 제 16 장

# 지혜 문학서

구약성경에는 유대인의 율법과 역사뿐만 아니라 지혜 문학서도 실려 있다. 여호와의 전지전능함을 우화적으로 보여 준 「욥기」, 여호와의 전능함을 찬송하고 그의 가호를 간구하는 「시편」, 험난한 세상을 지혜롭게 살아가는 행동 지침을 기록한 「잠언」, 여호와가 없는 인생의 허무함을 그린 「전도서」 그리고 「아가」는 창조주의 뜻 안에서 남녀가 사랑하는 모습을 그렸다.

–¦–

구약성경은 유대 민족의 정신적 유산을 기록한 잡문집이라고 부를 수 있다. 여기에는 그들의 역사, 전설, 혈통, 율법, 사랑의 시 그리고 성시들이 선별되어 실려 있다. 특히 구약에서 빼놓을 수 없는 것은 유대인의 정신과 삶을 뜻 있고 값지게 만드는 다섯 편의 지혜서이다.

수천 년 동안 지혜서는 유대인의 일생을 인도하고 윤택하게 해 왔다. 유대인은 젊어서는 「아가」를 읊조리고, 장년에는 「잠언」을 기억하고, 노년에는 「전도서」의 주제인 "모든 것이 헛되고 헛됨"을 절규한다고 한다. 하지만 인간의 희로애락을 노래한 「시편」은 남녀노소를 가리지 않고 애송된다.

—¦—

불의한 자에게는 불행이 미치고, 악한 일을 하는 자에게는 불행이 닥치는 법인데, 어찌하여 악한 자들이 늙도록 오래 살면서 번영을 누리는가? 더욱이 외로운 사람에게는 왜 재앙이 닥치는가? 사람들은 죄 없는 자마저 재앙을 당하는 것을 보고 비웃을 것이다. 선한 사람이 받는 고통은 여호와가 사람을 가르치려는 시도인가? 왜 창조주는 여호와를 경외하는 사람들에게 닥치는 재난을 방관하는 것일까? 지혜서의 첫 번째 권인 「욥기」는 이런 물음에 답하기 위해 쓰였다. 「욥기」는 구약성서에서 가장 오래된 작품이다.

옛날 옛적에 여호와를 경외하며, 흠 없고 악을 멀리하던 욥이라는 사람이 우스라는 곳에 살고 있었다. 그는 재물이 어찌나 많고 온갖 부귀를 누렸는지, 사탄도 시샘할 정도였다. 어느 날, 사탄이 사람들이 땅 위에서 일으키는 갖가지 악행을 고자질하려고 여호와 앞에 나타났다. 하지만 여호와가 선수를 쳤다. "너는 나의 종 욥을 보았느냐? 그처럼 흠 없이 정직하며 나를 경외하고 악을 멀리하는 사람은 이 세상에 없다."

사탄이 말을 받았다. "물론 욥은 신실하고 충성스러운 사람입니다. 하지만 욥이 아무것도 바라지 않고 하나님을 경외했겠습니까? 당신이 온갖 부귀와 축복을 내리셨으니, 그가 당신께 충성을 바치는 것은 당연한 일이지요. 주께서 손을 드셔서 그가 가진 모든 것을 쳐 내시면, 욥은 주님을 저주할 것입니다. 이제라도 욥의 모든 축복을 빼앗고, 여호와의 충성스러운 종으로 얼마나 남아 있을지 알아보시지요."

여호와는 사탄의 도전을 받아들였다. 사탄은 아무런 경고도 없이 욥의 가옥을 파괴하고, 가축을 몰살시키고, 아들딸의 목숨을 빼앗았다. 또한 욥의 발바닥에서부터 머리 끝가지 악성 종기가 나게 해 매순간 참을 수 없는 육체적 고통을 주었다. 욥은 빼앗길 것은 모두 빼앗기고, 잃을 것은 다 잃고, 온몸은 만신창이가 되었지만 여호와에 대한 믿음은 버리지 않았다.

신실하기 그지없는 욥은 왜 이런 처참한 일이 찾아왔는지, 왜 비참한 질병에 걸려야 하는지, 왜 바른 방법으로 부를 얻은 것이 죄가 되는지 그리고 왜 선량한 아버지가 자식들을 잃어야 하는지 결코 이해할 수 없었다. 욥은 일어나 겉옷을 찢고 머리를 깎았다. 그리고 땅에 엎드려 입을 열었다. "벌거벗고 세상에 태어난 몸, 알몸으로 돌아가리라. 여호와께서 주셨던 것, 여호와께서 도로 가져가시니, 다만 여호와의 이름을 찬양할 뿐입니다." 옹기 조각으로 몸을 긁는 욥을 보다 못한 아내는, 여호와를 저주하고 깨끗하게 죽음을 택하라고 악담을 퍼부었다.

욥의 세 친구가 위로해 주겠다며 찾아왔지만, 그들은 위로는커녕 욥이 남몰래 저지른 죄로 벌을 받고 있다며 비난했다. "욥, 너는 우리를 속이고 있구나. 여호와를 두려워하는 너는 우리에게 경건한 인상을 주었지. 이제 네가 처음으로 불행한 일을 당하는 것을 보니, 네가 어떻게 여호와를 버렸는지 알겠구나. 죄 없는 사람이 망한 일이 있더냐? 정직한 사람이 멸망하더냐? 우리가 본 대로라면 악을 갈아 재난을 뿌린 자는 그대로 거두게 마련이다. 너는 참으로 뻔뻔하고 교만하며 참을성이 없다. 여호와는 선한 사람을 결코 벌하지 않으신다." 친구들이 퍼붓는 견책을 욥이 보다 합당한 논리로 물리치자, 그들은 설득을 포기하고 돌아가 버렸다.

욥은 부조리를 방관하는 여호와의 섭리를 알고 싶었다. 욥은 가난한 사람을 모른 체하거나, 남에게 돌아갈 이득을 취한 일도 없고, 자신의 재물을 자랑한 일도 없고, 적의 불행을 기뻐한 일도 없다고 선언한다. 욥은 '자신이 잘못했다는 확증을 보여 주거나, 아니면 자신이 옳은데도 불구하고 엉뚱한 벌을 받고 있다'는 것을 선언해 달라고 여호와에게 간절히 청원했다.

여호와가 보기에 욥의 탄원이 그리 불경하지 않았는지, 마침내 폭풍이 몰아치는 가운데 여호와가 욥에게 나타났다. 하지만 여호와는 욥의 질문에 가타부타 말이 없고, 대신 황당한 질문을 욥에게 퍼부었다. "내가 땅의 기초를 놓을 때 너는 어디 있었느냐? 네가 북두칠성에 굴레라도 씌우고, 오리온성좌의 사슬을 풀어 주기라도 했단 말이냐? 네가 성좌들을 제시간에 이끌어 내고, 큰곰자리와 작은곰자리를 인도해 낼 수 있느냐? 네가 천상의 운행 법칙을 결정하고 지상의 자연법칙을 만들었느냐? 전능한 하나님과 다투는 욥아, 네가 나를 꾸짖을 셈이냐? 네가 나를 비난하니, 어디 나에게 답해 보아라."

그 말을 듣고 깨우친 욥이 여호와께 대답했다. "저는 비천한 사람입니다. 제가 무엇이라고 감히 주님께 대답할 수 있겠습니까? 다만 손으로 입을 막을 수 있을 뿐입니다. 주님이 어떤 분이시라는 것을 지금까지는 귀로만 들었습니다. 그러나 이제는 제 눈으로 주님을 뵈었습니다. 그러므로 제 주장이 잘못되었음을 깨닫고, 티끌과 잿더미 위에 앉아서 회개합니다." 여호와는 욥의 조건 없는 항복을 받아들이고 예전보다 더 크고, 더 많은 부귀와 영광을 욥에게 허락했다.

「욥기」가 우리에게 던지는 교훈은 귀하고 무겁다. 때때로 재난은, 여호와를 향한 인간의 헌신을 시험하려고, 인간에게 들이닥친다. 하지만 창조자를 진정으로 인지한 인간은 신을 결코 버릴 수 없다. 따라서 어떠한 재난이 닥치더라도 여호와를 포기하려는 유혹에 빠지지 말아야 한다. 또한 「욥기」는 죽을 수밖에 없는 인간은 전지전능한 여호와의 통치 원칙을 헤아릴 수 없다는 진리를 보여 준다.

「욥기」 다음 책은 「시편」이다. '시편Psalms'이라는 단어는 서부 아시아에서 유행했던 현악기를 뜻하는 그리스어 'Psalter'에서 유래했다. 이 현악기는 축제 때 여러 사람들이 부르는 성가를 반주하는 데 사용되어, 오늘날의 오르간처럼 음률을 조절했다. 「시편」의 주제는 극치의 찬양에서 극단의 저주, 복수까지 퍽 다양하다. 여기에는 자연을 찬미하는, 인간의 문자가 표현할 수 있는 가장 아름다운 묘사들이 들어 있다. 또한 진정한 신앙을 가진 사람들이 느끼고, 꿈꾸고, 간구한 내용들이 희망과 위로의 경건한 언어로 표현되어 있다. 널리 애송되는 몇 구절을 옮긴다.

"복 있는 사람은 악인들의 꾀를 따르지 아니하며 죄인들의 길에 서지 아니하며 오만한 자들의 자리에 앉지 아니하고 오직 여호와의 율법을 즐거워하여 그의 율법을 주야로 묵상하는도다. 그는 시냇가에 심은 나무가 철을 따라 열매를 맺으며 그 잎사귀가 마르지 아니함 같으니 그가 하는 모든 일이 다 형통하리로다. 악인들은 그렇지 아니함이며 오직 바람에 나는 겨와 같도다. 그러므로 악인들은 심판을 견디지 못하며 죄인들이 의인들의 모임에 들지 못하리로다. 무릇 의인들의 길은 여호와께서 인정하시나 악인들의 길은 망하리로다."

"여호와는 나의 목자시니 내가 부족함이 없으리라. 그가 나를 푸른 풀밭에 쉬게 하시고 잔잔한 물가로 인도하시며 내 영혼을 소생시키시고 자기 이름을 위하여 나를 의로운 길로 인도하시는구나. 내가 죽음의 음산한 계곡을 걸어가도 두려워하지 않을 것은 주께서 나와 함께하심이라. 주의 지팡이와 막대기가 나를 지키시니 내가 안심하리라."〔목자는 두 가지 장비를 가지고 있다. 막대기는 맹수로부터 양을 보호할 때 사용하고, 손잡이가 구부러진 긴 지팡이는 양 떼를 풀밭으로 몰 때 사용한다.〕

"내가 눈을 들어 산을 본다. 내 도움이 어디에서 오는가? 내 도움은 하늘과 땅을 만드신 주님에게서 온다. 주님께서는, 네가 헛발을 디디지 않게 지켜 주신다. 너를 지키시느라 졸지도 않으신다. 이스라엘을 지키시는 분은, 졸지도 않으시고, 주무시지도 않으신다. 주님은 너를 지키시는 분, 주님은 네 오른쪽에 서서, 너를 보호하는 그늘이 되어 주시니, 낮의 햇빛도 너를 해치지 못하며, 밤의 달빛도 너를 해치지 못할 것이다."

"복되어라, 야훼를 경외하며 그의 길을 걷는 자. 네 손으로 일하여 그것을 먹으니, 그것이 네 복이며 너의 행복이다. 너의 집 안방의 네 아내는 포도알 푸짐한 포도나무 같고 밥상에 둘러앉은 네 자식들은 올리브 나무의 햇순과 같구나. 보아라, 야훼를 경외하는 자는 이렇게 복을 받으리라."

「시편」은 길고 긴 유대 역사를 전체적으로 다루고 있다. 어느 것은 옛 왕국 시절에, 어느 것은 유배 시절에 쓰인 것이다. 시간이 흘러감에 따라 「시편」 낭송은 유대 종교 예식의 중요한 일부가 되었고, 오늘날에는 교회에서 부르는 찬송가로 채택되었다. 「시편」은 세계의 모든 언어로 번역될 정도로 후세의 많은 시인들에게 큰 영감을 주었다. 먼 미래에 역사서와 예언서가 읽힐 것인지는 예견할 수 없지만, 경건하고 숭엄한 아름다움을 한 단계 승화시킨 「시편」은 영원히 인류와 함께할 것이다.

—¦—

「잠언」은 간구나 열정을 배제한 책이다. 제목이 암시하는 대로, 이 책은 매우 현명한 사람들이 지난 수 세기 동안 해 온 훈계를 담고 있다.

우선 「잠언」은 바람직한 인간상을 우회적으로 보여 준다. "여호와께서 미워하고 역겨워하시는 일곱 가지가 있다. 거만한 눈, 거짓말하는 혀, 무고한 피를 흘리게 하는 손, 악한 계교를 꾸미는 마음, 나쁜 일에 재빠른 발, 거짓 증언하는 사람, 형제 사이를 이간하는 사람이다."

그다음에는 실질적인 훈계들이 따른다. 자녀 교육을 위하여 "자식이 미우면 매를 들지 않고, 자식이 사랑스러우면 채찍을 잡는다"고 조언한다. 조강지처를 아끼라는 충고는 이렇다. "집과 재산은 부모에게서 물려받지만, 슬기로운 아내는 여호와께서 주시는 선물이다."

이웃과 화목하게 사는 것은 쉽지 않다. 이웃을 멀리하지 말고 서로 배우라고 이야기한다. "쇠는 쇠에 대고 갈아야 날이 서고, 사람은 이웃과 비비대며 살아야 다듬어진다." 하지만 너무 달라붙는 것은 좋지 않다. "너는 이웃집의 문턱이 닳도록 자주 드나들지 마라. 그가 싫증이 나서 너를 미워할 것이다." 악한 이웃을 다루는 방법은 이렇다. "너는 네가 직접 복수하겠다는 생각을 버리고, 여호와께서 처리하실 때까지 기다려라."

불우한 이웃을 위해서는 "도움을 청하는 손을 뿌리치지 말고, 도와줄 힘만 있으면 망설이지 마라. 여유가 있으면서도 '내일 줄 테니 다시 오시오'라며 이웃을 돌려보내지 마라"라고 하지만 빚보증은 서지 말라고 충고한다. "너는 남의 보증을 서거나 담보를 서지 마라. 네가 갚을 힘이 없으면, 네가 누운 자리마저 빼앗길 것이다."

서둘지 말고 매사의 때를 기다리라고 말한다. "풀을 베고 나서 새 움이 돋고 다시 산에서 꼴을 베게 될 때, 어린 양의 털로 옷을 지어 입고, 숫양은 팔아서 밭을 사고, 염소의 젖은 풍족하여 온 가족과 함께 먹고 계집종까지 먹여 살릴 수 있다."

괜히 횡재를 바라지 말라고도 충고한다. "쉽게 얻은 재산은 점점 줄어들고, 힘들여 모은 재산은 점점 늘어난다." 자선에 앞장서라고 권한다. "남을 위해 아낌없이 돈을 써도 더욱 부유해지는 자가 있고, 지나치게 아껴도 여전히 가난한 자가 있다." 최선을 다한 후에는 편히 자라는 이야기도 있다. "제비를 뽑는 일은 사람이 하지만, 그 일을 결정하는 분은 여호와이시다."

특히 「잠언」의 마지막 장은 조강지처의 노고를 일일이 나열한 뒤 염치없는 남편들에게 당부한다. "아내가 손수 거둔 결실은 아내에게 안겨 주고, 아내가 이룬 공로를 성문 앞에서 포상해 주어라." 하지만 유능한 아내가 되는 길은 쉽지 않음을 알 수 있다.

태초부터 모든 민족은 금언을 소유하고 있지만, 「잠언」의 가르침은 한결 격이 높다. 미국인들이 오늘날 미국에 전하는 많은 경구를 링컨 대통령이 지었다고 간주하듯, 페르시아 유배 시절의 유대인들도 민족적 영웅이었던 솔로몬이 지혜의 말을 썼다고 믿었다. 실제로 「잠언」의 대부분은 솔로몬 왕이 죽은 후 400년이 지나서 쓰였다. 「잠언」의 교훈들은 마치 어제 수집한 것처럼 지금도 유용하다. 「잠언」은 세상 물정에 밝은 사람이 어떻게 처신해야 하는지 우리에게 가르쳐 주고, 당시 유대인이 삶을 바라보는 관점을 어느 역사서나 예언서보다 잘 보여 준다.

—¦—

지금부터 볼 지혜서는 인생의 허무함을 극복하는 길을 제시한 「전도서」이다. 한 유대인 현자, 즉 솔로몬이 지나온 삶을 회고하고 사람들에게 전하는, 이 세상을 사는 길을 담은 책이다. 근본적으로 「전도서」는 실제 삶과 관련이 없는 일에 간섭하는 것은 어리석다고 말한다.

"전도자가 말한다. 헛되고 헛되다. 모든 것이 헛되다. 사람이 세상에서 아무리 수고한들, 무슨 보람이 있는가? 한 세대가 가고, 또 한 세대가 오지만, 세상은 언제나 그대로다. 이미 있던 것이 훗날에 다시 있을 것이며, 이미 일어났던 일이 훗날에 다시 일어날 것이다. 이 세상에 새것이란 없다."

"모든 일에는 다 때가 있다. 태어날 때가 있고, 죽을 때가 있다. 심을 때가 있고, 뽑을 때가 있다. 죽일 때가 있고, 살릴 때가 있다. 허물 때가 있고, 세울 때가 있다. 울 때가 있고, 웃을 때가 있다. 통곡할 때가 있고, 기뻐 춤출 때가 있다. 찢을 때가 있고, 꿰맬 때가 있다. 말하지 않을 때가 있고, 말할 때가 있다. 사랑할 때가 있고, 미워할 때가 있다. 전쟁을 치를 때가 있고, 평화를 누릴 때가 있다. 사람이 애쓴다고 해서, 이런 일에 무엇을 더 보탤 수 있겠는가? 이제 보니, 이 모든 것은, 하나님이 사람에게 수고하라고 지우신 짐이다."

전도자이자 현자는 천지에 널리 깔린 인생의 헛됨을 지적한다.

"나는 하늘 아래서 수고한 모든 일을 생각해 보니, 내 마음에는 허탈감뿐이다. 지혜와 지식을 짜내고 성심을 다해 성취한 것을 아무 수고도 하지 않는 사람이 차지하다니, 이 또한 헛되고 헛되다."

"사람이 어머니 태에서 맨몸으로 나와서 돌아갈 때도 맨몸으로 간다. 모두 빈손으로 돌아가니, 사람이 바람을 잡으려고 아무리 애를 써도 소용이 없다. 인생은 평생 온갖 슬픔과 번민과 질병 가운데서 살아갈 뿐이다. 이 또한 헛되고 헛되다."

이처럼 인생은 살 만한 가치가 전혀 없는 것인가? 전도자는 이 세상의 부조리를 허락한 하나님의 방식을 이해할 수 없었지만, 청중들에게 열심히 일하고 한 번 뿐 인생을 마음껏 즐기라고 조언한다.

"네 손이 일을 얻는 대로 힘을 다하여 하여라. 바람이 그치기를 기다리다가는, 씨를 뿌리지 못한다. 구름이 걷히기를 기다리다가는, 거두어들이지 못한다. 너는 아침에도 씨를 뿌리고, 저녁에도 부지런히 일하여라. 어떤 것이 잘될지, 이것이 잘될지 저 것이 잘될지, 아니면 둘 다 잘될지 알 수 없기 때문이다."

"사람에게 먹고 마시는 것, 자기가 한 수고에서 스스로 보람을 느끼는 것, 이보다 더 좋은 것은 없다. 너는 가서 즐거이 음식을 먹고, 기쁜 마음으로 포도주를 마셔라. 하나님이 너에게 주신 덧없는 모든 날에 너의 사랑하는 아내와 더불어 즐거움을 누려라. 그것은 네가 사는 동안에 세상에서 애쓴 수고로 받는 몫이다."

마지막으로 전도자는 세상의 허무한 것들에 마음을 빼앗기지 말고 창조자에게 마음을 두라고 권한다.

"태어날 때와 죽을 때가 있듯이 모든 일에는 다 때가 있다. 좋을 때는 기뻐하고, 어려울 때는 생각하여라. 하나님은 좋을 때도 있게 하시고, 나쁠 때도 있게 하신다. 그러기에 사람은 한 치 앞을 모른다는 것을 깨달아라. 너는 여호와를 두려워하라. 그분이 주신 계명을 지켜라. 이것이 바로 사람이 해야 할 의무이다. 하나님은 우리의 모든 은밀한 행위까지 심판하신다."

유대인은 감정이 풍부한 민족이다. 그들은 기쁨의 극치를 곰곰이 따져 보거나, 슬픔의 깊은 심연에 비참할 만큼 빠져드는 버릇이 있다. 그들의 문학은 곧 그들의 음악이었다. 유대인들은 슬프거나 의기소침할 때, 뼛속까지 파고드는 아픔을 노래한 쇼팽의 소곡처럼 「전도서」를 듣는다. 즐거울 때는 하이든의 「천지창조」 서곡에 잘 표현된 환호의 「시편」을 읽는다. 사람은 변하지만, 영혼은 변하지 않는다. 우리가 슬기롭다면 「시편」에서 많은 위안을 받을 수 있다. 우리가 고통받는다면, 우리보다 먼저 간 사람들도 고통받았을 테고 다음에 올 사람들도 고통받을 것이다. 1000년 전에 죽은 사람이 받았던 새로운 희망은, 아직 태어나지 않은 사람들에게 새로운 용기를 줄 것이다. 사람은 변하지만, 인간의 슬픔과 기쁨은 아브라함과 야곱의 시대나 지금이나 변함없다.

─┼─

마지막으로 볼 지혜의 책은 매우 흥미를 끈다. 한국 성경에서는 이 책을 '단아한 노래'라는 뜻에서 '아가雅歌'라고 부르지만, 본래는 가장 아름다운 노래라는 뜻에서 '노래 중의 노래'라는 제목을 가지고 있다. 문학적 재능이 뛰어났던 솔로몬 왕이 저자로 알려져 있다.

「아가」는 연인이 떨어져 있을 때의 애틋함과 만날 때의 황홀감을 그린 사랑 연작시이다. 사철 따라 변하는 아름다운 자연을 배경으로 주고받는 연인의 사랑 시는 노골적인 성적 표현을 담고 있다. 하지만 진솔한 표현에 힘입어 육체적 사랑을 성결하게 승화시킨다.

「아가」의 남자 주인공은 솔로몬이다. 여자 주인공은 양을 키우는 농촌 여인이다. 왕은 여인을 만난 후, 그녀의 집이 있는 수넴 마을에서 여인을 데려온다. 그는 왕궁에서 귀빈을 모시는 방을 여인에게 내주고 호감을 얻으려고 노력한다. 그러나 그녀는 사랑하는 사람과 초원을 거닐며 양 떼를 키우던, 행복했던 그 시절만을 생각한다. 여인은 연인과 나누던 정담을 반복해 떠올린다. 밤이면 밤마다 그 남자의 억센 팔, 그가 주는 위안을 꿈꾼다. 마침내 연인이 맺어지면서 행복하게 끝맺는다. 그녀가 부른 '사랑가'의 몇 구절을 옮긴다.

"그리워라, 뜨거운 임의 입술. 포도주보다 달콤한 임의 사랑."

"나의 임이 문틈으로 손을 밀어 넣으실 때, 나는 임을 맞아들이려고 향수에 젖은 손으로 문을 열었지. 그러나 왠지 내 님은 몸을 돌려 떠나 버렸네. 나는 그만 넋을 잃고 가는 임을 뒤쫓다가 놓쳤다네. 임은 아무리 불러도 대답이 없네. 예루살렘의 아가씨들아, 너희가 내 임을 만나거든 내가 사랑으로 병들었다고 전해 다오."

"아, 임께서 어머니 젖을 함께 빨던 나의 오라버니라면, 내가 밖에서 임을 만나 입을 맞추어도 아무도 나를 천하게 보지 않으련만, 내가 태어난 어머니 방으로 데리고 가서, 향기로운 술, 나의 석류즙을 드리련만. 임께서 왼팔로는 나의 머리를 고이시고, 오른팔로는 나를 안아 주시네."

"임의 마음에, 도장 새기듯, 나를 새기세요. 도장 새기듯, 임의 팔에 나를 새기세요. 사랑은 죽음처럼 강한 것, 사랑은 타오르는 불길, 아무도 못 끄는 거센 불길입니다.

바닷물도 내 사랑의 불길 끄지 못하고, 강물도 그 불길 잡지 못합니다."

「아가」는 신앙적 책이 아니지만, 매우 훌륭하고 혁신적인 생각이 이 세상에 도래했다는 증거이다. 태곳적부터 여자는 소나 말처럼 짐을 나르는 짐승 정도로 취급받았다. 남자가 여자를 포획하면 소유할 수 있었다. 그러나 이 모든 것들이 변하기 시작했다. 여인들이 제자리를 찾은 것이다. 그녀는 그의 사랑을 촉발시키고 사랑을 받았다. 이제 그녀는 그의 동반자이다. 수천 년 전에 유대인 경전에서 남녀평등 사상을 다룬 것은 실로 놀라운 일이다.

하지만 정작 「아가」가 오늘날에도 주목받는 이유는 다른 데에 있다. 세상에는 정신적인 사랑과 육체적인 사랑을 서로 다른 것으로 생각하는 사람도 있지만, 「아가」는 부부 간의 사랑과 성은 동전의 양면임을 보여 준다. 「아가」는 정신적인 사랑과 육체적인 사랑의 결합이야말로 창조자의 뜻이라고 선포한다. 또한 인간은 성적 환희를 즐길 자격이 있다는 것을 암시한다. 유대인은 「아가」에 등장하는 남녀를 여호와와 백성으로 해석하고, 기독교인은 예수와 교회의 관계로 설명한다.

# 제 17 장

# 유대, 그리스 속령

마케도니아의 젊은 왕 알렉산더는 페르시아 제국을 패퇴시킨 뒤 동서양을 포함한 대제국을 건설한다. 하지만 알렉산더의 갑작스런 사망으로 광대한 제국은 마케도니아, 이집트, 시리아 세 왕국으로 나뉘어 각각 다른 왕조가 들어선다. 팔레스타인 지역은 이집트를 맡았던 프톨레미 왕조의 지배를 받다가, 마침내 시리아 왕국을 건설한 셀루커스 왕조의 영토가 된다. 한편, 그리스 철학과 동방의 오리엔트 문명이 융합되어 태어난 헬레니즘 문화가 전 세계로 파급되고, 유대 땅에도 파고든다.

—┼—

페니키아 범선의 자주색 돛이 사라지는 서쪽 지평선 너머, 험준한 그리스 반도가 있다. 그리스 반도는 비록 땅덩어리가 크지는 않았지만, 인류 역사에 매우 분명한 역할을 한 민족이 살았다. 유대인처럼 그리스인도 이민자

그리스 주변의 세계

들이었다. 아브라함이 새 목초지를 찾아 서쪽으로 나아갈 때, 그리스 군의
선발대는 올림포스 산 북쪽 계곡을 탐색하고 있었다.

　하지만 그리스인에게 닥친 문제들은 모세와 여호수아가 가나안 땅에 발
을 붙이려고 할 때 당한 어려움에 비하면 불평할 것도 못 된다. 펠로폰네소
스 반도와 아티카 계곡의 원주민인 펠라스기 사람들은 약하고 미개했으며,
후기 석기시대의 생활에서 벗어나지 못했기 때문이다. 철기로 무장한 그리

스 군대는 펠라스기를 침략하여 큰 어려움 없이 전멸시켰다. 반도 정벌이 끝나자 그리스인들은 여러 소도시에 안주하여 현대 유럽을 세운 문명의 기초를 놓았다.

초기에 그리스인들은 주변 국가에 관심이 없었다. 그들은 에게 해에 위치한 여러 섬을 정벌했지만 아시아에 발을 들여야겠다는 생각은 못했다. 페니키아 사람들이 해외 무역을 독점한 상태에서, 다르다넬스 해협을 넘어 소아시아로 나가야 할 필요를 못 느꼈기 때문이다. 아테네 시민들에게는 바빌론도, 니느웨도 한낱 낯선 이름일 뿐이었다. 그들에게 가나안은 낯선 땅덩어리였다. 더욱이 유대인이라는 말은 들어본 적도 없었다.

하지만 예수 탄생 5세기 전, 모든 상황은 급변했다. 유럽이 아시아로 나간 것이 아니라, 아시아가 유럽을 침략해 들어가고 있었다. 페르시아 제국(B.C. 539~333)은 그 엄청난 야망을 거의 성공시킬 뻔했다. 우리는 키루스 황제의 이름을 잘 알고 있다. 유배 중인 유대인들은 키루스를 옛 성전의 위엄을 회복시켜 줄 구원자로 생각했다. 그러나 그리스인들로서는 키루스를 딴판으로 바라볼 수밖에 없었다.

키루스는 방대한 페르시아 제국을 운영하기에도 벅찼기 때문에 메소포타미아 평원을 지나 서쪽으로 더 진군하지는 못했다. 그가 사망한 지 8년 후에 다리우스 왕이 즉위하자, 그리스 사람들이 누리던 평화는 끝난다. 페르시아 군대는 오랜 준비를 마치고 B.C. 492년, 헬레스폰트 해협을 건너 트라키아를 정복했다. 그러나 페르시아 원정대는 아토스 산 가까이에서 큰 패배를 당한다. 그리스인들은 위대한 제우스의 시기적절한 개입으로 전투에서 승리했다고 믿었다.

2년 후, 페르시아 군대가 그리스에 다시 쳐들어왔지만 마라톤 전투에서 참패했다. 한 그리스 병사는 아테네까지 42킬로미터를 쉬지 않고 달려 승전보를 전달하고 마지막 숨을 거두었다고 한다. 그 후, 두 차례 더 페르시아 군대의 그리스 원정이 있었다. 페르시아 군대는 그리스 군대를 테르모필레

근방에서 섬멸시키고 아테네의 모든 시가지를 불태웠지만, 유럽 대륙에 영구한 영토를 차지하는 데는 실패했다. 결론적으로, 아시아의 구문명과 유럽 신문명의 첫 번째 충돌은 유럽의 승리로 끝났다.

막강한 페르시아를 물리친 그리스는 인류 역사상 가장 대단한 수준의 정신적·예술적 발전을 이룬다. 그리스인들은 지난 20세기 동안 어느 나라보다 많은 과학자, 수학자, 의사, 철학자, 시인, 극작가, 조각가, 건축가, 웅변가, 정치가 그리고 입법자를 한 세기 안에 배출했다. 수많은 사람들이 신체의 우아함과 정신의 절묘함을 배우기 위해 문명사회의 중심이 된 아티카와 아테네로 속속 몰려들었다. (독일의 역사가 드로이젠은 이 당시 꽃피웠던 그리스 문화를 헬레니즘이라 불렀다.)

**외부와 담을 쌓은 예루살렘**

아테네의 언덕 위에 건립된 아크로폴리스 성채 밑으로 몰려드는 군중 속에 유대인도 있었을지 모른다. 그러나 아마 없었으리라 추측할 수 있는 이유가 있다. 예루살렘 사람들은 그때까지 그리스의 수도를 들어 본 적도 없었다. 또한 여호와의 뜻을 아는 것이 모든 일의 처음과 끝이라고 믿는 팔레스타인 광신자들에게 아테네의 철학과 문화는 가장 커다란 멸시 대상이었다. 유대인들은 이방의 땅에서 어떤 일이 일어나는지 몰랐고 관심도 없었다. 새로 세운 신전에서 제사장의 훈계만 들으면 그만이었다. 그들은 당면 문제에만 신경 썼다. 예루살렘 사람들은 이처럼 이웃 사회와 동떨어진 삶을 살았기 때문에 우리는 그들의 당시 행적을 잘 알 수 없다. 이렇게 예루살렘은 잊혀 갔다. 하지만 이런 삶이야말로 경건한 유대인이 기도했던 제목이었다.

한편, 새로운 실력자로 나타난 마케도니아의 젊은 왕자 알렉산더는 니네베 평원에 잔존했던 페르시아 군을 완전히 섬멸했다. 페르시아의 마지막 왕 다리우스가 황실 간선도로 위에서 암살되자, 알렉산더는 B.C. 336년에 왕위에 오른다. 유배당한 유대인과 좋은 친구 관계였던 페르시아 제국의 강대함은 이제 옛날이야기가 되었다. 알렉산더와 그리스인들이 새로운 승리자로 부상한 것이다. 유대인들은 매우 어수선한 상황 속에서 다음 무대에 오를 준비를 하고 있었다.

알렉산더의 막강한 군대가 승리의 여세를 몰아서 시리아 평원을 평정하자, 유대인들은 매우 어려운 문제에 봉착했다. 새 주인에게 어떻게 처신해야 할 것인가? 불과 몇 년 전, 유대인들은 시리아 왕의 폭정에 항거하여 반란을 일으켰고, 그때 이집트 왕과 그리스 지원군의 도움을 받아 간신히 독립 국가 행세를 할 수 있었다. 유대인의 승리를 지켜본 페니키아 사람들도 반란을 일으켰다가 수도 시돈이 불바다가 됐다.

얼마 후 예루살렘도 똑같은 운명에 처한다. 그리스 군대의 침략으로 도시의 모든 주택이 전소하고, 신성한 성전은 불결한 짐승의 번제로 더럽혀졌으며, 많은 사람들이 카스피 해의 남쪽 연안으로 강제 이주당했다. 가자 성이 그리스 군대의 수중에 들어갔고, 바다로 가는 길도 차단되어 어디로 도주할 수도 없었다. 시돈의 붕괴와 사마리아가 함락됐다는 소식이 들려오자, 유대인들은 서둘러 마케도니아 왕에게 돈과 식량을 보낼 궁리를 했다.

한 전설에 의하면, 알렉산더가 예루살렘을 방문했을 때 유대 백성들을 관대히 대하라는 꿈을 꾸었다고 한다. 실제로 예루살렘의 위정자들은 정복자의 요구에 순응했고, 알렉산더가 원하는 금은을 바쳤다. 그 대가로 유대인들은 큰 치욕을 당하지는 않았다. 주위 왕국들은 먼지 속으로 사라져 버렸지만, 그들은 비교적 안정된 삶을 지탱할 수 있었다.

수년 후에 정복자들은 폐허가 된 페니키아의 교역소를 대신할 신도시 알렉산드리아를 나일 강 입구에 건설했다. 유대인의 탁월한 상술이 필요했던 알렉산더는 도시 북동쪽에 그들의 거주지를 마련해 주었다. 많은 유대인이 이 좋은 기회를 놓치지 않으려고 예루살렘을 떠나 이집트로 이주했다. 열정적인 시민을 빼앗긴 성스러운 도시는 천천히 수도의 면모를 잃어 갔다. 유대 민족의 정신적 센터인 예루살렘은 모든 유대인에게 겉으로는 찬사받았지만, 극소수의 사람들만이 방문하는 버려진 장소로 급속히 쇠퇴한다.

**안식일에 함락되는 예루살렘**

알렉산더가 왕이 된 지 13년 만에 아라비아 반도 원정을 앞두고 32세의 젊은 나이로 급사하자, 제국은 큰 혼란에 빠졌다. 거대한 제국은 장군들에 의하여 마케도니아, 이집트, 시리아 세 왕국으로 나뉘어 각각 다른 왕조가 선다. 이집트는 프톨레미 장군이 차지했다. 그는 B.C. 320년에 유대 땅을 속국으로 가진, 시리아를 통치하던 옛 동료와 전쟁을 시작한다. 프톨레미는 안식일에 예루살렘을 공격했는데, 십계명의 네 번째 계명을 거역할 수 없었던 유대인들은 전투를 피하고 수도를 그냥 넘겨준다. 프톨레미는 그들을 잘 대우했다. 그 결과 더 많은 유대인이 이집트로 이주했고, 솔로몬의 병사들이 훈련하며 내뿜던 열기로 가득했던 예루살렘 광장은 쑥대밭으로 변해 갔다.

그 뒤 100년 동안은 우리의 흥미를 끄는 사건다운 사건이 없었다. 이 기간 동안 이집트를 차지한 프톨레미 왕조와 시리아를 차지한 셀루커스 왕조는 유대 땅을 사이에 두고 끊임없이 영토 전쟁을 벌였다. 유대의 주인은 두 왕조를 옮겨 가며 수시로 바뀌다가, 마침내 예수 탄생 2세기 전 셀루커스 왕조에 편입된다.

B.C. 175년, 셀루커스 왕조의 여덟 번째 통치자 안티오쿠스는 서부 아시아 대부분을 지배하게 된다. 영리했지만 편협했던 이 군주의 출현으로 유대인은 국가적 자긍심을 발전시키는 계기를 마련한다. 그가 왕위에 올랐을 때, 유대 인구가 급속히 감소했다. 편리하고 매력적인 그리스의 도시 생활이 유대 문화를 고수하려는 사람들에게도 큰 영향을 끼쳤기 때문이다. 이때 유대는 그리스의 철학과 동방의 오리엔트 문명이 융합해 태어난 헬레니즘 문화에 흡수당할 수도 있었다. 안타깝게도 안티오쿠스는 잘나가는 것들을 그냥 내버려 두는 지혜가 없었다. 그는 선대왕들이 쌓은 모든 업적을 수포로 만들고, 독립운동에 미지근했던 유대인을 열렬한 애국자로 바꾸어 놓았다.

# 제 18 장

# 하스몬 왕조

프톨레미 왕조를 이어 시리아의 셀루커스 왕조가 유대 전역을 통치하고 있었다. 유대 제사장 가문 출신인 마타티아스의 아들 마카베오는 이방인의 족쇄에서 조국을 해방시키기 위한 항쟁을 시작했다. 마카베오 일가가 세운 하스몬 왕조는 유대 민족 안의 종교 분쟁 때문에 융성을 이루지 못하고 로마제국에 멸망당했다. 히브리 민족의 마지막 왕국은 이렇게 사라지고, 속지 팔레스타인 땅에는 로마 총독이 파견되었다.

　　좁은 가나안 땅에는 두 배타적인 종교가 양립할 공간이 없었다. 여호와를 절대적인 유일신으로 모시는 종족과 애매모호한 신 제우스를 모시는 종족 간에는 치열한 경쟁의식이 있었다. 유대 땅을 통치한 셀루커스 왕조의 안티오쿠스 왕은 헬레니즘 문화와 관습을 유대인들에게 전파하려고 많은 시간과 정력을 바쳤으나, 그 시도는 완전한 실패로 끝났다. 안티오쿠스는 유년기에 인질로 로마에 보내져 15년의 청춘을 그곳에서 보냈다. 두 종족 간의 적대감을 눈치채지 못한 안티오쿠스는 완고한 유대 백성을 제우스 신에게 전향시킬 수 있다고 오판했던 것이다.

문화적 자산이 빈곤했던 로마는 속지에서 거두어들이는 엄청난 재물로 그리스의 풍물과 오락을 거리낌 없이 수입해 마음껏 즐기고 있었다. 로마에서 가장 귀한 신분은 조국을 수호하는 군인이었고, 다음 계층은 법률가, 정치인, 세금 징수관, 도로 건설자 그리고 도시 설계자였다. 그들은 이 분야에 뛰어났고 일을 즐겼다. 그러나 학교, 종교, 극장 같은 것에 관련된 세세한 일은 이 분야에 뛰어난 외국인들에게 전적으로 위탁했다. 특히 예술적·철학적 감각이 앞서 있던 그리스인들이 각광받았다.

그리스인들은 신에 대해서 논쟁할 수 있었을 뿐만 아니라, 귀한 모임에는 어떤 복장이 어울리는지도 알고 있었다. 그들은 로마 여인들에게 동방 종교의 신비를 가르치고 화장하는 비법도 알려 주었다. 그리스인들이 무미건조했던 로마 사회를 아크로폴리스 성채 밑의 흥겨운 시장터로 바꿔 놓은 것이다.

시대에 뒤처진 시리아에서 살다가 문명의 첨단을 걷는 로마에 유배된 젊은 안티오쿠스는 거대하고 매혹적인 도시가 주는 감미로운 유혹에 빠지지 않을 수 없었다. 그는 로마에서 15년을 체류하는 동안 철학, 예술, 음악 등 그리스의 모든 것을 열정적으로 찬미하게 되었다. 안티오쿠스가 고국으로 귀환했을 때, 고향의 낙후한 풍물을 보고 크게 실망한 것은 물론이다.

예루살렘은 다윗과 솔로몬 시절의 영광을 재현한 적이 없다. 당시에도 세상과 함께 호흡하며 살던 코린트, 아테네, 로마, 카르타고에 비하여 예루살렘은 한참 처지는 은둔의 도시로 알려져 있었다. 이 도시는 문명이 전진하는 큰길에서 언제나 약간 비켜나 있었다. 바빌론, 그리스, 이집트 사람들은 예루살렘이 비록 고상한 도시이기는 하지만, 이방의 것이라면 무조건 경멸하는 속 좁은 집단이 사는 곳으로 간주했다.

긴 유배 생활을 끝내고 귀향한 유대인들 역시 예루살렘을 재건하고자 하는 마음이 없었다. 당시 대부분의 유대인들은 예루살렘으로 돌아가기보다는 바빌론에 남기를 원했다. 200년이 흐른 후에도 대다수의 유대인들은 알렉산드리아와 다마스쿠스에서 사는 것을 선호했다. 오직 신앙심이 깊은 사람들만이 남아 지적인 예루살렘 사회를 매우 비생산적인 신앙 논쟁의 사회로 변모시켰다.

로마의 체육 축제와 주신제酒神祭 행렬의 즐거움이 아직 생생했던 안티오쿠스는 이제 애매모호한 율법을 연구하고 토론하는 침울한 학자들과 종일을 보내야 하는 처량한 처지가 되었다. 그는 그리스 문화의 사도가 되기로 결심한다. 하지만 안티오쿠스가 성취한 업적은 극히 작았을 뿐 아니라, 매우 큰 재앙을 불러왔다.

먼저 안티오쿠스는 모든 시간과 정성을 바쳐, 백성들이 신봉하고 있지만 자신은 미신이라고 생각하는 종교를 타파하려고 시도했다. 그는 고대 유대의 예법을 완전히 금지한다는 간결한 명령을 하달했다. 안식일은 철폐되고, 여호와에게 바치는 제물은 야만인의 관습으로 간주되어 금지당했다. 병사들은 율법을 기록한 책들을 압수했다. 이런 책을 소유하고 있다는 것은 사형을 자초하는 일이나 다름없게 되었다.

율법과 예언이라는 상상의 세계에서 살던 예루살렘 사람들은 이 같은 만행에 경악하지 않을 수 없었다. 그들은 성문을 닫아걸고 왕실의 명령을 거역하려고 시도했다. 하지만 시리아의 장군이 안식일에 성전을 공격했다. 율법에 따라 죽고 살던 유대인은 당연히 전투를 거부했고, 예루살렘의 운명은 안티오쿠스의 수중으로 들어갔다. 노예로 팔 가치가 있는 사람을 제외한 모든 사람이 살육당했다. 성전에도 자비는 없었다.

B.C. 168년 12월, 여호와의 제단이 철거된 장소에 그리스 제단이 세워졌다. 준비를 마치자 죽은 돼지로 푸짐한 제물을 준비해 제우스 신을 위한

예식을 올렸다. 돼지는 유대인이 가장 혐오하는 짐승이었다. 이 모욕에 필적할 만한 모욕은 그들의 역사에 없었다. 하지만 참는 것 외에는 다른 도리가 없었다. 새로 지은 요새에 주둔한 강력한 수비대가 두 눈을 부릅뜨고 유대인들을 감시하고 있었기 때문이다. 돼지를 대신하여 황소로 번제를 시도하면, 어떤 사람이든 무참한 처벌을 받아야 했다. 어리

**두 번째로 함락당하는 예루살렘**

석은 독재자 안티오쿠스는 머지않아 자기 무덤을 스스로 팠다는 것을 절감한다.

---

—┼—

예루살렘에서 북쪽으로 약 10킬로미터 떨어진 변두리 마을 모딘에 늙은 제사장 마타티아스와 건장한 다섯 아들이 살고 있었다. 안티오쿠스의 관리들이 모딘에 도착하여, 이제부터는 제우스 신을 예배해야 한다고 마을 사람들에게 공포했다. 무엇을 어떻게 해야 할지 혼란스러운 백성들은 장터로 꾸역꾸역 모여들었다. 분명한 것은 안티오쿠스는 가까이 있고, 여호와는 멀리 있다는 사실뿐이었다. 곧 가난하고 겁에 질린 한 농부가 안티오쿠스가 지시한 방식에 따라 예식을 집행하려고 한다는 소식이 들려왔다. 여호와의 율법에 충실했던 마타티아스로서는 도저히 참을 수 없는 일이었다. 그는 칼을 뽑아 불쌍한 농부의 목을 벴고, 여호와의 충직한 자식으로 하여금 이방 신에게 제물을 올리도록 명령한 관리도 살해했다.

이제 마타티아스와 아들들이 할 수 있는 일은 도주하는 것 밖에 없었다.

그들은 산을 넘어 요단 강 계곡으로 피신했다. 전국의 백성들에게는 기쁜 소식이었다. 왕의 권력이 공공연히 도전받고, 여호와는 자신을 지킬 가장 열렬한 옹호자를 만난 것이다. 그때까지도 유대 민족의 장래를 기대하던 사람들은 마타티아스가 주도하는 반란 무리에 가담하려고 밤을 이용하여 요단 강변으로 몰려들었다.

안티오쿠스는 시리아 장군이 성전 침공 때 써먹은 비겁한 책략을 사용하여 난동을 진압하기로 결정했다. 그의 병사들은 또다시 안식일에 반란군

마타티아스의 고향 집

을 공격하라는 명령을 받았다. 그렇지만 마타티아스는 실질적인 사람이었다. 그는 십계명을 따르다 맥없이 죽기보다는, 살아남을 수 있는 길을 택했다. 그는 부하들에게 전투를 명령했고, 시리아 군사들은 격퇴당했다.

세월은 덧없이 흘러, 마타티아스는 늙고 쇠약해져 전투를 감당할 수 없었다. 그가 죽자 다섯 아들 요한, 시몬, 유다, 엘르아살 그리고 요나단이 차례로 혁명 무리의 우두머리가 되어 독립전쟁을 이끌었다. 특히 셋째 아들 유다가 가장 큰 명성을 얻었다. 유다가 언제나 가장 치열하게 싸웠기 때문에, 사람들은 그 대범한 용기에 감격하여 그를 '유다 마카베오(마카베오는 히브

리어로 망치라는 뜻)'라고 불렸다.

유다 마카베오는 적군과 정규전으로 맞서는 것이 아닌, 게릴라전을 역사상 처음 시도했다. 유다는 시리아 병사들이 쉴 틈을 조금도 주지 않았다. 그는 적의 측면과 후면을 공격하고 한밤에 기습하여 그들을 놀라게 만들었다. 그러나 시리아 병사들이 전투 태세로 돌입하면, 유다와 부하들은 산속으로 도주했다. 기다리다 못해 약이 오른 시리아군이 경비를 소홀히 하면, 소수의 무리가 나타나 순식간에 적을 살육했다.

수년간의 소규모 게릴라전을 승리로 이끌어 전투에 자신감을 얻은 유다 마카베오는 예루살렘까지 원정할 계획을 세운다. 그는 도시를 함락시키고, 성전에 옛 영광과 위엄을 되돌려 놓을 수도 있었다. 하지만 불행히도, 유다 마카베오는 명성이 자자할 때 소규모 전투에서 전사했다. 유대인은 다시 한 번 지도자 없는 집단이 되었다. 그의 형제 요한과 엘르아살도 모두 죽었다. 요한은 수년 전에 적의 복병에게 잡혀 죽임당했고, 엘르아살은 사고로 코끼리에 깔려 죽었다. 막내 요나단이 총사령관으로 선출됐지만 그도 곧 시리아 장교에게 암살됐다. 이제 혁명의 무리를 이끌 지도자는 홀로 살아남은 마타티아스의 둘째 아들, 시몬뿐이었다.

한편, 시리아의 왕 안티오쿠스도 죽었다. 아들이 왕의 자리를 물려받았지만, 로마에서 귀국한 안티오쿠스의 조카 데메드리오가 왕을 암살하고 B.C. 162년에 스스로 왕위에 오른다. 이런 돌발 사태는 유대인에게 연이은 행운이 아닐 수 없었다. 데메드리오는 국내의 여러 어려운 문제로 시달리고 있어서 유대인 봉기에 신경을 쓸 수 없었다. 그는 시몬 마카베오와 평화조약을 맺고, 시몬은 최고 제사장 및 총독이 되어 유대 땅을 다스리게 된다. 마카베오 가문의 활약상에 감탄한 주변 국가들은 '신유대'를 독립 왕국으로 인정하고 시몬을 합법적 군주로 받아들인다. 최고 제사장은 국가사업의 순위를 결정하고 주변 국가들과 조약을 체결했다. 군대는 시몬을 최고 통수권자로 받아들였고, 그의 얼굴을 새긴 동전도 주조되었다.

유다 마카베오

B.C. 135년에 시몬이 암살되었을 때, 마카베오 가문은 다윗 왕조와는 다른 하스몬 왕조를 확립한 후였다. 시몬의 아들 요한 힐카누스가 첫 번째 왕이 되어 30년을 재위하는 동안, 하스몬 왕조는 철저한 예법에 따라 여호와를 경배하는 잘 조직된 작은 왕국으로 알려졌다. 요한은 특별한 경우 외에는 이방인의 국내 출입을 엄격히 금했다. 〔하스몬은 마카베오 가문을 일으킨 마타티아스의 증조부 이름이다.〕

　　당시 유대는 신정 체제하에 있었다. 최고 제사장은 국가의 최고 관리였고, 마타티아스 마카베오가 세습적 제사장 가문 출신이었기 때문에 모든 국사는 철저한 율법 해석에 따라 집행되었다. 그러나 세상은 빠르게 변하고 있었다. 아시아, 유럽 그리고 아프리카를 통틀어 모든 국가에서 신정 개념은 벌써 사라진 지 오래였다. 그리스와 로마에서 출발한, 국가 통치에 대한 새로운 생각을 주변의 모든 국가가 채택하는 와중에 작은 유대 땅에서 홀로 신정을 유지하는 것은 현실적으로 불가능한 일이었다.

-⊹-

　　이 무렵, 유대인 사회는 눈에 보이지 않는 외세의 압력에 대항하여 세 정치집단으로 나뉜다. 각 집단은 국정 운영과 신앙에 대해 판이하게 다른 원칙을 가지고 있었다. 이 세 집단이 다음 2세기 동안 크나큰 역사적 역할을 하기 때문에 자세히 알아볼 필요가 있다.

　　세 파벌 중에서 가장 중요한 집단은 바리새파이다. 이 집단은 마카베오 봉기가 일어나기 전, 험난한 시기에 결성되었다. 마타티아스가 봉기의 칼을 높이 뽑아 든 순간부터, 그는 하시딤 또는 '경건파'로 알려진 집단의 정신적 지원을 받는다. 그들의 독립 투쟁이 열매를 맺고, 첫 신앙의 열정이 점차 식어 가자, 하시딤은 바리새파라는 새 이름으로 정치 일선에 뛰어들어 독립 왕국의 마지막 날까지 큰 역할을 해냈다. 로마 티투스 황제의 격노도 그들의 열정을 잠재우지 못했다. 지금도 모든 율법에 매어 있지는 않지만, 바리새파는 오늘날까지 잔존해 있다.

바리새파는 히브리어로 '격리된 자들'이라는 뜻이다. 율법을 광신적으로 추종한다는 점에서 다른 사람들과 구분되는 집단이었다. 그들은 모세의 율법을 줄줄 외울 수 있었다. 모든 단어, 모든 글자가 무엇인가를 암시한다고 생각했다. 바리새파는 기이한 의식과 이해하기 어려운 금기의 세계 속에서 살고 있었다. 유대인의 율법을 적은 『토라』에는 그들이 꼭 따라야 할 율법 613개가 있는데, 엄수해야 할 명령은 248개이며, 금해야 할 명령은 365개이다. (바리새파를 계승한 정통파 유대인들은 치즈 버거를 먹지 않는다. "새끼 염소를 제 어미의 젖으로 삶지 말라"는 율법에 따라, 유제품과 육류를 함께 먹지 않기 때문이다.)

바리새파만이 전능한 여호와의 진실한 추종자였다. 다른 민족들은 영원한 지옥으로 떨어지겠지만, 유대인은 율법의 모든 쉼표와 느낌표에까지 철저히 복종하므로 하늘의 왕국에 들어가는 것이 마땅하다고 믿었다. 바리새파는 율법이 적힌 두루마기를 펼쳐 밤낮으로 읽고, 해석하고, 토를 달고, 연구하는 데 대대손손 귀중한 시간을 바쳤다. 그들은 대중의 멸시와 업신여김을 받고도 모르는 체했다. 그러나 속마음으로는 다른 사람들과 자신을 나누는 그 특성에 무한한 자부심을 느끼고 있었다. 솔직히 그들은 바리새인이 아닌 사람들을 남몰래 경멸했다.

처음에 바리새파는 여호와의 전능함에 대한 확신, 더불어 매우 고상한 이상과 배타적 애국심으로 출발했다. 그렇지만 세월이 흐름에 따라 그들은 옛 편견과 미신에 붙잡혀 조금의 의견 차이도 용납하지 않는 완고한 당파로 변해 갔다. 바리새인들은 일부러 미래에 등을 돌렸고, 지나간 모세 시절의 영광에만 시선을 고정했다. 그들은 이방인은 물론이고 모든 이방의 것 자체를 싫어했다. 모든 혁신을 혐오했으며, 모든 개혁가를 국가의 적으로 간주했다. 가장 위대한 선지자가 사랑의 여호와를 유대인들에게 소개하고 모든 인류에게 공통된 형제애를 설파할 때, 바리새파가 그에게 얼마나 난폭하게 덤벼들었는지 온 나라가 요동칠 지경이었다. 〔그가 누구일까?〕

바리새파 다음가는 권력을 가진 집단은 사두개파였다. 제사장 사독의 이름에서 유래한 사두개파는 바리새파보다 훨씬 도량이 컸다. 그러나 이 관용은 신념에서라기보다는 무관심에서 나온 것으로 보인다. 사두개파에는 잘 교육받은 소수의 유대인이 속했다. 그들은 해외여행으로 이방인들을 접촉할 기회를 가졌다. 사두개파는 여호와의 계율에 충실했지만, 수많은 그리스의 철학자들이 설파하는 고매한 생사관을 대부분 인정했다.

사두개파는 악마와 천사 그리고 신비한 상상의 괴물들이 요동치는 바리새파의 세계에 별 관심이 없었다. 그들은 죽은 후에 받는 보상에 큰 매력을 느끼지 못했기 때문에, 현세에서의 영예로운 삶을 추구했다. 바리새인들이 사후의 영광에 대한 주장을 계속 늘어놓자, 참다못한 사두개인은 물적 증거를 대라고 요구했다. 딱하게도 바리새인들이 간직한 두루마기 안에 없는 증거를 보여 줄 수는 없는 노릇이었다.

간단히 말해, 사두개인은 바리새인보다 현세를 직시하는 삶을 살았다. 의식적이든 무의식적이든 그들은 위대한 그리스 철학과 지혜를 받아들이고 흡수했다. 또한 여호와든 제우스든 상관없이 유일신의 중요성을 인식했다. 그렇지만 그처럼 전능한 힘이 세밀한 인간사에까지 관심을 기울일 수는 없을 것이라고 생각했다. 따라서 사두개인은, 지극히 형식주의적인 바리새파의 행동을, 시간과 정력을 낭비하는 것으로 간주했다. 그들은 주어진 삶을 용기 있고 고귀하게 사는 것이, 현실에서 도피해 영혼을 구원받는 데 총력을 기울이는 것보다 중요하다고 믿었다. 사두개파는 뒤돌아보기보다는 앞을 바라보며 장래를 계획했고, 지난날에 유행했던 가치관에 조금의 미련도 보이지 않았다. 그들은 점차 종교적 관심을 떨쳐 버리고 정치에 열정적으로 몰두하기 시작했다.

한참 후에 바리새파가 신성 모욕죄로 예수의 처형을 주장했을 때, 사두개파는 나사렛 선지자가 기존 법과 질서를 위협할 것이라고 믿었기 때문에 바리새파의 결정에 동조했다. 그들은 예수의 가르침에 관심이 없었다. 그렇지만 예수의 사상이 초래할 정치적 파장을 걱정하여 처형에 동조했다. 바리새인과 꿍꿍이는 달랐지만 결론은 같았던 것이다. 사두개파의 관용은 바리새인의 배타성만큼이나 주관이 없고 빈약했다. 다른 살길을 찾지 못한 두 정치 집단은 골고다의 마지막 드라마에 참여할 수밖에 없었다.

다음으로 유대 역사의 흐름을 바꿔 놓지는 못했지만 독특한 파벌을 형성한 집단을 소개한다. 당시 유대인은 '원죄'라고 부르던 끊임없는 두려움 속에서 살고 있었다. 그들의 율법은 얼마나 복잡했는지, 율법의 티끌에까지 복종하는 것은 그 누구에게도 무리였다. 하지만 이 같은 불경은 율법의 화신인 여호와의 눈으로 볼 때 참담한 죄이므로, 십계명의 하나를 범한 것과 같은 처벌을 받아 마땅하다고 믿는 집단이 있었다. 에세네파(거룩한 자들)는 이 난관을 피하려고 모든 생활 전선에서 피신했다.

에세네인은 그 어떤 사회생활도 하지 않았다. 그들은 삶의 모든 긴장과 고통에서 벗어나려고 광야로 피난해 살았다. 그러나 자신들을 좀 더 보호하려는 본능에서 작은 집단을 이루기는 했다. 그들은 사유재산을 인정하지 않았다. 한 사람에게 속한 물건은 모두의 것이었다. 어느 에세네인도 의복, 침구, 밥그릇을 제외한 물건을 자기 것이라고 주장할 수 없었다. 그들은 예루살렘 성전의 이권을 독점한 바리새파 제사장들을 경멸했고, 제단에 희생물을 바치는 것도 거절했다. 이 특이한 집단은 그들에게 식량을 나누어 주는 가난한 농부들의 밭을 잠깐씩 매일 돌보는 것을 큰 의무로 생각했다.

에세네인들은 자신들을 '빛의 자녀'라고 자처하면서, 율법을 숙독하거나 두루마기에 필사하는 작업으로 남는 시간을 보냈다. 실제로 A.D. 1947년, 사해 북서부 사막의 쿰란 동굴 속에서 에세네인들이 구약성서를 필사한 양피지 두루마기가 발견되었다. '사해사본'이라고 알려진 두루마기 문헌은 B.C. 3세기부터 A.D. 2세기 초에 필사한 것으로 추정된다.

광야에서 살던 에세네인들의 주거지

에세네인의 무료하고 단조로운 생활은 대부분의 유대인에게 매력적이지 못했고, 당연히 머릿수도 바리새파나 사두개파보다 훨씬 적었다. 그들은 어느 도시, 어느 길목에서도 눈에 띄지 않았다. 그들은 상업에 관여하지 않았고 정치 세계에는 손을 완전히 떼었다. 하지만 영혼을 구제받으리라는 확신으로 마냥 행복했다. 그들은 나라의 운명에 아무런 영향을 끼치지 못했고, 이웃을 위해 한 일은 극히 적었다. 그러나 에세네인의 가혹한 금욕 정신이 바리새인의 실질적인 열정과 만났을 때, 세례 요한의 경우처럼, 많은 사람들에게 영향을 미쳐 국가의 큰 힘으로 작용한 것은 사실이다.

—┼—

이제까지의 설명으로 독자들은 상충되는 이해를 가진 광신자 집단이 국정을 좌지우지하는 혼잡한 나라를 끌어가는 일이 쉽지 않음을 이해할 수 있을 것이다. 마카베오 일가는 매우 험난한 시기에 독립국가를 세우려 최선을 다했다. 처음 1세기 동안은 적지 않은 성공을 거두었다. 마카베오 가문의 마지막 위대한 지도자, 요한 힐카누스는 하스몬 왕조를 확립했다. 하지만 그의 쓸모없는 아들, '그리스의 친구'라는 별명이 붙은 아리스토불루스는 완전히 무능력했다. 그로 인해 유대는 다시 쇠퇴의 길을 걷는다.

아리스토불루스는 왕에 준하는 모든 권력을 잡았지만 그를 왕이라고 부르기 거부하는 백성을 억압했다. 하지만 선조들의 전통을 지키는 것이 존재의 이유인 바리새파가 왕의 자격이 없는 사람을 왕이라 부를 수는 없는 노릇이었다. 유대인들은 재판관(혹은 사사)들이 왕이라는 명칭을 사용하는 것을 스스로 자제했기 때문에 그들의 통치를 받아들였다. 그런데 이제 다윗의 후손도 아닌 사람이, 여호와가 허락한 사람만 쓸 수 있는 이름을 가지겠다고 주장하는 것이다. 바리새파는 화가 났고, 아리스토불루스는 지지자를 찾다가 어리석게도 바리새파의 정적, 사두개파와 한패가 된다.

일이 잘못 꼬이려는지, 가족 간에 불화가 일어나 친어머니와 형제들까지 아리스토불루스의 적에 가담하는 사태가 되었다. 먼저 그의 어머니가 살해당했다. 다음에는 충성이 지나친 부하의 실수로 사랑하는 형제가 칼에 맞아 죽었다. 아리스토불루스는 암울한 정국을 반전시키고, 백성들이 불행한 사건을 잊게 하려고 북쪽에 위치한 나라를 침략했다. 그는 수 세기 동안 불모지로 있던 옛 북이스라엘 왕국의 많은 땅을 차지하고, 영토에 갈릴리라는 이름을 붙였다. 불행하게도 아리스토불루스는 재위 1년을 넘기지 못하고 병사했다.

아리스토불루스의 동생인 알렉산더 야네우스가 그의 뒤를 이었다. 일찍부터 아버지 요한 힐카누스의 질시를 받았던 그는 긴 유배 세월을 보내야만 했다. 야네우스가 30년을 재위하는 동안 국가 재정은 완전히 거덜 난다. 또한, 형처럼 두 종교 집단의 싸움에 휘말리는 치명적 과오도 저지른다. 야네우스는 선조들의 예를 본받아 이웃 국가의 힘을 빌려 영토를 넓히려고 시도했다. 하지만 국내에서와 마찬가지로 국외에서도 성공을 거두지 못했고,

실패를 통한 깨달음도 얻지 못했다. 그가 죽고 국정을 인계받은 아내 알렉산드라도 그보다 나은 점이 없었다. 그녀는 바리새파의 도구로 변해 갔고, 국정은 유다 그리고 갈릴리의 소수 모리배들에게 놀아났다.

바리새파는 유대 정국을 독점할 속셈에서 순응적인 알렉산드라의 맏아들, 힐카누스 2세를 대제사장으로 임명하라고 그녀를 독촉했다. 이런 조처를 야심 많은 그의 동생 아리스토불루스 2세가 좋아할 리 없었다. 바리새파가 더 큰 승리를 위해 사두개파의 지도자를 처형하려고 전쟁을 시작하자, 아리스토불루스는 사두개파의 옹호자를 자처하고 나섰다. 두 왕자가 적대 관계의 종교 집단을 이용하여 왕위를 다투는 어지러운 세상이 되어 버렸다.

바리새파는 유대의 최고 의결기관인 산헤드린을 장악하고 있었다. 사두개파는 매우 중요한 지역을 점령하고 예루살렘을 장악할 군사력을 갖추고 있었다. 이제 형제간의 싸움은 국가 내란으로 번져 갔다. 이때 알렉산드라가 고갈된 재정과 내란 상태의 나라를 두 아들에게 남기고 죽으니, 정국은 깊은 절망 속으로 빠져들게 된다. 이 작디작은 지구의 한구석에서는 언제나 혼란과 소동이 이어져 왔다. 그래도 또다른 넓은 세상은 새 시대와 새 환경을 맞이하고 있었다.

약 500년 전까지만 해도 유대인을 포함한 셈 족이 그들의 테두리 안에서 무엇을 하든, 거들떠보는 강대국이 없었다. 그러나 이제 서부 아시아의 통치권을 쥔, 알렉산더 제국을 계승한 로마는 점령지로부터 지속적으로 세금을 징수하는 데 큰 관심을 기울였다. 더욱이 대부분의 재원이 해외 무역으로 충당되었기 때문에, 로마 정부는 비록 외관상일지라도 점령지의 평화와 질서를 유지하려고 노력했다.

실제로 소아시아의 폰투스라는 왕이 로마의 정책에 반기를 들었다. 길고 잔인한 전쟁이 끝나자, 왕은 자살을 강요당했고 폰투스의 왕국은 로마 영토에 편입되었다. 폰투스 왕의 비참한 종말을 모르는 힐카누스와 아리스토불루스는 다툼을 멈추지 않았다. 형제의 싸움이 얼마나 거셌던지, 로마 상원에까지 이 내분이 알려지게 되었다.

동부를 관할하는 로마군 사령관은 예루살렘으로 진격하여 소요 사태를 보고하라는 명령을 받았다. 그가 현지에 도착했을 때, 아리스토불루스와 무리들은 성전 안에 있었고, 힐카누스는 견고한 성채나 다름없는 성전을 포위하여 농성을 하고 있었다. 로마 군대가 현장에 출동하자, 두 왕자들은 서로 자기 편을 지원해 달라고 애걸했다. 유대 종족 간의 복잡한 이해관계를 헤아릴 수 없었던 로마군 사령관은, 높은 옹벽 안에 집결한 아리스토불루스의 군대보다 성전 밖에 노출된 힐카누스의 군대를 공격하는 것이 수월할 것이라고 판단했다. 로마 군대가 힐카누스를 격퇴시키자, 아리스토불루스는 간단한 형식적 절차를 밟아 유다와 갈릴리 땅의 군주가 된다.

그러나 그 기간은 잠시뿐이었다. 다름 아닌 로마의 최강자 폼페이우스 장군이 동쪽으로 진격해 오자, 힐카누스는 그를 직접 만나 부당한 처지를 호소하려고 최선을 다해 서둘렀다. 이 소식을 들은 아리스토불루스 역시 자신이야말로 로마 속지의 가장 적합한 지도자라고 설득하기 위해 로마 캠프로 달려갔다. 그러나 폼페이우스가 두 사람의 주장이 무엇인지 완전히 파악하기도 전에 나팔 소리가 다시 한 번 울려 퍼졌다. 세 번째 사절이 도착한 것이다. 두 왕자의 싸움에 진력이 난 유대인들은, 이제는 제사장이 통치하는 순수 신정으로 돌아가기를 원한다는 것을 알리기 위해 바리새파 또한 폼페이우스 캠프를 급히 찾은 것이다.

무역 대상들이 낙타를 타고 다마스쿠스에서 알렉산드리아로 안전하게 왕래할 수만 있다면 무슨 일이 일어나든 상관 없었던 폼페이우스는, 지루한 표정으로 세 편의 주장을 다 듣더니 누구의 손도 들어 주지 않았다. 그는 로마제국에 대항하는 어느 아랍 부족을 정벌하고 돌아오는 즉시 확답을 주겠다고 말했다. 세 편 모두 싸움을 중단하고 기다리는 수밖에 없었다.

이런 상황 속에서도 유대인들은 한심하기 짝이 없는 자신들의 처지를 이해하지 못했다. 그사이 아리스토불루스는 예루살렘으로 돌아가 진짜 유대 왕처럼 행세했고, 온 세상에 로마 병사가 한 명도 없는 것처럼 백성들 앞에서 거드름을 부렸다. 이 만용은 폼페이우스가 동쪽에 가 있는 동안은 별 문제가 되지 않았다. 하지만 아랍 부족 정벌이 끝나자 폼페이우스는 곧 서쪽으로 돌아와, 왜 자신의 명령을 엄격하게 집행하지 않았는지 추궁했다.

올바르지 못한 자문을 받은 아리스토불루스는 또다시 치명적 실수를 범한다. 그는 유대인 봉기를 주동했던 고조할아버지 마타티아스 역할을 자처했다. 아리스토불루스는 성전으로 퇴각하여 요새와 시가를 연결하는 다리를 끊고 봉기의 깃발을 올렸다. 싸울 처지도 못 되는 사람이 싸움을 도발한 것이다. 친형 힐카누스는 적의 편에 가담했다. 그리고 당시에 가장 효과적인 방법이었던 성전 봉쇄가 시작되었다.

성전이 봉쇄된 지 석 달이 지났다. 성전 안에서는 식량이 떨어져 병사들이 큰 고통을 당했다. 하지만 그 고난은 오히려 그들의 용기를 북돋아 주었다. 힐카누스로부터 배신당한 그들은 자신들이 여호와의 거룩한 뜻과 유대의 독립을 지키고 있다고 믿게 되었다. 한편, 탈영병들은 성채 안에서 농성 중인 종교 광신자들이 울부짖고 있음을 폼페이우스에게 아뢰었다. 수십 년 전, 시리아 군대의 작전을 기억하고 있던 폼페이우스는 안식일을 택하여 전면 공격을 명령했다. 로마 군대는 유대 성채를 밀고 들어가 성전을 장악하고, 모든 도전자를 잡아들였다. 그날 죽임을 당한 병사가 1만 2000명이 넘는다고 전해 온다. 형제 간의 왕권 싸움으로 만신창이가 된 하스몬 왕조는 72년 만에 막을 내렸다. B.C. 63년, 유다 땅은 로마의 속지가 된다.

패전한 상대를 관대히 대하는 로마군의 훌륭한 전통에 따라 성전은 약탈을 면하고, 예배를 드리는 장소로 계속 사용할 수 있게 되었다. 하지만 폼페이우스의 관대한 조처에도 불구하고 그가 단 한마디의 감사도 듣지 못했던 까닭이 있었다. 폼페이우스와 참모들은 점령한 시가지를 점검하는 과정에서 우연히 지성소에 들어가게 되었다. 돌로 만든 작은 방은 아무것도 없이 휑했다. 로마인들은 흥미를 끄는 물건이 없자 거룩한 방을 그냥 떠났다. 하지만 불결한 이방인의 방문은 아무리 짧은 순간이라 해도 유대인의 눈에는 신성모독 행위였고, 여호와의 징벌을 받기에 마땅했다. 물론 폼페이우스가 자신의 불찰을 알 리 없었다. 그는 힐카누스가 예루살렘으로 돌아가는 것을 허락하고, 바리새파를 달래기 위해 그를 최고 제사장에 임명했다.

로마인들은 이름뿐인 칭호를 주는 데 매우 관대했다. 폼페이우스는 마지막 호의로 힐카누스에게 '에스나크'라는 지위를 주었다. 이것은 점령 전의 독립국 군주에게 로마가 부여하는 직함이었다. 실질적인 권한은 별로 없고, 점령당한 민족의 자존심을 달래 주는 것이 목적인 행위였다. 힐카누스가 능력 있는 사람이었다면 조국을 구할 모종의 조치를 강구했을 수도 있다. 그러나 새로 임명된 에스나크는 무능력했고, 결국 예전에 누리던 작은 위신마저 잃게 된다.

—┼—

약 30년 전, 알렉산더 야네우스가 하스몬 왕조를 다스리고 있었을 때 안티파터라는 인물을 예루살렘 남쪽에 위치한 이두매(에돔)의 총독으로 임명한 적이 있었다. 그는 혈통으로는 야곱의 형, 에서의 후손이다. 괴짜였던 안티파터는 "영리하고 파렴치한 사냥꾼이 더 많은 짐승을 잡는다"라는 격언을 따라 매우 더러운 일에도 주저하지 않고 뛰어들었다. 안티파터는 힐카누스의 충실한 친구로 위장하여 종종 그의 귀에 정책에 대한 조언을 속삭이곤 했다. 하지만 그 같은 쓸데없는 간섭은 유다 땅에 더 큰 문제를 만들고 혼란만 초래했다. 안티파터는 정치 게임을 아주 교묘하게 해 나가, 로마 황실의 총애를 받는다.

로마에 내란이 일어나 폼페이우스와 그의 정적 카이사르가 서로 대적하고 있을 때, 안티파터는 누가 승자가 될 것인지 주목했다. B.C. 48년에 폼페이우스가 파살리아 전투에서 참패하자, 이두매 사람은 카이사르 편에 가담한다. 카이사르는 안티파터의 충성스러운 지지에 대한 보답으로 로마 시민의 직위를 부여하고, 비틀거리는 유대 왕가를 주무르는 실세로 만들었다. 로마 시민이 된 안티파터는 특권이 부여된 자리를 활용하고, 백성 앞에서 자신의 위치를 공고히 다졌다. 그는 유대 백성에게 전보다 더 많은 자유를 안겼다. 유대인들은 로마군 징집을 면제받았고, 예루살렘 성벽을 재건하는 것도 허락받았다. 그들은 폼페이우스가 징수하던 공물에서 해방됐고 사법적·종교적 독립을 되찾았다.

그러나 안티파터는 바리새파를 다루는 데 있어서 폼페이우스를 따라가지 못했다. 바리새파는 이방인, 벼락 출세자, 다윗 왕조를 계승할 자격이 없는 왕위 찬탈자로 안티파터를 매도했다. 그들은 아리스토불루스의 아들인 안티고너스를 왕으로 옹립할 것을 고려했다. 다시 한 번 그들은 서부 아시아의 주인이 로마인이 아니라 자신들이라고 착각하는 큰 실수를 저지르고 있었다. 그렇지만 안티파터가 그보다 훨씬 교활했고 도덕관념이 없었기 때문에 큰 문제가 못 되었다. 그는 유대 왕조를 차지할 야심을 품고 있었고, 이제 마카베오 가문을 청산할 때가 왔다고 믿었다. 그는 천천히 움직였지만 궁극적인 목표에서는 결코 시선을 떼지 않았다. 모든 준비가 완료되었을 때, 불행하게도 안티파터는 힐카누스의 한 친구에게 독살된다. 하지만 그의 아들 헤롯이 아버지의 과업을 인계받아 성공적으로 수행해 갔다.

한편, 안티고너스는 어리석게도 로마 정부에 반대하는 봉기를 일으킬 것을 종용당한다. 로마의 적수가 될 수 없었던 그의 봉기는 헤롯이 예측한 대로 완전히 실패했다. 안티고너스와 그의 작은 무리는 성전으로 피신했지만, 오랜 항쟁 끝에 로마군에 투항한다. 그는 목숨을 구걸했다. 하지만 로마인은 자비를 베풀지 않았다. 유대 지방은 한 해도 말썽 없이 보내는 법이 없었다. 로마 상원은 온갖 특권을 유대인에게 부여했지만, 그들은 끊임없는 봉기를 일으켜 호의를 무시했다. 이번에는 본보기를 보여 봉기를 근절하기로 결정했다. 로마는 안티고너스를 일반 범죄자로 취급했다. 그는 대중 앞에서 채찍을 맞고 참수되었다.

B.C. 37년, 로마 상원은 속지 팔레스타인을 다스릴 왕으로 헤롯을 임명했다. 헤롯은 힐카누스의 손녀 마리아메와 결혼함으로써 형식적으로나마 하스몬 왕조와의 연결 고리를 마련했다. 이런 경유로 로마 군단의 총애에 힘입어, 헤롯은 일부 유대인의 왕이 되었다. 세상은 크게 잘못된 채 마냥 흘러가고 있었다.

# 제 19 장

# 예수 탄생

헤롯 왕이 유대를 다스리고 있을 때, 나사렛 마을 목수였던 요셉의 아내 마리아가 첫아들을 낳았다. 아기의 히브리어 본명은 여호수아Yehoshua였는데, 이웃 사람들은 예수Yeshu라고 불렀다. 예수는 다윗 왕의 28대 직계 후손이다.

A.D. 117년, 로마의 역사학자 타키투스는 로마제국 전역에서 일어난 새 종파에 대한 탄압의 전말을 밝히려고 했다. 그는 네로 황제의 친구는 아니었다. 그저 이 잔인한 폭력의 원인을 구명하려고 최선을 다했을 따름이었다. 타키투스는 이렇게 기록했다. "황제는 '그리스도교인'이라고 불리는 가증한 범죄를 지은 폭도들에게 가혹한 고문형을 내릴 것을 명령했다. 새 종파의 우두머리였던 그리스도는 서부 변방 유대를 통치하는 총독 본디오 빌라

도로부터 사형선고를 받았다. 그러자 활동이 잠시 소강상태로 들어갔으나, 이 무섭고 가증스러운 미신은 다시 창궐하여 악의 땅 유대뿐만 아니라 세계의 모든 악행과 악습이 스며든 로마까지 전염시켰다."

〔메시아Messiah는 히브리어로 '기름 부음을 받은 자', 즉 구원자를 뜻하고, 그리스어로는 크리스토스Christos로 번역되며, 영어식 표기는 그리스도Christ이다.〕

로마인은 타키투스가 모욕적으로 소개한 그리스도교인이 어떤 무리인지, 그들의 이름이 된 그리스도가 누구인지 알지 못했다. 아마 몰랐어도 개의치 않았을 것이다. 로마처럼 거대하고 복잡한 제국에서는 이런 소요가 언제나 있게 마련이었다. 제국 안의 큰 도시에서 살던 유대인들은 늘 자기들끼리 다투었고, 로마인은 도저히 이해할 수 없는 율법 분쟁을 법정에 제소하여 담당 치안판사들을 쓸데없이 애먹였다.

평온했던 로마 사회에 파문을 몰아온 장본인, 그리스도는 갈릴리 지방에 있는 어느 작은 회당의 전도자였을 것이다. 물론 네로 황제가 그리스도교인들을 너무 가혹하게 탄압했을 가능성도 있다. 그렇다고 벌 떼같이 일어나는 그들을 그냥 내버려 둘 수도 없는 일 아닌가. 이것은 역사학자 타키투스가 판단해야 할 문제는 아니었다. 그는 반동적 종파에 대해 더 이상 언급하지 않았다. 당시의 사료들이 존재한다면 상황 파악에 훨씬 도움이 될 것이다. A.D. 80년경에 유대인 조지퍼스가 조국의 역사를 상세히 기술한 책에는 본디오 빌라도와 세례 요한의 이름은 언급되지만, 예수의 이름은 찾을 수 없다. 그와 같은 시대에 활동한 디베랴 출신의 유스투스도 유대인 역사에 정통했지만 예수에 관해서는 문외한이었다.

이처럼 당시의 모든 역사가들이 침묵했던 상황에서 우리는 복음서로 불리는 신약의 첫 네 권에 의지할 수밖에 없다. 「다니엘」, 다윗의 「시편」 그리고 많은 구약의 책들처럼 복음서도 가명을 받았다. 네 복음서의 이름은 예수의 사도였던 마태, 마가, 누가 그리고 요한이라고 불리지만 실제 집필과는 그다지 관계가 없어 보인다. 수 세기에 걸친 신학자들의 연구에도 불구하고,

원저자의 진짜 신원은 아직 베일 속에 가려져 있다.

우리는 태어날 때부터 문자와 정보의 홍수 속에서 살고 있기에, 예수의 생애와 죽음에 관한, 문자로 기록된 한 점의 증거도 발견할 수 없다는 사실에 놀라지 않을 수 없다. 우선, 우리는 예수가 유대인이 그토록 갈망했던 정치적 지도자 역할을 거절하고, 매우 순박하고 가난한 어부나 여인숙 주인과 어울려 지냈다는 사실을 잊지 말아야 한다. 편집은 고사하고, 과연 이들이 글을 적을 수는 있었는지 의심된다. 하지만 당시 사람들은 정보를 입에서 입으로 전하는 방법에 의존했기 때문에 기억력이 매우 정확했다.

한편, 예수가 십자가에 매달려 처형당하자, 그의 삶과 가르침을 기록하는 작업은 순전한 시간 낭비로 여겨졌을 것이다. 예수의 제자들은 마지막 날이 바로 가까이 왔다고 굳게 믿었다. 마지막 심판을 기다리는 자들이 곧 하늘이 내린 불에 타 버릴 책을 준비할 까닭이 없었다.

하지만 세월이 흐르고 이 세상이 앞으로 수 세기 동안 항해를 계속할 것이 분명해지자, 예수를 개인적으로 알던 사람들, 그의 설교를 들었던 사람들 그리고 그의 마지막 날을 함께했던 사람들의 말을 채집하는 노력이 시작됐다. 아직 많은 이들이 생존해 있었고, 그들은 아는 것을 모두 털어 놓았다. 남녀노소 모든 나사렛 사람들을 인터뷰했다. 골고다 언덕까지 따라가 예수의 마지막 시간과 죽음의 고통을 목격한 예루살렘의 몇몇 사람들은 참상의 전말을 증언했다. 그다음 예수의 유일무이한 예화(비유)들을 모아 정리했다. 그들이 기억하는, 기막혔던 선지자의 설교가 점차 조각조각 모여 책으로 만들어졌다. 예수를 다룬 책의 수요가 급증하자 더 많은 자료가 채집되고, 감당할 수 없을 정도로 자료의 분량이 늘어났다.

이와 비슷한 예로 에이브러햄 링컨 대통령의 경우를 살펴보자. 미국에서 가장 위대한 선구자의 삶 그리고 암살에 관한 크고 작은 기록들이 계속 쌓이고 있다. 보통 사람이 이 자료를 모두 읽는 것은 불가능하다. 설사 모든 자료를 수집할 수 있다 해도, 진짜 긴요한 것을 선별하기는 쉽지 않다. 그래서 링컨을 연구하는 데 평생을 바친 학자들은 모든 자료를 섭렵하여 중요한 사건만을 간추린 링컨 전기를 대중 앞에 내놓았다. 이것이 바로 네 복음서의 저자들이 한 작업이다. 각자의 방식과 능력에 따라, 그들의 주인 예수가 겪은 수난과 승리의 이야기를 자신의 언어로 남긴 것이다.

—┼—

예수의 일생과 가르침을 기록한 네 편의 복음서는 A.D. 70년경에서 100년경 사이에 완성되었다고 한다. 예수의 십자가 처형 후 40년 만에 제자들이 집성한 성서 문학의 최고봉이다. 초기에는 저자의 이름이 없었으나, 초대 교회 때부터 식별을 위해 표제를 붙였다고 한다.

성경학자들은 「마태복음」, 「마가복음」, 「누가복음」을 가리켜 '공관복음서'라고 부른다. 같은 관점에서 예수의 생애를 바라보았다는 뜻이 담긴 이름처럼, 세 복음서는 기본 골격이 매우 유사하다. 학자들은 제일 먼저 나온 「마가복음」이 원본이며, 「마태복음」과 「누가복음」은 「마가복음」의 개정 증보판이라고 간주한다. 실제로 「마가복음」의 상당히 많은 부분이, 비록 다른 표현을 사용했지만, 「마태복음」과 「누가복음」에 재현된다.

네 복음서의 저자들은 예수를 각기 다른 시각에서 바라보았다. 마가는 수난을 감수하는 신의 아들로, 마태는 유대인의 구원자로, 누가는 온 세상의 구세주로, 요한은 하늘이 보낸 사람으로 예수를 설정했다. 바로 이런 특징 때문에 비슷한 내용의 복음서 네 권이 한 권으로 통합되지 않고 각기 살아남았을 것이다.

신약의 첫 번째 책은 마태가 전하는 기쁜 소식, 「마태복음」이다. 아무도 마태가 누구인지 언제 살았는지 정확히 모른다. 그렇지만 마태가 복음서를 집필한 방식으로 미루어보았을 때, 예수가 갈릴리의 농부와 어부 들에게 전한 순박한 이야기를 사랑하고, 그의 예화와 설교를 가슴에 깊이 새겼던 순수한 사람이라고 추측한다. 「마태복음」은 예수 가문의 족보를 소개하며 첫 장을 시작한다. 예수는 유대 민족의 시조 아브라함의 41대 직계 후손이며, 이스라엘의 가장 위대한 왕 다윗의 28대 후손이다.

두 번째 복음서인 「마가복음」은 제일 먼저 출간되었지만, 도입부가 생략되었기 때문에 「마태복음」 다음 차례로 배치되었다. 복음서에 소개된 여러 사건을 통해 예수와 마가가 개인적으로 친밀했음을 읽을 수 있다. 이 책은 다른 복음서보다 내용이 간결한 대신, 주요한 사건을 깊이 파고들어 생동감 넘치는 예수의 활약상을 그려 냈다. 마가가 예수의 고향인 갈릴리 토박이인 것은 분명하지만 실제로 그가 무슨 일을 했는지, 또 예수와 어떤 관계였는지는 알 수 없다.

세 번째 복음서인 「누가복음」의 저자는 의사였던 누가로 알려져 있다. 어쩌면 학교 교장이었을지도 모른다. 누가는 당시 출간된 그리스도의 모든 기록을 읽었지만, 흡족한 것이 없었기 때문에 자신이 책을 쓰게 되었다고 말했다. 그는 독자들에게 이미 알려진 사실은 편집하고, 알려지지 않은 이야기를 신기로 계획했다. 누가는 많은 시간과 공을 들여 연구한 덕분에 마가와 요한이 놓친 예수의 상세한 활약상을 전하는 데 성공했다.

마지막 복음서인 「요한복음」을 저술한 요한은 앞의 세 사람과는 매우 다른 인물이다. 그는 헬레니즘의 신사조에 능통한 교수처럼, 다른 복음서에서 볼 수 없는 예수의 복음을 신학적 관점에서 엮어 내었다. '공관복음서'의 주제가 제자들이 추출한 예수의 상이라면, 「요한복음」의 주제는 예수가 선포한 자신의 상이다. 요한은 예수가 꼭 이렇게 선포했을 것이라고 기록했다. "나는 세상의 빛이다." "나는 선한 목자다." "나는 길이요, 진리요, 생명이다." 〔하나님이 자신을 가리켜 "나는 스스로 있는 나다"라고 말한 것과 문장구조가 유사하다.〕

B.C. 37년에 로마는 속지 유대 땅을 다스릴 왕으로 헤롯을 임명했다. 이 왕관은 살인과 모략으로 탈취한 것이다. 헤롯은 정의는 없었지만 불타는 야망은 있었다. 유대 땅뿐만 아니라 서부 아시아를 호령했던 알렉산더 대왕의 기억이 그를 괴롭혔다. 아버지 안티파터를 닮아 야심이 컸던 헤롯은 생각했다. "약하기 짝이 없는 마케도니아 왕자도 300년 전에 이룬 업적을 강한 유대 왕인 내가 못할 리 있겠는가?"

헤롯 왕의 군대는 막강했지만 로마 황제에게는 비굴할 정도로 졸렬하게 굴었다. 그는 안티파터 가문의 허황된 영광을 위해 냉정하고 잔인한 승부를 시작했다. 자신의 사악한 왕관을 보호해 주는 로마 총독을 제외하고는 백성이나 신도 안중에 두지 않았다. 헤롯은 죽음의 순간에 이르러서야 세상이 바뀐 것을 알게 된다.

헤롯은 로마 황제에게 헌정하는 여러 도시와 기념비를 세웠다. 또한 마사다 요새와 같은 성채들을 구축했고, 맹수와 싸우는 검투 경기장을 건립했다. 헤롯은 백성의 신망을 얻으려는 심산에서 그리스와 로마의 정벌로 파괴된 예루살렘 성전을 크게 증축했다. 헤롯은 이처럼 대형 토목공사에 드는 막대한 경비를 충당하기 위하여, 유대에서 가장 비옥한 곳에 사는 갈릴리 주민들에게 과대한 세금을 징수했다.

부과된 세금을 납부할 수 없었던 농민들은 농토를 담보로 세금쟁이에게 돈을 빌려 세금을 내야 하는 얄궂은 신세가 된다. 기간 내에 빚을 갚지 못한 불쌍한 농부들은 농토마저 빼앗기고 빈털터리 실업자 신세로 전락했다. 안타깝게도 세금쟁이들의 농토 수탈로 대부분의 농민들은 극빈자가 되어 기아선상을 헤매고 있었다. 그 결과, 갈릴리 지역은 빈부 격차가 극심한 사회로 변해 갔다.

유대를 속지로 가졌던 로마제국은 이와는 정반대의 이유로 병들어 가고 있었다. 일반적으로 사람의 행복은 재산에 정비례하지 않는다. 재산이 점점 늘어나고 어느 정도 성공을 이루면, 사람들은 태어나서 죽을 때까지 삶을

풍요롭게 하는 단순한 즐거움에 관심
을 잃기 시작한다. 로마에서는 건국
초기 때 전쟁 모리배였던 자들이 졸지
에 고관대작이 되어 농원을 독차지하
고 있었다. 또한 빈궁했던 로마인들
은, 유럽과 서부 아시아의 많은 영토
가 로마제국에 편입되면서 부유한 지
주로 탈바꿈했다.

**헤롯 왕**

　　엄청난 부의 축적으로 생존 자체
가 부담이 되어 버린 로마인들이 급격히 증가했다. 그들은 과식하고, 과음하
고, 수많은 쾌락을 추구했지만 삶은 조금도 만족스럽지 않았다. 로마인들은
살아야 하는 이유와 목적을 찾고 싶어 했다. 하지만 그 누구도 이들에게 정
답을 제시하지 못했다. 에피쿠로스학파의 쾌락주의적 궤변도 그들의 공허함
을 채울 수 없었다. 이집트의 이시스 신, 페르시아의 미트라 신 그리고 그리
스의 바쿠스 신도 그들을 구하지 못했다. 이제 절망 이외에는 남은 것이 없
었다.

　　그 시절, 갈릴리 땅에 한 아이가 태어난다.

　　때는 B.C. 4년이었다. 갈릴리 골짜기의 비탈진 언덕에 나사렛 마을이
조용히 자리 잡고 있었다. 그곳에 목수 요셉과 약혼녀 마리아가 살았다. 이
웃 사람들처럼 그들도 근면하게 생활했다. 요셉은 고향을 한 번도 떠나 본
적이 없는 순박한 사람이었다. 마리아에게는 성전 일을 돌보는 제사장 사가
랴와 결혼한, 사촌 엘리사벳이 있었다. 사가랴와 엘리사벳은 자식을 가지지

못하여 늘 슬퍼했다.

어느 날, 성전에서 기도하고 있던 사가랴 앞에 천사 가브리엘이 나타나 "네 아내 엘리사벳이 사내아이를 낳을 것이니, 그 아이의 이름을 요한이라고 하여라. 그는 백성들로 하여금 주님을 맞이할 준비를 갖추게 할 것이다"라고 말했다. 사가랴가 천사에게 "나는 늙었고, 내 아내도 나이가 많은데 어떻게 이런 일이 있을 수 있겠습니까?"라고 묻자 천사가 대답했다. "때가 되면 내 말이 그대로 이루어질 것이다. 그러

**나사렛 마을**

나 네가 내 말을 믿지 않았으므로, 아기가 태어날 때까지 너는 벙어리가 되어 말하지 못할 것이다." 제사장 직무를 마치고 집에 돌아간 사가랴는 반가운 소식을 글로 적어 엘리사벳에게 알렸다.

엘리사벳이 임신한 지 여섯 달이 되었을 때, 하나님이 가브리엘 천사를 다윗의 후손인 요셉과 약혼한 처녀, 마리아에게 보냈다. "마리아야, 두려워하지 마라. 너는 하나님의 은혜를 받았다. 네가 잉태하여 아들을 낳을 것이니, 너는 그의 이름을 예수라고 하여라. 그는 하나님의 아들로 불릴 것이며, 주 하나님께서 조상 다윗의 보좌를 그에게 주실 것이다."

마리아는 천사의 말에 경악하지 않을 수 없었다. 요셉과 결혼할 날도 아직 한참 남아 있었지만, 목수의 아들이 어떻게 하나님의 아들이 될 수 있단 말인가. 마리아가 천사에게 "저는 처녀인데 어떻게 그런 일이 일어날 수 있겠습니까?"라고 묻자, 천사는 이렇게 대답했다. "성령님이 네 위에서 내려오시고, 여호와의 능력이 너를 덮어 주실 것이다. 네 사촌 엘리사벳을 보아라. 그녀는 아이를 낳지 못할만큼 늙은 나이지만, 벌써 임신한 지 여섯 달이 되었다. 하나님에게는 안 되는 일이 아무것도 없다." 마리아는 즉시 "저는 여호와의 여종입니다. 지금 말씀하신 대로 제게 이루어지길 바랍니다"라고 말했다.

마리아가 이 놀라운 소식을 알린 사람은 부모도 아니고, 요셉도 아니었다. 마리아는 천사가 전한 메시지를 함께 나눌 사람은 오직 엘리사벳뿐이라고 생각했다. 그녀는 요셉의 작업장으로 찾아가 "나는 사촌 엘리사벳을 만나러 예루살렘으로 갈 작정입니다"라고 말했다. 요셉은 "당신 혼자 먼 길을 떠나는 것이 안타깝지만, 우리가 결혼하기 전까지는 당신과 동행할 수 없습니다"라고 응답했다. 마리아는 즉시 홀로 떠났다.

마리아

마리아가 갑작스레 방문하자 엘리사벳이 말했다. "하나님이 너에게 은총을 내리셨으니 얼마나 기쁜 일인가! 그런데 나의 주의 어머니 되실 분이 어떻게 나를 찾으셨는가?"라고 물었다. 그 순간 마리아는 자신만의 비밀을 엘리사벳도 알고 있다는 것을 깨닫고 감격하여 여호와를 찬양하고 경배했다. 마리아는 엘리사벳의 아기가 태어날 때까지 석 달을 지내다가 집으로 돌아왔다. 아기의 아버지 사가랴는 그제야 혀가 풀려 주님의 은혜를 찬양했다.

나사렛 마을로 돌아온 마리아는 그간에 있었던 일들을 요셉에게 이야기했다.

목수 요셉

하지만 요셉은 결혼도 안 한 여자가 아기를 가졌다는 말을 도저히 납득할 수 없었다. 그날 밤, 천사가 요셉의 꿈속에 나타나 말했다. "마리아가 잉태한 것은 성령의 힘이다. 그녀는 아들을 낳을 것이다. 너는 그를 예수라 불러라. 그가 백성을 죄에서 구원할 것이다." 다음 날, 요셉은 아침 일찍 마리아를 찾아가 "간밤에 천사가 내게 나타나 당신이 주의 어머니가 될 것이라고 알려 주었습니다.

베들레헴으로 가는 길

여호와는 당신과 당신의 아들을 지키라고 나를 선택한 것이 분명합니다"라고 말했다. 그 후 두 사람은 결혼하여 예수라는 아기가 태어날 것을 기대하면서 살았다. 그로부터 얼마 되지 않아 마리아는 또 한 차례의 여행을 하게 된다. 이번에는 요셉과 함께였다.

아직 예루살렘의 왕은 악한 헤롯이었으나, 여생은 얼마 남지 않았고 권력은 쇠퇴해 갔다. 멀리 로마에서는 카이사르 아우구스투스가 국권을 장악하고 국정을 공화정에서 제정으로 개혁했다. 제국을 경영하기 위해 필요한 막대한 재정은 국민들이 부담해야 했다. 따라서 카이사르는 세금 납부 여부를 징수관이 파악할 수 있도록, 모든 백성에게 지정된 등록지로 나가 이름을 등록하라는 칙령을 내렸다. 유대와 갈릴리는 형식상으로는 독립 왕국이었지만 세금을 거두는 것은 별개의 문제였다. 로마 정부는 이들에게도 가족이나 종족의 본거지로 일정 시각에 출두하라고 명령했다. 따라서 다윗 왕의 후손인 요셉은 아내 마리아와 함께 다윗의 고향인 베들레헴으로 가야 했다.

쉬운 여행이 아니었다. 길은 멀고 힘들었다. 요셉과 마리아가 베들레헴에 도착해 보니, 모든 여관이 먼저 도착한 사람들로 가득해 빈 방이 없었다. 매우 추운 밤이었다. 착한 사람들이 불쌍한 여인에게 동정을 베풀었다. 그들은 오래된 마구간 한구석에 마리아를 위해 침대를 만들었다. 그곳에서 예수가 태어났다.

예수 탄생

베들레헴

한편, 마구간 인근 들판에서는 목자들이 도둑과 늑대로부터 양 떼를 지키느라 망을 보고 있었다. 그들은 여호와의 권능을 조롱하는 모든 압제 세력으로부터 불행한 조국을 해방시켜 줄 메시아가 나타나기를 고대하고 있었다. 그때 갑자기 천사가 나타나 말했다. "두려워하지 마라. 내가 너희에게 모든 백성

들이 기뻐할 소식을 알린다. 오늘 밤, 다윗의 동네에서 너희를 위하여 구주가 나셨으니, 그분이 곧 그리스도 주님이시다." 천사들이 하늘로 올라간 뒤에 목자들이 "자, 어서 베들레헴으로 가서 천사가 알려 주신 일을 보자"라며 달려가 보니, 갓난아기가 구유에 누워 있었고 마리아와 요셉도 함께였다. 많은 사람들은 목자들이 전하는 기쁜 소식을 듣고 크게 놀라워했다.

**한밤의 목자들**

—¦—

어느 날 저녁, 마리아는 낡은 마구간 앞에서 아기를 돌보고 있었다. 온 마을이 낯선 사람들의 갑작스런 출현으로 떠들썩했다. 페르시아 점성가들이 마을을 지나고 있었던 것이다. 그들이 거느린 낙타, 하인, 화려한 복장과 터번 그리고 번쩍이는 금장식은 모든 사람들의 궁금증을 불러일으켰다. 어쩐 일인지 페르시아 점성가들은 젊은 어머니와 아들에게 큰 관심을 보였다. 그들은 낙타에서 내려와 아기와 장난도 하고, 떠날 때는 비단 꾸러미와 향료 상자에서 선물을 꺼내어 아기의 예쁜 어머니에게 주었다. 이 일은 무척 작은 사건이었지만, 좁디좁은 유대 땅에 순식간에 퍼져 나갔다.

한편, 예루살렘의 어둠침침한 왕궁에서는 헤롯 왕이 암담한 미래를 두

려워하며 자리를 지키고 있었다. 그는
늙고, 병들고, 비참했다. 처형시킨 아내
에 대한 기억이 언제나 따라다녔고, 죽
음의 그림자도 빠르게 다가왔다. 쓸데
없는 의심은 헤롯의 마지막 날들과 함
께하는 동반자였으며, 두려움은 소리
없는 발걸음으로 뒤따랐다. 부하들에
게 페르시아 점성가들이 베들레헴에 방
문했으며, 그 이유는 알아내지 못했다

아기 예수를 찾은 점성가들

는 사실을 보고받자 헤롯은 완전히 공포에 휩싸였다.

여느 유대 늙은이처럼 헤롯도 시꺼먼 피부의 페르시아 마술사들이 예
언자 엘리야가 만들었던 큰 기적을 보여 주리라 굳게 믿었다. 그들은 보통
방문객과는 달랐다. 무슨 임무를 가지고 온 것이 분명했다. 수백 년 전에 다
윗의 왕좌를 찬탈한 자에게 앙갚음을 하려고 다윗의 고향에 온 것일까? 헤
롯 왕은 자세한 사실을 알아 오라고 명령했다. 부하들은 신비한 아기와 관련
된 여러 기이한 사건들에 대해서 보고했다.

태어난 지 얼마 안 된 예수는 정결 예식을 위해 부모와 함께 성전으로

시므온과 안나

갔다. 요셉과 마리아는 그리 풍족하게 살지
못했던 것 같다. 그들은 양 한 마리 대신 한
쌍의 비둘기를 희생 제물로 드렸다. 산모의
정결 예식이 끝나자 시므온이라는 늙은
이와, 마찬가지로 매우 늙은 여자 예언
자 안나가 다가올 해방의 날에 대하여
이상한 말들을 내뱉었다. 시므온이 여
호와에게 말하기를, 백성들을 악행과
비행에서 건져 낼 메시아를 보았으니

**베들레헴 대학살**

이제 평화롭게 죽게 해 달라고 간청하는 것 아닌가!

헤롯은 이런 일들이 사실인지 아닌지에는 관심이 없었다. 문제는 수많은 사람들이 이 사건에 대해 떠들어 대고, 메시아가 나타났다는 소문을 무조건 믿는다는 것이었다. 그것이면 충분했다. 헤롯 왕은 지난 3년 동안 베들레헴에서 출생한 모든 소년을 죽이라는 명령을 내렸다. 이로써 헤롯은 자기 왕관을 빼앗으려는 모든 적이 사라졌기를 바랐다. 하지만 계획을 완전히 성공시킬 수는 없었다. 예루살렘의 관리나 친구 들로부터 경고를 받은 부모들은 아이를 데리고 멀리 피신했기 때문이다. 마리아와 요셉은 남쪽으로 도망쳤는데, 이집트까지 갔다는 전설도 있다.

헤롯의 죽음으로 집단 학살이 끝나자 마리아와 요셉은 나사렛으로 돌아왔다. 예수가 열두 살이 되었을 때 세 사람은 유월절을 지내기 위하여 함께 예루살렘으로 갔다. 생애 처음으로 성전을 방문한 예수는 깊은 감명을 받았다. 모든 예식을 끝내고 마리아와 요셉은 집을 향해 북쪽으로 돌아갔다. 갈릴리로 돌아가는 길에 예수가 눈에 띄지 않았지만, 다른 나사렛 사람들 틈에 끼어 오다가 저녁에는 나타날 것이라 생각하고 길을 떠났다. 하지만 밤이 되어도 아들은 나타나지 않았고, 아무도 예수를 보았다는 사람이 없었다. 혹시 사고를 당한 것은 아닐까 염려한 요셉과 마리아는 서둘러 예루살렘으로 되돌아갔다. 하루 종일 헤맨 끝에, 성전에서 랍비들과 신앙 토론에 몰두해 있는 예수를 찾았다. 예수는 불쌍한 어머니를 얼마나 놀라게 했는지 후회하고, 다시는 혼자 떠나지 않겠다고 약속했다.

요셉은 목수 일로 가족을 부양하고, 마리아는 예수 말고도 네 명의 아들 야고보, 요셉(요세), 유다, 시몬과 딸들의 치다꺼리를 하느라 정신 차릴 겨를이 없었다. 마리아는 아이들에게, 부모가 모두 다윗 왕의 혈통을 이어받았기 때문에 세상 사람들은 너희에게 무언가를 기대하고 있다고 늘 가르쳤다. 훗날 예수는 어머니 무릎 위에서 배운 조건 없는 사랑을 온 인류에게 가르치고자 집을 떠나고, 그의 형제자매들은 맏형의 승리와 죽음에 관한 소식들을 접하게 된다.

# 제 20 장

# 세례 요한

**광야의 요한**

유대인들 사이에 예언자적 정신이 아직 살아 있던 시절이었다. 요한이라는 사람이 홀연히 가나안 땅에 나타나 죄를 회개하라고 유대 백성을 질타했다. 하지만 유대인들은 회개해야 하는 이유를 깨닫지 못했다. 요한의 계속된 설교로 정국이 불안정해지자, 분봉分封 왕 헤롯 안티파스는 그를 죽이라고 명령했다.

─┼─

유대 땅을 다스리던 헤롯 왕도 죽고, 로마제국을 호령하던 아우구스투스 황제도 사라졌다. 한편, 나사렛 마을에는 성년이 된 예수가 평화롭게 살고 있었다. 예수의 소년 시절부터 거센 변화의 물결이 유대 땅에 휘몰아쳤다.

헤롯 왕은 열 번이나 결혼했기 때문에, 영토를 자식들에게 분배하는 것이 큰일이었다. 본래 그는 자식들이 많았지만 살인과 음모 때문에 모두 죽고, 남은 상속자는 네 명뿐이었다. 그러나 로마 당국은 야심찬 상속자들의 요구를 그대로 들어주지 않았다. 황제 아우구스투스는 제국을 통치하는 데 용이하도록 헤롯의 관할지를 세 지역으로 나누어 세 아들에게 분배하고, 분봉 왕이라는 칭호를 주었다. 〔중국 한나라의 천자가 땅을 나누어 제후로 봉했던 영주를 분봉 왕이라 불렀다.〕

유대 땅을 포함한 영토의 절반은 맏아들 헤롯 아켈라오에게 돌아갔다. 갈릴리와 대부분의 북쪽 지역은 둘째 아들 헤롯 안티파스에게 주어졌다. 아켈라오와 안티파스는 사마리아인 어머니에게서 태어난 친형제이다. 조금 남은 땅은 이복형제 빌립에게 돌아갔다. 이 무렵 헤롯 빌립이라는 또 다른 인물이 나타나는데, 이 사람도 헤롯 왕의 아들이었지만 지분을 상속받지 못하고 로마에서 평민으로 살았다. 헤롯 빌립은 헤로디아라는 여인과 결혼했지만 안티파스에게 아내를 빼앗긴다. 후에 우리는 세례 요한을 처참한 죽음으로 몰아넣은 헤로디아와 딸 살로메의 간교함을 볼 것이다.

헤롯 왕의 유산이 배분되고, 로마에서는 새 군주 티베리우스가 황제로 즉위하여 유대 총독에게 관할 지역을 큰 소동 없이 통치하라고 지시했다. 총독의 이름은 본디오 빌라도였다. 그는 로마 황제의 대리인으로, 자신이 맡은 지역에서 세금을 거두어 로마 상원으로 보내지 않고 황제에게 직접 전달하는 임무를 맡았다. 빌라도의 직책은 제1차 세계대전 전, 영국 왕실이 식민지 인도에 파견했던 총독의 지위와 비슷하다. 인도 각 지역의 술탄(또는 족장)이 행정과 치안을 담당했지만, 실질적인 권한은 총독이 가지고 있었다. 만약 술탄이 총독의 지시를 무시하면 가차 없이 처벌받았다. 주로 치안을 담당했던 헤롯 왕은 술탄의 역할을 했다고 볼 수 있다. 로마 총독은 국방과 세금 징수를 맡고, 헤롯 왕은 지역 정치와 치안을 담당하는 이중 통치 구조 아래에서 유대 사회는 표면적 평화를 유지하고 있었다.

총독 빌라도가 맡은 지역은 매우 넓었다. 빌라도는 해안에 위치한 신도시 가이사랴에 주로 거주하다가 1년에 한 번 정도 예루살렘에 갔다. 그는 이 일정을 잡을 때 유대인들의 가장 큰 축제에 참석할 수 있도록 계획을 짰다. 그렇게 하면 각 지역의 지도자를 만나러 마을에서 마을로 옮겨 다니는 수고를 할 필요가 없었기 때문이다. 빌라도는 그들을 만나 불평을 들은 뒤 해결 방안을 알려 주었고, 분쟁이 있을 때는 사태가 수습되는 것을 감독했다.

로마 병정들

예루살렘에 관저가 없었던 빌라도는 수도에 들릴 때마다 왕궁의 한편을 차지했다. 물론 총독이 머무는 것을 왕궁의 진짜 주인이 좋아할 리 없었지만, 더 큰 권한을 가진 총독이 왕의 기분까지 신경 쓸 필요는 없었다. 헤롯은 반갑지 않은 손님을 가장 빨리 내보낼 수 있는 방법을 알고 있었다. 세금이 빠짐없이 징수되고, 큰길에 강도가 출몰하지 않고, 산헤드린 공회에서 벌어지는 종교 지도자들의 다툼이 내란으로 발전하지 않는다면, 총독은 예루살렘에 입성하는 즉시 수도를 떠날 준비를 했다.

이 무렵 사해 광야에 홀연히 나타난 한 난폭한 사나이가 잠잠했던 유대 땅을 마구 흔들어 놓았다. 세상의 모든 쾌락을 버리고 사막에서 경건함을 추구하며 사는 에세네파는, 요단 강 서쪽에 사는 사람들에게 더 이상 새로운 이야깃거리가 아니었다. 에세네 사람들은 부정한 상거래로 부자가 되려는 사람들이 바글거리는 도시에 가는 것을 피했다. 하지만 돌연 나타난 이 예언자는 에세네인 특유의 소심함이 조금도 없었다. 그는 요단 강 계곡을 오르내리면서, 오늘날 교회의 부흥회와 비슷하게, 사람들에게 신앙적 훈계와 경고를 퍼부었다.

청중들이 동조하지 않으면, 그는 오해가 있을 수 없는 분명한 말로 질
타하기 시작했다. 곧 이 에세네파 예언자와 사두개파 사이에 갈등이 일어났
다. 종파 간의 분쟁은 파급 효과가 심각하기 마련이다. 우선 팔레스타인에서
로마로 분쟁 보고가 전달되면, 진상위원회의 질문서가 로마에서 팔레스타인
으로 내려가고, 이 결과에 따라서 왕이 바뀔 수도 있었다. 따라서 멀리 가이
사라에 거주하는 로마 총독이 분쟁 소식을 듣기 전에, 강력한 치안 당국의
손이 평화를 깨는 선동가를 잡아들이게 마련이다.

사해

그런데 이 사람이 30년 전 마리아가 엘리사벳의 집을 방문했을 때 태어
난, 바로 그 아기일 줄이야! 예수보다 12개월 먼저 태어난 요한은 매우 진지
한 소년이었다. 요한은 적막한 사해 해변에서 깊은 명상에 잠기기 위해 젊은
나이에 집을 떠나 사막으로 들어갔다. 요한은 도시와 장터의 소음에서 멀리
떨어져, 세상에 만연한 악에 대하여 깊이 생각했다. 그에게는 욕망도 없었
고, 필요한 물건도 없었다. 요한이 가진 것은 낙타털로 만든 낡은 겉옷 하나

뿐이었다. 그는 죽지 않을 만큼 적은 양의 음식을 먹었다. 조상이 쓴 책 이외에는 읽지 않았고, 좀 더 개화된 사람들의 사고에 대해서는 아는 바가 없었다. 요한은 여호와를 절대 부동의 충성심으로 섬기고, 점차 자신을 엘리야, 예레미야 또 유대인의 훌륭한 지도자들과 견주어 보기 시작했다. 요한은 선했고, 세상의 모든 사람이 자신의 가르침을 따르기 바랐다.

세례 요한

요한은 헤롯 왕과 형편없는 자식들이 저지른 만행을 보고, 조상들의 율법을 따르지 않는 동포들을 안타깝게 생각했다. 그리고 그들이 망각하고 있지만 꼭 알아야 할 것을 깨치게끔, 유대인들 앞에 나서야겠다고 절감했다. 텁수룩한 모습과 격렬한 말투 때문에 요한이 가는 곳마다 많은 관중이 모였다. 더럽고 긴 수염은 바람에 휘날리고, 두 팔을 공중에서 힘차게 흔들며 다가오는 심판의 날을 경고하는 요한은 죄인들의 가슴에 두려움과 의구심을 심었다.

군중들은 이 사람이야말로 오랫동안 기다리던 메시아가 아니냐고 수군거리기 시작했다. 그러나 요한은 그 말을 귀담아듣지 않았다. 그는 메시아가 아니었다. 여호와는 진짜 메시아를 맞이할 준비를 시키기 위해서 요한을 이 세상에 보냈을 뿐이다. 그러나 미스터리를 좋아하는 대중은 이 말을 믿지 않았다. 만약 메시아가 아니라면, 예언자 엘리야가 더 많은 기적을 베풀기 위해 이 세상에 다시 왔다고 생각했다. 요한은 이 또한 완강히 부인했다.

요한은 자신에게 맡겨진 역할에 충실하려고 노력했다. 그는 경고와 희망의 소식을 전하라고 하늘이 보낸 겸손한 메신저에 불과했다. 모든 사람이 죄를 씻기 위해 마지막 불세례를 기다리는 동안, 요한은 여호와의 권능에 다시 복종한다는 표시로 회개하기를 원하는 자들에게 요단 강의 물로 세례를 베풀었다. 유대인들은 큰 감명을 받았다. 요한의 명성은 마을에서 마을로 퍼져 나갔다. 많은 유대인들이 새로운 예언자를 만나고, 설교를 듣고, 그의 손으로 세례를 받기 위해 각지에서 몰려들었다.

—+—

마침내 요한의 성공담이 갈릴리까지 들려왔다. 그때 예수는 나사렛 집에서 아버지를 돕고 목수 일을 배우며 평화로운 날을 보내고 있었다. 장성한 예수는 집 밖의 사태에 깊은 관심을 품었고, 세례 요한이라 알려진 요한의 소식을 듣고 나사렛을 떠나 사해로 갔다. 그곳에서 요단 강의 흙탕물에 몸을 담그라고 소리치는 엄격한 예언자를 따라다니는 대중과 합류했다. 사촌의 모습은 예수를 기묘하게 감동시켰다.

**광야의 예수**

마침내 예수는 자신의 신념을 실천하는 용기를 가진 사람을 발견한 것이다. 그러나 요한의 태도와 포교 방법은 예수와 맞지 않았다. 예수는 북쪽의 쾌적한 목초지에서 자랐고, 요한은 메마른 남쪽 토지에서 난 사람이었다. 이처럼 상이한 성장 배경이 두 사람의 성격을 결정지었다.

예수는 요한에게 배울 것이 많다고 생각했다. 그는 요한으로부터 세례 받기를 청했고, 자신의 영혼을 발견하기 위해 요한처럼 홀로 광야로 나갈 결심을 했다. 예수가 광야에서 돌아왔을 때 요한의 전도 활동은 끝으로 치달았고, 두 사람은 재회를 기약할 수 없게 된다. 이것은 누구의 잘못이라기보다, 그들도 어찌할 수 없는 역사의 흐름이었다.

세례 요한이 눈에 보이지 않는 천국의 도래에 대해서만 설파했다면 치안 당국은 간섭하지 않았을 것이다. 그러나 눈앞에 멀쩡히 보이는 유대 왕국을 비난하는 것은 문제였다. 불운하게도 요한은 군주의 사생활을 비판하기에 매우 좋은 근거를 발견했다. 당시 갈릴리 지역을 다스리는 분봉 왕은 여우라는 별명을 가진 헤롯 안티파스였는데, 그의 교활함은 아버지 헤롯 왕과 꼭 같았다.

헤롯 안티파스가 정치적인 이유로 로마에 호출되었을 때, 안티파스는 이복형제 헤롯 빌립의 아내 헤로디아를 만나 열렬한 사랑에 빠진다. 탐욕적인 헤로디아가 서민 남편보다 갈릴리 영주인 안티파스에게 끌리는 것은 어찌할 수 없는 노릇이었다. 안티파스가 아랍 출신 아내와 이혼하기만 하면, 헤로디아는 그와의 결혼을 마다할 이유가 없었다. 당시 사회에서는 돈만 있으면 모든 일이 성사되었기 때문에 이혼도 어려운 일이 아니었다. 안티파스는 헤로디아를 왕비로 맞고, 딸 살로메도 양아버지와 함께 왕궁에서 살게 된다. 갈릴리와 유대 사람들은 이 추잡한 행위에 경악을 감추지 못했지만 생각을 밖으로 털어놓지는 않았다. 사람들은 왕의 병사들이 옆에 없을 때만 조용히 욕설을 퍼부었다.

여호와의 뜻을 대변하는 고귀한 직분을 가졌다고 믿는 요한이, 이토록 사악한 행위를 보고도 입을 다물고 있을 수는 없는 노릇이었다. 그는 때와 장소를 가리지 않고 기회가 있을 때마다 안티파스와 헤로디아의 불륜을 규탄했다. 요한의 맹렬한 비난이 사람들을 격노하게 만들어 폭동이 일어날 지경에 이르자, 당국은 무슨 수를 써서라도 소동을 방지해야만 했다. 마침내 요한을 체포하라는 명령이 떨어졌다. 그래도 예언자는 입을 다물지 않았다. 요한은 컴컴한 토굴 감옥에서도 부정한 왕실 부부를 꾸짖었다.

헤롯 안티파스는 참으로 곤혹스런 처지에 놓였다. 그는 요한의 신비한 마력에 큰 두려움을 느꼈다. 몸도 마음도 나약해진 헤롯은, 그러나 아내의 독설을 더 두려워했다. 어느 날은 요한을 처형하겠다고 작정했다가, 다음 날

이 되면 요한이 입만 다물면 사면해 주
자고 아내에게 제안했다. 안티파스의 미
적거림에 지쳐 버린 헤로디아는 마침내
끝장을 볼 결심을 했다.

그녀는 남편이 양딸을 끔찍이 사랑
하는 것을 알고 있었다. 소녀는 매우 뛰
어난 춤꾼이었고, 헤롯은 그녀의 춤을
좋아했다. 헤로디아는 딸 살로메에게
"네가 원하는 것은 무엇이든 들어주겠

토굴 감옥

다고 왕이 약속할 때까지 궁전에서 춤을 추어서는 안 된다"고 엄하게 타일
렀다.

헤롯 안티파스는 경솔하게도 살로메와 약속을 했고, 그녀는 어머니 말
대로 세례 요한의 목을 달라고 요구했다. 실수를 알아차린 양아버지가 자기
의 맹세를 되돌릴 수 있다면 유대 왕국 전체를 주겠다고 제의했다. 하지만
어머니와 딸은 요지부동이었고, 결국 요한은 참수형을 선고받았다. 요한이
사슬에 묶여 있는 토굴로 사형 집행인이 내려갔다. 잠시 후 요한의 잘린 머
리가 부들부들 떨고 있는 살로메 앞으로 왔다. 쾌락만을 추구하는 세상 사람
들에게 과감하게 하늘의 진지한 이야기를 전했던 세례 요한은 이렇게 세상
을 떠났다. 예수의 앞길을 닦아 놓고서.

# 제 21 장

# 예수의 길

예수는 나사렛이라는 작은 마을에서 농부와 소박한 수공업자 들에게 둘러싸여 성장했다. 그는 아버지로부터 목수 일을 배웠지만 이 일로 평생을 보내지는 않았다. 예수는 잔혹함과 불의로 가득한 세상을 주시했다. 결국 그는 가슴속에 간직한 진리를 널리 알리려고 부모와 형제자매를 남겨 둔 채 고향을 떠난다.

이제 예수는 서른 살의 장년이 되었다. 그는 결혼을 안 한 홀몸으로 자유롭고도 무척 검소하게 생활했다. 예수는 광야에서 매우 짧은 기간을 보냈다. 이 시간 동안에는 거의 먹지도, 자지도 않았다. 오로지 장래를 계획할 시간만이 필요했다. 세례 요한이 던진 메시지는 그를 깊은 묵상에 잠기게 했다.

예수의 조용하고 평범했던 나사렛 생활에서의 경험과 사색은 그가 요단 강 가까이에서 스스로 문득 던진 질문, "인생은 정말 무엇인가?"로 집약된다.

예수는 소수 무력 집단의 이해타산에 따라 공화정 로마가 로마제국으로 넘어가는 거대한 정치적 소용돌이도 알지 못했다. 그리스 말을 몰랐던 예수에게는 그리스 말로 적힌 어떤 자료도 종이 부스러기에 불과했다. 그는 평소에 아람어를 사용했고, 옛 율법서와 예언서를 읽을 수 있는 정도의 히브리어 능력이 있었다. 설사 예수가 그들의 언어를 알았더라도, 로마 정치와 그리스 철학에서 큰 의미를 찾지는 못했을 것이다.

더욱이 예수는 순박한 목수의 아들로 태어나, 회당에서 모세의 율법을 배우고, 옛 재판관과 예언자의 전통이 지배하는 시대에 살고 있었다. 그는 신앙적 의무에 매우 충실했다. 때가 되면 율법에 따라 성전에 번제를 드리려고 예루살렘으로 갔다. 그는 자기에게 주어진 작은 갈릴리 세상을 달게 받아들였고, 요셉과 마리아의 가르침 역시 토 달지 않고 받아들였다. 하지만 예수가 아무런 의심도 품지 않았던 것은 아니었다.

예수는 주위 사람들과 달랐다. 그는 남다른, 어떤 정신적 특성을 가슴으로 느끼고 있었다. 순진한 나사렛 이웃들은 그 점을 알아채지 못했다. 이웃들에게 예수는 너무나 친숙한 존재였다. 그들에게 예수는 한낱 목수의 아들일 뿐이었다. 그러나 나사렛 마을을 떠난 예수는 전혀 다른 사람이 되었다. 겉보기에도 표시가 났다. 그의 눈과 행동에는 무심결에 지나치는 사람들의 시선을 끌어당기는, 그 무엇이 있었다.

엄청난 기적을 고대하는 군중이 살고 있는 요단 강에 이르렀을 때, 그는 세례 요한의 추종자들이 요한의 뒤에서 서로의 귀에 속삭여 묻는 것을 들었다. "이분이 우리의 메시아로 온 분입니까?" 그러나 요한의 설교를 들으려고 모여든 사람들에게 메시아는 거대한 유대 왕국을 건설하고, 여호와의 법 아래 온 세상을 복종시키는 위대한 전사이자 제국의 수호자였다. 그러나 이것은 검은 말에 올라타 긴 칼을 휘두르며 군사를 지휘하는 또 다른 삼손의 등장만큼이나 예수의 생각과 동떨어진 것이었다.

예수를 무자비한 로마인, 세련된 그리스인, 교리적인 유대인과 차별화시키는 것은 다름 아닌 '사랑'이었다. 그의 가슴은 동포를 향한 사랑으로 가득했다. 나사렛 친구들과 갈릴리 이웃뿐만 아니라, 다마스쿠스로 뚫린 도로 저편의 광대한 세상의 모든 사람을 향한 사랑이었다. 예수는 그들을 동정했다. 사람들의 경쟁은 그토록 쓸데없고, 야망은 그토록 무의미하고, 황금과 명예를 찾는 욕망은 시간과 정력을 낭비하는 것에 불과했다.

그리스 철학자들도 같은 결론에 도달했다. 그들 또한 진정한 행복은 영혼의 문제이지, 돈으로 가득 찬 주머니나 경기장을 가득 채운 광중의 갈채에 있지 않음을 발견했다. 그러나 이런 생각은 영혼 불멸의 쾌락을 즐기는 배타적인 부유한 집단 이외에는 파급되지 못했다. 그들은 노예와 극빈자의 비참한 처지는 이 세상에 굳건히 뿌리 박힌 위계질서 때문이며, 누구도 그 처지를 바꿀 수 없는 불행한 일이라고 간주했다. 그래도 그들은 자기 종족이 아닌 자들의 권리 보장을 완강히 거절하는 유대인 지도자들보다는 훨씬 나았다.

그러나 예수의 눈에는 그들의 갈 길이 멀어 보였다. 예수는 살아 숨 쉬는 모든 생명에 온정을 쏟아 자신의 가슴 안에 품었다. 완고한 바리새파가 지배하는 곳에서 사랑과 인내의 사상을 가르치면 죽음이 기다릴 것이라는 불길한 예감이 들었지만, 예수는 보다 나은 세상을 위해 목숨을 내어놓으라는 하늘의 목소리를 거역할 수 없었다. 이제 예수는 인생의 항로를 결정해야 하는 갈림길에 다다른 것이다.

예수는 세 가지 길 중에서 하나를 선택해야 했다. 첫째 길은 나사렛에서 평안한 삶을 사는 것이다. 마을에서 잡일을 하고, 랍비들의 이야기도 듣고, 예법과 예식에 대한 토론을 하면서 마을 사람들과 동고동락하는 삶이다. 이것은 예수에게 매력적인 길이 아니었다. 이런 삶은 서서히 다가오는 정신적 굶주림이나 다름없었다.

둘째 길은 세례 요한 추종자들의 열정을 이용하여 모험적인 삶을 사는

것이다. 순진한 사람들이 그토록 믿고
싶어 하는 것을 믿도록 이끌어 주면 그
들은 오랫동안 고대하던 메시아로 예수
를 받아들이고, 분열된 유대를 통일 독
립국가로 인도할 최고 지도자로 추대할
것이다. 예수가 세속적인 삶을 살고 싶
었다면 이 같은 절호의 기회를 놓치지
않았을 것이다. 그러나 이 유혹은, 허황
한 꿈을 꾸지 않는 젊은이가 어디 있겠

**고향을 떠나는 예수**

냐마는, 예수에게는 전혀 가치 없는 야망이었다.

　이제 마지막 길 하나만이 남았다. 예수는 마음속에 소중하게 간직한 그
것을 듣고 싶어 하는 사람들에게 직접 전하기 위하여, 주위의 질시와 죽음의
위험을 무릅쓰고, 부모를 떠나 유랑의 길을 택했다. 그 일을 시작할 때 예수
의 나이는 서른이었다.

　예수가 활동하던 시절에는, 새로운 생각을 가진 현자들이 소신을 밝힐
기회를 비교적 손쉽게 얻을 수 있었다. 마땅한 강의실도 필요 없었고, 교수
가 되거나 목사 안수를 받기 위해 긴 세월을 보낼 필요도 없었다. 이집트와
서부 아시아가 모두 그랬던 것처럼 유대 땅에서도 매일의 숙식은 쉽게 해결
할 수 있었다. 기후는 온화했다. 한 벌의 옷으로 일평생을 보낼 수도 있었다.
대부분의 사람들이 필요한 만큼만 먹고, 과일도 나무에서 바로 따 먹을 수
있었기 때문에 식량은 풍족했다.

　제사장 계급이 활약하던 재판관과 왕정 시절에는 방랑 웅변가들이 해

괴한 선동을 하는 것이 용납되지 않았다. 이제는 로마 병정들이 간선도로에서 경비를 서고 큰 도시의 통행을 감시하고 있었다. 인간의 영적 문제에 무관심했던 로마인들은 정치 활동과 무관하다면 백성들이 어떤 종교를 택하든지 상관하지 않았다. 반역이나 내란을 선동하지만 않는다면 얼마든지 연설할 수 있는 자유가 보장되었다. 만약 바리새인들이 보장받은 모임을 방해한다면, 치안을 맡은 로마 관리로부터 큰 화를 면하기 어려웠다.

곧 호기심을 품은 많은 동네 사람들이 새 예언가를 따라다녔고, 한 달이 못 되어 웅변가 또는 선지자로서 예수의 명성이 좁은 갈릴리 지방을 넘어 퍼져 나가고 있었다. 이제 궁금해하는 쪽은 오히려 요한이었다. 공회 의원들이 요한을 주시하고 있었으나 그는 아직 자유의 몸이었다. 요한은 정든 유다를 떠나 예수를 만나러 북쪽으로 향했다. 이것이 두 사람의 마지막 만남이 된다.

요한이 사촌의 심중을 얼마나 이해했는지는 심히 의심스럽다. 두 선지자는 같은 세상을 완전히 다른 눈으로 보고 있었다. 요한은 여호와의 진노를 피하려면 죄를 회개하라고 사람들에게 강권했다. 시나이 산에서 채취한 화강암에 새겨진 율법을 충실히 실천했을 뿐이다. 반면 예수는 강경함은 없었으나, 따뜻한 햇볕을 받고 미소 띠는 고향 집의 화초 같은, 화기애애한 삶을 마음속에 그렸다.

세례 요한은 "그러면 안 돼!"라고 타일렀지만, 예수는 "걱정하지 마!"라는 말로 대중의 고뇌에 응답했다. 요한은 잔인한 여호와의 모습을 한 메시아를 상상하는 유대인들의 생각을 수용했다. 반면에 예수는 좀 더 고상한 전망을 가지고, 인류의 상상을 초월해 영원한 인내와 사랑을 베푸는 자비로운 아버지의 모습으로 소개했다. 두 사람 사이에 타협이 있을 수 없었다.

그렇지만 요한은 예수가 품은 생각을 희미하게 이해했는지도 모른다. 요한은 제자들에게 너무 많은 것을 기대하지 말라며, 자신은 자기보다 무척 뛰어난 다른 선생님보다 앞서 나온 자일 뿐이라고 가르쳤다. 요한의 두 제자가 예수를 따라나섰을 때, 그는 화를 내지 않았다. 요한은 자신이 가진 모든 것을 남에게 베풀었다. 하지만 그는 어떤 이유에서든 실패했다는 생각을 지울 수 없었다. 요한의 갑작스러운 죽음은, 그에게는 도리어 반가운 임무 교대의 순간이었다.

예수는 요한을 만난 직후 나사렛 마을을 잠시 방문하러 갈릴리로 돌아갔다. 요셉은 이미 세상을 떠났고, 마리아는 자식들이 언제든 와서 쉴 수 있도록 작은 집을 깔끔하게 정돈하며 살고 있었다. 천재의 어머니가 되는 것은 쉬운 일이 아니다. 마리아는 사방을 전전하며 한편에서는 찬사를, 다른 편에서는 저주를 받는 괴상한 아들을 전혀 이해할 수 없었다. 그러나 마리아는 타고난 지혜로움으로 자신이 무엇을 하는지 정확하게 알고 있는 아들의 앞길을 방해하지 않았다. 때때로 이 선지자가 이해되지 않을지라도, 아들을 사랑하는 마음을 멈출 수는 없었다.

마리아의 아들이 첫 여행에서 돌아왔을 때, 그에게 전할 기쁜 소식이 있었다. 친척의 결혼식에 모자가 함께 초대받은 것이다. 예수는 기꺼이 참석하겠지만 혼자 갈 수는 없다고 말했다. 그에게는 나사렛까지 따라 온 친구들이 있었다. 예수는 형제 같은 그들과 가나 여행에 함께하겠다고 고집했다. 이것은 십자가에서 처형당하는 순간까지 지속된, 예수가 조건 없이 베푸는 사랑의 시작이었다.

복음서를 집필하는 사람들은, 단순한 이방인들이 예수의 명쾌한 메시지를 곧이곧대로 믿고 축복받게 하려면, 예수가 마리아와 함께 즐거운 시간을 보냈던 잔치 이야기로는 충분하지 않다고 간주했다. 그리하여 평범한 사건에 기적적인 요소를 부각한 가나 혼인 잔치의 전말이 구성되었고, 이 이야기는 중세 화가들이

가나 마을

즐겨 그린 성화의 소재가 되었다.

「요한복음」에 의하면, 별안간 나타난 예상외의 많은 하객으로 포도주가 동이 났다고 한다. 일꾼은 어찌할 바를 몰랐다. 가진 것이라곤 물뿐인데, 결혼 잔치에서 하객에게 물을 내놓을 수는 없는 일이었다. 일꾼은 부엌일을 잘 아는 마리아에게 달려갔다. 그녀는 아들에게 이 안타까운 사정을 알리고 도움을 청했다. 사색에 잠겨 있던 예수는 먹고 마시는 일로 방해받는 것이

**가나의 결혼 잔치**

약간 짜증스러웠다. 하지만 사태의 심각성을 곧 알아차렸다. 예수는 초대받지 않은 사람들이 갑작스레 나타나는 바람에, 잔치를 정성스럽게 준비한 주인이 얼마나 당혹했을지 이해했다. 친척들을 곤경에서 구하기 위해 예수는 조용히 물을 포도주로 바꾸었고, 모두가 만족스럽게 잔치를 끝냈다.

세월이 흐름에 따라 이와 비슷한 기적적인 요소가 본래 이야기 속에 덧붙여졌다. 이것은 지극히 자연스러운 일이다. 사람들은 잊지 못할 추억 속에 초인적 힘이 연결되는 것을 언제나 사랑해 왔다. 그리스 신과 영웅들은 수많은 기적을 보여 주었다. 옛 유대 선지자들은 쇠도끼를 물에 띄우고, 깊은 강을 가로질러 걸어가고, 해와 달의 회전을 정지시켜 천체 법칙을 초월할 수 있었다. 멀리 중국, 페르시아, 인도, 이집트로 시야를 돌려 보면, 사람들이 초자연적인 사건을 자연스럽게 받아들인 기록을 많이 볼 수 있다. 이런 발견은 불가능한 일이 자명한 일로 둔갑하는 상상력이 특정 민족에만 국한된 것이 아님을 보여 준다.

예수가 수많은 사람에게 미친 영향은 어떤 설명도 필요 없는 너무 심오한 것이기 때문에, 우리는 마술이나 귀신을 몰아내는 행위 없이도 예수를 기꺼이 주로 받아들인다. 하지만 이런 태도가 잘못된 것일 수도 있다. **문호 톨**

스토이는 "인간이 자기 신앙의 지적 기초를 아직 세우지 못했을 때, 기적은 필요하다"고 말했다. 더욱이 성 아우구스티누스는 "기적이 없었다면 나는 그리스도교인이 되지 않았을 것이다"라고 단언하지 않았던가. 예수의 기적을 「요한복음」에서 표적表迹으로 표현한 것은 예수가 기적을 행한 목적이 무엇인지 생각하게 한다.

예수가 불쌍한 자들을 위해 베푼 기적 이야기들은 뒷장에 계속된다.

# 제 22 장

# 새 선생님

예수는 제자들과 함께 온 마을을 찾아다니면서 친선과 자비와 사랑의 복음을 가르쳤다. 남녀노소와 지위 고하를 가리지 않고 많은 사람들이 예수의 가르침을 듣고 병을 고치기 위해 몰려들었다. 이 세상의 모든 존재는 유일한 사랑의 신이 내린 자식들이기 때문에, 형제자매처럼 서로 사랑해야 된다는 나사렛 예수의 가르침이 온 땅에 알려졌다.

　　예수는 제자로 삼은 친구들을 데리고 가나에서 갈릴리 바다 북쪽 해안에 세워진 작은 마을, 가버나움으로 갔다. 그곳에는, 사회에서 버림받은 사람들에게 하늘나라를 소개하기 위해 대장정을 떠나는 예수를 따르려고 물고기 잡는 일을 집어치운, 베드로와 안드레 형제가 살고 있었다. 그들은 가버나움에 수 주를 머물다가 예루살렘으로 떠나자고 결정했다. 두 가지 이유 때문에 내린 결정이었다. 첫째로 모든 유대인들은 성전 가까이에서 유월절 축제를 경건하게 보내야 했고, 둘째로 수도 예루살렘 사람들이 예수에 대하여 어떻게 생각하는지 알아볼 수 있는 좋은 기회였다.

가버나움

갈릴리 사람들은 성전 예배에 큰 관심을 가지지 않는다고 예루살렘 사람들로부터 공공연하게 멸시받았지만, 그들은 매우 친절하고 새로운 생각에 귀 기울이는 사람들이었다. 갈릴리 사람들에게 뜨거운 열정은 없었지만, 예의 바른 태도는 알아줄 만했다. 반면에 바리새파 사람들이 장악하고 있는 예루살렘은 관용을 베풀지 않는 것이 도시의 미덕인 양 자리 잡고, 반대자들에게 무자비한 옛 율법을 강요하는 강력한 요새였다. 예수는 안전하게 예루살렘에 도착했지만, 자신의 생각을 설명할 기회를 만들기 전에 긴급하게 해야 할 일이 생겼다. 그것도 여호와를 경배하는 성전에서.

안드레와 베드로

아주 옛날 사람들은 신을 기쁘게 하려고 동료를 죽여 제물로 바쳤다. 그 뒤에는 사람 대신 소와 양을 제물로 바쳤다. 예수가 태어날 무렵, 유대인들은 아직도 짐승을 제물로 바치고 있었다. 부유한 사람들은 황소를 잡아서 먹기 좋은 부분은 제사장의 주방으로 보내고, 나머지 고기와 기름을 성전의 제단 위에서 태웠다.

모든 동물을 창조하고 사랑하는 바로 그 여호와가 동물이 흘린 피를 기쁘게 흠향歆饗한다는 기이한 믿음 때문에, 큰돈을 쓸 수 없는 가난한 사람들은 어린 양을 사고, 아주 가난한 자들은 비둘기 한 쌍을 구하여 목을 땄다. 당시 많은 유대인들은 여러모로 낙후된 예루살렘을 떠나 사치와 안락을 누릴 수 있는 알렉산드리아와 다마스쿠스에 살고 있었다. 이처럼 타향에 사는 사람들은 제물로 바칠 동물을 멀리서부터 가져오는 것이 번거로웠기 때문에, 현지에서 이런 짐승들을 대량 공급하는 것이 필요했다.

성전이 세워졌을 당시에는 성전 입구와 가까운 곳에서 황소와 양을 판매하고 있었다. 곧 상인들은 소비자의 편의를 위해서 짐승들을 성전 뜰 안까지 들여왔다. 연이어 바빌론 금화와 고린도 은화를 제물을 살 수 있는 유대 돈으로 바꿔 주는 환전상까지 따라 들어왔다. 이 상인들은 이런 행동이 불경스럽다는 생각은 조금도 못했다. 자신들이 무슨 잘못을 하고 있는지 전혀 깨닫지 못했다. 이것은 누구도 생각하지 못한 상태에서 점차 발전한, 매우 나쁜 관습일 따름이었다.

　조용한 갈릴리 계곡에서 성장하여 상거래와 물물교환에 익숙하지 못한 예수에게, 울부짖는 황소와 소리치는 환전상의 존재는 신에 대한 불경과 모독으로 비추어졌다. 여호와의 집이 시끄러운 장터로 변한 것이다. 절대로 용서받을 수 없는 행위였다. 예수가 채찍을 집어 모든 무리를 성전 밖으로 몰아내고, 불쌍한 짐승들은 주인에게 보내니 여호와의 집이 깨끗한 모습으로 돌아갔다. [수천 년 동안 유대인에게 무거운 짐이었던 번제는 A.D. 70년, 로마군이 예루살렘 성전을 완전히 파괴하고 제사장 계층이 잠적하자 완전히 중단되었다.

환전상을 몰아내는 예수

번제는 제사장의 주관으로 성전에서만 허용되었기 때문이었다. 이스라엘이 몰락하자 전 세계로 흩어진 유대인들은 회당에서 「시편」을 낭송하며 더 많은 기도로 번제를 대신하고 있다.]

　　무엇인가 일어나기를 간절히 기다리던 무리들은 예수의 거침없는 행동 때문에 아수라장이 된 성전으로 재빨리 달려갔다. 예수가 옳다고 생각하는 사람도 많았다. 성전이 외양간으로 사용되는 것은 수치스러운 일이었다. 하지만 다른 사람들은 크게 노했다. 지성소와 가까운 곳이 시끄러운 것은 바람직한 일은 아니었다. 그렇다고 갈릴리인가 하는, 이름도 못 들어 본 시골에서 올라온 무명 젊은이가 환전상의 책상을 엎어서, 상인들이 잃어버린 동전을 찾으러 온 구석을 헤매게 만든 것은 잘못됐다고 생각했다.

　　또 다른 사람들은 대체 무슨 일이 일어나는지 종잡을 수가 없었다. 왕궁의 첩보 담당자는 질서를 파괴하는 예수의 행동을 예의 주시하고 있었고, 가축 판매상과 환전상은 말보다 행동이 앞서는 선지자와 선량한 대중을 정면으로 대치시키려고 온갖 노력을 기울였다.

　　유대인 공회의 회원이며 철저한 바리새파였던 니고데모라는 사람이 있었다. 그는 성전에서 큰 소동을 벌인 자와 공공연히 만날 수는 없었지만, 그

니고데모

처럼 당돌한 행동을 한 사람이 도대체 누구인지 알고 싶었다. 그는 밤이 되자마자 예수를 찾아갔다. 예수는 니고데모를 반갑게 맞이했고, 두 사람은 대화를 나누었다. 니고데모는 예수가 좀 과격한 면은 있지만 매우 성실한 사람임을 발견했다. 갈릴리에서 그가 한 일들을 전해 들은 니고데모는 예수의 성실성을 더욱 확신했고, 그를 아끼는 마음에서 예루살렘을 가능한 한 빨리 떠나

라고 권했다.

한편, 예수는 제자들과 함께 사마리아 땅을 거쳐 갈릴리로 돌아가게 되었다. 당시 사마리아는 부당하게도, 파렴치한 무신자들의 온상이라는 불명예를 얻고 있었다. 수백 년 전 이곳은 북 이스라엘 왕국의 일부였다. 왕국이 멸망하자 주민들은 아시리아로 끌려가고, 버려진 토지는 메소포타미아와 소아시아에서 온 정착자들이 넘겨받았다. 잔류했던 소수의 유대인과 다수의 이민자는 새 종족을 형성했는데, 이들이 사마리아 사람이다.

**바리새인과 사마리아인**

사마리아 사람들은 순수 혈통의 유대인들로부터 말로 표현할 수 없는 모욕과 멸시를 받았다. 다마스쿠스로 여행하는 유대인은 당나귀가 달릴 수 있는 한 가장 빠른 속도로 이 지역을 지나쳤고, 꼭 필요한 경우가 아니라면 현지인들과의 접촉을 되도록 삼갔다. 모세의 율법에 충실했던 예수의 제자들도 '더러운 사마리아 사람'이라는 편견에 전적으로 동감했다. 안타깝게도 그들은 더 배워야 마땅했다.

—┼—

예수는 사마리아에 머물렀을 뿐 아니라 몇몇 사마리아 사람들과 매우 친밀하게 대화를 나누었다. 한번은 우물가에 앉은, 천대받는 종족의 한 여인에게 자신의 생각을 친절히 설명했다. 제자들이 가까이 와서 두 사람의 대화를 들어 보니, 유대에서 가장 훌륭한 랍비의 가르침을 자신들보다 사마리아 여인이 더 쉽게 이해하는 것이 아닌가. 여인은 물동이를 버려두고 동네로 달려가 여러 사람에게 그리스도를 만난 일을 털어놓았다. 그제야 제자들은 민족을 초월한 형제애를 깨달았고, 예수는 새 믿음을 설파하는 공생애의 첫발을 내딛는다.

예수가 사용한 교수법은 매우 색달랐다. 그는 한 줄짜리 격언이나 짧은 이야기만을 사용했다. 하지만 그가 택한 하나의 단어, 하나의 힌트는 숨겨진 의미를 전달하는 데 충분했다. 예수는 언제나 자신의 뜻을 넌지시 비쳤다. 그것은 사람의 속마음을 흔들었기 때문에, 숨은 뜻이 기막히게 청중에게 먹혀들었다. 두 어머니의 싸움에서 아기의 목숨을 살렸던 솔로몬의 절묘한 판결을 연상시키는 예수의 한 이야기가 이 엄청난 효과를 잘 보여 준다.

예수와 사마리아 여인

율법학자들과 바리새파 사람들이 간음하다가 잡힌 여자를 끌고 와서 가운데 세워 놓고, 예수에게 다짜고짜 물었다. "선생님, 이 여자가 간음하다가 현장에서 잡혔습니다. 모세는 율법에 이런 여자를 돌로 쳐서 죽이라고 명령했는데, 선생님은 어떻게 생각하십니까?" 예수는 몸을 굽혀 손가락으로 땅에 무엇인가를 썼다. 그들이 다그쳐 물으니, 예수가 몸을 일으켜 그들에게 말했다. "너희 가운데서 죄가 없는 자부터 이 여자에게 돌을 던져라." 이 말을 들은 사람들은 나이가 많은 사람부터 시작해 하나하나 돌아가고, 마침내 빈 광장에는 예수와 여인만이 남았다. 예수는 "너는 다시는 죄를 짓지 말라"며 그녀를 돌려보냈다.

예수는 일상생활을 비유해 하늘나라의 비밀을 이 땅 사람들에게 귀띔해 주었는데, 이것이 새 선생님의 독특한 교수법이었다. 예수의 비유는 마치 수수께끼와 같다. 부호를 푼 사람만이 비유를 창안한 사람의 숨은 뜻을 알아내고, 깨달은 기쁨을 만끽할 수 있다. 하지만 다른 사람들에게는 보기는 보여도 알 수 없고, 듣기는 들려도 깨달을 수 없는 수수께끼일 뿐이다.

하늘나라는 얼마나 큰 곳일까? 예수는 여러 가지 비유로 알려 주었다. "하늘나라는 씨앗 중에 가장 작은 겨자씨 한 알과 같다. 겨자씨가 옥토에 떨어지면, 큰 나무로 자라나 하늘을 나는 새들의 피난처가 된다." "하늘나라는 누룩과 같다. 어떤 여자가 그것을 가져다가 밀가루 서 말에 섞어 넣었더니 온통 부풀어 올랐다."

누가 하늘나라에 들어가나? "하늘나라는 마치 밭에 숨겨 놓은 보물과 같다. 그 보물을 발견한 사람은 그것을 다시 숨겨 두고 기뻐하며 집에 돌아가서 가진 것을 다 팔아 그 밭을 산다." "하늘나라는 바다에 던져 온갖 물고기를 모으는 그물과 같다. 그물에 고기가 가득 차면 물가로 끌어내 좋은 것만 골라 그릇에 담고 나쁜 것은 버린다. 세상이 끝나는 날에도 이렇게 될 것이다."

그러면 하늘나라에 들어가기 전까지 눈엣가시 같은 이웃들과 어떻게 화목하게 살 것인가? 예수는 이렇게 알려 주었다. "너희들은 '눈은 눈으로, 이는 이로 갚아라'라는 모세의 율법을 듣지 않았느냐. 그러나 나는 너희들에게 말한다. '악한 사람에게 앙갚음하지 마라. 누가 네 오른쪽 뺨을 때리거든 왼쪽 뺨마저 내주어라. 누가 너를 재판에 걸어 속옷을 빼앗고자 하거든 겉옷까지 내주어라. 누가 5리를 함께 가자고 강요하거든 10리를 가 주어라. 네게 구하는 사람에게는 주고, 꾸려고 하는 사람의 청을 물리치지 마라."

예수는 핵심을 찍어 다시 말했다. "너희는 무엇이든지, 네가 남에게 바라는 대로 남에게 하라. 이것이 율법의 본뜻이다."〔공자는 "내가 하고 싶지 않은 것을 남에게 시키지 마라己所不欲 勿施於人"라고 가르쳤다.〕

어떤 율법학자가 예수를 시험하려고 와서 "내가 무엇을 해야 영원한 생명을 얻겠습니까?"라고 물었다. 예수가 그에게 말했다. "율법에 무엇이라고 쓰여 있으며, 너는 그것을 어떻게 이해하고 있느냐?" 그가 대답했다. "네 마음을 다하고, 네 목숨을 다하고, 네 힘을 다하고, 네 뜻을 다하여 주 너의 하나님을 사랑하라 했고, 또 네 이웃을 네 몸같이 사랑하라 하셨습니다." 예수가 그에게 말했다. "네 대답이 옳다. 그대로 하여라. 그러면 네가 살 것이다."

하지만 그는 예수의 말을 수긍할 수 없었던지 되물었다. "그러면 내 이웃이 누구입니까?" 그러자 예수가 비유로 설명했다. "어떤 사람이 예루살렘에서 여리고로 내려가다가 강도를 만났다. 강도들이 그 사람의 옷을 벗기고 때려서 거의 죽게 된 채로 내버려 두고 가 버렸다. 마침 한 제사장이 그 길로 내려가다가 쓰러진 사람을 발견하고는 피해서 지나갔다. 또 다른 제사장도 그곳을 지나다가 쓰러진 사람을 보고 피해서 지나갔다. 그러나 어떤 사마리아 사람은 그를 발견하고 측은한 마음이 들어, 상처에 올리브기름과 포도주를 붓고 싸맨 다음 자기 나귀에 태워 여관으로 데리고 가 간호했다. 다음 날 사마리아 사람은 두 데나리온(이틀 치 품삯)을 여관 주인에게 주면서 '이 사람을 잘 돌보아 주십시오. 비용이 더 들면 내가 돌아오는 길에 갚겠습니다'라고 부탁하고 떠났다."

예수의 비유를 들은 모든 관중은 누가 자신의 이웃인지 당장 알아챌 수 있었다. 회당에서는 높은 자리에 앉기를 즐기고, 장터에서는 인사받기를 좋아하는 바리새파 제사장은 분명히 아니었다. 제사장은 '시체를 만져 제사장의 몸을 더럽혀서는 안 된다'는 율법을 곧이곧대로 따랐기 때문에 아무 잘못이 없다고 항변할 것인가? 자신만은 옳다는 것을 드러내려고 마음에도 없는 질문을 던진 율법학자는 아무런 반박도 못하고 사라졌다고 한다. 이 비유 하나로 유대인으로부터 천대와 질시를 받던 사마리아 사람은 '선한 사마리아인'으로 다시 태어난다. 예수의 비유는 암암리에 예루살렘 성전의 권익을 독점하고 있는 제사장들의 위선을 폭로하고 있었다.

예수의 두 번째 갈릴리 귀환 길에 대한 이야기는 기적으로 넘쳐 난다. 첫 번째로는 가버나움으로 돌아가는 길에 마을 의사도 포기한 부자의 아들을 살려 놓았다. 다음에는 높은 열로 신음하던 베드로의 어머니를 구했다. 그녀는 손님들을 위한 식탁을 차릴 정도로 회복했다. 그 후에는 병자들이 떼지어 몰려왔다. 절름발이는 들것에 실려 왔고, 수년 동안 이름도 모르는 병에 시달리는 사람들, 완쾌할 수 있다는 단 한마디의 말이 필요한, 온갖 형태의 마귀가 들린 사람들이 모여들었다. 한 중풍 환자는 사람이 하도 많은 탓에 예수를 만날 길이 없게 되자, 그의 친구들이 지붕을 뜯어 구멍을 내고 환자를 예수 앞에 내려놓기도 했다.

예수가 활동하던 유대 땅에는 마술과 요술을 직업으로 가진 자들이 넘쳐 났다. 그들은 귀신의 힘을 빌려 마술을 시술한 대가를 요구했다. 하지만 예수는 하나님의 영과 능력에 힘입어 불쌍한 자들의 육체적·정신적 질환을 무료로 치료했다. 벙어리가 말을 하고, 절뚝발이가 성해지고, 앉은뱅이가 걷고, 장님이 눈을 뜨고, 죽은 사람이 살아났다는 기적적인 소식이 퍼져 나가자, 사회에서 버림받은 자들이 예수 앞으로 구름처럼 몰려들었다.

하지만 바리새파 사람들은 예수의 행위를 수긍할 수 없었다. 그들은 예

절름발이와 맹인들

수가 고통받는 동료를 위해 베푼 일은 고맙지만, 너무나 잘못된 길로 가고 있다고 생각했다. 예수는 유대인과 이방인을 차별하지 않고, 로마 장교의 하인과 그리스 여인의 병든 딸을 고쳤다. 또한 안식일에 여인의 통증을 없애주고, 옷자락이라도 만지려는 문둥병자를 거절하기보다 손을 내밀어 몹쓸 병을 완치시켜 주었다.

하지만 로마인에게 고용되어 가버나움에서 세금을 거두어들이는 세금쟁이를 제자로 삼은 것은 끔찍한 일이었다. 선량한 사람들도 이것만은 고통받고 있는 조국에 반기를 드는 행위나 다름없다고 예수에게 말했다. 예수는

**이방인과 식사하는 예수**

그런 지적을 이해는 했으나, 잘못을 저질렀다고 생각하지는 않았다. 예수에게는 이 세상의 남자, 여자, 세금쟁이, 정치가, 성자 그리고 죄인이 같았다. 그는 사람들의 공통된 인간성을 인정하고 받아들였다. 이런 태도가 얼마나 확고한지를 보여 주기라도 하듯, 예수는 모든 제자와 함께 로마 하수인의 집으로 저녁을 먹으러 가기도 했다.

예수의 도발적 행보를 전해 들은 바리새파 사람들은 이 선지자의 기묘한 이상이 실현되면, 그들이 쌓아 올린 권위와 특권이 소리 없이 사라질 것이라고 믿었다. 하지만 그들은 공개적으로 예수를 비난하는 말을 삼가고, 그가 자신들의 관할권을 다시 문제 삼는다면 어떻게 대응할지 논의했다. 바리새파 사람들은 증오하는 눈길로 예수의 다음 활동을 주시하고 있었다.

# 제 23 장

# 예수 그리스도

온갖 특권과 혜택을 독점한 기득권이 예수의 가르침을 배척한 것은 당연했다. 즉시 그들은 예수를 기존 질서와 율법을 해치는 공공의 적이라고 선언하고, 연합 전선을 결성하여 그를 파멸시킬 방법을 강구했다. 하지만 예수는 조금도 개의치 않고 하늘나라로 가는 길을 설파해 나간다.

—¦—

예수는 공생애를 시작하면서 자신을 보좌하여 복음을 전파할 열두 제자를 택했다. 어부였던 베드로와 안드레처럼 그들 대부분은 사회의 가장 낮은 곳에 있는, 소박하고 배우지 못한 사람들이었다. 이들 중에는 유대인의 질시를 받던 세금쟁이 마태, 훗날 예수를 배신하는 유다 그리고 세례 요한의 제자였던 요한과 빌립도 있다. 예수는 제자들에게 악한 귀신을 제어하는 권능을 주고, 고을과 마을로 파견했다. 제자들은 "하늘나라가 다가왔다"고 선포하고, 악한 귀신을 내쫓고 온갖 질병을 대가 없이 고쳐 주었다.

예수는 3년 동안 옆에 두고 가르친 제자들이 자신을 똑바로 이해하고 있는지 확인해야 했다. 제자들과 함께 가이사랴 빌립보로 가는 도중에 제자들에게 "사람들이 나를 누구라고 하느냐?"라고 물었다. 제자들은 "세례 요한이라 하는 사람도 있고, 어떤 사람은 엘리야라 하며 또 어떤 사람은 예언자 중 한 사람이라고 합니다"라고 대답했다. 예수가 "너희는 나를 누구라고 하느냐?"라고 다시 묻자, 베드로가 "우리 주님은 그리스도이며, 살아 계신 하나님의 아들이십니다"라고 대답했다. 그때 예수는 자기에 관한 일을 아무에게도 말하지 말라고 제자들에게 주의시켰다.

두 번째로 성전을 방문하는 길에 예수는 예루살렘의 권력자들과 공공연하게 충돌했다. 예루살렘 양羊 문 밖의 베데스다 연못을 지날 때, 예수는 살려 달라고 외치는 고함 소리를 무시할 수 없었다. 그 불쌍한 사람은 지난 38년 동안 앉은뱅이로 고생해 왔다. 갈릴리에서 일어난 완쾌의 기적을 듣고, 예수에게 병을 고쳐 달라고 애걸한 것이다. 예수는 그를 바라보았다. 그러고는 이제 두 다리에 아무 문제가 없다고 이르고, 이부자리를 거두어서 집으로 돌아가라고 명했다. 병자는 예수의 말을 따랐다. 그런데 하필이면 그날이 바늘 하나 옮기는 것조차 금지된 안식일이었다. 혼자 걸을 수 있게 되어 신바람이 난 그는 여호와에게 감사를 올리려 성전으로 발걸음을 재촉했다.

바리새파 사람들이 이 사건을 보고받은 것은 물론이다. 그들은 신성한 율법을 위반하는 것을 용납할 수 없었기 때문에, 이제 멀쩡한 다리를 가진, 불쌍한 앉은뱅이를 불러 세우고 안식일에 이부자리를 등에 지는 것은 율법에 어긋나는 행위이므로 처벌을 받아야 한다고 했다. 그러나 앉은뱅이는 워낙 상기된 탓에 바리새파의 경고를 무시하고 다른 생각을 하고 있었다. 그는 "나를 걷게 해 준 사람이 이부자리를 가지고 집으로 가라고 했기 때문에, 나는 그 말대로 했습니다"라고 신이 나서 답했다. 그는 뒤도 돌아보지 않고 떠나 버렸고, 화가 난 바리새파만이 그 자리에 남았다. 그들은 분명히 깨달았다. 이 같은 일을 완전히 근절시키지 않는다면, 누구도 그다음에 어떤 일이 일어날지 예측할 수 없다는 것을 말이다.

바리새파의 요청으로 산헤드린 공회가 소집되었다. 공회원들은 진상을 조사하기로 결정했다. 예수는 그들 앞에 나와 사실을 소상히 밝히라는 명령을 받았다. 그는 자의로 출석하여 공회의 여러 추궁을 참을성 있게 경청했다. 그러나 특정한 날이라고 해서 선한 일을 중단할 수는 없었다는 것을 분명히 말했다.

예수의 답변은 확고한 권위에 맞서는 공개적 도전이었다. 공회는 이 갈릴리 젊은이가 대중의 존경을 받고 있으니 이번에는 돌려보내고, 그를 기소할 수 있는 확실한 증거가 수집될 때까지 기다리는 것이 낫다고 생각했다. 이제 그들은 예수의 목숨을 빼앗기가 쉽지 않음을 깨닫기 시작했다. 그를 화나게 만드는 것은 불가능했다. 예수는 자기를 미워하는 사람들에게 아무런 감정도 보이지 않았다. 예수는 모든 올가미에서 조용히 벗어났고, 궁지에 몰리면 간단한 예화를 들어 청중을 모두 자기편으로 만들었다.

산헤드린 공회는 어찌할 바를 모르고 당혹감에 빠져들었다. 물론 유대 분봉 왕에게 문제를 전가할 수도 있었다. 그러나 갈릴리의 분봉 왕(영주) 헤롯 안티파스는 로마 총독의 승낙 없이는 아무 일도 할 수 없는 사람이었다. 그렇다면 총독에게 사태를 설명하고 도움을 청하면 어떨까? 그들은 이렇게 추리했다. 빌라도 총독은 이제까지 종교 분쟁 소송을 건 사람들에게 조금도 호의를 보인 적이 없었다. 이번에도 전과 같은 결정을 내릴 것이다. 그는 이 문제를 자세히 검토해 보겠다고 약속할 것이다. 몇 달이 지난 뒤, 빌라도는 예수가 로마법에 위반되는 범죄를 짓지 않았다고 공식 판결을 내릴 것이다. 그다음에 기소장을 재판정 창밖으로 날려 보내면, 모든 것은 옛날로 돌아가고 무죄 판결을 받은 예수의 지위만 공고해질 것이다. 대신 적당한 방법으로 헤롯 분봉 왕을 압박하면, 그가 예수의 체포를 허가할 가능성이 크지 않겠는가. 사실 지난 몇 년간 분봉 왕은 공회와 껄끄러운 관계를 맺고 있었지만, 지금은 개인적인 반목에 연연할 때가 아니었다.

산헤드린 공회는 안티파스와의 암투를 중지하고 그의 왕궁을 찾아가, 신정 체제를 뒤엎을 선동적 사상을 선포하여 국가 안위를 위험하게 하는 예수의 긴 죄명을 적은 고소장을 전달했다. 아버지 헤롯 왕처럼 의심이 많았던 헤롯 안티파스는 그들이 이야기하는 탄핵 사유를 경청했다. 그러나 예수는 체포당할 시간이 가까워 오자 행방을 감추었다. 예수가 두 번째로 예루살렘을 떠나 정겨운 갈릴리 마을로 돌아간 것이다. 많은 제자들이 그의 귀향길을 따라갔다.

세속적인 눈으로 보면 예수의 출세는 이미 최고점에 달했다. 이미 대중은 예수가 메시아라고 확신하고 있었다. 예수가 그들을 이끌 마음만 있다면, 사람들은 로마군에 대항하여 예루살렘으로 진군할 태세였다. 그러나 안타깝게도 이것은 예수의 꿈과 너무 멀었다. 예수는 개인적인 욕망이 없었다. 그는 부를 위해서 일하지 않았고, 국가의 영웅이 되는 부귀영화를 탐하지 않았다. 예수는 모든 사람이 사랑, 자선, 동정으로 묶여 성령님과 가까이 지내기를 간절히 원했다.

예수는 세상의 힘을 가진 왕실의 대변자로 자신을 바라보는 사람들의 미련함을 참을 수가 없었다. 자신이 메시아라고 자처하는 대신, 예수는 개인적인 삶, 행복, 안락은 자신에게 무의미하며, 모든 사람을 향한 동포애와 여호와에 대한 사랑만을 이상으로 가지고 있음을 여러 번에 걸쳐 명확하고도 공개적으로 선언했다.

예수는 시나이 산 천둥 속에서 소수에게만 밝혀진 율법을 되풀이해 읊는 대신, 갈릴리 동산에 모인 군중을 향해, 자신이 사랑하는 하나님은 어느 종족도, 신조도 상관하지 않는 사랑의 영이라고 말했다. 재산을 모으는 실질적인 방법을 알려 주는 대신, 구두쇠의 다락방에서 재물이 썩어 가는 것을 경고하고, 도둑과 좀이 해를 입힐 수 없는 하늘 창고에 고결한 생각과 선행을 쌓으라고 당부했다. 결론적으로 예수는 삶의 철학을 하나의 담론으로 압축했는데, 이것이 유명한 예수의 산상山上 설교이다.

† 심령이 가난한 사람은 복이 있다. 그들은 하늘나라에 들어갈 것이기 때문이다.

† 애통하는 사람은 복이 있다. 하나님이 그들을 위로할 것이다.

† 온유한 사람은 복이 있다. 그들은 하나님이 약속하신 땅을 차지할 것이다.

† 정의를 위하여 굶주리고 목마른 사람은 복이 있다. 그들은 충족감을 맛볼 것이다.

† 남을 불쌍히 여기는 사람은 복이 있다. 그들은 동정을 받을 것이다.

† 마음이 청결한 사람은 복이 있다. 그들은 하나님을 뵙게 될 것이다.

† 주위를 화평하게 하는 사람은 복이 있다. 그들은 하나님의 자녀로 불릴 것이다.

† 정의를 위하여 박해를 받은 사람은 복이 있다. 하늘나라가 그들의 것이기 때문이다.

예수의 팔복八福 설교는 몇몇 당부의 말로 끝을 맺는다.

"나 때문에 모욕을 당하고 박해를 받으며 터무니없는 말로 갖은 비난을 다 받게 되면 너희는 행복하다. 기뻐하고 즐거워하여라. 너희가 받을 큰 상이 하늘에 마련되어 있다. 옛 예언자들도 너희에 앞서 같은 박해를 받았다."

"너희는 세상의 소금이다. 만일 소금이 짠 맛을 잃으면 무엇으로 다시 짜게 만들겠느냐? 그런 소금은 아무 데에도 쓸데없어 밖에 내버려져 사람들에게 짓밟힐 따름이다."

"너희는 세상의 빛이다. 산 위에 있는 마을은 드러나게 마련이다. 등불을 켜서 됫박으로 덮어 두는 사람은 없다. 누구나 등경 위에 얹어 둔다. 그래야 집 안에 있는 사람들을 다 밝게 비출 수 있지 않겠느냐? 너희도 이와 같이 너희의 빛을 사람들 앞에 비추어 그들이 너희의 착한 행실을 보고 하늘에 계신 아버지를 찬양하게 하여라."

예수는 험난한 인생길에 뒤처져 생기를 잃은 사람들을 품 안으로 초대한다.

"수고하며 무거운 짐을 진 사람은 모두 내게로 오너라. 내가 너희를 쉬게 하겠다. 나는 마음이 온유하고 겸손하니, 내 멍에를 메고 나한테 배워라. 그리하면 너희는 마음에 쉼을 얻을 것이다. 내 멍에는 편하고, 내 짐은 가볍다."

그리고 예수는 "이방인처럼 빈말을 되풀이하지 마라"라고 당부하고, 짧고 명확한 기도를 가르쳤다.

"하늘에 계신 우리 아버지, 온 세상이 아버지를 하느님으로 받들게 하시며 아버지의 나라가 오게 하시며 아버지의 뜻이 하늘에서와 같이 땅에서도 이루어지게 하소서. 오늘 우리에게 필요한 양식을 주시고 우리가 우리에게 잘못한 이를 용서하듯이 우리의 잘못을 용서하시고 우리를 유혹에 빠지지 않게 하시고 악에서 구하소서. 아멘."

예수는 갈릴리를 떠나 고대부터 페니키아로 알려진 두로 지역을 방문했다. 그다음에는 자기가 태어난 곳을 돌아 요단 강을 건너, 모처럼 데가볼리(열 개의 도시라는 뜻)라고 하는 곳을 찾아갔다. 이곳에서 예수는, 이교도들 앞에서 정신 질환자를 완치시켜 고향에서보다 더 큰 경탄을 받았다. 그후로 예수는 듣는 사람의 상상력을 불러일으키는 매우 간단한 이야기를 가지고 가르치기 시작했다. 예수의 비유는 아주 독창적이고 효과적이어서 유

럼 언어의 일부가 되었다. 50여 개의 비유가 네 복음서에 실려 있다. 복음서
는 간단하고 직설적이며 매우 짧다. 아무리 바쁜 사람이라도 읽으면 큰 기쁨
을 얻을 것이다.

# 제 24 장

# 예수의 죽음

여러 유대 종파가 공조해 예수를 살해하려는 모의가 수면 위로 드러나자, 사랑하는 제자들은 도망치고 홀로 남은 예수는 예루살렘 치안 당국에 불려 갔다. 로마 총독 빌라도는 지역이 평온하게 유지된다면 예수가 어떤 처벌을 받든 상관하지 않았다. 그는 예수 처형을 허가했다. 십자가 형틀에 매달린 예수는 "이제 다 이루어졌다"라고 말한 뒤 고개를 떨어뜨렸다.

침략자의 유배 정책으로 타향으로 끌려갔던 대다수의 유대인은 유대 땅으로 귀향하기를 꺼렸다. 그들은 땀 흘려 노동해도 소출이 별로 없는 메마른 유대 땅보다, 상거래가 활발하고 화폐유통이 자유로운 이집트, 그리스, 이태리, 스페인, 아프리카 북단에 위치한 도시에서 사는 것을 더 행복해했다. 유대들인이 귀향을 어찌나 두려워했는지, 페르시아에서는 군대를 동원해 유대 땅으로 이주시킬 주민을 징집했을 정도였다.

유대인은 예루살렘을 국가의 신앙 센터로 높이 떠받들었지만, 안락한 집이 있고 어떤 외부 권력도 그들을 태어난 땅으로 강제 송환시키지 못하는 곳을 실질적 조국으로 생각했다. 그렇다면 소수의 유대인이 불편함을 참고 빛바랜 수도 예루살렘에 거주했던 이유는 무엇이었을까? 예루살렘 성전이 성곽 안 거주민들에게 주는 특혜가 있었 을 것이다. 이런 관계는 오늘날 대학생 을 상대로 생계를 이어 가는 대학촌 상 인들과 비슷하다. 만약 대학이 문을 닫 으면 그들도 가게를 옮기든지, 문을 닫 든지 하는 수밖에 없다.

**버려진 유대 농촌**

수 세기 동안 예루살렘은 모세의 규율을 영리적으로 변질시켜, 대부분의 주민들에게 엄청난 이익을 가져다준 독 점 종교 기업의 중심지 역할을 했다. 예루살렘의 귀족적 종교 집단은 소수의 직업적 제사장들이었다. 그 밑에는 번제물과 희생물을 올리는 복잡한 의식 을 맡은 일꾼들이 있었다. 일꾼들은 숙련된 도살자로, 제단에 올릴 고기보다 자기들 앞으로 떨어질 고기의 양과 질에 더 큰 관심을 보였다.

그다음에는 성전을 깨끗하게 유지하고 군중이 돌아간 곳을 청소하는 하 인들이 있었다. 또 이방의 불결한 돈을 성전에 바칠 정결한 돈으로 바꿔 주 는 환전상이 있었다. 제물을 바치러 매년 예루살렘으로 모여드는 순례자들 에게 식사와 잠자리를 제공하는 여관과 하숙을 운영하는 사람들도 있었다. 그리고 여느 관광지처럼 상점, 양복점, 구둣방, 주점, 양초 가게를 하는 상인 들이 있었다. 이것이 예루살렘을 꾸려 가는 모든 계층의 모습이었다.

유대인들이 예수의 말을 듣고 다마스쿠스나 알렉산드리아 또는 모리아

예루살렘의 장사꾼들

산에서도 하나님을 경배할 수 있다고 믿기 시작한다면, 제사장뿐만 아니라 성전에 몰려드는 순례자들을 상대해 생계를 이어 가는 예루살렘 주민들은 어떻게 될 것인가? 도시는 폐허가 될 것이고, 그들도 함께 몰락할 것이 뻔하다. 우리는 예수가 예루살렘으로 재입성할 때, 그에게 쏟아지는 주민들의 증오를 이해할 수 있다. 예루살렘은 예수를 원하지 않았다.

엄밀하게 관찰해 보면, 모세 율법의 단단한 골격이 예수의 새로운 구호인 "네 이웃을 사랑하라"에 떠밀려 봄빛을 받은 눈처럼 녹아내리고 있었다. 예수는 사람들에게 이웃을 사랑하고, 다툼을 그만두라고 호소했다. 그러나 이 세상에는 낭비, 아픔, 폭력, 무질서가 쓸데없이 가득했다. 가슴속에 품은 천진난만함으로 예수는 세상에 만연한 질병의 치유책을 제시했다. 그는 이를 '사랑'이라고 불렀다. 이 한 단어로 그의 가르침을 요약할 수 있다. 그는 기존 질서에 큰 관심을 두지 않았고, 로마제국에 반대하여 논쟁하지 않았다.

더더욱 어떤 일에 찬동한 적도 없었다.

교활한 바리새파인들이 예수를 시험하려고 "로마 황제에게 세금을 바치는 것이 옳습니까, 옳지 않습니까?"라고 물었다. 그들이 예수에게 로마 은화인 데나리온 한 닢을 가져오자, 예수는 "이 초상은 누구의 것이며, 적힌 글자는 누구를 가르키느냐?"고 물었다. 그들이 "황제의 것입니다"라고 대답하자 예수는 "황제의 것은 황제에게, 그러나 하나님의 것은 하나님께 돌려 드리시오"라고 말했다. 예수는 기존 법에 공개적 도전이라고 간주할 어떤 말도, 설교도, 찬동하는 것도 삼갔다. 그러나 바리새파의 관점에서 예수는 그 어떤 흉악한 반역자보다 위험했다. 예수는 사람들이 자신을 스스로 돌아보게 만들었다.

예수의 마지막 예루살렘 입성은 실질적으로 복음 전파의 승리와 다름없다. 물론 대중이 그의 가르침을 이해하기 시작한 것은 아니었다. 그러나 사람들은 경배할 영웅을 찾고자 하는 간절한 마음에서, 사랑스러운 인성과 공회에서 보여 준 침착한 용기로 상상력을 자극한, 나사렛 선지자를 우상화하기 시작했다. 아무리 기적 같은 이야기라도 예수에 관한 이야기라면 모두 믿을 작정이었다. 병을 치료했다는 단순한 이야기 정도로는 그들의 원시적 호기심을 만족시킬 수 없었다.

예수가 어느 마을에 들렀을 때, 매우 중한 병에 걸린 한 병자가 있었다. 그냥 아픈 정도가 아니었다. 환자는 거의 죽을 지경이었다. 마침내 그 불쌍한 병자가 죽어 땅에 묻혔는데, 기적을 이루는 사람에 의하여 다시 살아났다. 죽었다가 살아난 나사로의 이야기는 유대 농부들에게 크나큰 감명을 주었다. 입에서 입으로 전해지면서 나사로의 소생 과정은 소름 끼칠 만큼 상세히 묘사되었고, 중세기 화가들이 제일 좋아하는 주제가 되었다.

이러한 소요를 만든 장본인이 예루살렘에 온다는 소문이 퍼지자, 모든 사람들이 그를 보고 싶어 했다. 예수가 나귀를 타고 예루살렘 성문을 들어설 때, 대중은 축제의 관례대로 만세를 부르고 꽃다발을 집어던졌다. 불행하게도 이 대대적인 환영은 나라의 위급을 알리는 봉홧불에 지나지 않았다. 대중의 일시적인 지지는 한 차례 큰 불길로 타오를 수 있지만 오래가지는 못하는 법이다. 예수는 이 사실을 잘 알고 있었고, 그들이 소리친 '호산나(지금 구원하소서)'와 '할렐루야(하나님을 찬양하라)'에 아무 미련도 두지 않았다. 그

**예루살렘에 도착한 예수**

는 이 외침을 전에 들었고, 다른 사람들은 이제 들은 것이다. 그들이 조금 더 슬기로웠더라면 예수에게 그토록 무턱대고 열광하지 않았을 것이다.

예수가 예루살렘에 도착해서 처음 한 일은 묵을 장소를 구하는 것이었다. 그는 시나이로 바로 들어가지 않고 올리브 산과 가까운 베다니에 있는 나사로의 집에 멈추었다. 여기는 몇 년 전부터 그가 자주 머물던 곳이었다. 나사로의 집에서 예루살렘까지는 걸어서 얼마 되지 않는 거리였다. 예수는 그곳에서 요기를 하고 피로를 푼 다음 성전으로 갔고, 회초리를 집어 들어 가축 거래상과 환전상 들을 성전에서 다시 몰아냈다. 다음 날 이른 아침, 예수는 소환장을 받았다. 산헤드린 공회가 그의 도전을 받아들인 것이다.

예수가 성전 문 앞에 나타나자, 무장한 경비병들이 그를 멈추게 하고 "누구의 권위로 어제 오후에 있었던 신성모독의 행위를 저질렀느냐?"라고

물었다. 곧 군중이 모이고 두 편으로 갈라졌다. 한쪽은 "이 사람이 옳다"라고 하고, 다른 쪽은 "그 사람을 교수형에 처해야 한다"라고 소리쳤다. 그러더니 서로 손짓 발짓을 해 가며 우기다가 싸우기 시작했다. 예수가 몸을 돌려 지켜보자 그들은 침묵했고, 예수는 그제야 더 많은 이야기를 할 수 있었다. 다시 한 번 예수가 주도권을 잡고 제사장들의 머리 위에서 대중을 향해 말을 이어 가니, 그의 매력이 발산될 때마다 그랬던 것처럼, 예수는 당장에 군중의 인기를 얻었다. 어떤 사건도 바리새인에게 이보다 더 큰 모욕감을 줄 수는 없었다.

예수는 당국과 벌인 첫 대결에서 승리했다. 병사들은 예수를 돌려보내는 수밖에 없었고, 그는 제자들과 조용히 숙소로 돌아갔으므로 더 이상의 봉변은 당하지 않았다. 하지만 이대로 가만히 있을 바리새파가 아니었다. 그들은 한 사람을 파멸시키려고 마음먹으면, 상대가 죽을 때까지 절대로 포기하지 않았다. 그런 속성을 잘 아는 예수는 저녁이 다가오자 매우 심각해졌다.

사실 예수를 초조하게 만드는 이유는 다른 곳에 있었다. 이제까지 예수의 제자들은 매우 충실했다. 특히 열두 제자들은 언제 어디서나 그와 함께했고, 각자의 부족함을 우정으로 채워 주고 서로 친형제처럼 사랑했다. 하지만 그중 한 사람은 달랐다. 가룟 유다라는, 그리욧에 사는 사람의 아들이었다. 열두 제자 중 유다만 남쪽 유대인이고, 나머지는 북쪽 갈릴리 출신이었다. 남과 북이라는 아주 다른 태생이 예수를 대하는 유다의 특이한 태도와 관련이 있을지도 모른다.

유다는 항상 열한 명의 동료들에게 무시당한다고 느꼈고, 자신은 이용만 당하는, 지역 차별의 희생자라고 생각했다. 그 무엇도 사실이 아니었다. 하지만 좁은 마음을 가진 비열한 사람은, 아무리 악의가 없는 말이라도 용서 못할 모욕으로 받아들일 수 있다. 금전적인 욕심 때문에 예수와 합류한 것으로 보이는 유다는 자신의 약점을 만회하기 위해 적개심을 품은, 탐욕적인 인간이었다.

가룟 유다는 상술에 매우 능했기 때문에 제자들은 그에게 회계를 맡기고, 얼마 안 되는 자금을 열두 명에게 균등히 배분하도록 했다. 뛰어난 자질에도 불구하고 유다는 일을 매끈하게 처리하지 못해 동료들의 불신을 샀다. 그는 예수에게 보내 온 선물의 사용처를 가지고 불평을 늘어놓기도 했다. 심지어는 예수가 사용해도 좋다고 허락한 자금을 '쓸데없는 사치'라며 분노를 표출한 적도 종종 있었다. 이에 대해 예수는, 선하고 깨끗한 마음으로 보낸 선물에 불만을 보이는 것은 어리석은 일이고 점잖지 못한 언행이라는 것을 가르치고자 노력했다.

**가룟 유다**

하지만 유다는 수긍하지 않았다. 아무런 말대꾸도 하지 않았고, 예수 곁을 떠나지도 않았다. 그는 자신을 열두 제자의 한 사람이라고 계속해서 지칭하고, 예수가 설교할 때는 열정적인 모습으로 경청했다. 하지만 마음속에는 자신의 계획을 실행할 기회를 엿보고 있었다. 동료들의 질책으로 자존심에 상처를 입은 유다는 가장 비열한 범죄를 감행하기로 결심한다. 그는 남몰래 앙갚음을 진행하고 있었다.

유다의 고향 사람들이 판을 치는 예루살렘에서 복수의 기회는 의외로 쉽게 찾아왔다. 모든 제자들이 잠든 틈을 타 유다가 집을 빠져나왔다. 그리고 다음 조처를 위하여 밤늦도록 논의하던 공회는, 매우 중요한 정보를 제공하려는 사람 하나가 밖에서 기다리고 있다는 전갈을 받았다. 그들은 경비병에게 유다를 안으로 데려오라고 명령하고, 그의 이야기를 듣기 위해 주위를 둘러쌌다.

유다는 급하게 찾아온 이유를 밝혔다. 공회는 예수라는 사람을 잡기를 그토록 염원하지 않았던가. 분명히 그랬다. 하지만 군중 사이에서의 인기를 고려하면 큰 소동이 일어날까 봐 걱정스러웠다. 그것 또한 사실이었다. 만약 예수를 사람들 앞에서 체포한다면 대중과의 마찰을 피할 수 없을 것이다. 뒤따라 로마 병정들이 출동하면 바리새파의 체면은 치명타를 입을 테고, 혹여나 사두개파가 정치적 목적으로 소요를 이용할지도 모를 일 아닌가. 이런 추정이 현실이 될 수도 있었다. 그러므로 이 일은 야밤을 이용하여, 가능한 한 잡음 없이 조용히 처리해야만 했다.

앞으로 벌어질 일을 가장 잘 그리고 있는 사람은 유다였다. 예수의 동태를 잘 알고 있으니 공회에 그에 대한 정보를 준다면, 예수가 감옥에 갇힐 때까지 아무도 무슨 사태인지 모를 것이다. 유다의 제의는 공회의 속셈과 딱 맞아떨어졌다. 매우 유용한 정보를 제공한 대가로 얼마를 지불할 것인가? 잠깐의 상의가 있었다. 일정 금액이 제시되었다. 가룟 유다는 만족했다. 거래가 성립됐다. 예수는 적들에게 팔렸다. 값은, 은화 서른 개였다.

피의 대가, 은화 서른 개

예수는 마지막 시간을 베다니 교외에서 조용히 보냈다. 때는 유월절이었다. 유대인들은 구운 양고기와 누룩을 넣지 않은 빵을 씹으며 축제를 보냈다. 예수는 제자들에게, 동네로 가서 작은 여인숙에 방 하나와 저녁을 주문하여 모두 같이 먹을 수 있게 준비하라고 지시했다. 저녁이 되자 가룟 유다는 온화하고 순진한 표정으로 함께 집을 나섰다. 그들은 올리브 산을 내려가 시나이로 들어가서 저녁이 준비된 장소로 찾아갔다. 모두들 긴 테이블에 둘러앉아 먹기 시작했다. 하지만 왕성했던 식욕은 어디로 가고, 음식은 입안을 맴돌았다. 그들은 곧 들이닥칠 일을 걱정했다. 예수는 별말이 없었다. 다른 사람들은 어두운 침묵을 지켰다.

마침내 베드로는 더 이상 침묵을 참지 못하고, 모든 제자들의 마음속에 있는 의문을 불쑥 털어놓았다. 그가 말했다. "주여, 우리들은 알고 싶습니다. 당신이 우리 중 한 사람을 의심하는 이유가 있습니까?" 예수가 조용히 대답했다. "옳다. 이 테이블에 같이 앉아 있는 너희 중 한 사람이 우리 모두에게 큰 재앙을 가져올 것이다." 그러자 모든 제자들이 벌떡 일어나 그를 둘러쌌다. 모두들 결백을 항변했다. 그 순간 유다는 조용히 방을 빠져나갔다.

제자들이 저녁을 먹고 있을 때, 예수가 빵을 들어 축복한 다음 그것을 떼어 제자들에게 주며 말했다. "받아서 먹어라. 이것은 너희를 위하여 주는 내 몸이다. 너희는 이것을 행하여, 나를 기억하라." 또 잔을 들어 감사를 드린 다음 제자들에게 주며 말했다. "모두 이 잔을 마셔라. 이것은 너희를 위하여 흘리는 나의 피, 곧 언약의 피다. 너희는 이것을 행하여 나를 기억하라."〔이에 따라 성만찬이 시작되었고, 예수의 마지막 당부는 성찬식 때마다 낭송된다.〕

이제 남은 제자들은 무슨 일이 일어날지 짐작할 수 있었다. 그들은 더 이상 작은 방에 있을 수가 없었다. 신선한 공기가 필요했다. 여인숙을 떠나

최후의 만찬

겟세마네 동산

올리브 산으로 돌아가 정원으로 들어
가는 작은 문을 열었다. 겟세마네라는
이 동산은 혼자 있고 싶을 때 사용하라
고 한 친구가 알려 준 곳이었다.

밤이었다. 모두들 매우 피곤했다.
얼마 후에 예수는 제자들과 떨어져 걸
었다. 하지만 그와 가장 가까웠던 세 제
자 베드로, 야고보, 요한은 거리를 두고
뒤를 따랐다. 예수는 주위를 둘러보고
그가 기도하는 동안 옆에서 대기하라
고 명령했다. 마지막 결정을 내려야 할 시간이 온 것이다. 아직 피신할 시간
은 있었다. 하지만 도망치는 것은 잘못을 인정한다는 침묵의 고백이자, 그의
신념이 패배했음을 의미했다.

예수는 조용한 나무 사이에서 홀로 마지막 대전투를 치르고 있었다. 그

겟세마네의 예수

는 평생토록 충만한 삶을 살아온 사람이었다. 남은 삶에 아직 희망을 걸 수 있었다. 적들이 그를 잡는 날에는 참담한 죽음을 맞겠지만, 물러서지 않기로 결정했다. 그리고 세 제자들에게 돌아와 보니, 다들 깊은 잠에 빠져 있는 것 아닌가! 예수는 베드로에게 말했다. "시험에 빠지지 않도록 깨어서 기도해라. 옳은 일을 하고 싶은 네 마음은 간절하지만, 몸이 말을 듣지 않는구나."

잠시 후 동산에서 커다란 소동이 벌어졌다. 가룟 유다를 따라온 산헤드린 병사들이 선지자 주위로 달려들었다. 유다가 무리의 앞장에 섰다. 그는 예수에게 포옹하고 입을 맞추었다. 병사들이 기다리던 신호였다. 그 순간 베드로는 이것이 무슨 사태인지 깨달았다. 베드로는 한 병사의 손에서 칼을 뽑아 그를 난폭하게 내리쳤다. 머리 측면을 친 탓에 피가 뿜어져 나왔다. 예수는 베드로의 팔을 잡았다. 그리고 타일렀다. "폭력을 사용해서는 안 된다. 그 병사는 할 일을 했을 뿐이다. 한 번의 폭력은 또 다른 폭력을 불러올 따름이다. 새 가르침은 단검과 창으로 싸워서는 안 된다." 그 사이에 제자들은 예수를 버리고 모두 도망쳐 버렸다.

새벽 세 시경, 예수는 두 손이 묶여 예루살렘의 깜깜한 거리를 지나 대제사장 가야바의 장인 안나스(전 대제사장)의 집으로 끌려갔다. 그들은 너무 기뻐 소리를 질렀다. 적의 목숨을 손에 넣은 것이다. 곧 심문이 시작되었다. "왜 예수는 유해한 사상을 가르쳤는가?" "예수는 옛 규범을 비난하여 무엇을 얻고자 했는가?" "누가 그렇게 말할 권한을 주었는가?" 제사장들은 질문의 답을 잘 알고 있었다. 예수는 답변할 가치가 없다고 조용히 말했다. "왜 똑같은 말을 반복하여 시간을 낭비하느냐." 포로의 몸으로 이처럼 당당하게 산헤드린 의원에게 이야기하는 것을 들은 적이 없는 경비병은 예수를 매우 심하게 내리쳤다. 다른 병사가 그를 더욱 단단히 묶어서 하룻밤을 보낼 가야바의 집으로 데려갔다.

산헤드린 전체 공회를 소집하기에는 너무 늦은 시각이었다. 하지만 예수의 체포 소식에 흥분한 바리새인과 사두개인 들은 침대를 박차고 어두운 밤거리를 달려, 조용히 다음 일을 기다리고 있는 예수가 갇힌 곳으로 갔다.
갑자기 문 밖에서 소동이 일어났다. 경비병들이 예수의 제자 한 명을 붙잡고
있었다. 한 하녀가 경비병에게 일러 주기를 "이 어부는 예수의 절친한 친구
로 그들이 도시에 올 때 함께 있는 것을 여러 번 보았다"고 했다. 불쌍한 베

가야바와 안나스

드로는 겁에 질려 버렸다. 타오르는 횃불과 소음 그리고 욕설이 그의 가슴을
공포심으로 가득 채웠다. 그는 부들부들 떨면서 예수를 모른다고 부인했다.
실망한 경비병들은 화가 나서 그를 쫓아 보냈다. 예수는 또다시 수많은 적들
속에 홀로 남겨졌다.

난폭과 혼란으로 북새통을 이룬 밤이 지나 아침 일찍 대공회가 소집되었다. 증거에 대한 검증도 없이, 목격자들의 증언도 없이, 대공회는 나사렛 사람에게 사형 판결을 내렸다. 기록에 의하면 이날은 4월 7일 금요일이었다. 중요한 목표가 성취되었다. 바리새파는 조직의 생존에 가장 큰 위협이 되던 존재를 제거했다. 그러나 과업의 반이 아직 남아 있었다.

**예수를 부인하는 베드로**

소요를 전해 들은 로마군 본부는 진상을 알아보기 위해 예루살렘에 관리를 파견했다. 빌라도 총독은 소요 사태의 원인을 밝혀야 했다. 그 역시 꼭 두새벽에 예수의 체포 소식을 보고받았다. 빌라도는 예수를 즉각 송환하라고 명령했다. 빌라도는 로마 총독이 주재하는 청문회를 거치지 않고는, 왕이나 공회라고 해도 죄인을 사형시킬 수 없다는 사실을 유대인들에게 주지시키려 한 것이 분명하다.

산헤드린은 본의와 다르게 범인을 풀어 줄 수밖에 없었고, 예수는 빌라도가 머물고 있는 관저로 송치되어 심문을 받게 되었다. 결과가 궁금했던 바리새인들은 관저 밖에 머물렀다. 이때는 이교도에 속한 것은 그 무엇도 만지면 안 되는 유월절이었다. 빌라도는 매우 심기가 편치 않았다. 유대 땅에 머무르는 내내 골칫거리가 줄을 이었다. 어떤 놈은 총독도 이해할 수 없는 어처구니없는 질문으로 그를 계속 괴롭혔다.

**본디오 빌라도**

빌라도는 관저의 자기 방으로 예수를 들여보내라고 명령했다. 그곳에서 빌라도는 예수와 대화했다. 짧은 대화였지만, 예수에게 사형을 구형할 아무런 이유가 없다고 확신하기에는 충분했다. 고발은 우스꽝스러운 일이었다. 예수를 풀어 주는 것이 마땅했다. 빌라도는 공회의 대변인을 불러, 자신은 예수가 로마법을 위반한 혐의를 찾을 수 없다고 퉁명스럽게 전했다. 이것은 바리새파에게 치명적인 일격이었다. 애써 잡은 희생물이 살아날지도 모를 위기였다.

바리새인들은 어찌할 바를 모르고 총독에게 청원했다. 그들은 예수가 유대에서 갈릴리까지 많은 사고를 일으켰다고 말했다. 이 말을 들은 빌라도는 "이 사람이 갈릴리 사람인가, 아니면 유대 사람인가?"라고 물었다. 갈릴리 사람이라고 대답하자 "그렇다면 갈릴리를 다스리는 분봉 왕 헤롯 안티파스에게 데려가 결정하게 하라." 이 사건에서 손을 씻을 수 있는 좋은 핑곗거리를 발견한 것이 너무 기쁜 빌라도가 말했다.

그러나 여우처럼 교활한 헤롯 안티파스 역시 책임을 지고 싶은 마음이 조금도 없었다. 그는 예수에 관해서 많은 이야기를 들었고, 어떤 종류의 마법사일 것이라고 상상해 왔다. 그는 예수에게 마술의 비법을 보여 달라고 요구했지만, 예수는 황당한 요구에 답변하기를 거부했다. 이 시점에서 죄인 심문은 중단될 수밖에 없었다. 이제 헤롯 안티파스가 예수를 그의 동포들과 다르게 대할 이유가 없었다. 군중이 법정으로 꾸역꾸역 밀려들어 오고 있었다. 그들이 소리쳤다. "예수는 자기가 왕이라고 말했다!" "자기는 율법 위에 있다고 말했다!" 군중이 외치는 황당한 규탄은 더욱 힘을 얻어 예루살렘 시가지 전체로 번져 나갔다.

헤롯 안티파스는 긴급하게 조치를 취하지 않으면 폭동이 일어날 것이라고 예상했다. 왕관을 잃는 모험보다는 하찮은 죄인을 희생물로 삼는 것이 낫지 않겠는가. 그는 "이 사람을 체포하라"고 명령을 내리고, "그가 유대인의 왕인 체하니, 왕처럼 입혀서 빌라도에게 돌려보내라"라고 말했다. 어디

헤롯 앞으로 끌려가는 예수

서 구했는지 낡고 더러운 망토가 예수의 어깨에 둘러씌워졌다. 경비병들은 그를 중간에 세우고, 폭도들은 빌라도를 만나러 갔다.

빌라도가 용기 있는 사람이었다면 예수를 구할 수도 있었다. 적어도 그는 예수를 구할 생각은 있었다. 이 사건을 들은 빌라도의 아내는 예수를 사

골고다

면시켜 달라고 간곡히 청했다. 그러나 예루살렘에는 로마 수비대가 있었고, 공회원들의 요구는 점점 높아져 위험 수위에 달했다. 이제 사두개파도 바리새파와 공동전선을 만들기 시작했다. 그들은 프로 정치인이었고, 종교에 대

한 관심은 두 번째 문제였다. 두 파벌은 예수가 풀려나면 일어날 파급 효과를 두려워했기 때문에 국가의 안위를 위해서 그를 죽여야 한다고 결정했다.

바리새파와 사두개파는, 총독이 제국의 반대편을 공개적으로 지원하고 있다는 비밀 보고서를 카이사르 황제에게 보낼 수도 있다고 빌라도에게 암시했다. 이것은 연금 혜택도 없이 파면되는 것을 의미했다. 빌라도는 위축되

골고다로 가는 길

었다. 그는 항복했다. 새벽 일곱 시경, 대제사장은 피고를 데리고 가서 무엇이든 해도 좋다는 빌라도의 답변을 들었다.

공회는 처형 방법을 결정하기 위해서 다시 모였다. 현행법은 범죄자들을 돌로 쳐 죽이게 되어 있었다. 그러나 예수는 보통 범죄자가 아니었다. 가장 치욕적인 방법으로 처형해야만 했다. 도망친 노예들은 십자가 위에 못으

로 박혀, 허기와 갈증으로 죽을 때까지 매달려 있어야 했다. 공회는 예수를 십자가형에 처하기로 결정했다.

네 명의 로마 병사와 지휘관 한 명이 형 집행의 임무를 맡았다. 그들은 예수를 잡아 일어서도록 명령했다. 다시 한 번 더러운 자주색 겉옷이 그의 어깨를 덮었고, 서둘러 만든 가시관이 머리통을 짓눌렀다. 무거운 재목 두

**예수의 죽음**

개로 만든 십자가가 예수의 등에 실렸다. 같은 시각에 십자가형을 당하는 두 죄수가 감옥에서 끌려 나올 때까지 예수는 멈춰서 기다려야 했다. 드디어 형장이 있는 언덕을 향한 죽음의 행진이 시작되었다. 이 언덕은 해골이 주위에 널려 있다고 해서 골고다라고 불렸다. 먹은 것이 없어 수척해진 데다 매질로 정신이 혼미해진 예수는 걸을 수가 없는 지경이었다.

많은 구경꾼들이 골고다로 가는 길 양쪽에 줄지어 있었다. 그들은 십자

가를 질질 끌며 가파른 길을 오르는 예수를 바라보았다. 온갖 소동과 법석이 사그라지고 군중의 노여움도 스스로 소진되었다. 한 결백한 사람이 죽임을 당하고 있었다. "자비를 베풀자"라는 외침이 있었다. 그러나 이제 너무 늦었다. 소름 끼치는 드라마에는 비참한 결말이 예정되어 있었다.

오전 아홉 시에 예수는 십자가에 못 박혔다. 로마 병사들이 그의 머리 위에 '나사렛 예수, 유대인의 왕'이라고 적힌 종이쪽지를 붙였다. 모든 사람들이 알아볼 수 있도록 로마어, 그리스어, 히브리어로 적었다. 이것은 정의를 불법으로 집행한 바리새파와 사두개파에게 큰 모욕이나 다름없었다. 마지막 대못이 그의 손목을 뚫고 나무속에 박힐 때 병사들은 놀이를 하고 있었다. 사람들은 둥그렇게 둘러서서 구경했다. 호기심으로 나온 사람도 있었다. 그를 따르던 제자들도 있었다. 그들은 마지막 순간에 주인과 함께하기 위하여 위험을 무릅쓰고 나섰다. 몇몇 여인들도 있었다.

갑자기 날이 어두워졌다. 십자가 위에서는 예수가 알아들을 수 없는 말을 부드럽게 중얼거렸다. 친절하게도 로마 병사가 스펀지에 신 포도주를 묻혀 창끝에 달아 예수의 입술에 밀어 넣었다. 그 한 모금으로 찢어진 팔다리의 통증을 둔하게 만들 수 있었지만, 예수는 이를 거절했다. 그는 마지막 힘을 다하여 의식을 되찾았다. 그리고 기도를 올렸다. 그는 적들이 자신에게 행한 것을 용서해 달라고 기도했다. 그리고 속삭였다. "이제 다 이루어졌다." 그리고 예수는 마지막 숨을 거두었다. 공생애를 시작한 지 겨우 3년 만이었다.

# 제 25 장

# 예수의 부활

죽었다 다시 살아난 사람은 오직 예수뿐이다. 예수의 부활은 그리스도교의 신비이며 생명이다. 부활한 예수는 제자들에게 큰 사명을 주고 하늘로 올라갔다.

금요일 아침 아홉 시에 나사렛 예수는 골고다 언덕에 세워진 십자가 위에서 처형되었다. 정오부터 오후 세 시까지 암흑이 온 땅을 뒤덮었다. 갑자기 지진이 일어나 대지를 흔들고, 인간과 여호와를 격리시켰던 지성소의 휘장이 위에서 아래로 찢어지고, 예수는 자신의 죽음으로 인간이 여호와 앞으로 가는 길을 열었다. 예수의 처형을 지휘했던 로마 장교도 모든 과정을 지켜보고 "이 사람은 정말 하나님의 아들이었구나!"라고 감탄했다.

날이 저물자 유대 공회원이며 예수의 숨은 추종자였던 아리마대 사람 요셉이 용감하게 빌라도 총독을 찾아가 안식일(토요일)이 오기 전에 묻을 수 있도록 예수의 시체를 달라고 요구했다. 빌라도의 허가를 받은 요셉은 예수의 시체를 십자가에서 내려, 니고데모와 함께 고운 모시로 시체를 감싸 자신이 소유한 동산 안의 무덤에 안치시키고, 큰 돌을 가져다 입구를 막았다.

이 소식이 바리새파의 귀에 흘러들어 가자, 다음 날 아침 일찍 대제사장과 바리새파 사람들은 빌라도를 찾아가 청원했다. "예수가 살아 있을 때 자기가 3일 후에 살아난다고 말한 것을 우리는 기억하고 있습니다. 예수의 제자들이 시체를 훔쳐 가지 못하도록 병정들에게 무덤 입구를 봉하고 지키라고 명령해 주십시오." 빌라도는 "병정을 데려가 사흘째 되는 날까지 무덤을 지켜라"라고 대제사장에게 말했다.

십자가 처형 후 이틀이 지난 일요일의 동틀 무렵, 예수를 사랑했던 세 여인, 막달아 마리아와 야고보의 어머니 마리아와 살로메가 시체에 바를 향료를 가지고 예수의 무덤을 찾아갔다. 그들은 무덤으로 가면서 "무덤 입구를 막아 둔 큰 돌을 누가 굴려 줄까?" 하며 서로 걱정했다. 그러나 가서 보니 큰 돌은 옆으로 옮겨져 있었고, 경비를 맡은 병사들은 보이지 않았으며, 무덤 입구는 활짝 열려 있었다. 여인들은 무덤에 도착하기 직전, 지진이 일어나고, 하늘로부터 천사가 내려와 바위를 굴렸으며, 그 위에 앉았던 것을 알 수 없었다. 무덤을 지키던 병사들은 번개처럼 빛나는 얼굴과 눈같이 흰 옷을 입은 천사를 보고 무서워 기절했고, 깨어나자마자 두려움으로 도망쳐 버렸기 때문에 자리에 없었다.

막달라 마리아는 누가 예수의 시체를 훔쳐 갔다고 믿었다. 그녀는 무덤 안을 들여다보지도 않고, 예루살렘으로 달려가 예수의 제자들에게 이 사실을 알렸다. 다른 여인은 남아서 무덤 안을 살펴보았다. 그들은 예수의 시체는 찾지 못했지만 얼굴이 천사처럼 빛나고 긴 흰옷을 입은 두 젊은이를 발견했다. 두려움에 떨고 있는 여인들에게 천사가 말했다. "두려워 말아라. 너희는 십자가에 못 박힌 예수를 찾고 있는 모양인데, 그분은 여기 계시지 않고 전에 말씀하신 대로 죽음에서 살아나셨다. 여기 와서 그분이 누우셨던 곳을 보아라. 너희는 속히 베드로와 제자들에게 가서 부활하신 예수가 그들보다 먼저 갈릴리로 갈 것이니, 너희들도 거기서 예수를 만날 것이라 전해라." 여인들은 두려움과 기쁨에 넘쳐 무덤을 급히 떠나 제자들에게 소식을 알리려고 뛰어갔다.

막달라 마리아는 베드로와 요한에게 달려가 "누가 주님을 무덤에서 가져가 어디 두었는지 모르겠어요"라고 말했다. 두 사람이 무덤으로 급히 달려갔으나, 젊은 요한이 먼저 도착했다. 하지만 요한은 큰 돌이 옆으로 굴러가 있고 무덤 문이 열려 있는 것을 보자, 놀라움으로 주춤 멈추었다. 몸을 구부려 무덤 안을 들여다보니 예수를 쌌던 모시가 한눈에 들어왔다. 뒤따라온 베드로가 무덤에 들어갔다. 마찬가지로 모시와 머리를 쌌던 수건이 따로 접혀져 있는 것을 발견했다. 요한도 빈 무덤을 확인했다. 그때 예수가 살아났다는 생각이 요한의 머릿속을 번갯불처럼 지나갔다. 하지만 그들은 아직도 "죽었다가 살아나야 한다"는 예수의 말을 깨닫지 못한 채 집으로 돌아갔다.

곧 막달라 마리아도 묘지로 돌아왔다. 다른 여인들은 제자들에게 갔기 때문에 그곳에는 아무도 없었다. 그녀는 천사의 메시지를 못 들었기 때문에 예수가 부활했다는 사실을 아직 모르고 있었다. 그녀는 비참하게 돌아가신 예수가 편히 쉴 무덤조차 없다는 생각에 울고 있었다. 울다가 몸을 굽혀 무덤 안을 보니 흰옷을 입은 두 천사가 예수의 시체를 두었던 곳에 앉아 있었다. 천사들이 "여인이여, 왜 울고 있습니까?"라고 물었다. 마리아는 "누가 내 주님을 가져가 어디에 두었는지 찾을 수가 없습니다"라며 흐느꼈다. 이 말을 하고 얼떨결에 뒤를 보았을 때 예수가 그곳에 있었지만, 마리아는 그 사람이 예수라는 것을 알아채지 못했다.

예수가 "마리아야!"라고 부르자 마리아가 돌아서서 "선생님!" 하고 부르짖었다. 예수는 마리아에게 이렇게 말했다. "나는 아직 아버지께로 올라가지 않았다. 너는 내 형제들에게 가서 내 아버지, 곧 너희의 아버지, 내 하나님, 곧 너희의 하나님에게로 내가 올라간다고 전하여라." 마리아는 제자들에게 달려가서 "내가 주님을 만나 뵈었어요!"라고 외치며, 예수가 자기에게 한 이야기를 전했다. 이렇게 막달라 마리아가 부활한 예수를 처음 만난 사람이 되었다.

그러나 무덤에서 일어난 일로 흥분한 사람들은 예수의 친구와 제자 들만이 아니었다. 여인들이 떠난 후 경비병 중 몇 사람이 시나이에 들어가 대제사장에게 이 일을 보고했다. 대제사장들은 함께 모여 의논한 후 병정들에게 많은 돈을 주면서 이렇게 지시했다. "너희들은 '예수의 제자들이 우리가 잠든 사이에 예수의 시체를 훔쳐 갔다'고 해라." 병정들은 돈을 받고 거짓말을 퍼뜨렸다. 그리하여 이 말이 오늘까지 유대인 사이에 널리 퍼져 있다.

--¦--

　같은 날 오후, 두 제자가 예루살렘에서 엠마오라는 마을로 내려가다가 한 남자와 동행하게 되었다. 그 남자는 두 제자가 지난 며칠 동안 예루살렘에서 일어난 일로 몹시 슬퍼하고 있었기에 그들을 위로했다. 두 제자는 너무나 깊은 절망에 빠져 함께 이야기를 나눈 사람이 누구인지 알아보지 못했다. 저녁이 되어 세 사람은 함께 저녁을 먹게 되었다. 그 남자가 함께 식탁에 앉아 빵을 들고 감사 기도를 드린 후, 빵을 떼어서 제자들에게 주자 드디어 그들의 눈이 열려 그 남자가 예수라는 것을 알아보았다. 그러자 예수는 순식간에 사라졌다. 두 사람은 다른 제자들에게 이 사실을 알리려고 예루살렘으로 즉시 되돌아갔다.

　한편, 로마 병정들의 거짓말을 전해 들은 예수의 제자 열 명은 자신들도 체포될까 걱정하면서 문을 닫아걸고 다락방에 모여 있었다. 예수와 함께 저녁을 먹은 두 명의 제자가 다락방에 모여 있는 다른 제자들을 만나 보니, 그들도 예수가 막달라 마리아에게 나타난 이야기를 하고 있었다. 그래서 두 제자도 엠마오로 가는 길에서 있었던 일과 예수가 빵을 떼어 주자 알아보게 되더라는 이야기를 해 주었다.

　그때 갑자기 예수가 그들 가운데 나타났다. 그러고는 "너희들에게 평화가 있기를!"이라고 말하자, 모두들 깜짝 놀라서 유령이라고 생각했다. 예수는 이렇게 말했다. "유령은 살과 뼈가 없지만, 나는 살과 뼈가 있다. 자, 내 손과 발을 만져 보아라!" 그래도 제자들이 믿지 못하자 "여기 먹을 것이 좀 있느냐?"고 묻고, 제자들이 바친

구운 생선 한 토막을 먹었다.

　　예수가 다락방에 찾아왔을 때 열한 명의 제자 중 도마는 그 자리에 없었다. 다른 제자들이 도마에게 주님을 보았다고 자랑했을 때, 그는 예수의 손바닥에 있는 못 자국에 손가락을 넣어 보지 않고서는, 또 옆구리에 손을 넣어 보지 않고서는 믿지 않겠다고 말했다. 일주일 후에 제자들은 다시 다락방에 모여 있었고, 도마도 함께였다. 문이 잠겨 있었는데도 예수가 나타나 그들 가운데에 서서 "너희들에게 평화가 있기를!"이라고 말했다. 그리고 도마에게 "네 손가락을 내 손바닥에 넣어 보고, 네 손을 내 옆구리에 넣어 보아라. 그리고 믿음 없는 자가 되지 말고 믿는 자가 되어라"라고 당부했다. 그러자 도마는 "당신은 나의 주님이시며, 나의 하나님이십니다!"라고 대답했다. 그때 예수는 도마에게 "너는 나를 보았기 때문에 믿느냐. 보지 않고 믿는 자는 정말 행복한 사람이다"라고 말씀했다.

―¦―

　　'갈릴리로 돌아가 함께 만나자'라는 예수의 명령에 순종하여, 제자들은 갈릴리를 향하여 북쪽으로 떠났다. 예수를 기다린 지 며칠이 지났다. 어느 날 저녁, 베드로가 무료함을 달래려고 물고기를 잡으러 가겠다고 하자, 나머지 사람들도 함께 간다고 나섰다. 그들은 배를 타고 갈릴리 바다로 나갔으나 그날 밤은 아무것도 잡지 못했다. 날이 밝아 올 무렵에 예수는 바닷가에 서 있었으나, 배 위에 있던 제자들은 그 사람이 예수인지 알아보지 못했다.

　　예수가 제자들에게 "배 오른쪽으로 그물을 던져라. 그러면 고기가 잡힐 것이다"라고 멀리서 소리쳤다. 제자들이 그대로 했더니 물고기가 너무 많이 잡혀 그물을 끌어 올릴 수 없을 정도였다. 그때 요한이 바닷가의 물체를 한참 응시하더니 갑자기 베드로에게 "주님이시다!"라고 소리쳤다. 주님이라는 말을 듣자 베드로는 물에 뛰어들어 건너편 해안으로 헤엄쳐 나갔다. 그러나 다른 여섯 제자는 물고기로 가득 찬 그물을 끌고 배를 저어 육지로 나갔다.

제자들이 그물을 육지로 끌어 올리자, 예수는 시장한 제자들을 한자리에 불러모았다. 제자들이 육지에 올라와 보니 숯불 위에 생선이 구워지는 중이었고 빵도 준비되어 있었다. 예수는 빵과 구운 생선을 집어 제자들에게 나누어 주었다. 식사를 마친 후 예수는 베드로에게 "요한의 아들 시몬아, 네가 이 사람들보다 나를 더 사랑하느냐?"라고 물었다. 베드로가 "주님, 그렇습니다. 제가 주님을 사랑하는 것을 주님이 아십니다"라고 대답하자, 예수는 "내 어린 양들을 먹여라"라고 대답했다. 예수는 두 번째로 베드로에게 "요한의 아들 시몬아, 네가 나를 사랑하느냐?"라고 물었다. 베드로가 "그렇습니다, 주님. 제가 주님을 사랑하는 것을 주님이 아십니다"라고 대답하자, 예수는 "내 양들을 잘 돌보아라"고 말했다. 예수는 세 번째로 베드로에게 "요한의 아들 시몬아, 네가 나를 사랑하느냐?"라고 물었다.

베드로는 예수가 세 번이나 질문하자 슬픈 표정으로 "주님, 주님은 모든 것을 아십니다. 제가 주님을 사랑하는 것을 주님이 아십니다"라고 대답했다. 그러자 예수가 베드로에게 말했다. "내 양들을 먹여라." 이 이야기를 한 뒤 예수는 베드로에게 "나를 따르라"고 당부했다. 예수는 베드로가 충성스러운 제자가 될 것을 세 번 언약하게 하여, 자신을 세 번 부인했던 과거를 용서하고 더 큰 임무를 맡겼다.

여러 날이 지난 후 예수가 이른 대로, 갈릴리에 있는 산에 제자 열한 명을 포함하여 그를 따르는 사람 500여 명이 모였다. 예수는 그들에게 큰 사명을 내렸다. "나는 하늘과 땅의 모든 권한을 받았다. 그러므로 너희는 가서 모든 사람들을 내 제자로 삼아 아버지와 아들과 성령의 이름으로 세례를 주고, 내가 너희에게 명령한 모든 것을 지키도록 가르쳐라. 내가 세상이 끝나는 날까지 항상 너희와 함께 있겠다." 또 예수는 예루살렘에서 성령을 기다리는 제자들에게 나타나 자신의 동역자가 될 것을 당부했다. "성령이 너희에게 내리면, 너희는 권능을 받고 예루살렘과 온 유대와 사마리아뿐만 아니라 땅끝까지, 어디에서나 나의 증인이 될 것이다."

예수가 부활한 지 40일이 되던 날, 그는 사랑하는 제자들을 베다니에서 가까운 올리브 산으로 불러 모았다. 그곳에서 예수는 제자들을 축복하고, 그들이 보는 앞에서 하늘로 올라갔다. 제자들은 기쁨에 넘쳐 예루살렘으로 돌아가 마가의 다락방에 모였다. 열한 명의 제자들은 십자가 처형장에 있었던 여인들 그리고 예수의 어머니, 동생들과 함께 마음을 모아 여러 날 동안 기도에만 힘썼다. 다락방에 모인 성도 120명과 베드로를 주축으로, 이 땅 위에 첫 교회가 잉태되었다.

# 제 26 장

# 사도 바울

사랑과 희망의 새 복음은 로마 총독도 유대 제사장도 억압할 수 없었다. 하지만 그리스도교는 옛 유대 종교와 결별해야만 했다. 그렇지 않고는 세계적인 종교가 될 수 없었다. 실로 뛰어난 신학자이며, 열정적인 선교사였던 바울이 작은 유대 종파로 그칠 뻔했던 그리스도교를 구출했다. 바울은 끊임없는 사색, 집필, 해외 선교 활동으로 그리스도 교회의 뼈대를 세웠다.

예수가 살던 당시의 세상은 균형이 심하게 흔들리고 있었다. 부유한 사람들은 너무 많이 가졌고, 가난한 사람은 가진 게 너무 없었다. 더욱이 빈민의 수는 부자의 1000배가 넘었다. 예수의 복음을 처음 반겼던 사람들은 빈민층이었다. 이들은 무신론자들과 쾌락주의자들의 그럴듯한 철학을 접해 본

적이 없었다. 가난한 사람들은 읽지도, 쓰지도 못했다. 그렇지만 들을 수 있는 귀는 있었다. 그들은 주인으로부터, 들판에서 풀을 뜯고 있는 소 떼들보다 나은 대접을 별로 받지 못했다. 그들은 태어나서 죽어 잊히며, 그 누구도 죽음을 애도하지 않았다. 그런데 별안간 그들을 구속하던 올가미가 벗겨지면서, 모든 사람은 하늘에 계신 아버지의 자녀들이라는 진실을 어렴풋이 알아듣게 된 것이다.

예수의 가르침은 사랑과 정의의 실현으로, 행복을 추구하는 인간 정신의 가장 숭고한 표현이다. 이것이 수많은 세월 동안, 수많은 사람들이 지워 없애려고 노력했음에도 불구하고 예수의 복음이 살아남아 승리한 까닭이다. 우리가 추측한 대로, 새 믿음을 처음으로 받아들인 사람들은 예수와 이웃해 살았던 작은 무리의 유대인들이었다. 그들은 예수의 말을 직접 들을 수 있고, 그의 이야기에 매력을 느꼈으며, 그의 눈에서 두려움이 없는 빛을 보았던 자들이었다. 그들은 다가올 정의 실현에 열광했다.

중세기에는 유대인이 예수의 죽음에 직접 관여했다는 기록을 그대로 받아들여서, 그들을 향한 증오감이 사회에 팽배했다. 하지만 사실을 이해한다면 이런 태도는 절대로 받아들일 수 없다. 예수는 유대인이었다. 그의 부모도 유대인이었다. 친구들과 제자들도 유대인이었다. 그는 자신이 자랐던 유대인 공동체를 별로 떠나 본 적이 없다. 예수는 그리스인, 사마리아인, 페니키아인, 시리아인, 로마인 등 모든 이방인들과 어울리는 것을 마다하지 않았지만, 자기 동포들을 위해 죽었고 유대 땅에 묻혔다. 그는 가장 위대한, 마지막 유대 선지자였으며, 국가에 위기가 찾아올 때마다 앞장섰던, 두려움을 몰랐던 정신적 지도자들의 직계 후손이었다.

예수를 죽음으로 몰고 간 바리새파인과 사두개파인은 극소수의 편협한 유대인일 뿐이다. 그들은 유효기간이 수백 년은 지난, 편협한 옛 강령을 이기적인 이유로 옹호하는 자들이었다. 그들은 외양적 경건을 이용한 독점 종교 기업의 수혜를 입은 파렴치한이었다. 그들은 예수를 죽이는 소름 끼치는 범죄를 유대인으로서가 아니라 정치적·종교적 당파의 일원으로서 자행했다. 그들은 새 선지자를 경쟁자가 없을 만큼 무섭게 증오했지만, 다른 사람들은 그들이 죽인 예수를 그만큼 철두철미하게 사랑했다.

그리고 유대와 갈릴리 땅에 살던 예수의 신실한 제자들은 예수가 '크리스토스Christos'임을 고백하는 사람들의 집합체인 크리스천Christian 공동체를 개척했다. 그 후 공동체가 번창하면서 회원들은 예수를 죽인 바로 그 도시, 예루살렘의 한 십자가 밑에서 정기적으로 만나게 된다. 하지만 옛 율법을 청산하지 못한 회원들과 화합이 불가능하자, 두 그룹은 서로 다른 길을 찾아나선다.

당시의 그리스 철학에 능통했던 스데반 같은 사람들은 구율법과 새 율법은 반드시 구분되어야 하며, '모세의 엄격한 여호와'와 '예수의 사랑의 하나님'이 공존할 수 없다는 것을 알고 있었다. 그러나 그들이 차이점을 역설하자, 어렸을 때부터 다니던 옛 회당의 모습에 익숙한 사람들은 이방인과의 장벽을 없애자고 주장하는 자들을 가만히 둘 수가 없었다. 스데반 집사는 이들의 돌팔매질에 목숨을 잃고, 첫 순교자로 이름을 남긴다.

예수가 죽임을 당한 지 12년도 안 되어 그의 가르침은 크리스천과 유대인을 분명히 갈라놓았다. 그다음부터는 서부 아시아로 새 신조를 전파하기가 비교적 용이해졌다. 옛 유대 율법의 지혜는 히브리 말 속으로 사라졌다. 그러나 크리스토스에 관한 모든 것은 마케도니아의 알렉산더 왕이 세계 공용어로 만든 그리스어로 기록되었다. 새 무대가 열린 것이다. 서방 세계는 동쪽으로부터 메시지를 받을 준비를 갖추었다. 이제 갈릴리에서 세계의 도시 로마로 복음을 전달할 사람이 필요한 시점이었고, 마침내 그가 왔다. 바로 바울(A.D. 1~64)이다.

바리새파와 희생양

우리는 바울을 잘 알고 있다. 역사적으로 말하면, 우리는 예수보다 바울에 대해서 훨씬 많이 알고 있다. 신약성경의 다섯 번째 책, 「사도행전」은 총 28장에서 16장을 할애하여 바울의 생애와 업적을 기술했다. 바울이 이교도 지방을 선교 여행할 때 쓴 많은 편지에서 우리는 그의 신조를 낱낱이 읽을 수 있다.

바울은 소아시아 북서쪽, 길리기아 지방의 다소에 살았던 유대인 부모에게서 태어났다. 본 이름은 사울이었다. 그는 좋은 연줄을 갖고 태어났다. 친척들이 로마제국의 여러 곳에서 살고 있었고, 아주 어린 나이에 예루살렘으로 유학을 가 당대 최고의 율법학자였던 가말리엘 문중에서 수학했다. 이때 사울이 받은 고전과 율법 교육은, 후에 예수의 가르침을 논리적으로 체계화하는 데 절대적인 공헌을 한다. 그는 유대인임에도 불구하고 로마 시민권을 가지고 있었다. 이 명예는 아마 아버지가 로마제국에 세운 어떤 공적으로 수여받은 것 같다. 당시에 로마 시민권은 많은 특권이 따르는 통행권이나 다름없었다. 이것이 수차례의 해외 선교 여행에 도움이 된 것은 물론이다.

사울은 소정의 유대인 교육을 마친 뒤 천막 만드는 기술을 수련하고, 천막 제조업을 시작했다. 바리새파 학당의 엄격한 훈련을 받은 젊은 사울은 예수를 처단하라는 공회의 명령을 받았을 때, 공회에 온 몸과 마음을 바쳐 일할 각오로 불탔다. 그 후 그는 가증스러운 나사렛 사람이 갈릴리와 유대 땅에 퍼뜨린 선동적 신조를 근절하려는 열성분자 집

**돌에 맞아 죽는 스데반**

단에 기꺼이 참여했다. 집단의 우두머리가 된 사울은 거의 매일 예수의 추종자들을 감시하는 것으로 시간을 보냈다. 사울은 스데반이 돌에 맞아 죽을 때 같은 자리에 있었으나, 새로운 믿음을 위해 목숨을 바친 첫 순교자를 살리기 위해 손가락 하나 까딱하지 않았다. 그럴 이유가 없었다. 오히려 쾌재를 외쳤을지 모른다.

초기의 크리스천들은 그 당시의 사람들과는 무척 다른, 모범적인 생활을 했다. 술에 취하지 않고 절제된 생활을 했으며, 거짓말을 하지 않고, 가난한 사람들을 도왔고, 가진 것을 빈궁한 이웃과 공유했다. 또 자기들을 핍박한 사람들을 위해 기도하며 당당히 교수대에 올랐다. 처음에 사울은 퍽 의아했다. 그리고 그는, 한 번도 예수를 보지 못한 사람들이 그에게 뜨거운 열정을 품는다는 사실로부터, 예수는 보통 혁명가와 다른 무엇이 있다고 느끼기 시작했다.

예수는 매우 총명한 선생이었고, 사울은 매우 총명한 학생이었다. 갑자기 사울은 예수를 이해했고 아직 미지의 주 예수의 의지에 자신을 맡겼다. 가장 열정적 바리새파였던 사울은 회심하여 예수의 길을 따르는 이유를 이렇게 밝혔다. "그리스도가 십자가에 매달렸다는 것은 유대인에게는 거리낌이고, 이방인에게는 어리석은 일입니다. 그러나 부르심을 받은 사람에게는, 유대인에게나 그리스인에게나, 그리스도는 하나님의 능력이요, 지혜입니다. 나는 예수 그리스도, 곧 십자가에 달리신 그분밖에는 아무것도 알지 않기로 작정했습니다."

다마스쿠스

사울의 회심은 사람의 왕래가 뜸한 호젓한 노상에서 일어났다. 그는 다마스쿠스로 가는 길이었다. 예루살렘 당국은 그 도시의 몇몇 유대인이 그리스도교 신조에 기울고 있다는 보고를 받았다. 대제사장은 다마스쿠스의 동료에게 보내는, 이단자들을 잡아 예루 살렘으로 송환하여 재판하고 처벌받게 해야 한다는 내용의 편지를 사울에게 주었다.

사울은 소년처럼 기쁘게, 맡은 심부름을 하러 길을 떠났다. 사울이 다 마스쿠스에 가까이 갔을 때, 별안간 하늘에서 섬광이 내리쳐 눈이 멀었다. 그는 암흑 속에서 예수가 자신을 부르는 환상을 보았다. 사울은 예수의 명령 에 순종하여 다마스쿠스 지역의 지도자 아나니아에게 달려가 안수받기를 간 청했다. 아나니아가 사울에게 세례를 주자마자 눈을 가렸던 비늘이 떨어지 고, 앞이 다시 보이기 시작했다. 그는 그제야 깨달았다. "예수가 옳고 제사장 은 틀렸다." 그 이후 수백만의 사람들도 같은 결과에 논리적으로 도달했다. 이 순간부터 그는 바울이라는 이름으로, 이교도를 위한 사도로서 모든 희생 을 감수한다.

바울은 천막 제조업을 포기하고, 키프로스 섬 출신으로 일찍 개종한, 바 나바의 요청을 받아 안디옥으로 갔다. 예수를 주로 받아들이고, 더 이상 회 당에서 경배하지 않는 사람들을 가리키는 크리스천이라는 명칭이 이곳에서 처음 사용되었다. 바울은 안디옥에 잠시 머문 다음, 로마제국의 구석구석을 순회하는 선교자의 삶을 시작한다. 〔기독교基督敎는 그리스도교의 한자 음역이 다.〕

처음에 바울은 소아시아의 해안 도시에서 중점적으로 선교 활동을 하 여 많은 개종자들을 만들었다. 그리스인들은 자못 기쁘게 그의 말을 경청했 다. 그들은 바울의 논리를 따라갈 수 있었다. 그들은 청중의 야유를 극복하 는 바울의 재치에 감명받아 새 믿음에 기꺼이 합류했다. 그러나 대부분의 지 중해 도시에 있는 작은 유대-크리스천 집단들은 바울을 증오하고, 그의 전 도 사업을 방해하는 데 최선을 다했다.

20세대에 걸쳐 내려온 정통 유대인의 편견을 단숨에 씻을 수는 없었다. 그들은 바울도 유대인이고, 크리스천에 대한 믿음은 두 번째 문제이기 때문에, 가능한 한 모세의 율법을 따라야 한다고 주장했다. 더욱이 이들은 바울이 제우스나 페르시아의 신 미트라의 추종자들과 너무 우호적인 관계를 맺고 있다고 의심했다. 바울이 '모세의 여호와'와 '예수의 하나님'을 같이 섬길 수 없다고 주장하자, 그들의 반감은 공공연한 증오로 변했다. 몇 차례나 유대인들이 바울을 죽이려 하자, 그는 그리스도교를 이어 가기 위해서는 유대교와 분명히 결별하고, 완전히 새로운 청중을 향해 호소해야 한다는 것을 깨닫기 시작했다.

안디옥

바울은 소아시아에 조금 더 머물다가, 마침내 옛 트로이와 멀지 않은 항구 드로아에서 유럽으로 건너갈 결심을 한다. 그는 헬레스폰트 해협을 건너 마케도니아의 주요 도시인 빌립보로 갔다. 바울은 그리스어에 능통했기 때문에, 알렉산더의 옛 고향에서 만난 서방의 첫 청중들에게 예수의 복음을 설파할 수 있었다. 그러나 바울은 몇 차례 설교하지도 못하고 체포되어 감옥으

로 끌려갔다. 하지만 주민들이 바울을
좋아했기 때문에, 도망치는 것을 조용
히 허락받았다.

드로아

　바울은 이런 험악한 사태에 조금
도 굴하지 않고, 제우스를 믿는 사람들
의 본거지로 쳐들어갈 결심을 했다. 그
는 아테네로 갔다. 아테네 사람들은 예
의를 지키며 바울의 말을 경청했다. 그
러나 그들은 지난 400년 동안 너무 많
은 새 교리를 들어 왔기 때문에, 바울이 전하는 복음이 전혀 흥미롭지 않았
다. 그 누구도 바울의 전도를 방해하지 않았지만 선뜻 나서서 세례를 받겠다
는 사람은 없었다.

　하지만 바울은 고린도에서 큰 결실을 맺었다. 고린도 사람들 앞으로 보
낸 편지 두 통에서 바울은 유대 – 그리스도인의 가슴속에 깊이 자리 잡고 있
는 옛 신앙에서 완전히 벗어난 자신의 생각을 설명했다. 바울이 유럽에 체류
한 지 5, 6년이 지났을 때였다. 장래의 선교 사업을 위한 기초는 충분히 놓았
다. 이제 그는 자신의 고향 소아시아로 돌아갈 채비를 한다.

　처음에 바울은 서쪽 해안의 에베소를 방문했다. 이곳은 아주 옛적부터
다이애나 신전이 있던 곳이다. 다이애나는 아폴로의 쌍둥이 오누이로, 달의
신보다 더 큰 영향력이 있었다. 이곳 사람들은, 중세기에 예수의 어머니 마
리아가 예수보다 더 큰 존경을 받아야 한다고 생각한 것처럼, 다이애나가 모
든 일상을 주관하며 그녀의 아버지 제우스보다 더 강력하다고 믿었다.

　에베소의 실정을 모르는 바울은 신전에서 연설할 수 있도록 허가해 줄
것을 요청했다. 허가는 받았지만 그의 설교를 들었던 유대인들에 의하여 당
장 취소되었다. 그러자 그는 옛 그리스 철학자들이 사용하던 강의실을 빌려 제자
들을 모아 학당을 열고, 첫 신학교라고 부를 수 있는 두란노 서원에서 2년간 예수의

말씀을 강론했다.

에베소도 예루살렘처럼 신앙을 매개로 전매사업을 하는 곳이었다. 많은 사람들이 다이애나 신전과 관련된 사업으로 돈을 벌었다. 다양한 방문객이 드나들고, 이들을 접대할 시설과 상품이 준비되어 있었다. 만약 바울의 전도가 성공하여 기적을 만드는 여신의 초인적 힘에 대한 믿음을 무너뜨린다면, 장사는 큰 타격을 받을 것이다. 금은 세공인들과 신전 제사장들은 수년 전 예루살렘 제사장과 장사치들이 했던 것과 같은 행동을 했다. 바리새파

**다이애나 신전**

와 사두개파가 예수를 죽였던 것처럼, 그들은 바울을 죽이려 했다. 바울은 도망했다. 그렇지만 그의 선교는 열매를 맺었다. 이미 에베소의 그리스도 공동체는 탄탄한 기초를 마련한 상태였다. 바울은 다시 이곳을 찾지 못했지만, 에베소는 초기 그리스도 세계의 가장 중요한 장소가 되었고, 새 복음의 마지막 골격을 세운 회의들이 이곳에서 열렸다.

바울은 이제 많이 늙었다. 그는 갖가지 시련을 당했고 앞으로 얼마나 더 살지도 알 수 없었다. 죽기 전에 바울은 주 예수가 죽음을 맞았던 곳을 다시

방문하기로 마음먹었다. 많은 사람들이 그의 안전을 우려했다. 이른바 예루살렘의 그리스도교 공동체는, 실상 유대교 중 하나였다. 바리새파의 위력이 아직도 판을 치는 이 도시에서, 바울이 이방 세계에서 선교에 성공한 것을 알아주는 사람은 없었다. 바울이 이방인을 사랑하는 것을 용서할 수 없던 사람들은 그의 이름조차 저주했다.

바울은 이 사실을 믿지 않았지만, 회당에 들어서는 순간 자신을 잡아 죽이려고 몰려드는 사람들로 사태를 짐작했다. 하지만 로마 병정들이 출동하여 그를 구해 성 안으로 데려갔다. 로마 병정들은 바울을 어떻게 대해야 할지 몰랐다. 처음에 그들은 바울이 문제를 일으키기 위해 이집트에서 유대로 온 혁명 선동가라고 생각했다. 그러나 바울이 로마 시민임을 증명하자, 곧 사과하고 두 손을 묶었던 쇠고랑을 풀어 주었다.

**회당에 돌아온 바울**

예루살렘의 경비대 대장 루시아는 수년 전에 빌라도가 겪었던 것과 같은 곤경에 처했다. 그는 바울을 기소할 이유가 없었으나 치안을 유지할 의무가 있었다. 루시아가 바울의 공회 출두를 허가하자, 도시는 다시 한 번 내분 사태로 들어섰다. 사두개파 사람들은 예수를 처형하자고 주장했던 바리새파 사람들과 성급하게 손잡은 것을 후회해 왔다. 그들의 다툼은 계속됐고, 이 때문에 예루살렘 사람들은 종교적 긴장 속에서 살았다. 이러한 상황에서 바울이 공정한 재판을 받는 것은 불가능했기 때문에, 경비대장 루시아는 그를 폭도들의 위협에서 안전한 성안으로 옮겼다. 바울은 곧 총독이 살고 있는 가이사랴로 이송되었다.

바울은 2년간 가이사랴에서 완전한 자유를 누리며 살았다. 그러나 산헤드린 공회원들의 끊임없는 고발을 참을 수 없어, 로마 황제 앞에서 자신을 변호할 수 있는, 로마 시민의 정당한 권리를 행사할 기회를 달라고 요청했다. A.D. 60년 가을, 바울은 로마를 향해 떠났다. 목적지까지의 항해는 매우 불운했다. 사도를 실은 배는 좌초되어 몰타 섬 바위 위에 올라앉았다. 3개월 후, 다른 배가 바울과 동료들을 이탈리아 반도에 내려놓았다. 드디어 A.D. 61년, 바울이 로마에 도착했다.

**로마로 향하는 바울**

바울은 로마에서도 충분한 자유를 누렸다. 로마인들은 그를 적대시할 이유가 없었다. 그들은 바울이 예루살렘에 머무르며 소요를 일으키기를 원하지 않았다. 그들은 유대인 신학에 관심이 없었고, 로마 법정에 적용되지 않는 죄목으로 사람을 기소할 생각도 없었다. 이제 바울은 제국의 안전에 더 이상 위협적인 존재가 아니었다. 따라서 마음대로 왕래할 수 있었고, 자유인의 생활을 원하는 만큼 누렸다. 바울은 빈민가에 있는 조용한 방에 세 들어 지내면서 다시 선교를 시작했다.

말년에 바울이 보여 준 용기는 실로 숭고했다. 그는 지난 20년간의 고초로 몸이 거의 망가진 노인이었다. 그러나 감옥 생활, 수없이 맞았던 회초리와 돌팔매, 끝없는 항해, 말을 타고 달리거나 또는 한없이 걸어야 했던 고된 도보 여행, 굶주림과 갈증 등은 세계 문명의 수도 로마에서 예수의 이상을 설파할 수 있다는 기쁨에 비하면 아무것도 아니었다. 바울은 순교하기 직전, 로마 감옥에서 제자 디모데에게 편지를 쓰며 자신의 일생을 이렇게 회고했다. "나는 선한 싸움을 다 해내고, 달려갈 길을 모두 가고, 믿음을 지켰습니다. 이제는 주께서 내게 주실 정의의 월계관이 기다리고 있을 뿐입니다."

우리는 바울이 얼마나 설교를 계속했는지, 또 바울의 마지막은 어땠는지 잘 모른다. A.D. 64년, 그리스도인을 적대시하는 무분별한 폭동이 로마 시민들의 호응을 얻었다. 폭도들이 그리스도인을 약탈하고 살해할 때, 네로 황제는 도리어 그들을 격려했다. 바울은 이 대학살의 피해자가 된 것으로 보인다. 그날 이후 우리는 바울의 이름이 언급되는 것을 보지 못했다. 바울은 여러 순교자와 함께 로마의 한 공동묘지에 묻혔다.

현재의 그리스도 교회는 바울의 열정과 희생의 금자탑 위에 서 있다 해도 과언이 아니다. 비록 바울은 예수를 직접 만나지 못했지만, 그는 어느 누구보다 예수의 마음을 깊게 헤아려 가르침을 해석했고, 사람들에게 그의 제자가 되는 길을 설파했다. 이를테면, 예수가 평생 마음속에 품었던 '사랑'을 바울은 이렇게 풀이했다. "사랑은 오래 참고, 남의 허물을 덮어 주고, 불의를 보고 기뻐하지 아니하고, 진리를 보고 기뻐한다. 사랑은 모든 것을 믿고, 모든 것을

**사도 바울**

바라고, 모든 것을 견딘다." 또한 바울이 동역자들을 격려하기 위해 여러 선교지로 띄운 서신 열세 편은 그리스도교의 강령이 되어 신약성경에 실려 있다. 이 서신들은 문학적으로도 위대한 걸작으로서, 바울의 천재성을 유감없이 보여 준다.

특히 예수의 사랑 안에서 유대인과 이방인의 높은 장벽을 쓸어버린 바울은, 갈릴리를 로마와 연결시킨 다리였다. 그리해서 바울은 작은 유대 종파로 추락하려는 그리스도교를 구해 세계적인 종교로 만들었다. "예수가 없었다면 바울도 없었겠지만, 바울이 없었다면 그리스도교도 없었을 것이다"라는 찬사는 그의 헌신에 걸맞은 표현이다. 바울은 예수의 열세 번째 사도였다. 〔복음서 저자들은 예수와 함께 사역했던 직전 제자 열두 명을 '파견된 무리'를 뜻하는 사도使徒라고 불렀다.〕

**바울의 해외 선교 여행**

# 제 27 장

# 초대 교회

얼마 후 예수의 사도 베드로는 박해받는 크리스천들을 격려하기 위해서 로마로 건너갔다. 그곳에서 베드로는, 새 종교 집단의 영향력을 두려워한 황제가 지시한 어느 학살 현장에서 희생되었다. 그러나 교회는 소름 끼치는 탄압을 물리치고 살아남았다. 3세기 후, 로마가 서구 세계의 정치적 구심점 역할을 잃었을 때, 로마의 그리스도교 주교들은 로마를 전 세계의 정신적 수도로 만들었다.

—|—

베드로의 열정적인 포교 활동에 힘입어 그리스도 신앙 센터가 예루살렘에서 로마로 옮겨 갔다. 그렇지만 우리는 베드로를 잘 모른다. 베드로의 본명은 시몬이었다. 시몬이 예수를 "살아계신 그리스도"라고 고백하자, 예수는 그의 믿음을 칭찬하며 베드로(반석盤石)라는 새 이름을 주었다. 그리고 그는 12사도의 대변자로서 우두머리 역할을 충실히 해냈다.

우리는 베드로가 예수와의 친분을 부인하며 대제사장 가야바 집에서 도망쳤던, 비참한 마지막을 기억한다. 십자가 형장에서는 흘끗 보였을 뿐이다. 부활한 예수는 그에게 "내 양을 치라"고 세 번이나 당부하지 않았던가. 그 후 한동안 베드로는 그림자도 보이지 않다가, 매우 성공한 선교자로 불쑥 나타났다. 베드로는 주의 복음을 전파하기 위해 방문했던 여러 타지에서, 여러 편의 소중한 서신을 예루살렘으로 보내왔다.

베드로가 박해받고 있는 동역자들을 격려하기 위해 보낸 서신의 일부이다. "세상의 마지막이 가까웠습니다. 그러므로 정신을 차리고 마음을 가다듬고 기도하십시오. 무엇보다도 먼저, 서로 뜨겁게 사랑하십시오. 사랑은 많은 허물을 덮어 줍니다. 불평하지 말고, 서로 따뜻하게 대하십시오. 각자가 받은 은총의 선물이 무엇이든, 하나님의 은혜를 맡은 선한 관리인으로서, 서로 봉사하십시오. 말씀을 전하는 사람은 하나님의 말을 전파하는 사람답게 하고, 남을 위해 봉사하는 사람은 하나님으로부터 힘을 받은 사람답게 일하십시오. 그리하면 무슨 일에서든지 하나님께서 예수 그리스도를 통하여 영광을 받으실 것입니다."

베드로는 바울에 비해 사람을 끄는 매력도 없고, 교육도 많이 받지 못한 갈릴리 바다의 평범한 어부였다. 예수가 법정으로 끌려갔을 때 베드로가 보였던 순간적인 비겁함으로 그를 용기 없는 사람이라고 판단하는 것은 옳지 않다. 가장 용감한 병사도, 가장 용맹한 부대도 예측하지 못한 상황에서는 비겁한 행동을 저지를 수 있다. 그러나 정신을 차려 임무에 더욱 충실하면 실수를 만회할 수 있다. 베드로가 바로 그랬다. 그는 갓 태어난 믿음을 배척하는 수많은 유대인의 저항에 흔들리는 동역자들에게 용기를 북돋아 주고, 그들을 이끌어 초대 교회의 주춧돌을 놓은 사람이다.

더욱이 베드로는 여러 가지 일들을 능숙하게 처리하는 재주가 있었다. 자신의 한계를 잘 알고 있던 베드로는 이방인 선교는 바울에게, 유대 내부 선교는 예루살렘 교회의 우두머리가 된 야고보에게 각각 맡겼다. 그리고 자신은 유대 외곽 지역을 담당하는 데 만족했다. 베드로는 바빌론에서 사마리아로, 사마리아에서 안디옥으로 가는 먼 길을 헌신적인 아내와 함께 터벅터벅 걸으면서, 예수와 함께 갈릴리 바다에서 물고기를 잡을 때 그가 가르쳐 준 복음을 많은 사람들에게 전했다.

베드로 사도

—¦—

연대기 작가들은 베드로와 바울이 같은 시기에 로마에서 사역했고, 몇 년의 간격을 두고 폭도들에게 살해되었다고 기술하고 있다. 이와 같은 대량 학살은 이교도에 비교적 관대했던 로마 정부의 엄청난 정책 전환을 보여 주는 사건이다. 그리스도교인들이 도망친 노예처럼 비참한 죽음을 당한 메시아의 이야기로 서로를 격려하는 단순한 집단이라면, 그들의 모임을 두려워할 이유가 없었다. 그러나 점차 그리스도의 가르침이 많은 사람들에게 파고들자 당국의 인내심도 바닥이 났다. 예수 추종자들에 대한 로마 정부의 무관심은 점차 증오로 변하기 시작했다.

실제로 큰 문제들이 속출했다. 우선, 주피터 신전 앞에서 장사로 생계를 꾸리는 사람들이 불평하기 시작했다. 수입이 줄어들고 있었다. 신전은 버려져 갔다. 로마 사람들은 출신도 불분명한 다른 나라의 종교에 돈을 퍼부었고, 가축 거래상과 제사장의 손실도 심각했다. 피해를 입은 사람들은 치안 당국에 전적인 협조를 약속받고 그리스도교 비방 운동을 시작했다.

한편, 상속권을 박탈당한 가난한 농부들은 도시 외곽에 거주하며 반야만적 폭도로 변해 갔다. 그들은 자기들의 잘못된 행동을 핀잔주던 그리스도교인들을 겨냥한 비열한 비난을 듣고 기뻐했다. 이들은 로마 부인들이 "어떻게 그리스도교인들은 일요일마다 작은 아이를 잡아서, 신을 기쁘게 하려고 아이의 피를 마실 수 있을까? 이제 무슨 조치를 취할 때가 되었어"라고 지껄이는 대화를 훔쳐 듣고 웃음을 지었다.

당시의 모든 지성인들은 크리스천 이웃들의 성결한 삶을 인정했지만, 로마인들이 그들의 깨끗한 행실을 치켜세우는 일은 없었다. 온갖 악행을 저지르면서도 좋았던 옛날이 사라졌다고 애통해하는 로마인들에게는 돼지에게 진주를 던져 주는 것처럼 부질없는 일이기 때문이었다.

하지만 순전히 이기적인 이유에서 그리스도교의 성공을 두려워하는 집단들도 있었다. 많은 마술사들과 동방에서 흘러들어 온 마법사들은 수입이 격감하는 것을 지켜볼 수밖에 없었다. 스스로 좋아서 검소하게 생활하는 그들과 어떻게 경쟁을 하며, 갈릴리 선생의 복음을 설명하고도 은전 한 푼 받기를 거절하는 그들과 어떻게 맞설 수 있겠는가. 그리스도교의 등장으로 피해를 입은 여러 사람들은 공동보조를 취하고, 치안 당국으로 몰려가 크리스천들은 로마제국의 안위를 위협하는 악질적이며 선동적인 범죄자들이라고 규탄했다.

이제까지 로마 당국은 그리스도교인의 활동을 국가 안보에 위협적이라고 판단하지 않았기 때문에, 오랫동안 실질적인 단속을 미루어 왔다. 그러나 거짓이라고 생각하기 어려운, 괴상한 그리스도교 이야기들에 상세한 묘사까지 덧붙어 급속히 퍼져 나가자, 당국도 가만히 방관할 처지가 아니었다. 더욱이, 그리스도교인들은 하늘의 빛이 온 천체를 깨끗이 청소한다는 최후 심판의 날을 언급함으로써 당국의 불안감을 더욱 부채질했다.

술 취한 네로 황제가 발작적으로 로마 시가지의 상당 지역을 불태웠을 때, 시민들은 모든 대도시의 파멸을 예고한 그리스도교인의 예언을 기억했다. 두려움이 폭발하자 로마인들은 이성을 잃었다. 그리스도교인들은 쥐새끼처럼 포획되어 감옥으로 넘겨졌다. 심지어 제국에 대한 모반을 고백하라는 고문까지 자행되었다. 그들은 원형경기장에 모인 수많은 로마인 앞에서, 오로지 그들의 여흥을 위해, 맹수와 격돌하다 하나씩 사라져 갔다.

그리스도교인들이 대학살의 역경을 딛고 일어나 로마 상류사회까지 복음을 전파하는 애환을 다룬 작품이 바로 폴란드 소설가 시엔키에비치가 1896년에 발표한 『쿠오바디스』이다. 노벨 문학상을 수상한 세계적 명작이지만, 베드로가 뱉어 낸 애절한 한마디로 더 큰 유명세를 탔다. 베드로가 순교한 동역자들을 버려두고 로마를 탈출하여 아피아 거리를 걷고 있을 때, 저 멀리서 누군가 십자가를 지고 걸어오는 환상을 본다. 자세히 보니 예수였다. 깜짝 놀란 베드로가 외쳤다. "쿠오바디스, 도미네(주여, 어디로 가시나이까)?" 예수가 답했다. "네가 내 백성을 버린다면, 내가 로마로 가서 다시 십자가에 매달려야겠다." 30년 만에 만나는 주님을 다시 버릴 수 없었던 베드로는 즉시 예수 앞에 무릎을 꿇고 로마로 되돌아간다. 베드로는 군중 앞에서 주의 복음을 담대히 설파하고 수많은 입교자들에게 세례를 주다가, 마침내 체포되어 바티칸 언덕에서 십자가에 거꾸로 매달려 순교한다.

그러나 로마인은 계속되는 순교자의 행렬이 새 교리를 전파하는 가장 좋은 홍보라는 사실을 뒤늦게 깨닫는다. 예전에 그리스도교의 교리는 부엌일을 하는 아녀자들에게서만 찾아볼 수 있었다. 그런데 이제는 거실의 사람들도 관심을 보이기 시작했다. 1세기가 끝나기 전에 많은 고위 관리와 높은 계층의 여인들이 로마제국의 신들에게 충성하기를 거부하고 그리스도교 교리에 빠졌다는 죄목으로 처형되었다.

마구잡이식 처형은 그리스도교인들의 분개심을 촉발했다. 처음에는 매

**불타는 로마**

지하로 숨어든 교회

우 온유하고 겸손했던 그들도 자신들을 지키기 위한 조처를 강구하기 시작했다. 옥외나 개인의 집에서 모이는 것이 더 이상 안전하지 않자, 교회는 지하로 숨어들었다. 로마 교외에 버려진 쓸모없는 돌조각들을 모아 예배당을 급히 세웠다. 신실한 자들은 일주일에 한 번씩 모여 사제의 설교를 듣고, 100년 전 나사렛 목수가 들려주었던 이야기를 되풀이하여 마음의 위안을 얻었다. 이런 모임을 통해 그리스도교인은 비밀단체의 회원이 되었다.

로마 관리들이 어떤 치안 문제보다 비밀 조직을 두려워하는 데는 여러 이유가 있었다. 국민의 80퍼센트가 노예인 국가에서 경찰이 통제할 수 없는 비밀 모임을 허가하는 것은 안전하지 않았다. 전국 각처에서 그리스도교인 무리의 파급에 대한 보고가 들어오기 시작했다. 현명한 총독들은 상황을 관망하면서, 사람들이 이성을 다시 찾을

농노의 생활

때까지 기다렸다. 뇌물을 받고 사태를 눈감아 준 관리들도 있었다. 어떤 총독들은 갈릴리 미스터리에 관련된 사람이라면 남녀노소를 불문하고 처형하여 황제의 환심을 사려고 노력했다.

그런데 그들을 수사하는 당국은 언제 어디서나 똑같은 반응을 보았다. 피해자들은 늘 모든 혐의를 부인했고, 교수대 위에서 당당한 태도를 보여 많은 지지자를 만들었다. 이 때문에 공개 처형 후에는 언제나 그리스도교인의 형제자매가 되고자 하는 지원자들이 모여들었다. 실제로 그리스도교 박해가 끝나자 약소했던 신자들이 어찌나 크게 성장했는지, 교회를 대표하여 법률 문제를 해결하고, 신앙심이 깊은 사람들이 기부한 후원금을 운영할 관리자를 선출해야 할 정도였다.

처음에는 장로라고 불리는 소수의 나이 든 사람들이 집단의 공무를 처

리하는 책임을 맡았다. 그 후에는 같은 지역에 위치한 여러 교회가 능력을 기르기 위하여 힘을 합하고, 공동의 목표와 정책을 수행하기 위하여 주교를 임명했다. 주교들은 맡은 일의 성격으로 보아 사도들의 직계 후계자라고 볼 수 있다. 교회가 점차 부유해지자 자연히 주교들의 권한도 늘어났다.

유대나 소아시아의 마을 주교가 이탈리아 같은 큰 도시의 주교보다 영향력이 적은 것은 당연하다. 타 지역의 주교들이 로마 주교를 두려움과 존경으로 대하는 것도 어쩔 수 없었다. 500년 동안 각국의 운명을 좌우했던 서방

정신세계의 수도, 로마

세계의 수도 로마에 정치와 외교 경험이 풍부한 사람들이 많았기 때문이다. 더불어 쇠퇴기에 들어선 로마 정부가 패기 넘치는 젊은이의 출셋길을 보장하지 못하자, 많은 이들이 장래를 위해 교회로 발길을 돌렸던 것도 자연스러운 일이었다. 〔훗날 로마 주교의 명칭은 교황으로 바뀌고, 사도 베드로가 초대 교황으로 추존된다.〕

불행하게도 노쇠한 제국은 쇠퇴기를 맞고 있었다. 경제정책에 실패해 공화정 시절부터 로마 군대의 대들보 역할을 맡았던 농민들을 곤궁에 빠뜨리자, 그들은 도시로 몰려들어 빵과 무료 복지 시설을 요구했다. 아시아에서 발생한 정변으로 많은 유목민 무리가 서쪽으로 전진하여 로마가 통치했던 지역을 잠식하고 있었다. 그러나 이런 혼란은 수도에서 일어나는 사태에 비할 바가 못 되었다. 황제들은 즉위하자마자 제국의 실제 실력자였던 용병들에게 왕궁 안에서 살해당했다.

마침내 로마 황제가 자신의 터전에서 사는 것조차 안전하지 못한 지경에 이르렀다. 카이사르의 후계자들은 테베레 강을 떠나 살 곳을 찾아 어디로든 가야만 했다. 이런 상황에서 로마 주교들이 당연히 가장 큰 영향력을 발

로마 신전 위에 세워진 교회

휘했고, 얼마 지나지 않아 지역 정치를 완전히 장악했다. 주교들만이 탄탄한 조직력을 유지했으므로, 수도에서 쫓겨난 황제들이 명목상의 권위라도 지키려면 그들의 지원이 절실히 필요했다. 서로 공감대가 형성되었다. A.D. 313년, 관용을 담은 공식 칙령은 그리스도교인 박해를 종식시켰다. 1세기 후, 로마는 전 세계의 정신적 수도로 부상하게 된다.

마침내 교회는 승리를 거두었다. 전투와 투쟁의 모든 소음을 뒤로하고, 완전한 사랑으로 이 세상의 모든 악을 치유하라는 나사렛 메시아의 당부가 들려왔다. "너희의 원수를 사랑하고, 너희를 박해하는 사람들을 위해 기도하라."

데릭 키드너 지음, 유윤종 옮김, 『어떻게 지혜서를 읽을 것인가?』, 한국기독학생회출판부, 2000.

민경배 지음, 『한국기독교회사』(개정판), 대한기독교출판사, 1982.

아쿠다 시토시 지음, 김수진 옮김, 『하룻밤에 읽는 성경』, 랜덤하우스, 2000.

우형주 지음, 『연대기적으로 정리한 성서이해』, 예루살렘, 1998.

장경철 지음, 『하나님 공부하기』, 낮은 울타리, 1998.

조병호 지음, 『성경과 5대 제국』, 통독원, 2011.

조철수 지음, 『유대교와 예수』, 길, 2002.

Bernard Scott, James R. Butts, Robert W. Funk, *The Parables of Jesus*, Polebridge Press, 1988.

Handrik van Loon, *The Story of the Bible*, Boni & Liveright, 1923.

Henryk Sienkiewicz, *Quo Vadis: A Narrative of the Time of Nero*, Little, Brown and Co, 1948.

Holman Bible Publishers, *Holman Quick Source Bible Atlas*, B&H Publishing Group, 2005.

Jean-Pierre Isbouts, *Inside the Bible World*, National Geographic, 2015.

Jesse Lyman Hurlbut, *Hurlbut's Story of the Bible*, The John C. Winston Co., 1952.

Michael Macrone, *Brush Up Your Bible*, HarperCollins, 1993.

Pearl S. Buck, *The Story Bible*, Guideposts, 1971.

Pinchas Wollman-Tsamir, *The Graphic History of the Jewish Heritage*, Shengold Publishers, 1963.

Robert W. Funk, Roy W. Hoover, *The Five Gospels*, Polebridge Press, 1993.

Stephen Mitchell, *The Gospel According to Jesus*, HarperCollins, 1991.

입다 131-133

| 지 은 이 | **헨드릭 빌렘 반 룬** Hendrik Willem van Loon, 1882~1944 |

네덜란드에서 태어났다. 1902년에 미국으로 이민하여 코넬대학교를 졸업하고, 1911년 독일 뮌헨대학교에서 역사학으로 박사 학위를 받았다. 그 후 코넬대학교와 안디옥대학에서 교편을 잡았다.

1921년에 집필한 『인류 이야기 *The Story of Mankind*』는 최장기 베스트셀러로, 제1회 뉴베리 상을 받았다. 그 뒤로는 대학교수직을 떠나 평생을 집필가로 살았다. 1923년에 발표한 *The Story of the Bible*도 오랜 세월 동안 많은 사랑을 받았고, 1984년에 마지막 판이 출간되었다.

반 룬은 고고학, 예술, 과학, 종교, 문학에 이르는 다양한 분야를 자신만의 독특한 안목으로 풀어내, 독자들에게 읽는 즐거움을 준다. 특히 그는 다른 사람들이 간과한 획기적 사건들을 찾아내 상황을 풀이할 뿐 아니라, 역사적 인물의 성격까지 묘사한 것으로 유명하다. 또한 직접 삽화를 그려 독자들에게 생생함을 선사한다.

| 엮고 옮긴이 | **윤광선** K. Paul Yoon, 1947~ |

서울대 공대를 졸업하고 해군 시설 장교로 복무했다. 그 후 미국으로 건너가 캔사스주립대학에서 산업공학 박사 학위를 받고, 뉴저지 소재 페어리딕킨슨대학교에서 교편을 잡았다. 현재 정교수이자 경영학과 과장으로 재직 중이다.

저서로는 '다목적 의사결정론'에 대한 영문 서적 세 권이 있으며 학술지에 다수의 논문을 발표했다. 연구 실적과 경력이 여러 인명록에 등재돼 있다. 또한 『중앙일보』 뉴욕판에 칼럼 「한 주를 열며」를 연재하며, 실생활에 유용한 경영 이론을 미주 동포들에게 소개하기도 했다.

초등학교 3학년 때까지 어머니 손에 붙잡혀 교회를 끌려다녔다. 고된 훈련을 받던 해군 장교 시절, 믿고 의지할 사람은 예수뿐임을 깨닫고 스스로 교회에 나갈 결심을 한다. 도미해서는 예수의 양손에 매달리지 않고는 쓰러질 것 같아 멀어졌던 교회를 다시 찾았다. 뉴저지 초대 교회에서 주일학교 학생을 가르쳤고 교회 잡지를 편집했다.